地域と大学の
共創まちづくり

小林英嗣＋地域・大学連携まちづくり研究会 編著

小林英嗣	国分　厚
倉田直道	後藤春彦
上野　武	小松隆二
有賀　隆	佐々木雅幸
坂井　猛	佐藤剛史
土井一成	柴田いづみ
小篠隆生	昌子住江
小松　尚	鈴木雅之
斎尾直子	竹沢えり子
鶴崎直樹	谷口綾子
	デワンカー・バート
＊	西尾治一
五十嵐勉	野原　卓
石田東生	三島伸雄
遠藤　新	両角光男
奥貫　隆	山重　明
川原　晋	吉村元男
北沢　猛	渡邊孝之
小金澤孝昭	渡会清治

学芸出版社

まえがき

　ひとつの時代が終わろうとし、新生と破局が入り混じる現代は、まさにエポック（転換期）と言えよう。グローバルな視点からも大きな転換期のただ中にある今、この変化を創造的に生きようとする私たちは、新たな社会の将来像を自らの手で創造・共有し、それらを実現する方策を考え、実現していくことが求められている。国立大学の法人化もこの転換期ゆえであり、大学のパラダイム転換も希求されている。新世紀を迎え8年、国内外での大きな社会変化のうねりとの連動も透かし見ることができる。世界の諸都市・諸大学において進められている'大学と都市・地域の共創'もその1つである。知の拠点・大学には20世紀型の教育・研究を背景とした大学像と体制の大改造と、都市・地域社会との新しい連携、そしてパートナーシップの再構築を成し遂げるという新たな使命が課せられている。

大学の課題と都市の課題

　日本のいわゆる'失われた10年'で大学が得たものは「都市・地域回帰」と「再生」である。70〜80年代に都市から脱出した大学が、新しい大学像とともに都市に戻り、大学像とキャンパスの再生が進められてきた背景には、タウン（都市・地域）とガウン（大学）の共創に対する根源的な問いが横たわっている。

　全ての大学には、創設時期・建学の精神・立地する地域などによって固有の学風と文化があり、その特徴を支え育んできたキャンパスがある。大学は都市に生まれ、都市とともに変容を遂げてきたが、ガウン（学問・教育）の自立性と純粋性を希求するがゆえにタウンとガウンの分離が主張されることもあった。しかし、都市・地域社会と相補的な連携があって始めて大学も生きつづけてゆくことが可能であり、都市への回帰は、大学本来の魅力の本質を再認識した結果である。

　都市・地域においても、地域の文化を支えていた伝統的な中心市街地や地場産業が衰退の一途をたどり、まち全体が経済文化的な魅力と活力を失っている。また疲弊・破壊された環境の再生や、崩壊しつつある地域社会の共同体（コミュニティ）の再生も重要な地域再生の目標として認識されている。このような社会経済状況のなかで、都市や地域社会が大学に期待する役割が多様化してきている。

　このような都市と大学を取り巻く社会・環境状況の変化を受けて、都市・地域と大学が共に生き延び、新たな関係を創り出すため、都市・地域連携の創造的で今日的な再構築が模索されつつある。都市・地域社会から遊離していた、'塀の中の別世界'という状況からの脱出と新たな連携の構築と都市・地域の再生の新たな担い手としての大学自身の「再生」へのチャレンジが始まっている。

地方都市と大学

　地方都市では、その地域が保有する多様な社会資本を活かして、いかにして固有の魅力や個性、そして地域力を再生するかが課題となっている。地方の大学は、豊かな緑やオープンスペースを有する環境としてのキャンパスの存在と、そのなかで繰り広げられる国際的な教育・研究活動のほか、住民としての学生・教職員の人財・知財・資財などを内包する大切な地域資源である。医学部や看護・福祉学部などによる、医療や福祉に関する知と人材、サービスは、地方都市にとって計り知れない貢献となる。

　塀やフェンスでキャンパスを囲って地域から孤立し、大学内の教育研究活動も閉鎖的で、まるで租界のような大学キャンパスであってはならない。地域社会と積極的な結びつきをつくり出し、地域市民と共生する新たな価値ある空間として再生する'コミュニティ・キャンパス'化が地方の都市と大学で試みられている。

これまで、都市と大学の接点は、図書館や運動施設などの地域開放に限定されていたが、社会人の受入れや公開講座などから始まり、大学は高等教育・研究のための場所であると同時に、地域住民の都市生活を支える基盤的環境となりつつある。地域住民へ開かれた生涯学習の場の提供からさらに進展し、地域共同研究開発センター、地域連携推進室、TLO（技術移転機関）など、連携を推進する専門の組織や窓口を設けて、地元自治体や産業界との協働を積極的に推し進める大学が増えてきている。加えて、近年「地域経済の活性化」「環境の保全・再生」、中心市街地、住宅団地、農村などにおける「空間や機能の再生」などをテーマとした大学のサテライト活動や地域貢献は、インターンシップなどの教育効果とも結びつきながら、全国各地の自治体で展開されつつある。このサテライト活動が進化し、地域の多様なステークホルダーとの連携により新たなソーシャルキャピタル（社会的資産）としての地域プラットフォームが生まれ、都市・地域力再生の第3の担い手・エンジンとなりつつある。

大都市と大学

　大都市においても大学と自治体との積極的な連携が進んでいる。単一の大学と自治体との連携・提携・協定などによって、大学の知財、人財を活用して、地域産業振興、地域文化の育成・展開、地域リーダーの育成、まちづくりなど、広範囲な地域連携が行われている。

　また大都市に立地する大規模な総合大学が、新産業のインキュベーションやベンチャー支援を目的として先端的な研究開発施設や新キャンパスを地方都市に新設し、大学施設そのものにより都市開発や地域振興を牽引するとともに、地域再生を推進するための国際人の育成を目的とした国際的交流・連携、グローバルな拠点形成を進めつつある。

転換期に求められることは

　ひとつの時代が終わろうとする現代はまさにエポック(転換期)であり、転換期では、社会の変動を予測して、多少先手を打って対応を考えるだけではなく、「望ましい社会や時代の変化を創り出していく」ことが必要であり、そのためには、現実への対応能力や予測能力を超えた、別のものが必要となる。それはビジョンである。ビジョンは、「Something which is apparently seen otherwise than by ordinary sight」とある。普通には見えないものが見えていること。「こうなりそう」ではなく、「こうしたい」「こうなってほしい」というビジョンは、現実を延長してもその線上には見えてこない。

　筆者らは、日本建築学会キャンパス計画小委員会の成果を背景としつつ、都市・地域と大学との創造的な連携に行動的な実践者による「地域・大学連携まちづくり研究会」を発足させ、我が国および世界各地の都市・地域と大学の連携の実態とそのビジョンに触れる機会を得た。そこで強く感じたことは、「大学は、社会に出てからさまざまな問題に取り組み、効果的に変えていくための'観・論・術'を身につけさせるチェンジ・エージェント（地域再生の創造的な第3の担い手・組織）熟成の場であるべき」という大学・地域両者の思いと「改革を進める大学と地域の創造的な連携が再生の多様な'変化'を創りだす力」となっていることである。それらは、①「変えたい！」という熱い気持ち、②「何をどう変えればもっとも効果的か」の理解、③知財・人財を活用して実際に変化を創りだし、変化のプロセスを持続する力である。都市・地域と大学との共創的な連携が展開し、深化することによって、本来あるべき都市・地域の知の拠点としての大学が再度創られてゆく実態を把握することができた。

　都市・地域のソーシャルキャピタルの創出とテーマ豊かな都市と個性あるクオリティー・オブ・ライフ（生活の質）は、「都市と大学の共創によるエリア・マネジメント」の成果であることを確信する。

2008年10月　小林英嗣・倉田直道

まえがき　　　　　　　　　　　　　　　　　　　　　　　　　　　　　　　　　　　小林英嗣・倉田直道……3

1章　本書のねらいと構成
　　　　　　　　　　　　　　　　　　　　　　　　　　　　　　　　　　　　　　　小松 尚……9

- 1　地域と大学のいま
- 2　地域と大学の連携によるまちづくりの動向
- 3　地域と大学を再構成する
- 4　本書のねらいと構成
- 5　取り上げる事例の着眼点
- 6　本書の読み進め方

2章　都市・地域の空間と機能の再生・創造

　　2章のねらい　　　　　　　　　　　　　　　　　　　　　　　　　　　　　　　小篠隆生……14

居住空間の再生創造

- 2-1　大学、実務家、自治体の共同研究体制で推進するまちなか居住
  〈鶴岡市と早稲田大学〉　　　　　　　　　　　　　　　　　　　　　　　　　川原 晋……16
- 2-2　大学発NPOが仕掛けるニュータウン再生
  〈千葉大学と周辺団地〉　　　　　　　　　　　　　　　　　　　　　　　　鈴木雅之……21

中心市街地の再生

- 2-3　まちなか工房が支援する中心市街地活性化の取り組み
  〈熊本市中心市街地と熊本大学工学部まちなか工房〉　　　　　　　　　　　両角光男……26
- 2-4　「早稲田の森構想」大学都市の実現をめざして
  〈新宿区・UR都市機構・地元商店街ほかと早稲田大学〉　　　　　　　　　後藤春彦……31
- 2-5　大学街地区の再生を実現した地域と大学の協働事業
  〈米国フィラデルフィア市とペンシルバニア大学〉　　　　　　　　　　　　小松 尚……36

街路や交通体系の再生

- 2-6　地元バス事業者と連携した新学内バス導入とその効果
  〈筑波大学と関東鉄道バス〉　　　　　　　　　　　　　　　　　石田東生・谷口綾子……41

地域資源の保存・継承・再生

- 2-7　蔵の文化を継承・活用する民官学の協働まちづくり
  〈喜多方市と東京大学〉　　　　　　　　　　　　　　　　　　　　　　　　野原 卓……46
- 2-8　棚田の復田と農村の再生－棚田百選から大学との協働による重要文化的景観へ
  〈唐津市相知町と佐賀大学〉　　　　　　　　　　　　　　　　　　　　　五十嵐勉……51

3章　環境の保全・再生

　　　3章のねらい　　　　　　　　　　　　　　　　　　　　　　　　　　　　　　　斎尾直子……56

キャンパス内外の環境資源活用と環境マネジメント

　　3-1　キャンパス緑地を保全・活用する市民と大学の協働プラットフォーム
　　　　　〈金沢大学と近隣地域〉　　　　　　　　　　　　　　　　　　　　　　　小松 尚……58

　　3-2　自然環境との共生をはかるキャンパス計画
　　　　　〈米国シアトル市、ボスル市とワシントン大学シアトル校、ボスル校およびカスケード・コミュニティカレッジ〉　　　鶴崎直樹・三島伸雄……63

　　3-3　大学の環境ISO取得と地域環境モデルとしての大学キャンパス
　　　　　〈千葉大学と周辺地域〉　　　　　　　　　　　　　　　　　　　　　　　上野 武……68

広域圏の環境保全・再生

　　3-4　地域と大学による都市フリンジの再構成
　　　　　〈英国ケンブリッジ市とケンブリッジ大学〉　　　　　　　　　　　　　　坂井 猛……73

　　3-5　学術研究都市における「緑のまちづくり」
　　　　　〈九州大学学術研究都市および北九州学術研究都市と関連大学〉　　佐藤剛史・デワンカー・バート……78

　　3-6　環境をテーマにして設立された大学と地域との連携—地域油田開発から環節都市の構想へ
　　　　　〈鳥取県・鳥取市と鳥取環境大学〉　　　　　　　　　　　　　　　　　　吉村元男……83

　　3-7　持続可能な地域社会を目指す広域の地域・大学連携
　　　　　〈仙台広域圏ESD・RCE運営委員会と宮城教育大学〉　　　　　　　　　小金澤孝昭……88

　　コラム　地区単位計画による地域と大学の連携〈韓国〉　　　　　　　　　　　　鶴崎直樹……93

4章　地域経済の再生・振興

　　　4章のねらい　　　　　　　　　　　　　　　　　　　　　　　　　　　　　　　坂井 猛……94

地域経済の活性化を促すプラットフォーム

　　4-1　地域コミュニティの交流の場へと展開する商店街のまちなか研究室
　　　　　〈横須賀市追浜地区と関東学院大学〉　　　　　　　　　　　　　　　　　昌子住江……96

地域の産業クラスター形成や産業転換をささえる大学

　　4-2　生命医科学の研究拠点が先導する新しい都市型産業のコミュニティ
　　　　　〈米国サンフランシスコ市とカリフォルニア大学サンフランシスコ校〉　　有賀 隆……101

　　4-3　都市再生プロジェクトにおける大学の新たな役割
　　　　　〈英国ブラッドフォード市とブラッドフォード大学〉　　　　　　　　　　小篠隆生……106

　　4-4　創造都市を推進する国際的研究教育拠点を目指して
　　　　　〈大阪市と大阪市立大学〉　　　　　　　　　　　　　　　　　　　　　　佐々木雅幸……111

5章　担い手を育成するプログラム

　　5章のねらい　　　　　　　　　　　　　　　　　　　　　　　　　　　　　　上野 武……116

市民や学生の自立を促すプログラム

5-1　住民が創発する草の根地域再生運動
　　　〈鳥取県智頭町と周辺大学〉　　　　　　　　　　　　　　　　　　　　　山重 明……118

5-2　農山村エリアに展開する「やまなかキャンパス」を契機とした地域の人材育成
　　　〈山形県最上地域と山形大学〉　　　　　　　　　　　　　　　国分 厚・斎尾直子……123

5-3　学生まちづくりの動向と展望
　　　〈全国各地の学生まちづくり団体〉　　　　　　　　　　　　　　　　　　渡会清治……128

まちづくり専門家を養成する連携プログラム

5-4　まちと学生が育て合う仕組みをつくる
　　　〈銀座と建築・芸術系大学〉　　　　　　　　　　　　　　　　　　　　竹沢えり子……133

5-5　コミュニティ・アーキテクトを養成する大学教育プログラム
　　　〈滋賀県と滋賀県立大学〉　　　　　　　　　　　　　　　　柴田いづみ・奥貫 隆……138

まちぐるみで取り組む担い手育成プログラム

5-6　まちづくりを使命とする公設民営大学の戦略
　　　〈酒田市・鶴岡市と東北公益文科大学・大学院〉　　　　　　　　　　　　小松隆二……143

5-7　地域の担い手を育成するコミュニティカレッジ
　　　〈米国ユージン市とレーン・コミュニティカレッジ〉　　　　　　　　　　西尾治一……148

　　コラム　都市の経済発展と拠点大学の急成長〈中国〉　　　　　　　　　　　坂井 猛……153

6章　共創まちづくりを進める仕組み

　　6章のねらい　　　　　　　　　　　　　　　　　　　　　　　　　　　　鶴崎直樹……154

地域と大学のまちづくりプラットフォーム

6-1　公民学連携による柏の葉アーバンデザインセンター UDCK
　　　〈千葉県・柏市と東京大学・千葉大学および三井不動産〉　　　　　　　　北沢 猛……156

6-2　まちづくりを支援する大学ベースの専門家組織
　　　〈米国ミネアポリス市・セントポール市とミネソタ大学〉　　　　　　　　遠藤 新……161

地域と大学の計画連携技術

6-3　自治体と大学の情報と戦略の共有
　　　〈米国ケンブリッジ市と市内4大学〉　　　　　　　　　　　　　　　　小篠隆生……166

6-4　「キャンパス」と「まち」一体的な都市空間デザインのためのフレームワークプラン
　　　〈米国ニューヘブン市とイエール大学〉　　　　　　　　　　　　　　　斎尾直子……171

行政と大学の戦略的な連携体制

6-5　大学・都市連携による知の都市集積
　　　〈横浜市と市内の大学〉

土井一成・渡邊孝之……176

7章　共創まちづくりの視座と可能性

有賀 隆……181

1　進化し続けるまちづくりの方法
2　共創まちづくりを支える地域プラットフォーム
3　まちづくりの担い手たちと大学
4　「共創」が拓く新しい地域像とまちづくりの方法

プロフィール……189

1章
本書のねらいと構成

小松　尚（名古屋大学大学院環境学研究科）

1　地域と大学のいま

　過去を振り返れば、我が国において地域社会と大学は必ずしも密接とは言いがたい関係にあった。かつて大学は「象牙の塔」と呼ばれ、地域社会において中立的であると同時にその心理的な距離から、地域社会の構成員でありながらもやや疎遠な存在であった。

　しかし、時代は変わり、地域と大学の連携によるまちづくりが我が国で、そして世界各地で行われ始め、これまでの地域と大学の関係からは想像できなかったような数々の成果が生まれている。なぜだろうか。

　地域の側からすると、これまでの国づくりや地方のまちづくりの主導者であった行政は、地方分権や市民社会への流れの中でその旗振り役ではなくなりつつある。また、戦後の経済発展を支えた企業にも、産業転換や国際化の波、そして経済の低成長化の中で、これからの都市・地域づくりを引っ張るような役割は期待できなくなっている。さらに、これまでの地域社会を支えた地縁組織も、高齢化や過疎化などによってその機能を失いつつあって久しい。

　このような背景の中で、強力なリーダーによるまちづくりではなく、協働や連携によるまちづくりが期待され、1990年代からNPOや市民組織が新しいまちづくりの担い手として各地で活躍している。そして新世紀に入って、これまで比較的中立の存在であった大学が、まちづくりの担い手や地域資源として期待され始めた。大学には学生や教員といった「人」、キャンパスなどの「物・空間」、基礎から最先端までの「知」の財産がある。これまでアンタッチャブルだった資源が、まちづくりの資源として見直され始めたのである[*1]。

　一方、大学の側にも都市や地域との関わりを正面から考えざるを得ない事情があった。我が国の大学の歴史を振り返れば、明治以降、国家の指導者となるエリートの育成を担い、戦後の経済成長期には、それを支える知識や技術を提供し、そして人材を輩出する機関としての役割を果たしてきた。しかし、社会の成熟と低成長時代を迎え、また18歳人口の減少に伴ってその役割は相対的に低下し、存在意義を改めて考えざるを得なくなった。さらに、2004年の国立大学の法人化によって、国公立・私立問わず、大学は生き残るための活路を自ら切り開いていかなくてはならない状況に直面したのである。

　これまで、大学経営に必要な資源は学生と教員、キャンパス、そして文部科学省からの予算・助成金であった。しかし、学生数の減少や国からのサポートが漸減する中、立地する地域に対して大学の存在意義を示し、地域と創造的な関係を結ぶことが、大学のこれからを決める重要な課題の1つであると、多くの大学が認識し始めたのである。

2　地域と大学の連携によるまちづくりの動向

　それでは、地域と大学はどんな関係を結び、まちづくりへと向かっているのだろうか？　詳しくは本書の各事例から読み解いていただきたいが、現在国内外で展開されている大学との連携によるまちづくりの動向を簡単に整理してみたい。

■1 地縁的なまちづくり

　1つには、大学とその周辺地域が、その地縁的関係を活かしてまちづくりに取り組んでいる。例えば、フィールド指向の教育研究プログラムを梃にして、大学と近隣のまちづくりの主体が中心市街地や商店街、住環境の再生や地域経済の振興に取り組み（例えば本書の4-1。以下同様）、そしてその体制作りを進めている。地域と連携した教育プログラムとしては現代的教育ニーズ取組支援プログラム（現代GP）がその代表であろう。大学周辺

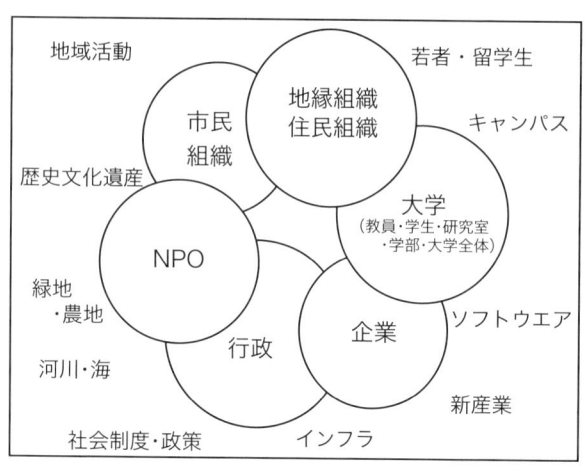

図1　多様な担い手と地域資源を活かしたまちづくりへ

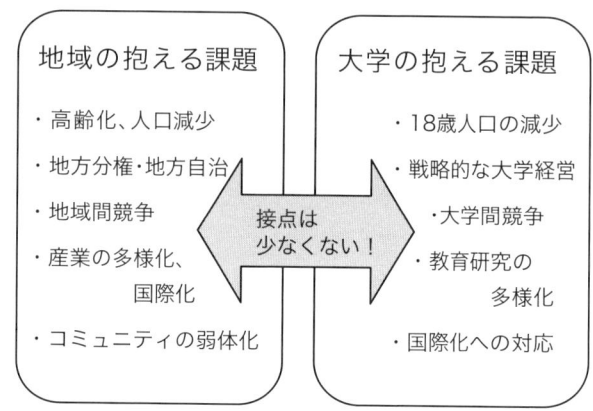

図2　地域と大学が抱える課題

のまちの活性化や再生をテーマに、問題解決型の学習プログラムが各地で行われ、現在ではその成果を発展させたまちづくり活動へと展開している。また、それを契機に、学生自らがまちづくり活動を始めているケースもあり（5-3）、さらには、学生の草の根的活動を、大学の特色となる教育プログラムにまで地域とともに育て上げた事例がある（5-5）。

このプロセスにおいては、まちなか研究室や大学発NPOを設立して、地域と大学がより密接に解決策や仕組みづくりを追求したり、事業化に対応する動きもある（2-2、2-3）。

キャンパスの計画やマネジメントでも、周辺と空間的、機能的、環境的に緊密な関係を生み出すことが重要な視点になっており、そのための計画体系（6-4）や連携推進体制（3-2）が構築されている。

❷地域包括的なまちづくり

さらに、より広域的で包括的なまちづくりに取り組む動きがある。都市のフリンジである緑地帯に立地する大学が、地域と協働して計画的かつ戦略的に緑地帯を保全する事例（3-4）、産業転換が進む地域の都心部を再生するプロジェクトに大学のもつ活力を活かす事例（4-2、4-3）、大学を含む対等な協働プラットフォームを構築して市街地整備事業を進める事例（6-1）、さらには地域と大学が大学街地区としての協働事業に取り組み、治安から生活環境まで地域の改善を実現している事例（2-5）などがある。大学も地域とともにまちづくりに取り組むこと

を大学の使命と認識し、それを大学の特色（ブランド）としている大学も少なくない。

また、各大学の情報を毎年収集し、共有して都市経営や都市計画に活かしたり（6-3）、大学と協定を結び、まちづくりに関する連携体制を整える自治体などもある。

さらに、大学に対する地域の期待として、シンクタンクの役割がある。そのような視点で見ると、都市圏や農山村地域という広域の課題や新たな産業の創出や担い手育成を支援する組織や体制を大学内に構築し、地域と共同で運営している事例がある（4-4、5-2）。さらにはそれが進展し、立地する地域のまちづくりをテーマに開学した公設民営大学（5-6）や米国のコミュニティカレッジ（5-7）のように、ニーズや時代の要請に応じた担い手を育成、輩出する大学を設立し、運営している地域もある。

❸連携の段階性と多層性

このように、地域と大学の連携によるまちづくりのアプローチ（間口）は幅広いが、同時に、身近な課題の共有と解決に動き出した初期的段階から、包括的・公定的なまちづくり共同体の創成段階まで到達した事例まで、その協働・連携には様々な段階（奥行き）があることがわかる。

また、一口に大学といっても、地域と関わっている単位は教員個人や研究室から学科・学部・センター、そして機関としての大学全体までと幅広い。それぞれがまちづくりの担い手としてのポテンシャルを持っているのである。組織で対応する行政や企業とは異なり、多層的に

写真1　里山であるキャンパス緑地の共同管理や農的活用（金沢大学角間キャンパス）（撮影：高橋里佳）

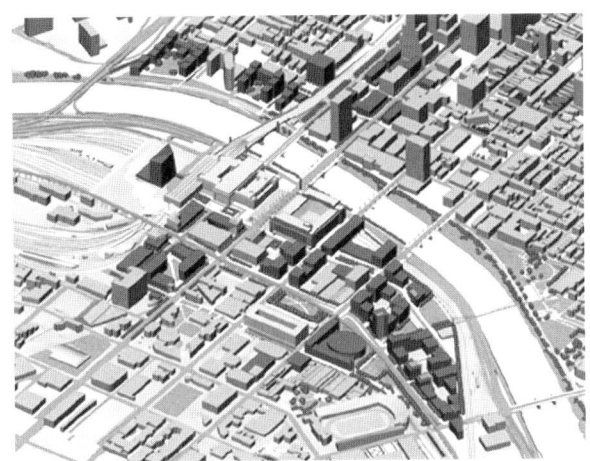

図3　大学街地区（手前）と都心部のまちづくり事業の接続（アメリカ・フィラデルフィア）（出典：日本建築学会シンポジウム（2004.8.27 於札幌）におけるJ・ヒバート氏によるプレゼンテーション資料より）

まちづくりに向かうことができる点は、そのマッチングをだれが、どのように調整するかは課題であるものの、まちづくりの担い手として大学が持つ特色であると言えるだろう。

さらに共通して見えてくるものは、地域再生やまちづくりの実現を目指してともに模索する中で、地域と大学のそれぞれのあり方を探求している点であると言えよう。

3　地域と大学を再構成する

そこで本書が重視したい点は、図4のように最初は相補的に地域もしくは大学の助けを得ながら、次第に新たな地域像、大学像へと転換し、新たな共同体としての地域・大学の関係を構築する、そのプロセスとつくりあげられた共同体としての仕組みである。

地域と大学が連携・協働することによって双方が変革や再生を行いながら、お互いをパートナーと呼べるような共同体を創りあげるという過程とその姿。これこそが本書のタイトルとして掲げた「共創」ではないかと考えている。

では、「地域と大学の共創まちづくり」には、どんな視点や可能性があるのだろうか？

4　本書のねらいと構成

地域・大学連携まちづくり研究会は国内外の事例訪問調査や、建築学会や都市計画学会での研究発表やシンポジウムの開催、内閣官房都市再生本部（現 地域活性化統合本部）によるワークショップへの参加、研究成果の出版等を行いながら、各地の行政、企業、市民団体などまちづくり実践者や新たな大学像を追求する大学関係者と意見交換を重ね、地域と大学の連携によるまちづくりに関する課題の共有とこれまでの到達点、今後の展望を議論してきた。

その中で、地域と大学の連携によるまちづくりについて、幾つかの視点が見えてきた。

そこで、本書は図5で示すような組み立てによって章構成をし、立体的に「地域と大学の共創まちづくり」について見ていくことにする。

❶対象・テーマ

まず、疲弊した地域を再生し、同時に新たな大学運営や教育研究の創生を推し進める地域と大学の連携によるまちづくりの対象・テーマがある。本書では、

○都市・地域の空間と機能の再生・創造〈2章〉
○環境の保全・再生〈3章〉
○地域経済の再生・振興〈4章〉

の3つを掲げた。

地域再生の具体的な対象・テーマであり、これに大学の組織や人材、キャンパスという空間・環境資源が関わって、地域と大学があたかも1つの共同体のごとく動き出している事例を紹介し、解説する。そこで地域は、そして大学はどのように変貌を遂げようとしているかを明らかにしたい。

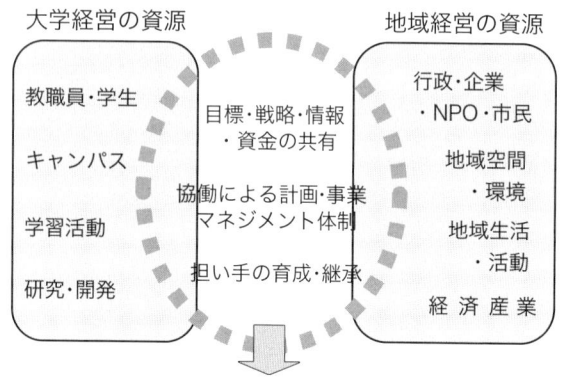

図4　まちづくりにおける地域と大学の接点

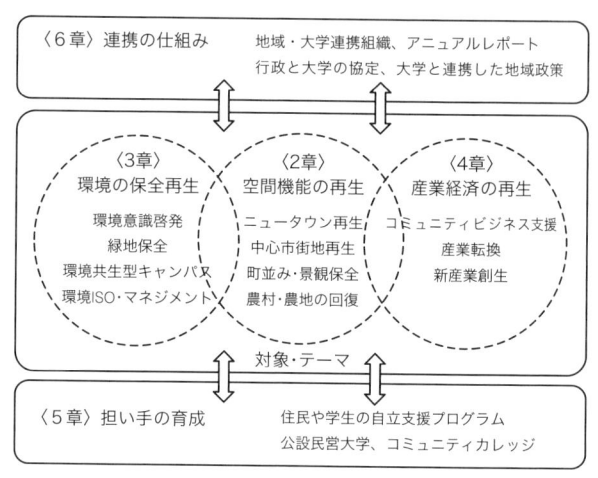

図5　地域と大学の連携によるまちづくりの視点（本書の構成）

2 担い手を育成するプログラム

一方、大学という教育研究機関は次世代を担う人材育成を目的とした組織であり、場である。よって、地域との連携によってまちづくりの担い手を育成することそのものが大学の使命となり、また地域側も大学との連携行動によって自らの課題や潜在力に気づき、まちづくりの担い手を一緒に育てているという事例も生まれている。

5章で扱う担い手を育成するプログラムが、双方の連携で実施されていることは、「地域と大学の共創まちづくり」の特色だと言える。

3 地域と大学が連携する仕組み

さらに、地域と大学の連携の様態は多種多様である。「相手の窓口がどこかわからない」という声を地域、大学双方からよく耳にするが、地域と大学がお互いに窓口を開いてどのような情報を共有し、どのような連携の組織体系を構築し、どのような成果を生みだしているのか。その場合にどんな計画や事業、地域政策が展開できそうか。さらには今後の展望はいかに。地域と大学が構築した連携の仕組みについて、6章で紹介する先進事例から学びたい。

本書では便宜上、まちづくりの対象・テーマ（2章 空間と機能の再生・創造、3章 環境の保全・再生、4章 地域経済の再生・振興）と担い手育成プログラム（5章）、連携の仕組み（6章）を図5のように章に分けて構成した。しかし、まちづくりの現場ではそれぞれ不可分な関係にある。

つまり、本書で取り上げる事例は、それぞれの章のねらいに合致した特色ある側面から見ている。そこで、各事例が有する「共創まちづくり」としての立体的な関係をよりよく理解するために、各事例の解説においては、特に地域と大学が連携するに至った経緯や背景、目的、体制づくりや今日までのプロセスについて、共通して丁寧に説明することにしている。

そして最終章（7章）では、地域と大学がひとつの共同体として取り組む「共創まちづくり」の現在の到達点と、今後の展望を整理したい。

5　取り上げる事例の着眼点

「地域と大学の共創まちづくり」には、様々なアプローチ（間口）と段階（奥行き）があると考えられる。よって、本書で取り上げる事例の選択に際しては、以下の点を重視している。

1 連携の背景や目的

本書では、地域と大学が連携してまちづくりを行う明確な理由や目的をもった事例を選んでいる。よって、国内事例だけでなく、社会的背景や制度が異なる海外の事例も取り上げることにした。現在の日本の状況にそのまま当てはめることができない考え方や手法もある。しかし、地域と大学が目標を共有して取り組むまちづくりのプロセスや成果からヒントを感じ取っていただきたい。

2 取り組む対象・エリア

大規模でダイナミックな事例だけでなく、小規模であったり地道な取り組みにも着目している。また、都市部だけでなく、地方都市や農村部で展開している事例も注目し、取り上げている。様々な対象・エリアを取り上げることで、各地で精力的に取り組まれている地域と大学の連携によるまちづくりの広がりを明らかにしたいと考えている。

3 計画や事業の方法、組織形態

ひとつの方法や組織の構成に偏ることなく、様々なまちづくりの方法や組織形態を取り上げている。初動期に関係者の思いを紡ぎ上げる方法を模索した事例、計画ルールやその検討体制を構築している事例、さらには協働事業の体制を構築して再生事業に着手し、中には再生事業の目標を達成した事例などから、「地域と大学の共創まちづくり」の仕組みやアプローチの広がりを示したいと考えている。

よって、大学側も教員や学生ベースから、学部・学科・センター、さらには機関としての大学による取り組みまで、様々な事例を取り上げている。

さらに前述のように、各事例における連携の仕組みやカウンターパート（窓口）については、できるだけ丁寧に説明するように心がけている。

4 現在までのプロセスにもとづく今後の展望

初動段階からある程度成果が見えてきている段階、さらにその次の展開が構想されている段階など、様々な段階にある地域と大学の連携事例を取り上げている。よって、現時点の成果や課題についてはこれまでの過程をふまえて分析し、今後の展望を見通して伝えたいと考えている。

6 本書の読み進め方

各事例は、各章のねらいに沿って各事例の最も特色ある側面に着目し、その事例に関与している、もしくは精通した執筆者が解説している。事例ごとに完結しているので、2章から順に読み進めることもできるとともに、タイトルやキーワードを手がかりにして、読者の関心や抱える課題に関係する事例について読んでいくこともできる。

本書の読者としては、地域側でまちづくりや都市・地域経営に関わる方、また大学側では教育研究・大学経営において地域連携事業に関わる方が想定される。よって、本書を「地域」もしくは「大学」の立場から読み解いていくことも可能であろう。

国内外の事例解説を行き来しながら、今日の「地域と大学の共創まちづくり」の到達点と展望を読み取っていただきたい。それが、読者が関わる課題の解決やさらなる発展の参考になれば幸いである。

◎注
*1 これには政策的な後押しもあった。2005年12月には「大学と地域の連携協働による都市再生の推進」が都市再生プロジェクトとして都市再生本部決定され、続いて2006年2月には、大学等と連携した地域の自主的な取組に対して省庁が連携して支援する「地域の知の拠点再生プログラム」が決定された。また、文部科学省の中央教育審議会も2005年の答申「我が国の高等教育の将来像」で、地域貢献を大学の主要機能の1つに位置づけている。

2章
都市・地域の空間と機能の再生・創造

2章のねらい

小篠隆生（北海道大学大学院工学研究科）

1　空間・機能再生力の多様性～本章のねらいと構成

　大学が持つ資源として、「人」「物・空間」「知」があることを1章で説明した。これらがまちづくりの資源として、特に地域の空間や機能の再生に寄与する際には、例えば、人的ネットワークによるまちづくりの支援を行なったり、キャンパスの持つ豊かな空間を周辺市街地の再整備に活かすといったように、地域の特性や実現しようとする内容に応じて働く要素は異なるであろう。そこには、それぞれの地域が持つ多様な価値観を反映し、複雑な合意形成や意思決定のプロセスがあり、その上で新しい将来像を描き出し、そのイメージが具現化、創造されていくまちづくりのプロセスがある。

　本章では、取り上げた事例が扱っている対象によって、「居住空間の再生創造」「中心市街地の再生」「街路や交通体系の再生」「地域資源の保存・継承・再生」という4つにグルーピングしている。その中で展開する地域と大学の連携したまちづくりの様子は、上記のエリア・対象別の要素と、「研究の実践を通じたまちづくり」「地縁的なまちづくり」「地域包括的まちづくり」「小さな活動の連鎖によるまちづくり」という4つのまちづくりのタイプと、さらには大学の持つ資源である「人」「物・空間」「知」が重なりあったものとして整理することができる（表1）。

　まちづくりのタイプとまちづくりに使われる大学の資源を掛け合わせながら、それぞれのエリアや対象としての物理的要素に対して行われる大学と地域の多様なまちづくりの展開の中で、何が達成され、どのような変化が起きているのかを明らかにするのか本章のねらいである。

2　「共創」のための3つのテーマ

　本章では、8つの事例を取り上げている。「居住空間の再生創造」では、鶴岡市での大学と研究所によるまちづくり（2-1）、千葉の団地再生のための大学発NPO（2-2）、「中心市街地の再生」で、熊本市のまちなか研究室（2-3）、

表1 空間・機能再生の取り組みにおける多様性

エリア・対象	まちづくりのタイプ	研究と実践を通じた人づくり	地縁的まちづくり	地域包括的まちづくり	小さな活動の連鎖によるまちづくり
居住空間の再生創造	2-1	■			
	2-2		■		
中心市街地の再生	2-3			■	
	2-4			■	
	2-5			■	
街路や交通体系の再生	2-6			■	
地域資源の保存・継承・再生	2-7				■
	2-8				■

凡例： 人　物・空間　知

早稲田の森構想（2-4）、フィラデルフィア市とペンシルバニア大学の大学と都心エリアの再整備（2-5）、「街路や交通体系の再生」で、筑波大学の新学内バス（2-6）、「地域資源の保存・継承・再生」で、喜多方の蔵文化の継承（2-7）、唐津蕨野の棚田と農村の再生（2-8）を取り上げている。8つの事例は、独立した事例であるが、空間・機能の再生に関わりながら行われるまちづくりのプロセスから、「戦略的計画」「担い手づくり」「パートナーシップの構築」という3つの重要なテーマが抽出される。

■空間整備計画の戦略性

早稲田大学（2-4）は、キャンパスの内部のみを充実する時代は終わり、今後はキャンパス周辺にまちづくりを展開することが大学の社会的責務であるとして、「早稲田の森」構想を策定した。その具現化のためには、開発のパートナーやステークホルダーとしての参画に留まらず、共同提案者としての参画、公共施設の指定管理者といった管理運営などのソフト面での参画といった計画・マネジメントでの総合的、戦略的地域再生計画の構築を目指す。

また、ペンシルバニア大学（2-5）では、キャンパスの中心部には、教育研究や大学生活に必要な空間を集積させる一方で、キャンパス周縁部に生活・商業関連施設を配置し、ランドスケープを充実させながら、周辺地域や都心部と有機的に連結してゆく空間づくりが意図されている。

筑波大学の学内バスシステムの導入（2-6）においては、キャンパスリニューアル計画というマスタープランの中で全学の施設計画の一部として交通システムを位置づけることで、地元交通事業者との連携や学内調整を円滑に進めることが可能となり、軸のぶれない効果を生み出している。

■地域・大学連携による新たなまちづくりの担い手

一方で、ハードの再生を行うためには、そこに使うユーザーをどのように巻き込んで、息の長い活動に結びつけていくのかというソフトの仕組みを同時に構築していくことが求められる。そこで、NPO法人ちば地域再生リサーチ（2-2）では、大学の研究室とNPOが相互補完の体制をとりながら、地域における生活サポート事業などの実践活動の継続性が維持され、住民の支持を受けられるようになってきている。

鶴岡のまちづくり（2-1）では、大学研究室と大学が設立した都市・地域研究所が、提案だけでなく、市民の中から担い手を発掘し、担い手の動機に基づき計画意義や内容を「気づいてもらう」ことから再出発・再構築し、事業主体としての自立を支援することで、着実にプロジェクトが実現に結びついている。

■多主体とのパートナーシップ

熊本大学のまちなか工房（2-3）では、中心市街地活性化協議会などの、官民が連携した組織的活動の調整役、推進役として工房や教員の役割が重要視されている。立場や意見の異なる組織間の連携を促す効果をもたらし、大学がキャンパスを出たことによる社会的距離感の短縮が、地域としてはパートナーとしての認識を深めたともいえる。

また、地方都市における大学との連携においては、喜多方（2-7）や唐津（2-8）のように、物的環境に内在する様々な資源を発掘し、もう一度位置づけ直すというプロセスに大学が加わることによって、市民や地域社会が主体になった持続的なコミュニティを育む活動の連鎖が生まれており、新たなまちづくり、空間づくりが展開している。特に唐津の蕨野では、「棚田という地域資源をお互いに利用し合うことで生み出された、共有資源（コモンズ）の再生」が大学と地域の「共創」の関係をつくりだしているともいえる。

このように、大学とその周辺の地域や都市がそれぞれの共有資源を見いだすことで、まず相互補完の関係をつくり、さらに経営上のパートナーとなることが重要な戦略になる。物的環境整備の戦略の構築、持続的展開を可能する担い手育成、多主体とのパートナーシップといった要素が同時多発的にダイナミックな動きを見せるとき、空間と機能の再生・創造を通じた地域と大学の「共創まちづくり」が生まれるのではないだろうか？

2-1
大学、実務家、自治体の共同研究体制で推進するまちなか居住
〈鶴岡市と早稲田大学〉

川原　晋（早稲田大学創造理工学部建築学科）

1 鶴岡まちづくりと大学の関わり

　山形県鶴岡市の中心市街地は、人口約14万人都市の中心である。城下町としての街路の骨格、美しい山並みの景観、堀・蔵などの歴史的な都市の基本構成と資産が中心市街地の随所に残されている。一方、中心市街地の人口減少と高齢化、商店街衰退といった、いわゆる中心市街地の衰退化が進行中である。

　その鶴岡市と早稲田大学の関わりは、都市計画研究室による城下町の構成原理研究から始まる。そして、大学と行政、市民が協働で描いたまちなか居住・生活基盤再生の大きな戦略のもとに、様々な計画の具体化が進められた。現在、行政事業だけでなく、地元有志組織が事業主体となった複数の「市民事業」が立ち上がっている。大学が、公共事業や従来の民間事業で満たせなかった地域まちづくりのニーズを把握し、構想レベルから事業化レベルまでを積極支援してきた希有な事例であろう。

　本節では、これを可能にしている大学研究室と早稲田大学都市・地域研究所の連携に着目しながら、その多様な専門家を擁する研究体制と、複数の研究・実践フィールドでの研究成果を相互に活かして進めてきたまちづくりの展開について述べてみたい。

2 研究室と都市・地域研究所の連携体制

❶都市・地域研究所の研究・活動の体制と対象

　はじめに大学側体制の特徴の1つである、早稲田大学都市・地域研究所を紹介する。本研究所は、早稲田大学の研究組織「プロジェクト研究所」の1つとして2000年に発足した。早稲田大学の専任教員が核となり、行政や企業からの外部資金を導入しつつ、学外の研究者や専門家との共同研究を行うために設置されている研究組織である。これまで20近い自治体や地域組織と協働した現場で、建築、都市計画分野から、行政学、社会学、情報システム学、経営学、地方自治学等の学内外の専門家と共に、都市・地域づくりを研究・実践してきている。

図1　早稲田大学都市・地域研究所の研究・活動対象

　本研究所の研究・活動の対象は、第1に、歴史的文脈の解読・継承という時間軸を意識しながら、建築スケールから都市基盤整備、流域圏スケールまでの広域的な環境形成を対象としていること、第2に、その背景である地域文化やコミュニティといった社会状況やこれに起因する社会問題の探求を重視していること、第3に、都市政策から個別の事業計画までの提案やプロデュースを行っていること、が挙げられる（図1）。そして、この活動の中心となるのが、自治体、市民組織を研究パートナーとする、1) 中心市街地の再生、2) 中山間離島の地域づくり、3) パートナーシップ、という3つのテーマを持つ研究分科会である。そして鶴岡は、1) と3) の研究・応用の舞台となってきた。

❷大学研究室と都市・地域研究所の連携の形

　上記のような仕組みを使って、研究室と都市・地域研究所は柔軟に連携しながら鶴岡まちづくりを直接的・間接的に支援してきた。大きくその関わり方は大学の調査研究と行政の調査・政策ニーズが合致した中で行われる「アカデミズム型」と、具体的な自治体計画の構想や市民事業を支援する「プロジェクト型」があろう。

　アカデミズム型は、第1に、研究室主導で一貫して進めてきた「城下町の構成原理研究」が市から信頼を受け、城下町骨格の保全・再生のための景観施策、絶対高さ制限の導入などの都市計画課の施策として取り入れられてきた。第2には、都市・地域研究所の仕組みである自治

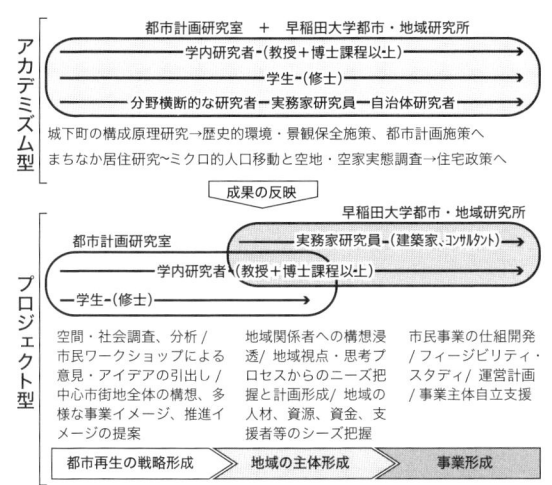

図2　大学研究室と都市・地域研究所の役割、担い手の連携図

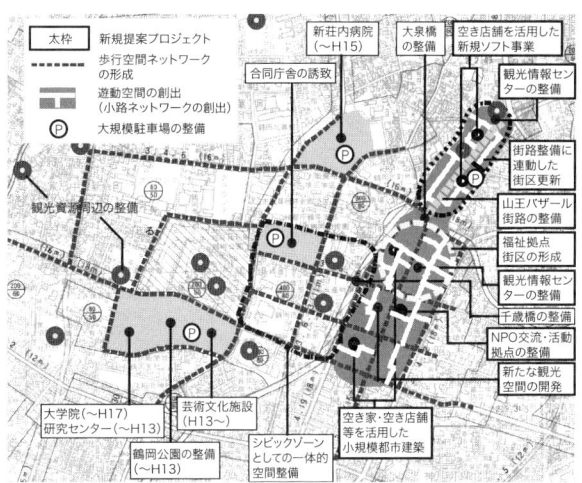

図3　市民参加で作った中心市街地まちづくりの構想（歩いて暮らせる街づくり構想（案）2000年より）

体との共同研究として、中心市街地空洞化の解決策を打ち出したい市都市計画課のニーズを受け止めながら、「まちなか居住研究」として進めてきた。これらは教授や博士課程以上の多分野にわたる学内研究者、学生、自治体職員、都市計画コンサルタントである客員研究員（以下、実務家研究員）という、1つの研究室を越える体制を組み、研究主導で動きながら、鶴岡の大きな空間面のグランドデザインを形作ってきた。

プロジェクト型は、都市計画マスタープランや中心市街地再生の構想策定から、後述する福祉住宅や商店街の共同店舗整備などの個別の事業化レベルまでにおいて、研究室が中心の段階から都市・地域研究所が中心の段階へと少しずつ体制を組み替えながら進めてきた（図2）。

研究室は、空間面や地域社会の基礎的な調査の分析や、住民参加型ワークショップなどを繰り返し開催しながら、中心市街地全体のまちづくりの構想や多様な事業のイメージ（図3）やまちづくりを進める体制イメージの提案を行い、また、まちづくり主体の発掘・連携を進めてきた。都市・地域研究所は、地域の事業主体の形成にむけて、その地域の実際の人材、資源、資金、支援者等を勘案しながら事業方法やフィージビリティ・スタディなどを担ってきている。

プロジェクト形成の流れが、戦略形成段階から地域における主体形成、事業形成と進むとすれば、大学研究室が中心となる時期は、戦略形成から地域の主体形成の初期を担い、都市・地域研究所は、実際に責任を負うことになる計画主体、事業主体を育みながら事業の成立を支えてきていると言えよう。その際、学内研究者は継続して関わり、市民事業の意図がぶれないよう留意している。

3　協働で作成した中心市街地まちづくり戦略

鶴岡市は、1999年3月、中心市街地活性化基本計画において、長期目標として中心市街地での人口減少と高齢化への対応を重要な政策課題の1つとして位置づけた。1999年度の「住み続けられるまち研究事業調査」では、研究室の基礎調査と中心市街地の2つの商店街における市民参加型デザインゲームを通して、中心市街地の現状や可能性を整理した。また、その再生のため、鶴岡の地域性に立脚し「中心市街地内での居住と商いを支える小さなプロジェクトを展開すること」や、まちなかの魅力を生むために「地区全体で遊動空間を創出すること」等を含む中心市街地活性化原則を提起した。これは、道路整備や公共施設整備などの公共事業による再生を主とせず、中心市街地の商店街店舗や遊休地等における民間の個別建て替えや共同化などを基本とする小規模なプロジェクトを連鎖させていこうという戦略である。また、その連鎖によって生み出す「遊動空間」とは、個別のプロジェクトでつくる敷地内の質の高いセミパブリック空間と道路をネットワーク化し、まちの多様な魅力を選択しながら、まちなかを自由気ままに歩き回る「遊動」という行為ができる仕掛けが込められたまちをつくることを提案したものだ[*1]。

2000年度の「歩いて暮らせる街づくりモデル地区調査事業」調査では、まちづくりの可能性をさらに掘り下げた。市民参加で、観光、居住、福祉、商業、道路交通に関わる分野横断的なテーマを提案集としてまとめ、具体的なプロジェクトのシーズを拾い上げた（図3）。市職員

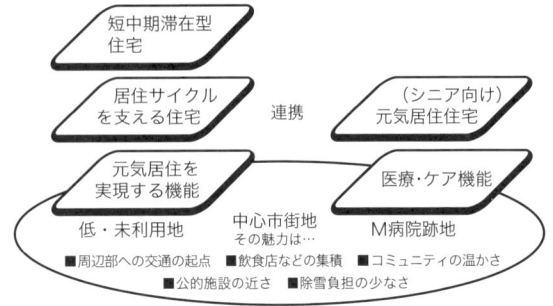

図4　元気居住都心の構想図（元気居住都心ワークショップの提言より）

図5　短中期滞在型住宅「皓鶴亭」

も担当の都市計画課だけでなく、都市整備課、商工課、土木課、企画課等が多数参画した。特に、「まちづくりを進める体制」を議論したことは重要であり、NPO活動など市民サイドでどのような体制で進めていけばよいかの具体的な方策を見出す契機となった。

　この2年間は、行政と大学研究室が先導しながら、行政と市民が協働でまちづくりを進めるためのお互いの顔が見える議論の場、チャンネルをつくりつつ、中心市街地全体でまちづくりを進める戦略を共有した段階である。これを受けて、その後、鶴岡では市民が主体となった複数のプロジェクトが動き始めることになった。

　次項から空間的要素の改善に繋がっているプロジェクト型の事例を、テーマ型とエリア型に分けて紹介する。

4　元気居住都心プロジェクト〜テーマ型

■1 市民事業の種を育てた元気居住都心ワークショップ

　元気居住都心プロジェクトは、「年を重ねるなかで変化する生活様式や身体状況にあわせて居住者が自分の居住のあり方を選択し、住み続けられること」という、中心市街地の多様な居住ニーズを受け止める住まいを実現することを目標としたテーマ型のプロジェクトだ。その背景には、中心市街地の人口減少と高齢化への対応は、市内にこれまである単一の居住のあり方で対応することは難しいという認識があった。

　1999〜2000年度の戦略形成期の2年間で見出された関心の高い市民の参画を得て、都市整備課と研究室＋都市・地域研究所がまとめた「元気居住都心ワークショップの提言（2001年11月）」では、元気居住都心をつくるための方向性として、若年ファミリー世帯（ステップ層）用住宅や工場団地に勤める単身赴任者（スキップ層）用住宅といった居住サイクルを支える住宅、鶴岡出身の県外在住者の里帰りニーズを受け止める短中期滞在型住宅、元気な高齢者＝シニア向けの元気居住住宅の必要性を提言した（図4）。この提言はその後2年かけて庁内オーソライズが行われていくが、並行して、市民の間で、これら多様な居住形態を実現する複数の事業が立ち上がってきた。このワークショップでは、事業の担い手候補が参加し、以下の皓鶴亭、クオレハウスのシーズが育ったと言える。

■2 NPOによる短中期滞在型住宅「皓鶴亭」の実現

　短中期滞在型住宅は、旧武家地の良質な空き家を活用して、2005年から「皓鶴亭」として実現した（図5）。これは、地元建築士会青年部を中心に関心の高い市民・市職員が加わって立ち上げた「NPO鶴岡城下町トラスト」によって、整備・運営されている。3泊以上の利用者に貸し出し、鶴岡の人々と交流活動する場面をコーディネートする取り組みをしている。リピーターも多く、空き家を使って欲しいという申し出も生まれている。事業の組み立てと事業体の立ち上げにあたっては、研究室と鶴岡城下町トラストが協働で準備と試験運用を行った後、トラストによる本格運用となった。

■3 シニア向けの元気居住住宅「クオレハウス」

　シニア向けの元気居住住宅の実現としては、中心市街地の銀座商店街内の病院跡地に病院経営者を事業主としてコーポラティブ賃貸住宅「クオレハウス」が2008年度にオープンする。隣接する市指定文化財の座敷蔵や、蔵を改修した郷土料理店（2007度開店）と一体となり（図6）、医療、介護、食事といった生活支援サービスが、合わせて設立する複数の組織・会社により提供されるものだ。

　こうした多様なサービス・機能は、多様な担い手による責任ある形の組織化が必要だ。計画の初期は、病院経営者を中心に、首都圏で実績のある民間高齢者住宅事業者と連携を検討していたが、地方ではこの業者の事業スキームでは事業化のハードルが高いという状況が生まれていた。そこで、都市整備課の後方支援のもと、都市・

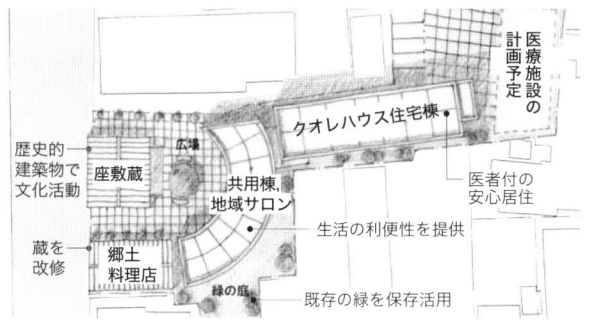

図6 クオレハウスと一体化して整備・活用される蔵などの資源

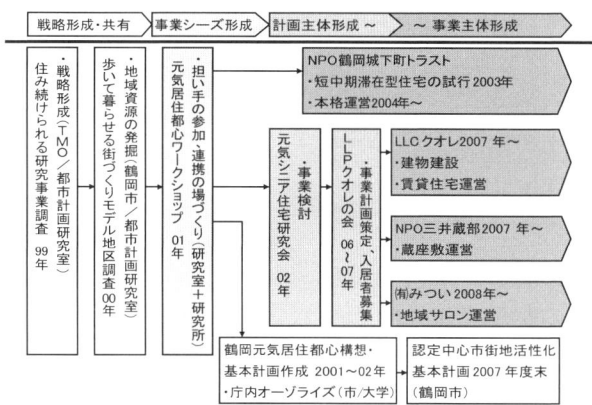

LLC＝合同会社。米国のLimited Liability Companyがモデル。2005年制定の新法で導入された企業組織形態

図7 元気居住関連のプロジェクト形成プロセス[*3]

地域研究所の実務家研究員を中心に、担い手になる可能性のある地元支援者とセミナーを開催し、担い手と事業のイメージを固めていく作業を進めた。その結果、いきなり金銭的リスクや事業の運営責任を負う「事業主体」を立ち上げるのでなく、事業計画をつくる会社、すなわち「計画主体」を有志で設立した。その際、2005年に制定の新法による新しい会社形態である有限責任事業組合（以下、LLP）を採用した。これはLLPの特徴である、出資額の大小に関係なく利益の配分や権限などを自由に決めてよいという内部自治原則に着目したものだ。クオレハウスの場合、このことはLLP設立メンバーの責任と作業内容・分担を明確にし、それぞれの事業の内容を自分の問題として確定していくことができた。その結果、各々の事業内容によって、事業化段階では様々な会社形態が選ばれ連携体制が組まれた（図7）。

なお、計画策定にあたっては、首都圏に住む鶴岡出身者が集まる首都圏鶴岡会の方ともワークショップを重ね、短中期滞在のニーズや、クオレハウスへの入居可能性、出資可能性などを検証していった。

4 プロジェクト推進を支えた研究所の理論化研究

こうした地元有志組織が事業主体となった「市民事業」の事業化支援には、都市・地域研究所の研究分科会の1つである「パートナーシップ」研究の成果が生かされている[*2]。これは市民と行政、市民と市民が協働でまちづくりを進める際の組織形態と進め方を理論化したものであり、鶴岡の事業化支援を担当した実務家研究員もこの研究グループのメンバーであった。

5 山王商店街再生プロジェクト〜エリア型

1 街路事業のみから面的整備をめざす商店街の再生へ

本プロジェクトは、先の銀座商店街に隣接する山王商店街（約400m、約50店舗）を、まちなか居住を支える商店街として再生するためのプロジェクトである。

前述した、1999〜2000年度の中心市街地全体の戦略形成期には、研究室が中心になって山王商店街の店主たちとワークショップを行い、すでに都市計画決定されていた道路拡幅整備に合わせて沿道店舗を共同・協調建て替えを進めながら連鎖的に更新し、まちなかに歩いて楽しめる「遊動空間」を生み出すという提案を行った。

しかし、実際には道路拡幅整備の事業化が財政面等で困難な状況の中で、商店街、市の都市計画課や商工課、大学で議論を積み重ねた結果、1）現況幅員11mのまま車道を狭め歩道拡幅を行うバザール街路整備への転換、2）商店街有志が事業主体となる共同店舗・共同駐車場整備事業、3）まちづくり協定に基づく個店改修への助成、を組み合わせた「3本柱事業」を市と商店街で合意した。地域の「要」になるという戦略のもと、産直店舗や手作り文化を担う店舗を商店街がテナントマネジメントしていこうとしている。

一般的に、拡幅道路整備の都市計画決定があり、その補償費で店舗更新を行おうと待っていた地区で、こうした非拡幅型の計画転換は容易でない。これができたのは、まちづくりの視点から商店街の将来像についての合意形成を段階的に積み重ね、これを受けて、面的な整備への転換案を市と大学で作成出来たことにあるだろう。

2 地元なりの思考プロセスからつくる将来像

研究室が提案した遊動空間という地区の空間形成イメージは、商店街側にとっては当初、捉えづらかった。地

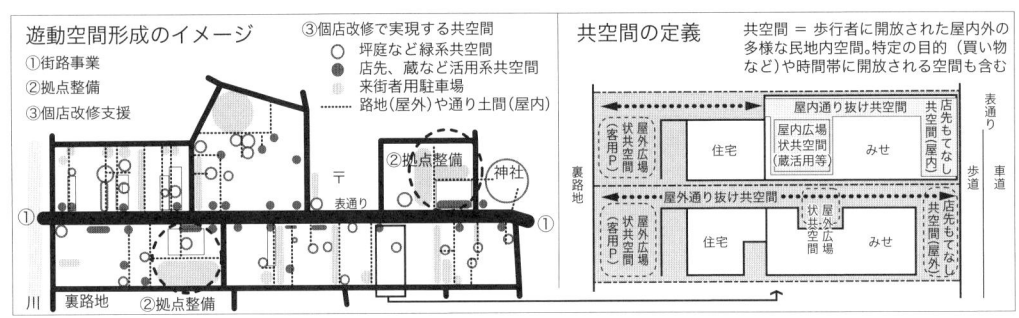

図8 遊動空間3本柱事業による遊動空間の形成イメージ

元に入ると、大規模空き店舗をどう再開発するかなどに関心が高く、都市・地域研究所の実務家研究員も加わり事業化支援を行うが、結果的には頓挫する。ここから意識をかえ、地元なりの思考プロセスから商店街全体の将来像の検討を始めた。

2003年には、都市計画課、研究室＋都市・地域研究所の支援のもと、商店街が主体となって地区まちづくりの目標とまちづくりの進め方を検討し、「山王まちづくり提言」として市長に提出した。さらに、2年をかけて商店街維持・発展の理念を謳った「まちづくり憲章」と、表通りの店舗維持と景観づくりのルールを定めた「まちづくり協定」をほぼ全店舗で署名押印で締結する。この時点では道路拡幅事業があることを前提としていたが、山王商店街が計画主体となって、まず自分たちがやれること、考えられる範囲の「店先」に絞りながら地区の空間戦略を合意したものであった。この3年間の議論は、まちなか居住を支えるために、商店街が何をすべきかの事業のニーズとシーズがほぼ出しつくされた時期でもあった。

3 ニーズ・シーズを受け止めた面的空間整備への転換

これらの取り組みを市は重く受け止める一方で、財政事情が非常に厳しく道路拡幅事業は当面困難であった。都市計画決定があるが事業化しないという状況は、商店街にとっては店舗更新に踏み切れない状況を生んでいる。大学は市に対して、事業化が可能な代替案を商店街に示したうえで、商店街に拡幅事業を待つか、新しい計画を事業化するかを選択してもらうべきと提言した。事業のニーズとシーズは蓄積されていたので、これを担当であった都市計画課に加え商工課と大学が組んで、新しい空間整備事業の枠組みを「山王まちづくり整備方針（鶴岡市素案）」として作成し、地元に提示した。これが空間整備3本柱事業である（図8）。商店街側はこの提案を好意的に受け止め、半年掛けて地元なりの思考プロセスから計画を練り直した後、事業化を進めることを合意した。

4 「遊動空間」という当初の空間形成戦略の実現

その後、3本柱事業案はそれぞれの議論にふさわしい協議の場を作り、計画の熟度を高めてきた。これを支援している都市・地域研究所は次の役割を果たしてきたと言えよう。第1には、大学側が「遊動空間」という一貫した街区形成戦略を持ち続けながら、一方で地元が受け止められる、関心の高いところから段階的に議論、ルール化、モデル化してきたことで、最終的に公共事業と商店街事業の連携の中で、「遊動空間3本柱事業」といえる事業スキームを実現化したことである。また第2に、個人の資産である個店の改修にも、セミパブリック空間（本プロジェクトでは共空間と定義している）の創出など、まちづくりの公共性を理論化することで、計画担保と助成獲得への道筋を作ったことである。

6　提案型＋地元の主体形成が生み出す成果

鶴岡まちづくりにおける研究室＋都市・地域研究所の支援体制は、行政との良好な関係を築きながら大学ならではの調査・発想に基づく先駆的な提案型の都市デザインや事業構想を示してきた。一方で、提案だけでなく、市民の中から担い手を発掘し、担い手の動機に基づき計画意義や内容を「気づいてもらう」ことから再出発・再構築し、事業主体としての自立を支援することで、着実に実現に結びつけてきていると言えるだろう。

◎注
* 1　遊動空間については次文献が詳しい。"地方都市中心街における遊動空間の創出" 雑誌「造景」No.30、建築資料研究社、2000.12
* 2　佐藤滋、早田宰編著『地域協働の科学〜まちの連携をマネジメントする』成文堂、2005
* 3　早稲田都市計画フォーラム第71回連続セミナー、鈴木進氏講演資料をもとに筆者が作成

2-2 大学発NPOが仕掛けるニュータウン再生

〈千葉大学と周辺団地〉

鈴木雅之（千葉大学キャンパス整備企画室）

1　複雑化するニュータウンの問題

　高度経済成長下の経済活動を支えるベッドタウンとして形成された大都市郊外部のニュータウンは、すでに開発後30〜40年を経過し、住棟の老朽化、人口減少、空家、住民の高齢化という問題が顕在化し、衰退が始まっている。現在は衰退が進行している段階ではあるが、ハードが再生される前に瀕死の状態に至ってしまう可能性もある。

　また、人口減少や住民の高齢化は、ニュータウンを維持し再生しようとする住民の活力を衰退させるという問題を引き起こしている。これらのニュータウンの問題に対し、住民の継続した居住を支えるとともに、新しい住民を誘導する魅力のあるニュータウンの創造が求められている。

　ニュータウンが立地する郊外の問題は、人口減少、高齢化、商業の衰退、犯罪の増加、中心市街地や最寄り駅との関係など状況が地域によってさまざまであり、残念ながら、ニュータウン再生に関する万能な方法論は存在しない。

　このようなニュータウンがある千葉市美浜区高洲・高浜地区で、大学発NPOが住民や多様な主体と協働して、住まいと暮らしをサポートしつつ、総合的なニュータウン再生に対する取り組みが進んでいる。それを実践しているのが、NPO法人ちば地域再生リサーチ（Chiba Regional Revitalization Research：ＣＲ３）である。

　CR3の主な活動範囲である高洲・高浜地区は、1970年代から開発が進んできた稲毛海浜ニュータウン内にあり、現在は、都心回帰現象や最寄り駅直近の新規マンション供給の影響によって衰退が始まっている。高齢化率は15％程度（2008年）であるが、1970年代に同世代が同時に入居したため、今後10年間に、一斉に超高齢化すると予想されている。

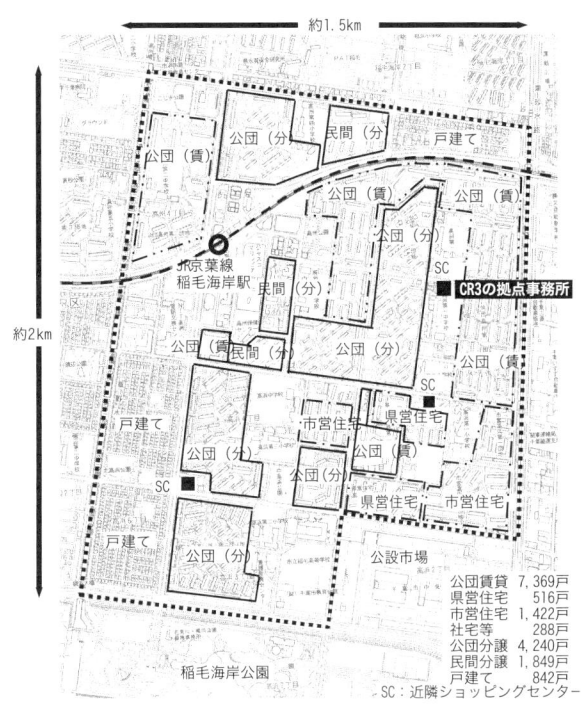

図1　対象地の多様な住宅形式とCR3の拠点事務所

　高洲・高浜地区には、築後30年を超えた都市機構団地、県営団地、市営団地、公団分譲団地、民間マンション、戸建住宅団地など多様な団地が混合し、2008年現在、約1万8,000世帯、約4万4,000人の人口が暮らしている（図1）。このような団地の混合では、地下インフラの共有、関係主体の複雑化などの問題を含んでいる。また、団地の約7割が1970年代前半に供給された5階建てでエレベータが設置されていない住棟群で、高齢者の日常生活にも支障をきたしている。

2　ニュータウン再生を実践する大学発NPO

■ NPO法人ちば地域再生リサーチの概要

　NPO法人ちば地域再生リサーチは、2003年8月に、千葉大学の建築系の教員5名によって設立された。対象

とするニュータウンを活性化し、高齢者が安心して暮らせる終の住処とすると同時に、新たな居住者を地域に呼び込むような魅力ある再生と地域づくりを行うことを目標として、生活サポート事業、コミュニティ事業、再生戦略事業、パートナーシップ事業、コンサルティング事業に取り組んでいる。

スタッフは、2008年時点で、有給の専従スタッフ2名、非常勤スタッフ5名、ボランティアスタッフ4名で、いずれも地域の住民である。無報酬の理事として活動する大学教員と有給の地域の住民スタッフとが融合した組織形態で、毎日活動が展開されている。活動の拠点は、2つの近隣ショッピングセンター内に3つの空き店舗を借りている。1つは活動全体の運営とコントロールをするメインの事務所（図2）であり、他の2つは、それぞれの近隣ショッピングセンターに、住民とともに地域活動を実践する拠点として開設している。

2 NPO化が大学と地域をつなぐことができる

大学には研究・教育の大きなポテンシャルがあるが、それらが活かしきれていない。大学の地域研究の成果を活用することができれば、ニュータウン再生をはじめとするさまざまな地域づくりを前進させることができる。

しかし、大学教員は教育・研究のほか大学運営に忙殺され十分な時間を割くことができないし、学生には授業があり、テストや就職活動など地域に関われない時期も多い。大学は断片的にしか地域に関われない。地域の住民や商店会は「大学だからしょうがない」とは思ってはくれるが、その反面、大きな信頼感も生まれにくい状況がある。

地域研究、実践活動を進めるための研究費、活動費の使い方においても、大学には様々な制約がある。大学の教員がNPOという非営利組織を設立したことは、ニュータウン再生のために、研究成果を地域に活かすと同時に、実践活動を滞りなく進めるための手段であった。

大学の研究室や大学発NPOの実践活動が、地元の住民や商店会に信用され、頼られる存在になるためには、その地元で活動を継続し、長い間その場に根付くことが大きな条件の1つである。地域への関わりが一過性のものでなく、これから数十年続くニュータウン再生活動を実践するには、なおさらこのことが大切になる。

対象地区では、継続性のある再生を進めるために、

図2　拠点事務所

CR3と大学の研究室が、相互に活動を補完する形で地域実践活動を進めている。大学研究室の実践活動の停滞時期にはCR3のスタッフがその活動を補完し、CR3の地域イベント活動には大学研究室の学生が投入され補完されている。これらにより、地域の実践活動の継続性が維持され、住民の支持を受けられるようになっている。

3 目の前の課題解決と構造問題の解決

大学発NPOだからこそできる戦略がある。CR3が、従来の地域福祉型の地域活動やまちづくりの非営利組織と異なる点は、"目の前に横たわる地域課題"と"その背景にある構造問題"の同時解決を試みている点である。つまり、住民の身につまされた等身大の課題を生活サポート事業やコミュニティ事業としてボトムアップ型で解決しながら、ニュータウンがもつ特有の制度的な課題や複合化した課題を、関連する多様な主体との連携を図りながらトップダウン型の解決を目指すという、両輪でのニュータウン再生に取り組んでいることになる。

ニュータウンの構造的な問題の解決は、高い専門性が必要な領域である。CR3は"現場をもつコンサルタント"として、固有で個性のあるビジョンや将来像、再生手法を描きながら、多様な主体に働きかけを行い、住民の生活サポートを続けながら解決を目指すことができる。CR3でのこれらの活動は、現場に常駐する必要があまりない大学教員が担当している。また、このようなニュータウン再生のコンサルティング的な活動は、さまざま組織から依頼があり、CR3の主な収入源となっている。

4 大学を中心とする公共との連携

稲毛海浜ニュータウンを対象とした再生活動として、

千葉大学が主催する千葉地域再生構想研究会がある。千葉大学、千葉県・千葉市・都市機構の住宅・建築、都市計画の関係者で構成される研究会で、CR3は事務局として関わっている。ここでは稲毛海浜ニュータウンを対象として、居住空間の改善、公共施設の再配置、土地利用転換、再生型のエリアマネジメントを視点として、ニュータウン再生のモデルを共同で研究している。

この連携の中で、CR3は、ニュータウン再生の実証実験および実践活動の役割を担っている。また、次々に生み出される再生プロジェクトのパートナーとして、住民参加を引き出し、コミュニティガバナンスを形づくる役割も担っている。このような仕組みづくりも大学発NPOの強みといえる。

3　ニュータウンの再生は暮らしのサポートとともに

■1 ニュータウンの本格的な再生が始動するまで

開発後30年を越える頃からニュータウン再生のテーマが大きくクローズアップされるようになってきている。建替えがなされないとされる高洲・高浜団地のような団地では、継続して住み続けられる魅力ある居住地に転換していかなければならない。しかし、その方向性や目指すべき再生構想づくりは始まったばかりである。まさに実践しながら考えている状態であり、ニュータウン再生はこういうものであるという確固とした答えは出ない。

具体的で実質的なハードの再生事業はこれからのことであるが、住民の暮らしは続いている。だから、住民のニーズに対応したきめ細かな暮らしをサポートする活動をはじめ、小さなことからではあるが、できることから取り組まなければならない。今、取り組める内容は、安価な住宅リフォーム系サービスと、高齢者生活支援系サービスなどの小さな暮らしのサポートである。

■2 住宅リフォーム系サービス

ニュータウンの住宅再生には、安価な住宅リフォームニーズがある。CR3はそのニーズに応えるための2つの住宅リフォームサービスを提供している。リフォーム・住宅修理とDIYサポートである。

リフォーム・住宅修理では、地域の主婦スタッフが作業を行い、安価なリフォームと住宅修理を行っている。作業内容は、壁紙・ふすま紙の張り替え、椅子の張り替

図3　ホームセンターと協働したDIY講習会（鍵の交換）

えなどが中心であるが、それらの作業だけでなく、簡単な掃除や住民との会話などきめこまかい対応がなされ、地元の住民による作業という安心感も手伝って、継続的に注文があり、多くの住宅リフォームを実施させている。

DIYサポートでは、地元のホームセンターと協働しDIY講習会を開催している（図3）。これは、住民が自宅をDIYリフォームできるようにするだけでなく、CR3のスタッフ養成を兼ねている。また、住民のDIYを自宅に出張してアドバイスしたり、対象の住宅に合った壁紙・ふすま紙などの材料選択のアドバイスを行ったり、それらの販売も行っている。

■3 高齢者生活支援系サービス

高齢者生活支援系サービスは、高齢化の進展、孤独死の増加、近隣ショッピングセンターの衰退という地域課題に対して、それぞれの対策としての買物支援、安否確認、共同宅配という手段を1つにまとめ、高齢者の生活を支援するシステムに再構成したものである。

このシステムには、住民が買物支援サービスを受けるだけで、CR3が結果として安否確認を達成するという仕組みが内蔵されている。

現在のサービスは、近隣ショッピングセンターで買物した商品を、1回50円（商店街が50円/袋を負担）でCR3のスタッフである住民が利用者宅まで配達するものである。このサービスは、住民自らが商品を見ながら買物をしたいというニーズに合っており、また、できるだけ外に出て歩くという高齢者の介護予防にも役立っている。定期的な利用者は約60名である。

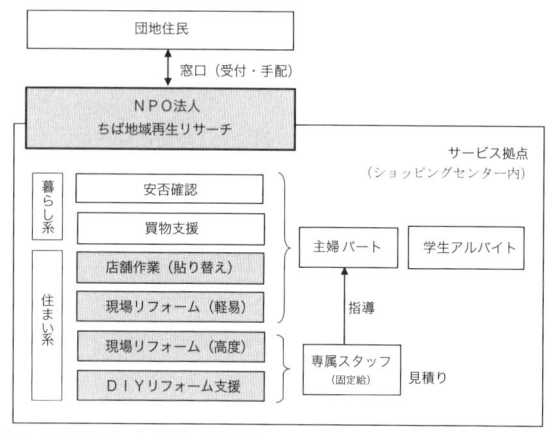

図4　生活サポート事業の組み立て

図5　近隣ショッピングセンターでのクリスマスイベント

4 コミュニティビジネスによる暮らしのサポート

CR3の2つの暮らしのサポートサービスは、「団地レディース隊」という、買物支援サービスと軽易なリフォーム・修理の両方の作業に携われる子育て期の終わった主婦たちによって提供されている。1人が領域の異なる複数の作業を行うこの組み立ては、地域の主婦によるコミュニティビジネスのモデルとなっている（図4）。

コミュニティビジネスとは、「地域課題の解決を目的として、地域の住民が主体的に参加し、サービスの継続性を図るためにビジネス的な手法をとる」ことである。これは、地域全体の利益になるような目標設定や事業計画を掲げ、事業を通じて社会貢献することを目的とし、行政及び民間企業では解決できない多様な地域課題解決を目指すところに特徴がある。

5 住民が主体の近隣ショッピングセンター活性化

CR3は2つの近隣ショッピングセンターに拠点をつくり、住民がそこで地域活動に取り組むためのコーディネートを行っている（図5）。

近隣ショッピングセンターの周辺住民は高齢化しており、地元の自治会や住民は、歩いていくことができる近隣ショッピングセンターがなくなったら困るという強い意識をもっている。住民がもつこのような意識と、内在的にもっている活動や地域貢献のポテンシャルを、近隣ショッピングセンターの活性化に向かわせるエネルギーに転換できれば大きな力になる。そこで、近隣ショッピングセンターの活性化の主役を地域住民が担うことによって集客につなげ、「近隣ショッピングセンターの活性化＝地域全体の活性化」につなげていこうとしている。

現在、さまざまな住民の活動やイベントが展開してきており、それを目的に来る来店者が増え、近隣ショッピングセンターの売り上げも上がってきている。高齢者を対象とした地域住民ボランティアによるコミュニティカフェもオープンし、今後、地域での子育て支援活動などさまざまな地域活動を展開していく計画がある。

7　今後の展開〜大学NPOから事業型NPOへのイノベーション

1 長期戦に備えた事業体への進化

ニュータウン再生の万能の答えがない中で、実際に住民が実感する"問題に関する地域の認識"と"数歩先を行くNPOのビジョン"とにずれが生じることがある。将来問題を予測した事前予防的な再生活動がなかなか理解されず、地域コンセンサスづくりの難しさを感じる時もある。地域課題そのものに関する啓発活動を続けながら、長期的な再生活動に関わる必要性がある。

このような状況の中で、CR3は設立後3年を経過した時にイノベーションの時期を迎えた。大学研究の延長線上の活動といった雰囲気や、住民スタッフによるボランティア的で、手づくり感覚の強い社会貢献の雰囲気から脱皮し、事業型の非営利組織への転換が必要となった。

非営利組織といえども、活動を継続するためには、活動資金が必要であり、それらを自前で確保しなければならない。事業型の非営利組織へと進化するために、地域活動を収益事業モデルに高める努力を続けているところである。

前述したようにニュータウン再生は長期戦である。イベントを開催したり、暮らしのサポートをしたりしたか

図6　集会所改修のための住民とのワークショップ

らといって、ニュータウンの何かが大きく変化したと実感するということはありえない。このような非営利活動はリターン測定が困難なのである。"資金投入のタイミング"と"成果が生まれるタイミング"を特定しにくく、これは、長期的な関わりが必要なことを意味するし、ニュータウン再生に投資を呼び込むことが難しいことも意味している。CR3は、高い事業性を確保しながら、このニュータウンの未来を見据え、腰を据えて取り組んでいくことになるだろう。

❷ 民間企業とのパートナーシップ

非営利組織が地域の課題に対して実践活動を通して貢献する姿は、その存在意義の中に組み込まれたものである。最近では民間企業も、CSR（企業の社会的責任）の一環として地域貢献に関わりだしている。ニュータウン再生ビジネスが大きなマーケットを形成する前段階では、民間企業はこのCSRの一環としてニュータウン再生に関わっていくことになるだろう。

非営利組織は活動を継続する必要があるものの、現時点の社会的、制度的環境では、それを支える仕組みができあがっていない。経営基盤が弱い非営利組織としては、民間企業等のCSR活動や、社会貢献活動と連携することが、地域課題を解決するための1つの手段となる。

CR3は地域に密着しすでに地域社会の顔となっている。民間企業は、製品やサービスに高い技術やノウハウを有しているものの、地域社会に接点をもたず、潜在的な顧客のいる地域にアプローチする方法をもっていない。この両者が連携することによって、これまでにないサービスを地域の住民に提供できる。地域に密着するCR3に

は、それを引き出し、活用するような役割がある。

また、生活サポート事業は、まだニュータウンの地域ニーズの一側面についてのみ対応しているだけで、多くのニーズに応え切れていない。子育て支援、介護予防、教育支援など、そのほかの多種のサービスニーズについて、各主体との連携を深め、それらを1つの窓口で扱うワンストップ型の統合的生活支援サービスの最終形に向けて段階的に形をつくっていく必要がある。

現在、このような観点から、地元スーパー、ホームセンター、大手リフォーム会社との共同事業がすでに動いており、さらに複数の連携事業が計画されている。

❸ 再生事業戦略と再生まちづくり

CR3の再生戦略事業は、住戸の新しいリニューアル、リフォーム手法の開発と実践、現地の近隣ショッピングセンターや集会施設の再生・活性化（図6）、ニュータウン再生構想の研究である。

これからのニュータウン再生では、個から街にかけて、社会課題への対応、都市との関係、財源、居住者との関係など、ニュータウンに横たわる多様な課題を解決するために、多面的で包括的な取り組みが求められる。それは、ハード面の取り組みだけでなく、個から街にかけてのソフト的事業を含め、居住地としての魅力と価値を向上させる第2のまちづくりを目指した「再生まちづくり」である。これらの構想づくりや推進は、ニュータウンの管理者や民間企業などとのパートナーシップが中心となるだろう。また、すでに地域に根をおろし、住民の信用を得て進められている暮らしのサポート事業も、今後の再生のためのパートナーシップの一部としての大きな役割が期待されている。

❹ 大学発NPOであることを活かす事業型への進化

大学発NPOのメリットを活かすならば、その専門性から、上記のような再生事業戦略や再生まちづくりの構想づくりや推進に力を発揮することができる。

また、事業型への進化とともに、大学の研究・教育との関連は、それらをサポートする立場へと変わり始めている。CR3は事業型NPOに進化するので、大学の研究・教育そのものは行わない。しかし、学生の活動に対する地域資源のアドバイスや活用において、有形、無形の様々なサポートを行うようになっている。

2-3
まちなか工房が支援する中心市街地活性化の取り組み
〈熊本市中心市街地と熊本大学工学部まちなか工房〉

両角光男（熊本大学大学院自然科学研究科）

1 中心市街地に跳び込んだサテライト研究室

肥後54万石の城下町に成立の起源を置く熊本市は、面積267km²、人口67万人、都市圏人口105万人、九州のほぼ中央に位置する中核市である。上水道を全て阿蘇からの伏流水で賄うなど環境にも恵まれ、三次産業の発展に支えられて安定した成長を続けてきた。しかし1960年代から夜間人口の郊外転出や事業所・大型公共施設などの郊外移転が始まり、80年代以降は、沿道型商業や通販の発達など、商業流通システムの変化も加わって中心部の空洞化が進んだ。とりわけ2001年以降、大型店の相次ぐ郊外出店と市中心部からの撤退が、中心商店街の通行量や商品販売額の減少に大きな影響を与えた[*1]。

1999年にも旧法による中心市街地活性化基本計画（以下、旧計画）を策定したが、地域の組織的取り組みは限られていた。ところが2005年の7万m²という大型商業施設の郊外立地申請が契機となり[*2]、中心市街地活性化に向けた商店街や百貨店・企業等の連携が急速に進んだ。2006年の三法改正を受けて直ちに「まちづくり会社」や「中心市街地活性化協議会（以下、中活協議会）」が設立され、熊本市はその審議を経て2007年3月に中心市街地活性化基本計画（以下、新計画）を提出、同年5月28日には青森市と富山市に続く第2グループ11都市の1つとして大臣認定を受けた。一連の取り組みの速さが、関係者の空洞化に対する危機感の高まりを象徴している。

一方、熊本大学工学部は2005年5月に「まちなか工房（以下、工房）」を中心商店街に開設した。正に中心市街地活性化に向け地域連携が始まった時期で、「中心市街地活性化を考える新しい仲間」と歓迎されての活動開始となった。事業的成果が現れるにはまだ時間がかかることから、本稿では策定に参加した新計画の概要や新計画策定前後の工房の取り組みを紹介し、中心市街地活性化の支援者としての工房の役割を考察する。

2 中心市街地活性化基本計画の概要

①計画対象区域の概況

新計画の対象区域は熊本城地区、通町・桜町周辺地区、新町・古町地区、熊本駅周辺地区の4地区からなり、面積は415haである（図1）。

熊本城地区はかつての城域と対応する。築城400年記念事業で櫓や門、本丸御殿大広間などを復元しており、貴重な歴史遺産であると同時に都市型観光の拠点としての役割も担っている。

新町・古町地区は旧城下町の町人地に対応する。1960年代以降住民や事業者の転出が続き、商住工が混在したかつての町の賑わいは失われた。しかし依然として明治大正の建物も散見され、濃密な絆を保っている地元住民の努力に支えられて、独特の生活文化が感じられる。

通町・桜町周辺地区は、かつての武家地だった。現在は、商業・業務・文化・行政サービスの中心、あるいは店舗と住宅が混在する都心型居住地となっている。裏L字型に上通、下通、新市街の3つの大型アーケード商店街が連結して回遊の軸を形成している。南北軸の中央を横切る通町筋と、西端に位置する桜町の交通センターには、県を代表する百貨店やファッション専門店、さらにはバスや市電などの都市圏公共交通網の結節点が位置して、回遊の2大拠点となっている。

熊本駅周辺地区は、熊本の陸の玄関の役割を担っている。鉄道利用者が減少する中、周辺土地利用の更新が遅れていたが、2011年春の九州新幹線鹿児島ルートの全線開業が迫り、複数の大型事業も急ピッチで動き始めた。

図1 熊本市中心市街地活性化基本計画区域の概要

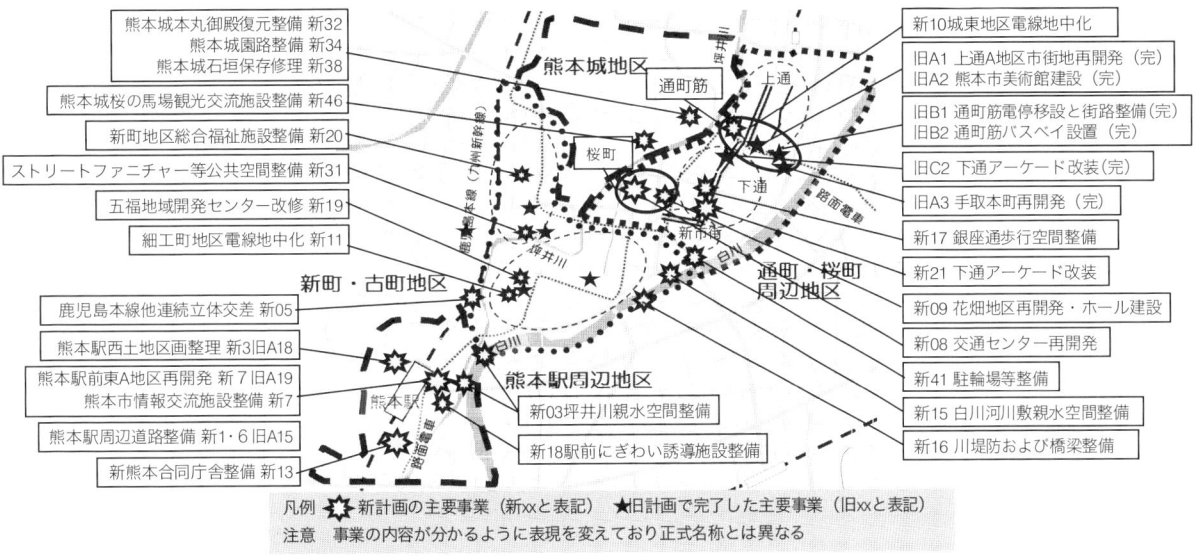

図2 熊本市中心市街地活性化基本計画における新計画と旧計画の主要ハード事業リスト

2 旧計画ハード事業を踏まえた新計画の展開

　新計画は図2の上段に掲げるシナリオを描き、数年で実現あるいは着手が可能な46件のハード・ソフト事業を取り上げた。旧計画事業の成果や熊本城復元整備を活かしながら、新規事業を戦略的に配置することで計画区域全体の賑わいを創出しようとしている。

　通町筋では旧計画で取り組んだ2つの再開発事業が完成し、機能的にも空間的にも熊本の顔となった。特に店舗面積7万㎡の百貨店が誕生し、福岡市にしか無かったブランド店をそろえたことは、買物客の県外流出を食い止める効果があったと言われる。また下通は510mあるアーケードの第1区間の改修を終え、残り3区間についても、設計者選定設計競技を経て新計画の事業として改修に着手した。2009年春には完成予定である。

　旧計画でも桜町で交通センター再開発が計画されたが、民間事業者の財源難で頓挫したため通町筋との店舗面積格差が広がり、集客力が低下していた。新計画では、現在の交通センターで商業施設、ホテル、住宅を含む再開発が、また隣接の花畑地区で劇場、商業施設、住宅などを含む再開発が、それぞれ事業検討の最終段階にきた。熊本市も熊本城地区の隣接部で桜の馬場観光交流施設建設を準備しており、西の交流拠点再生が期待される。

　熊本駅周辺地区では2011年の九州新幹線鹿児島ルート開業に合わせて、複数の大型事業が動き始めた。駅正面東A地区では市の情報交流施設、住宅、商業施設を含む再開発事業が、駅南では国の新熊本合同庁舎A棟が着工した。熊本駅西でも市施行の土地区画整理事業が進んでいる。熊本県と市の熊本駅周辺整備事務所が合同で都市デザイン専門家会議を設置し、駅前広場や街路や坪井川親水空間など公共空間のデザインを検討している。

3 旧計画ソフト事業を踏まえた新計画の展開

　2004年以降、STREET ART PLEX、銀杏祭、光のページェントなど中心商店街を舞台とする季節イベントが次々開催されるようになった。当初、主催団体も多様で個別に取り組んでいたが、イベントの連動がより多くの市民を中心市街地に呼び込み、回遊を誘発できるとの自信が深まり、商店街組織間の団結力が強まった。2004年暮れには4つの商店街連合組織が集まり、共同事業の推進母体として熊本市中心商店街等連合協議会（通称、四商協[3]）を設立した。その直後に四商協代表者に工房開設の構想を紹介したところ、前述のように歓迎され、工房と中心商店街関係者との交流が始まった。

3　熊本大学工学部まちなか工房の取り組み

1 熊本大学工学部まちなか工房の概要

2005年4月に文部科学省から「ものづくり創造融合工学教育事業（2005〜2009年度）」の採択を受け、2005年5月に市中心部の上通並木坂商店街にある店舗ビルのワンフロアを借りてまちなか工房を開設した[*4]（写真1）。

毎年度、工学部教員を対象に工房利用研究プロジェクトを公募し、採択された教員（工房教員）数名とその指導を受ける学生（工房学生）30名弱、さらには工房の活動を支援する特任教員2名[*5]が研究スペースを拠点に活動している。平日昼間には、事務担当職員1名も常駐している。

写真1　まちなか工房の外観
　工房は中央建物の2階にある。面積は約120㎡、12席の研究スペースと40〜50人収容の展示・ゼミスペース、サービス諸室で構成されている。

2 地域情報の提供

工房利用研究プロジェクトの一環として、通町・桜町周辺地区約130haを対象に、土地・建物の現状や人々の行動など、都市計画の基礎資料を蓄積し、中活計画の策定や事業検討などの際に情報提供してきた。地区に立地する1,700棟の建物の各階床利用の経年変化資料や、通町周辺地区内100haに位置する12kmの通りとそこに隣接する公共空間の現状資料（図3）、特定時間断面における来訪者の空間分布資料などが代表例である[*6]。

近年、県外の行政機関や経済団体関係者による熊本市中心市街地の視察が増えている。工房には市街地の現状を紹介する資料があり、視察対象地とも近いため、熊本県や市、商工会議所などが来訪者を現地案内する際の拠点としても利用されるようになった。

3 月例「まちづくり学習会」

2005年7月から商店街や熊本市など中心市街地関係者や市民を対象に、月例「まちづくり学習会」（以下、学習会）を開催している。工房負担で県内外から専門家や実務経験者を招いて講演を聞き、中心市街地活性化策について意見交換してきた。四商協参加の商店街連合組織代表者、熊本市等を交えて学習会運営幹事会を組織し（図4）、テーマや講師、開催日などを検討しており、著名講師の熱い語りを身近に聞く機会として定着した。2008年8月までに40回開催し毎回40名程度が参加した。

毎年10月か11月の学習会は、熊本市および四商協との共催で、市民まちづくりシンポジウムとして拡大開催

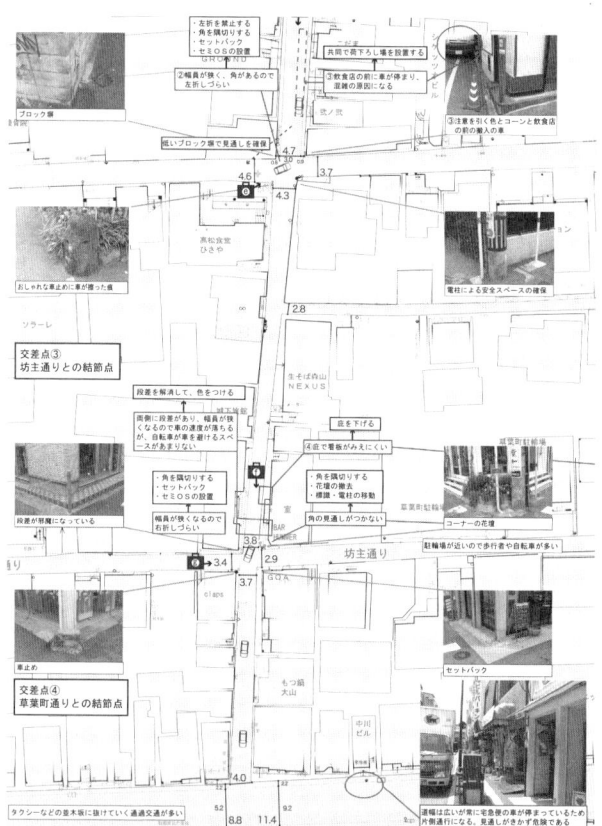

図3　通りの公共空間平面図（部分）
　道路や歩道とそこに隣接する民間敷地内の空地を「通りの公共空間」と呼び、その効果的な使われ方、改善課題や助長すべき特質などを図面や写真で記録し紹介している。

してきた。2005年と2007年は、金沢市と岡山市から行政と商店街組織の代表者を招いて、「城下町の個性を活かしたまちづくり」をテーマに、各都市の現状や取り組みを紹介し意見交換した。

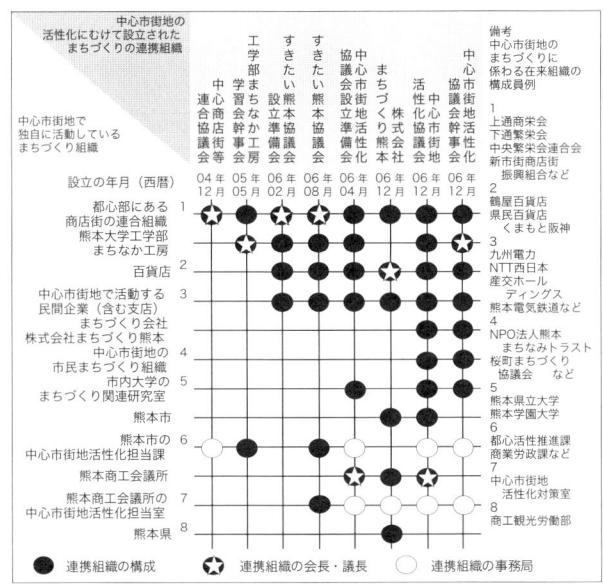

図4　中心市街地における組織連携の進展状況

もあり、短期間に計画策定作業が進んだ。

2006年12月には、まちなか工房も、熊本市、熊本商工会議所、まちづくり会社、商店街組織など42の団体と共に中活協議会の設立会員となり（図4）、工房教員は協議会幹事長や技術アドバイザーなどに就任した[*10]。2007年度は、地区ごとに新たな事業抽出や事業連携策を検討する地区別部会と広域的課題を検討する広域部会を発足させ、工房教員は3つの部会で、それぞれ部会長として活動企画や意見調整役を務めている。

特に通町・桜町周辺地区部会では、工房学生も調査結果説明など会議参加の機会を得ている。2008年度は部会における新たな事業計画や各種事業の効果検討資料作成を目的に、地区および熊本城周辺における市民の回遊行動・消費行動をヒアリング調査することになり、工房学生の研究と連携して作業が進んでいる。

4 すきたい熊本協議会への組織参加

四商協の呼びかけで2006年夏に中心部の主要商店街、百貨店、大手企業、熊本市など14団体を構成員とする「すきたい熊本協議会」（以下、すきたい熊本）が発足した（図4）[*7]。会費に加え、事業ごとに協賛金を募りながら、まちづくり計画調査やイベントの企画運営などに取り組む。工房も設立準備段階から組織参加し、幹事メンバーに加わった。2006年冬には地元の交通企業と協働して公共交通利用促進の社会実験を実施し、また12月から翌年1月にかけて、県市の補助で中心市街地のイルミネーション事業などを実施した。また2007年度には大型走馬灯を製作して市のイベントに参加し、中心市街地の駐輪対策案を調査検討した。

工房は会費を免除されており、交通社会実験時のアンケート企画分析、光のページェント事業の改善案検討、走馬灯の設計製作[*8]など、主に技術面で貢献している。

5 中心市街地活性化協議会への組織参加

まちづくり三法改正を受けて、熊本市と熊本商工会議所は中活協議会設立準備会（以下、準備会）を立ち上げ、前述の計画策定に着手した。工房も地元のまちづくり組織として準備会参加を求められ、計画策定資料の提供や商店街等の意向調査、準備会における意見調整役を務めた（図4）。計画の主幹課[*9]や準備会メンバーの多くは、すきたい熊本や工房学習会などで意見交換していたこと

6 中心市街地活性化民間組織の活動支援

2005年度に商店街組織の共同で秋の季節イベントを開催したのを皮切りに、翌年は夏のイベント、2007年度は春のイベントと段階的に開催時期が増えた。工房学生も発足直後からイベント運営に参加してきたが、今日では不可欠なメンバーとなり、2007年度途中からは博士課程の学生が各事業の企画会議に参加するようになった。

下通商店街（2番街、3番街、4番街）では、新計画の事業としてアーケードを改修するのに際し、工房教員に設計者選定設計競技の企画や審員としての技術協力を依頼してきた。設計競技には全国から51点もの応募があり、公開審査を経て優れた設計者を選ぶことができた。2008年度末には、樹木やベンチを置き、太陽光発電によるドライミスト噴霧やマイコン制御で明滅する白緑色LEDなどで空間演出したアーケードが誕生する。

一方、工房近くにある上乃裏通りの商店主達からは、商店街振興組合設立準備の相談を受けた。学生の研究発表を交えたワークショップ（写真2）や、学生達が開発したマイコン制御のLED照明器具を使った明かりのイベントを実施する（写真3）など、関係者の交流機会創出に協力した。深呼吸するようにゆっくりと色合いを変えながら明滅するランプは市民の関心を集め、TVや新聞でも詳しく紹介された。一連の取り組みの甲斐もあり、08年8月に設立総会が開催され、活動が始まった。

写真2　工房における地元ワークショップの風景

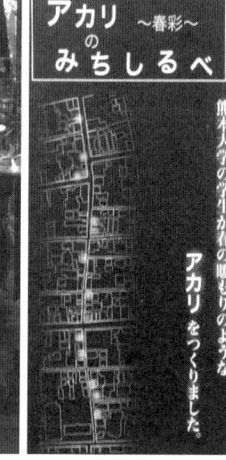

写真3　上乃裏通りにおける明かりのイベント

4　中心市街地活性化における工房の役割

　工房の地域的役割は4点に要約できる。第1は中活計画策定などの際の工房資料の提供、第2はアーケード設計者選定設計競技の企画など工房教員の専門知識や技術の提供、第3は学習会やワークショップなど地元における官民の交流機会・学習機会の提供、第4は中活協議会やすきたい熊本の設立と運営など、中心市街地活性化に向けた組織連携の推進役、調整役である。

　大学と中心市街地の距離はわずか1.5kmであり、工房が無くてもこれらの役割は果たせたかも知れない。しかし第3、第4の役割は商店街に拠点があるという事実に立脚している。また工房開設以降、各商店街の懇親会に招かれ頻繁に携帯電話で情報交換するなど、地元から工房教員への接触は加速度的に増えた。キャンパスを出たことによる社会的距離感短縮が、技術情報パートナーとしての認識を深めたことは間違いない。また「大学組織」の参加自体が行政と民間、企業と市民組織など価値観の異なる組織の連携を促す効果もあったようだ。

　桜町の再開発など大きな事業は地域への影響が大きく、地域固有の条件を踏まえたエリアマネジメントが不可欠である。熊本の場合、まちづくり会社が具体的業務内容を模索中であるなど、その実践方法には不透明な部分もあるが、きめ細かい地域情報の蓄積とそれを踏まえた課題や計画の診断など、「まちづくりの家庭医」[11]としての役割こそが工房の重要任務と考えている。

◎注

* 1　1997年からの10年間に、5,000m²を超える小売店舗の床面積は、中心市街地で11.8万m²から12.5万m²へと6%増に留まったのに対し、中心市街地を除く熊本市および、隣接の1市5町では19.1万m²から38.6万m²へ倍増した。この期間に中心商店街28地点の自転車＋歩行者通行量は、休日で44.9万人から31.5万人へ30%減少、平日で41.3万人から30.4万人へ26%減少した。年間商品販売額も1991年から2004年の間に2,759億円から1,955億円に減少し、市内シェアも34.1%から24.2%に低下した。
* 2　三法改正の直前だったが、市長は都市計画マスタープランと整合しないこと、広域的な交通問題が予測されることなどを理由に申請を却下した。
* 3　その後3組織が加わり2008年には七商協となった。
* 4　ものづくりの感性豊かな技術者やデザイナーの育成に向け、「熊大スタイルの先駆的工学教育モデル」を開発し実践しようという事業である。都市計画分野でも、学生や教員が具体的環境に身を置いて、臨床的に都市計画の知識や技術を学習し研究する必要があると考え、工房を開設した。
* 5　地元の都市計画コンサルタント事務所長に委嘱している。
* 6　現地観察に基づいてきめ細かい資料を蓄積しており、行政や商店街関係者やマスコミからの問い合わせも多い。
* 7　商店街共同イベントよりもさらに広域、あるいは大規模な企画の実施を目的に百貨店や企業などを加えた組織を設立した。
* 8　キャンパス内のものクリ工房の協力により、高さ2.4m、直径1.8mの走馬灯を設計し製作した。
* 9　都市整備局市街地整備課（07年4月より都市建設局都心活性推進課に改組）および経済振興局商業労政課が担当した。
* 10　協議会は市が策定する計画に対する意見を述べるとともに、事業の選定、調整、事業の進捗確認などが任務となる。幹事会が協議会議事の事前調整の場である。アドバイザーは協議会の活動にかかる各種資料の収集と作成が任務である。
* 11　家庭医は病院などの分野別専門医と対比される。家庭医療学会による定義は長いが、これを基に「地域に密着し、患者の既往症や家庭環境なども把握した上で幅広い診療を担う医師」、すなわち現代的「まち医者」と解釈した。

◎参考文献

1) 矢作弘、瀬田文彦『中心市街地活性化：三法改正とまちづくり』学芸出版社、2006
2) 両角光男 "熊本大学工学部まちなか工房における実戦的都市計画教育研究の取り組み"「工学教育」第55巻第3号、38-42、2007.5

2-4
「早稲田の森構想」大学都市の実現をめざして
〈新宿区・UR都市機構・地元商店街ほかと早稲田大学〉

後藤春彦（早稲田大学理工学術院）

1　新世紀を迎えた早稲田大学

「都の西北、早稲田の森に」と校歌に謳われる早稲田大学は、文字通り東京西北部の郊外で産声をあげた。前身の東京専門学校は、当時、大隈重信の別邸のあった南豊島郡下戸塚村早稲田の地に建設された洋風木造2階建の3棟の新校舎からなるものだった。

明治初期に東京で開学した多くの大学や高等教育機関が創設の地から移転している（そのほとんどが西北へ向けてのベクトル）のに対し、早稲田大学は現在も開学の地である早稲田に本拠を構えており、周辺地域とともに発展してきた、言わば、地域と大学の共創まちづくりの歴史を有している。

早稲田大学は2007年に創立125周年を迎えた。「125」とは、「人間は本来、125歳までの寿命を有している。適当なる摂生をもってすれば、この天寿をまっとうできる」という大隈重信の『人生125歳説』に因むもので、この「125」という数字は意味あるものとして扱われてきた。たとえば、1927年に竣工した佐藤功一・佐藤武夫設計の大隈講堂は125尺の高さの塔をいただいている。

2　オールド・キャンパスとニュー・キャンパス

創立125周年は早稲田大学の新世紀へ向けてのスタートに位置づけられ、多くの篤志を受けて、さまざまな記念事業が展開し、キャンパス空間も大きく変貌を遂げた。「聳びゆる甍」と称された教室群のいくつかは高層のインテリジェントビルに置き換えられている。

一方、学部創立100周年を機に理工学部は3学部に再編され、これらにあわせて理工学部キャンパスのリニューアルも着々とすすめられている。

さらに、残念なことではあるが村野藤吾設計の文学部高層校舎が耐震上の問題から建て替えられることになり、文学部キャンパスも装いを変えようとしている。

このように、高度な教育研究環境を更新していくために先端化したニュー・キャンパスを志向するとともに、一方で「こころのふるさと」としてのオールド・キャンパスの空間性を維持しなくてはならないといった両側面が要求される。なかでも最重要施設である大隈講堂は剥落の危険のあったスクラッチタイルが張り替えられ竣工時の輝きを取り戻すとともに、内観も当初の装いに復原され、このたび重要文化財の指定を受けた。

3　オフ・キャンパス

そして、新旧のキャンパスと同様に、重要な位置づけを与える必要があるのが大学周辺地域であり、これをオフ・キャンパスと呼んでいる。米国のアイビーリーグをはじめ海外の有力大学を訪ねると、大学が積極的にまちづくりに参画している様子が伺える。キャンパスと周辺地域の良好な関係が、大学の社会的地位向上のみならず、優秀な学生や教育研究者のリクルートや研究資金の獲得にも大きな影響を与えるという好循環が生まれている。

たとえば、大学のブランド力で荒廃した土地の価値を一気に向上させるような大掛かりな都市再生計画をすすめている事例もある。治安維持、近隣商業の活性化、教職員や学生の子弟のための初等教育施設の充実などキャンパス周辺のまちづくりへの参加を大学の責務として位置づけた例もある。また、卒業生が企業をリタイアした後に、青春時代を過ごした学生街に舞い戻ってくるようなビジネスモデルを構想している例もある

筆者は学校法人早稲田大学のキャンパス企画部参与の立場にもある。キャンパスの内部のみを充足する時代は終わり、今後、キャンパス周辺に向けてまちづくりを展開していくことが大学の社会的な責務になると認識し、「早稲田の森に聳える大学都市」の姿を描いている。

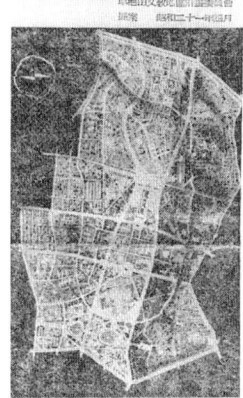

写真1　早稲田文教地区計画案 (出典：早稲田大学百年史)

写真2　秀島乾 (出典：早稲田大学都市計画研究室所蔵・背後に早稲田文教地区計画と記された図が掲げられている)

こうした早稲田大学周辺の広いエリアを視野に入れた計画は決して新しいものではなく、戦後の焼け野原の状況下においてすでに構想されていた。

4　早稲田文教地区計画案

東京都復興計画案の一部として、内務省と東京都によって早稲田大学周辺は、本郷、三田地区とともに文教地区に位置づけられた。これを受けて都市計画の立案をめざし、早稲田大学は学内に佐藤武夫を設計指導とする委員会を設置し、これに新進気鋭の建築学科の若手教員であった武基雄、吉阪隆正も参加した。しかし、「早稲田文教地区計画案」は1946年1月に完成したものの、結局、この壮大な計画は実現にいたることはなかった。

当時、この計画を実質的に担当したのは秀島乾だった。秀島は早稲田大学建築学科を卒業後、戦前の満州で技師として都市計画実務にあたり、戦後は都市計画コンサルタントの草分けとして活躍し、我が国の都市計画家の職能の確立にも尽力した実務家であった。

「早稲田文教地区計画案」は、東は矢来町から護国寺までを、西は東中野・目白・若松町を含む範囲を対象に、「教育におけるソシアリズム、科学におけるプラグマティズム、文化におけるインターナショナリズム」を理念に掲げたもので、自治制による早稲田大学を中心とする24校を含む学園都市の形成をめざすものだった。

特に、複数の大学自治を紡ぐことにより出現する都市像は、自由に憧れ、戦後の焼け跡から新しい文教地区のすがたを構想した時代の気分を感じさせるとともに、大きな変革期にあたり社会システムの再編をこころみている現代社会に相通じるもので、後述する「早稲田の森」構想と通底する壮大な計画である。

5　戸山ケ原（理工学部キャンパス）への展開

事実、その後も、「早稲田文教地区計画案」は大きな方向性を提示し続けている。

たとえば、旧陸軍射撃場だった国有地の払い下げを受け、1967年に理工学部を戸山ケ原へ全面移転する際にも前掲の「早稲田文教地区計画案」が参照されている。

新キャンパスの設計を指揮した安東勝男の当初の構想をひも解いてみよう。

「私たちは、理工学部新館の配置計画決定の大きな部分を、早稲田文教地区計画案－企画委員秀島乾計画－の上においている。

早稲田大学を中心とするその本部から、西に伸びて元の騎兵連隊跡、現在の戸山ハイツの谷、女子学習院、戸山高校、戸山中学の大地を経て、池袋新宿を結ぶ内環状五号線を超え、陸軍射撃場跡に至るこの計画案構成の根本は、騎兵連隊跡の谷における逍遙公園の構想と、陸軍射撃場跡の約二分の一部分における運動公園の構想をコネクターにして、五つの学校を結ぶところにある。」文献1)

6　商店街との共働

早稲田大学の周辺の商店街は積極的にまちづくりに参画していることで全国的にも有名である。その契機となったのがアメリカの大学都市への視察であった。大学と商店街が合同で、1989年には西海岸、1992年には東海岸に、視察団を派遣している。当時は、新図書館、ホテル、本部棟など、大規模な大学施設の建設やキャンパス周辺の再開発計画が大学主導（西早稲田地区市街地再開発協議会、1981年）で進行していた時期で、地元商店街は、少なからず、大学まちの将来に不安を抱き、疑心暗鬼になっていた時期だった。この視察で、大学まちで生き残るような業種業態を商店主ひとりひとりが確認するとともに、今後、日本においても社会人学生が増加していく様を実感して帰国したと聞く。

この後、さまざまなまちづくり組織が商店街関係者と教員を中心に学生を巻込むかたちで誕生し、自主講座や

イベントが連鎖的に開催されている。たとえば、ワーキンググループ WASEDA（1990年）、ワセダ・カルチェラタン（1995年）があげられる。これらの活動テーマは「団塊の世代」「高齢者福祉」「地球環境」「リサイクル」「バリアフリー」「都市農村交流」など多種多様だが、いずれも商店街と早稲田大学や新宿区との共創により、大きな成果をあげ、全国的な先進事例に位置づけられている。特に、1996年より開始したエコサマー・フェスティバルは、2000年には地球感謝祭へと発展し、早稲田祭の中止期間中（1997～2001年）にはイベントノウハウの継承や学生活動の発表の場として機能した。

7 都市再生モデル調査「早稲田の森」の提案

尾島俊雄名誉教授が理工学部長時代に、伊藤滋東大名誉教授を客員教授として招き、2001年に伊藤教授を中心に建築学科の研究室が参加して「早稲田コリドール」と名付けられた理工学部周辺の将来構想が提案された。

理工学部教授会における伊藤滋教授のプレゼンテーションは秀逸で、早稲田大学本部キャンパスをハーバード大学、理工学部キャンパスを MIT に見立て、両キャンパスをむすぶ戸山公園をチャールズ川になぞらえたもので、自然軸により複数のキャンパスを有機的に結びつけた構想は、多くの教員の支持を集めた。

2005年12月、政府の都市再生本部は「大学と地域の連携協働による都市再生の推進」を都市再生プロジェクトとして決定した。ここでは「大学は、まちづくりの課題に関する教育・研究やまちづくりを支える人材育成に大きな役割を果たすとともに、多くの若者を含む学生等が継続的に集まる都市のにぎわいの源泉である」との認識のもと、「大学をまちづくりの重要なパートナーと位置づけ、地方公共団体や住民、NPO などの多面的な連携共同を進め、都市再生の一層の推進を図る」としている。

都市への人口と産業の集中を増長する施設として既成市街地における大学の新設が認められなかったこれまでの工業等制限法（1959年）などによる政策から大きく方針が転換したことになる。学生は都市の賑わいや活力の源泉であり、大学と地域の相互補完の関係のもとで、地域全体の活力が向上する好循環の構築が期待されている。

早稲田大学は、同年に、いち早く「大学が核となるまちづくりの展開」をめざして都市再生モデル調査の選定を

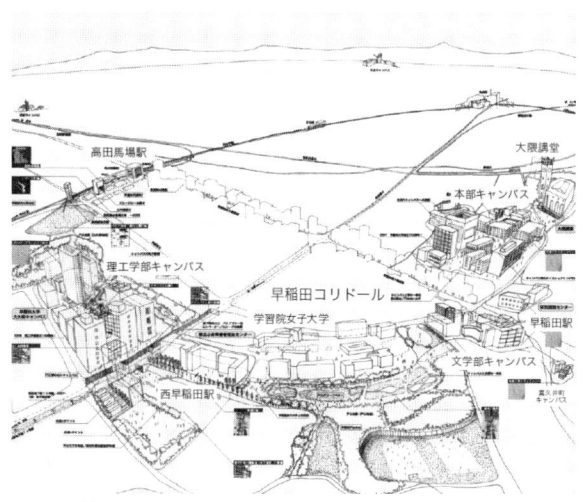

図1 早稲田コリドール（作成：田中智之他、早稲田大学大学院生グループ）

受け、学識経験者、東京都都市整備局都市づくり政策部開発プロジェクト推進室、新宿区都市計画部、UR 都市機構、学校法人早稲田大学からなる「新宿地域・活力のある緑の大学都市づくり研究会」を組織し、2006年に私の研究室を中心に「早稲田の森の提案」と名付けた成果をとりまとめ、公表した。

8 「早稲田の森」構想

早稲田大学周辺は、江戸時代は尾張徳川家の下屋敷が立地し、屈指の大名庭園と言われる戸山山荘があった。明治維新の後、軍事用地となり、戦後、公共的な土地利用がされ、教育機関のみならず、公営住宅や公務員住宅などの都心居住施設や、医療福祉施設などが立地している。また、大学とともに発展してきた商店街も活力があり個性的で、印刷業を中心とする地場産業も神田川沿いに集積している。

「早稲田の森」構想の骨子は早稲田大学周辺の国、都、区などの大規模土地所有者および利用者との協働により、「門と塀を無くす」「みどりを増やす」「歩きたくなるまちにする」というわかりやすい基本理念のもと、諸機能を結びつけることを「森」になぞらえたものである。

すなわち、比較的オープンスペースの不足している東京の北西部に、大規模敷地の更新や都市公園の再整備にあわせた一体的な都市の森の中に、大学教育機能に加えて、国際的な都心居住機能、医療福祉機能、にぎわい機能、産業育成機能を展開することをめざすものである。

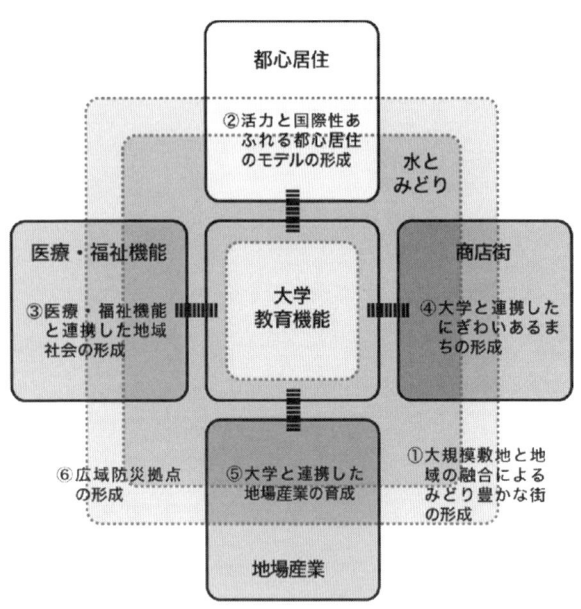
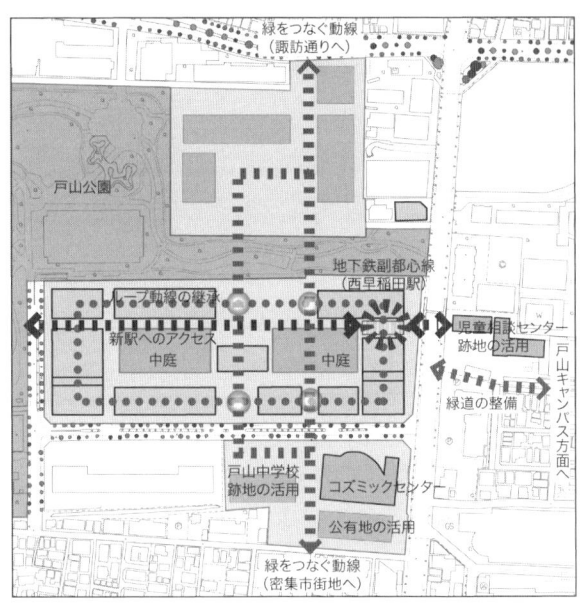

図2 大学都市づくりのイメージ (作成：新宿・地域活力あるみどりの大学都市づくり研究会)

図3 理工学部キャンパスの周辺への展開イメージ (作成：後藤春彦研究室)

現在、早稲田大学と新宿区は、まちづくり他を含む5つの事項からなる「協力連携に関する基本協定」(2003年)をむすび、強力なパートナーシップを構築している。同時に、かつて「早稲田文教地区計画」が立案されたエリアにおける地区計画策定の可能性を新宿区都市計画部景観と地域計画課とともに検討をはじめている。

9 「早稲田の森」の具体化

2008年、営団地下鉄副都心線が開業し、「西早稲田駅」が理工学部キャンパス内に新設された。地下鉄建設工事に協力しキャンパスの一部に竪坑が掘られたことにより、地下鉄駅から研究棟のドライエリアに直結する動線を確保することが可能となった。これまで、高田馬場、新大久保、早稲田の3駅から等分に離れていた孤島のような理工学部キャンパスの交通利便性は格段に良いものとなった。学生の通学動線も大きく変化し、地下鉄駅とキャンパスの結節点になる部分をリニューアルするとともに、中庭や塀などの緑化・修景をすすめている。これにあわせて新宿区みどり土木部も隣接する区道の高規格改修をすすめるなど連鎖的なうごきがでている。

その他、理工学部キャンパスの東西延長は約350mに及び、北側の戸山公園とは万年塀で仕切られ陰湿な感じが否めなかったが、このたび、東京都と協議の末、塀の一部を撤去し、災害時の避難動線を確保することができた。これによって、日常時はキャンパスと公園の緑を視覚的にむすぶことが可能になるなど、キャンパス・アメニティのより一層の向上をめざしている。また、2008年には、学術交流協定(2000年)をもとに、東京女子医科大学と早稲田大学が連携した先端生命医科学研究教育施設からなる河田町キャンパスを開設し、学際的な「医理工」学分野をはじめとする生命系の研究拠点を形成した。

これらは、ささやかではあるが、営団地下鉄、新宿区、東京都、あるいは、東京女子医大との共創による事例としてあげることができる。

一方、この地区で今後すすめられることが予想されている、公務員住宅の払い下げや、公立学校施設の統廃合、公共公益施設の更新などを契機とする再開発に対しても、積極的に早稲田大学が参画していくことを検討している。

それは、開発のパートナーやステークホルダーとしての参画にとどまらず、共同提案者としての参画、公共施設の指定管理者といった管理運営などソフト面での参画、学生ボランティアの参画など、多彩である。

さらに、早稲田大学は留学生8,000人の受け入れを目標に掲げ、大学周辺を国際的な都心居住の場所としてまちづくりをすすめることをめざしている。これについては、地元商店街や住民組織との共創が大切になってくる。

10 相互補完関係をむすぶ地域と大学

　大学は中世におけるその発生以来、極めて都市的な施設であり、ある意味では、都市そのものであった。

　しかし、象牙の塔と呼ばれるように、大学が現実の都市空間の中で俗世間から隔絶したもう1つの都市でありつづけた時代と今日では、その位置づけや期待される役割も変わってきている。そして、周辺地域の都市像もかつての学生街や古書店街ではなくなってきている。

　周辺地域側は、大学空間をサスティナブルで安定的な土地利用だと認識しており、災害時の避難・医療・復興拠点として位置づけるとともに、日常は生涯学習や社会人教育のために、各種の高度教育施設の市民開放を望んでいる。また、教職員や学生は地域の経済消費活動や社会文化活動を担う市民であり、環境・防災・福祉活動などのまちづくりへの参加が期待されている。特に留学生や外国人研究者による国際交流への期待は大きい。さらに、大学発ベンチャーや新産業のインキュベーター等、地域経済を牽引するような大学の有する知的財産の戦略的な活用も期待されている。

　一方、大学側にとっても、地元自治体や地元企業、そして市民は経営上の戦略的なパートナーとなってきている。特に、グローバルな競争的環境において、大学個性の明確な表現は大学ブランド力の維持強化にかかわる課題になってきている。同時に、より実践的な教育研究のフィールドとして大学が立地する都市そのものが大学の評価に影響を与えるようになってきている。加えて、専門職大学院をはじめとする新しい教育ニーズへの対応を念頭におくと学生リクルートの場としても立地する都市がいかなる機能を担っているのかが重要になってきている。

　大学と、その周辺の地域や都市の相互補完の関係が、両者にとって重要な戦略になっていくことは間違いのないことである。自治制による学園都市の形成をめざした「早稲田文教地区計画案」の遺した夢を追い続けていることに、あらためて気づく。

◎参考文献
1) 安東勝男 "創立八十周年記念事業中間報告、設計概要" 「早稲田学報」（稲門建築会機関誌）738号、1964.1

※早稲田大学ではキャンパス名称の変更をすすめている過渡期にあり、便宜上、本文では、「本部キャンパス」「文学部キャンパス」「理工学部キャンパス」と呼んでいる。

写真3　「読売新聞」2008年4月30日付朝刊

写真4　戸山公園と連続する理工学部キャンパス新棟

2-5
大学街地区の再生を実現した地域と大学の協働事業
〈米国フィラデルフィア市とペンシルバニア大学〉

小松　尚（名古屋大学大学院環境学研究科）

1　大学まちを再生した協働事業

　クエーカー教徒であるウイリアム・ペンが渡来して切り拓いた街、フィラデルフィア。市中心部の西側を流れるスキルキル（Schuylkill）川を西に渡ると、ウエスト・フィラデルフィア地区に入る。この地区はペンシルバニア大学を中心とした大学まちであるが、貧困層が多く住み、治安も悪化するなど問題を抱えていた。大学も学生数が減少するなど、大学経営上の対応が迫られた。

　そこで、市がキャンパスと周辺地区を大学街地区（University City District：図1）に指定し、地域改善の協働事業が始まった。その結果、ウエスト・フィラデルフィア地区は1980年代とは見違えるような地域環境を取り戻した。

　大学もこれまでの地域を軽視した姿勢から転じ、地域の物理的、空間的な改善だけでなく、地域生活の質向上や公教育支援を支援するまちづくり事業に地域の一員として取り組み始めた。また、大学街地区の再生事業を視野に入れた戦略的なキャンパス計画を策定し、キャンパス周縁部で民間の資金や手法を取り入れた商業および生活系の複合開発を実現している。

　さらに現在、スキルキル川両岸の計画が進んでおり、両岸に歩いて移動できる一体的な環境づくりが、市と大学の連携によって目指されている。

　そこで本稿では、大学街地区として地域再生を実現した協働事業の過程と、今後の展開を見ていきたい[*1]。

2　フィラデルフィア市の現況

　フィラデルフィア市を流れるスキルキル川の東に位置する都心部では1980年代に高層オフィスビルが数多く建設され、ビジネス街の物理的更新が進んだ（写真1）。現在、都心部はシティ・センター・ディスクリクトと呼ばれるビジネス促進地区（Business Improvement District）に指定され、不動産税への賦課金を財源にして、歩道の清掃、犯罪の防止、各種宣伝、植栽や街路灯、サイン、アートなどによる公共空間の質的向上が進められている（写真2）。

　しかし、その建設ブームも景気後退によって1990年頃には終息し、スキルキル川東岸のウエストマーケット地区と呼ばれる一帯は、都心部にふさわしい環境とは言えないまま放置された状態にある（図1）。元々フィラデ

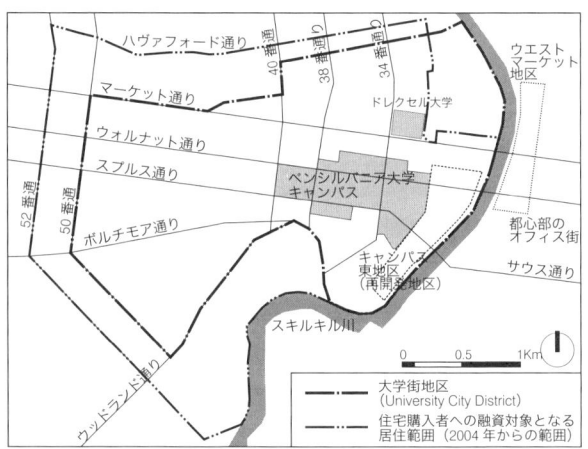

図1　ウエスト・フィラデルフィア地区における大学街地区の範囲、ペンシルバニア大学、および都心部の関係

写真1　フィラデルフィア都心部の様子　1980年代のオフィスブーム期に建設された高層ビル群

写真2　都心部からウエスト・フィラデルフィア地区まで共通の街路サイン

ルフィア市もアメリカの他都市同様、20世紀後半に郊外へ人口が流出しており、現在では都心部の選挙権保有者は全保有者の4％しかおらず、郊外に比べて都心部の環境整備が困難になっている。

さらに、スキルキル川西岸のウエスト・フィラデルフィア地区は、元々工業地帯であったとともに貧困層が住む地域であるため、多くの社会的問題を抱えてきた。

3　ペンシルバニア大学の概要

ペンシルバニア大学は1740年にアメリカの高等教育機関として5番目に創設された。創設者の1人はアメリカ独立宣言の草起者であるベンジャミン・フランクリンである。建築家ルイス・カーンもペンシルバニア大学で学び、教鞭をとっていた。

ウエスト・フィラデルフィア地区にあるメインキャンパスは109万m^2の広さを有する。2004年秋時点の学生数は2万3,305人、教官数は4,238人である[*2]。ペンシルバニア大学はフィラデルフィア市内で最大、ペンシルバニア州で2番目の雇用主であり、大学と関係医療機関あわせて2万5,000人を雇用している。

4　地域生活の質向上を実現した協働事業

1　地域関係機関と大学の関係の変遷

ペンシルバニア大学は都心部に職業学校として開校したが、後に都心部の西側を流れるスキルキル川西岸の工業地帯に移転し、その後面的拡張を進めた。特に、1960〜70年代には連邦政府の土地収用による強引なキャンパス拡張が行われた。地域の犠牲の上に成り立った開発であり、地域住民の反発を買うものだった。

一方、ウエスト・フィラデルフィア地区の関係機関とペンシルバニア大学の連携関係は、地区内の再開発事業を協議するために教育および医療機関によって設立されたウエスト・フィアデルフィア協会の発足（1959年）から始まる。しかし、当時はペンシルバニア大学の意向を強く受ける組織であり、上手く機能しているとはいえなかった。

しかし、1969年にペンシルバニア大学の学長が「地域住民の生活に目を向けるべき」との勧告を行い、特定の大学だけでなく、地域の多様な構成員が参加できる組織として徐々に協会は再編成され、名称もウエスト・フィラデルフィア・パートナーシップと改称されて現在に至っている[*3]。現在では、地域情報の収集や市民組織への各種支援、大学による公教育支援、住居や空き地情報の把握、住民の就職や職業訓練機会の提供などを行っている。

2　大学街地区としてのまちづくり

1994年に学生が巻き込まれた殺人事件を契機に、ウエスト・フィラデルフィア・イニシアチブという環境改善事業が始まった。1997年には、大学およびその周辺が大学街地区（図1）に指定され、公立学校の改善、小売業の再生、ローカルビジネスの支援、安全で清潔な街路、高品質な住宅の提供という5つの事業が実施されている。最初の事業は、街路灯の整備であった。

この事業の資金は、都心部のビジネス促進地区のように不動産税への課賦金として徴収されるのではなく、7割は大学街地区に所属する大学をはじめとする団体の自主的な寄付から、残りは地域バスの運賃などから得ている。その理由は、地区内には大学など免税となっている不動産が多いために、不動産ベースでは十分な収入が得られないことや、一般の不動産所有者にとって増税となることを避けるためである。

この事業を進めるにあたって、ペンシルバニア大学がかつての強引な開発や住民の追い出しを再現するのではないかという地域側の疑念を払拭するために、大学は実質的な出資者であり事業推進者ではあるが、地域関係者と協働の体制で進めることを公言している。その一例として、大学キャンパスを周辺の居住区域には拡張しない

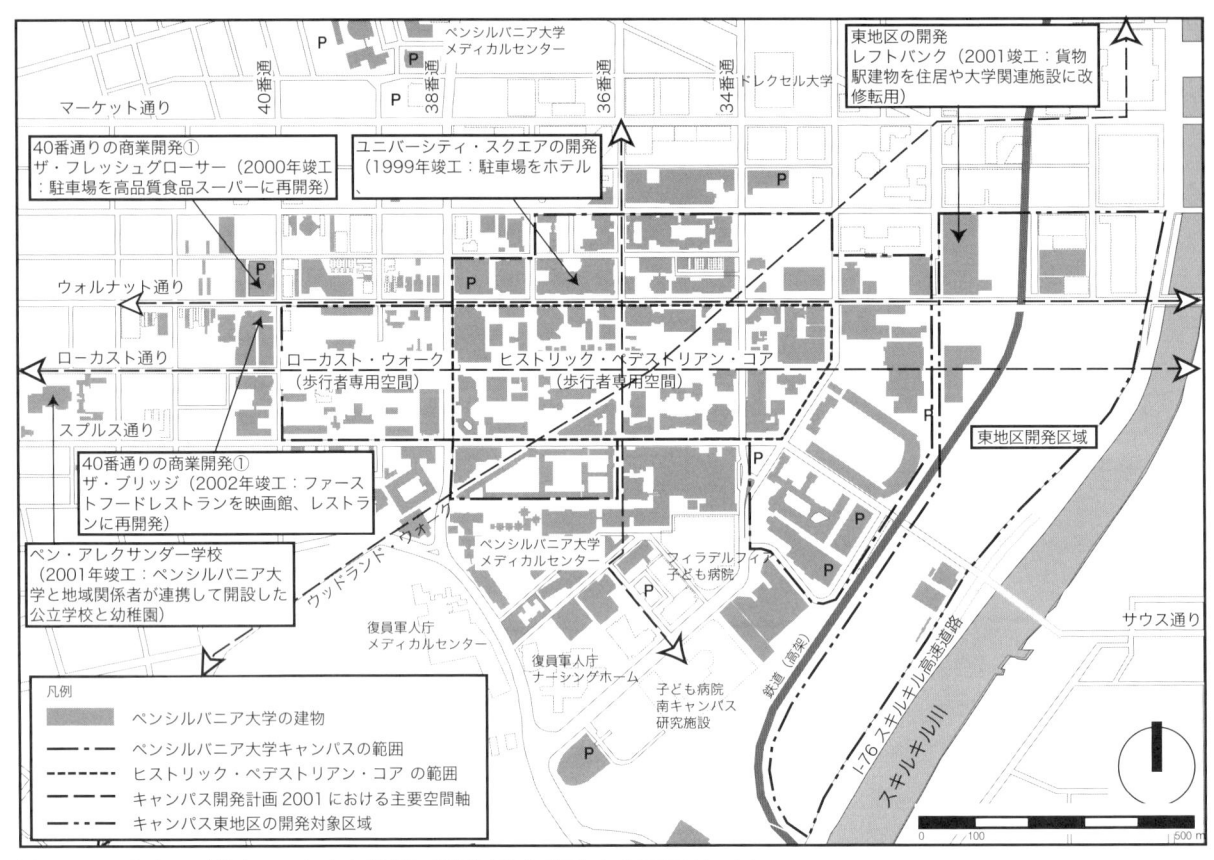

図2 ペンシルバニア大学キャンパスおよび周辺の現況と近年に竣工した主要プロジェクト

ことを表明している。その一方で、教職員の大学周辺への居住と住環境改善を促す融資や公教育への支援、地域の小売業の活性化をにらんだ投資などを行っている。

3 大学教職員のキャンパス周辺への居住促進

ペンシルバニア大学はかつて、大学構成員の8%しか大学周辺に居住していない通勤通学型大学であった。しかし近年では、1998年から開始した大学周辺（図1内に記した範囲）に居住する場合の住宅購入や改修に対する融資制度の役割によって、関係者が大学周辺に住むようになってきた[*4]。1998～2004年までに教職員386世帯がこの制度を利用して住宅を購入している。この制度は大学周辺への居住促進だけでなく、荒れた家屋や庭の改修を大学が資金的に支援し、結果として地域の住環境を改善する具体的かつ有効な手法となっている。

4 公教育の改善プログラムに対する大学の支援

十数年前からペンシルバニア大学のコミュニティ・パートナーシップ・センターや研究室、学生らが参画して、ウエスト・フィラデルフィア地区における公教育の改善プログラムが実施されている。これまでに1,700名を超える教職員と学生が、ウエスト・フィラデルフィア地区の33の公立学校で130以上のプログラムを地域の教育者や地域住民とともに実施している。また、地域団体とペンシルバニア大学は共同でペン・アレクサンダー学校と称する公立学校を2001年に開校させた。

このような取り組みの背景には、大学教職員が大学周辺に居を構えるには子弟のために質の高い教育環境が必要なことや、地域社会の安定化に教育の充実が効果的であるという認識が生まれているためである。

5 ペンシルバニア大学キャンパス計画の6つの目標

ペンシルバニア大学のキャンパス計画に目を向けると、現在の整備指針であるキャンパス開発計画2001（Campus Development Plan 2001）が掲げる目標から、ヒストリック・ペデストリアン・コア（Historic Pedestrian Core）

と呼ばれるキャンパス中心部の歩行者専用空間を核にして、キャンパスと周辺地域の空間を体系的に接続しようとする意図が読み取れる（図2）。

◼ キャンパス計画の6つの目標
①キャンパス構造の明確化
ローカスト通り、ウッドランド・ウォーク、36番通りを、ウエスト・フィラデルフィア地区の各所を連結する空間軸として再整備しようとしている（図2）。また、ウォルナット通りはスキルキル川を渡って都心部に続く幹線道路であり、都心部との接続が強く意識されている。
②個性の継承と再構成
キャンパス中心部の空間特性を周辺へ展開し、キャンパス全体に一貫したイメージを生み出すとともに、周辺との関係付けを重視して、キャンパスへの導入空間を整備することにしている。
③キャンパス中心部の整備
キャンパス中心部に教育研究機能を集約し、その周辺に住居の整備を行うことによって、キャンパス中心部を活性化させようとしている。建物の機能転用や再利用に際しては、キャンパス中心部の質の高い建物やオープンスペースに見合った整備を求めている。
④ランドスケープの再生
主要な改修プロジェクトでは建物とともにランドスケープも適切な再生や再利用を行うとしている。現在の水準にあわせるための改修が必要な1960～70年代に完成した建物とともに、ランドスケープのネットワークづくりに投資を行うことにしている。
⑤住居整備と地域コミュニティの維持発展
大学まちに活気を取り戻し、コミュニティの維持発展を促すために、居住環境の整備を重視している。同時に、購買や娯楽のための機会創出を進めるため、私的・公的機関などとの連携をはかり、多様な複合利用による商業的、文化的環境を育てることにしている。
⑥都市との関係付け
キャンパス東側のスキルキル川沿いは、高架鉄道等によって空間的に分断されており、手付かずの状態にある。後述するが、ローカスト通りの延伸や南東部での新しい橋の建設などにより、対岸のウエスト・マーケット地区や都心部への接続が目論まれている（図2）。

写真3　40番通りの商業施設開発（ザ・ブリッジ周辺）

◼ 中心部と周縁部の役割が明確なキャンパス計画
キャンパスの中心部に教育研究や大学生活上の施設を集め、キャンパス周縁部に生活・商業関連施設を配置し、ランドスケープを充実させながら、周辺地域や都心部と有機的に連結していく空間づくりが意図されている。これは、日本だけでなく米国の有力な研究大学が、キャンパス周縁部に先端研究施設を拡張的に配置していく考え方とは対照的である。周辺地域との関係作りを視野に入れたキャンパス整備の有効な一手法であろう。

6　民間の資金や手法を導入した戦略的なキャンパス計画・マネジメント

ペンシルバニア大学は現在、前述の整備指針に沿って、「ペン・コンパクト」と名づけられたキャンパス整備構想を進めている。特に、キャンパス周縁部での居住・商業系の複合用途開発では、民間の資金や手法を導入して計画を実現している。

◼ キャンパスエッジでの連携事業による再開発
キャンパス西端の40番通り沿いでは、既存小売店を再生し、さらに集積していく構想があり、ザ・フレッシュグローサー（2000年）とザ・ブリッジ（2002年）はその核となる店舗として再開発され、オープンした（図2、写真3）。また、1999年完成のユニバーシティ・スクエアの再開発ではホテルが新設されている。建物や土地は大学が所有し、民間に賃貸している。（図2、写真4）。これらは、民間の資金や手法を取り入れた連携事業の完成プロジェクトである。

写真4　ウォルナット通りのユニバーシティ・スクエア

写真5　旧貨物駅建物を集合住宅と大学施設へ転用した事例

今後の計画として、キャンパス内での住宅供給の他、後述するキャンパス東地区での複合用途開発、南部のメディカルセンターの拡張などが予定されている。

❷民間との連携事業における財政

民間企業と連携事業を行う場合、新設建物は60年間の償還期間を設定している。そのパートナー選定について、現在では大学が魅力的な投資先と考えられているため、パートナー選定に苦労するということはあまりない状況にあるという[*5]。

このような戦略的な計画・マネジメントを実行する理由として、優秀な学生や教職員を集めるために優良な地域や生活環境が必要と考えているだけでなく、市の財政力が十分でないこと、大学不動産が課税されていないことなどが挙げられる。大学街地区としての事業に協働参画し、地域とともに歩む必要性とその相乗効果を強く認識しているのである。

7　今後の展開：スキルキル川両岸の計画の連携

ペンシルバニア大学はスキルキル川沿いの約17万m²の敷地に住居や商業・スポーツ施設等からなる開発計画を構想している（図2）。その先駆けは、約15年間放置されていた貨物駅建物を集合住宅や大学施設へ転用したプロジェクトである（写真5）。

このペンシルバニア大学の動きに対応して、スキルキル川東岸の地区では現在、市がウエストマーケットプロジェクトに取り組んでいる。この一帯を気持ちよく歩ける（walkable）環境とするために、マーケット通りや23番街を中心に、建物転用によって低層部へ商業系空間を誘導し、2,600戸の住居供給を行って、学生や教員、さらには卒業生が都心の居住者として定着することを促進する構想が進んでいる。大学街地区の協働再生事業は、その境界を越えた展開を見せようとしている。

◎注
- [*1] 本稿の内容は、日本建築学会キャンパス計画小委員会によるアメリカ大学調査（2005年11月実施）において、現地での関係者ヒアリング等によって得られた情報を元にしている。
- [*2] 関連して、大学運営資金については2004年6月時点で基本資産が4,600億円あり、2005年会計年度総予算が4,887億円、うち人件費は2,510億円である。なお、換算レートは当時の1ドル115円で計算している。
- [*3] この経緯については参考文献4が詳しい。
- [*4] 一定期間の居住や住宅および屋外環境の改善を目的に、定められた範囲内の住宅を購入する際に大学が優遇的に融資する制度。7年間居住すると返還を免除する改修資金の融資や、購入価格に改修予算20％を上乗せする融資などのメニューがある。
- [*5] 大学の施設投資がこの10年間で年172億円であるのに対し、民間資金の導入は過去3年間で500億円を超える（2005年時点）。

◎参考文献
1) Barbara Faga：Designing Public Consensus, John Wiley & Sons, p.134 〜144, 2006.
2) Judith Rodin, The University and Urban Revival, University of Pennsylvania Press, 2007.
3) The Center for Architecture: The Planning of Center City Philadelphia, The Center for Architecture, 2007.
4) 赤星晋作『学校・地域・大学のパートナーシップ ウエスト・フィラデルフィア改善組織（WEPIC）の事例研究』学文社、2001年
5) 李彰浩 "大学が主体となる大学まち再生に関する研究－米国におけるペンシルバニア大学とその周辺地域を事例として－"「日本建築学会計画系論文集」第603号、p.131〜138、2006.5

2-6 地元バス事業者と連携した新学内バス導入とその効果
〈筑波大学と関東鉄道バス〉

石田東生（筑波大学大学院）・谷口綾子（筑波大学大学院）

1 大学キャンパスにおける交通問題

都市交通計画において、大規模な病院や大学、その他の公的施設等をまちのどこに配置するかは大きな問題となる。それぞれの施設の特性に応じた場所に配置するのみならず、そこに集まる人々のアクセスやイグレスの交通手段や周辺地域への影響をも考慮しなければならない。

大規模施設の中でも大学は、その規模の大きさ（学生・教職員が都市人口の1割以上に達する例もある）や通勤通学以外にも職員の業務移動や学生の受講による移動等、定常的・非定常的交通が発生することから、周辺地域への恒常的な影響が懸念される。また、我が国においては1970年代より、都市部への大学の極度の集中を抑制する文部省（当時）の方針や、大学施設の過密を背景に、都心部に立地する大学が郊外に移転する動きがあり[文献1]、大学の郊外立地化が進んでいる。これに伴い、郊外の大学敷地内に広大な駐車場が整備され、大学関係者の交通手段は自動車が中心となった。

さて、開学35年を迎えた筑波大学は、開学当初から都市軸と交通システムをリンクさせたキャンパス計画であった。しかし、モータリゼーションの進展や鉄道開通など交通環境が激変し、交通事故や駐車場不足、公共交通機関による端末アクセスの不便さ等の交通問題を抱えていた。これらの問題を緩和するため、1990年代初頭より、筑波大学交通安全対策委員会（常設）において、構内出入り口の閉鎖や駐車場対策、駐輪対策、交通事故対策などさまざまな交通施策が提案・実施されてきた。

一方で、キャンパス全体の老朽化対策と現代社会に対応できるキャンパス整備を目的とした「筑波大学キャンパスリニューアル計画」においても、交通ネットワークの再整備は重要項目として位置づけられており、学内駐車場の有料化や自転車道の検討など、多面的なキャンパス交通マネジメントが進められている。中でも、2005年9月、つくばエクスプレス（TX）開業に併せ、学生・教職員のための「公共交通」として運行を開始したキャンパス交通システム（以下、新学内バス）は、地域公共交通を担う地元の交通事業者と大学が連携した画期的なシステムである。本稿では、筑波大学キャンパスリニューアル計画における交通システムの位置づけを紹介するとともに、新学内バスの概要と導入経緯、その利用実態ならびに筑波大学全体に与えた影響を述べることとしたい。

2 筑波大学キャンパスリニューアル計画における交通システムの位置づけ

筑波大学キャンパスリニューアル計画は、大学の全体設計の4つの構成要素である、①アカデミックプラン、②フィジカルプラン、③キャピタルプラン、④管理運営体制の整備、の中で、②フィジカルプランの一部として位置づけられている。「リニューアル計画」ということで、一からの検討を行うというよりは、既存施設の点検・評価を踏まえ、既存施設の優れたリソースを活用しつつ、21世紀にむけた筑波大学の新たなキャンパス像を提案するものとされている。策定主体は、施設委員会（常設）であった。

キャンパスリニューアル計画報告書（2002年3月）は、a）マスタープラン、b）建物・設備計画、c）交通システム計画、d）景観・緑化計画、e）サイン・アート計画、の5つの視点で構成されており、本稿で紹介する新学内バスシステムは、c）交通システム計画の一部に謳われている。この交通システム計画には、歩行者、自転車、自動車の交通環境整備と並列に、「公共交通機関の活用」として「現在、学内バス・関鉄バスともに利用率は極めて低く、コストや人員確保等から存続が危ぶまれている。一方、図書館情報大キャンパスとの連絡や自動車抑制の面からは、バスのサービス向上が必要である。運行ダイヤやルートを見直し利便性を高めるとともに、バス会社

表1　新学内バスの導入経緯

背景：キャンパスリニューアル計画 2003 アクションプラン	
学内バス廃止の動き（運行人員削減）	
学内交通問題の顕在化（駐車場、学内バス）	
2004年4-6月	：学内交通実態調査（都市計画実習交通班）
2004年秋-冬	：広聴会（6回程度）
2005年初頭-3月	：関東運輸局との調整
2005年初頭-7月	：大学内の調整
2005年8月末	：新学内バス導入
2006年4-6月	：利用促進モビリティ・マネジメント実施

と話し合い格安パス・回数券の導入等を検討する。（要約）」と提案されている。

　キャンパスリニューアル計画は、それ自体で予算やスケジュール等を保持しているわけではなく、実行性を確約されたものではないが、文部科学省への概算要求、学内予算措置や民間資金の活用、他省庁予算による事業など様々な可能性が検討されており、これらを活用しつつ、5ヵ年毎の重点目標を定めて事業を着実に推進していくことが提案されている。

　一方、筑波大学の交通安全対策委員会は、開学当初から設置された常設委員会である。学内の交通施策は、キャンパスリニューアル計画の策定以前から、交通安全対策委員会によって様々なかたちで進められていた。キャンパスリニューアル計画における交通システムの記述は、交通安全対策委員会におけるそれまでの検討事項を再掲したものとも言えよう。しかし、学内交通システムの方向性を、学内施設計画の一部として「キャンパスリニューアル計画」に明確に記されたことの意義は大きかったと考えられる。例えば、2003年12月9日に開催された交通安全対策委員会資料には、「学内バスのあり方の検討について」として、キャンパスリニューアル計画報告書における「公共交通機関の活用」の記載を引用し、運行ルートや運賃体系の見直しの必要性を指摘している。

　キャンパスリニューアル計画は、いわば学内施設計画のマスタープランであり、確たる実効性は担保されていないものの、種々の交通施策を継続的に推進する上で、学内外の調整を円滑にし、実効性を高める役割を果たしているものと考えられる。以下に、新学内バスの導入経緯を述べる。

3　新学内バスシステムの導入経緯

　広大なキャンパスを持つ筑波大学では、教育・研究環

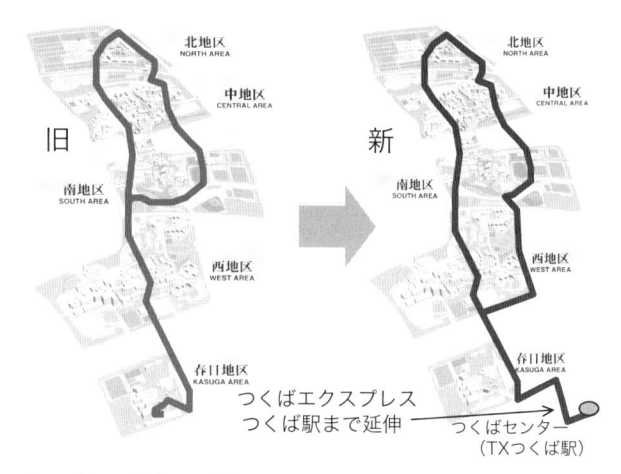

図1　新・旧学内バス路線の変遷

境整備の観点から、構成員（学生・教職員）のための学内移動手段として学内連絡バスが不可欠となっている。しかしながら、1977（昭和52）年11月に運行を開始した旧学内連絡バスは、限られた予算下での運行のため利便性に欠けるといわざるを得ず、1便あたり利用者数は約11人と十分に活用されているとは言い難かった。加えて、運行人員が、大学の独立行政法人化により人員削減の対象となる等、現行通りの学内連絡バスの運行は極めて困難であり、システム廃止をも含め再考すべき時期に来ていた。また、増大する自動車利用の適正化と駐車場の整序化を目的とした学内駐車場の有料化施策が2003年に導入されたことに伴い、自動車の代替手段としての学内バスシステムを検討する必要があった。

　これらを背景に、先に述べたリニューアル計画をはじめとする全学的な動きによるバックアップを受けて、新学内バス導入に向けた具体的な取り組みは、2004年春に始まった。まず、社会工学類3年生の実習科目である「都市計画実習」の交通班により、標本抽出による交通行動アンケート調査と4日間の関東鉄道路線バス乗り込み調査で構成される学内交通実態調査が実施された。ここで、筑波大学関係者による路線バスの年間支払い総額の推計と、既存学内バスの代替となるバスシステムの提案がなされた[文献2]。この提案を参考に、筑波大学交通安全対策委員会に設置された新学内バスワーキンググループ（WG）によって新学内バスシステムの原案が作成され、学内で計6回の広聴会（公聴会ではなく「広く意見を聴く会」）、関東運輸局との運賃体系の調整、学内各部署（施設、財務、人事）との調整を経て、2005年8月のつくば

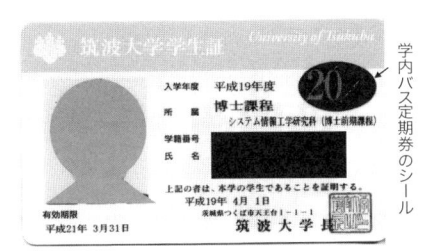

図2 学内バス定期券の例（2008年3月31日まで有効）

学内バス定期券のシール

エクスプレス開業とともに現行の新学内バスが導入された（図1）。このシステムは、学生証または職員証にシールを添付することで定期券とし（図2）、学生4,200円、教職員8,400円／年の安価で提供するものである。

これら新学内バス導入経緯を時系列でならべたものを表1に、旧学内連絡バスとの相違点を表2に示す。

4　3つの関門

新学内バスシステムは、表1に示したスケジュールで検討を重ねて実現したものであるが、その道のりは決して平坦なものではなかった。以下に導入に際し直面した2つの大きな「関門」について述べる。

第1の関門：関鉄バスとの交渉

2004年5月に実施したバス利用実態調査分析結果より、筑波大学関係者のバス年間支払い総額は約4,500万円と推計された。同年6月、関東鉄道バスとの交渉にこの金額を提示したところ、季節変動やTX開業効果を考慮していないことから過小評価の可能性を指摘され、5,500万円は支払ってもらう必要があるのでは？　等々、交渉は難航した。ここで社内の調整にご活躍いただいたのが、関東鉄道バスの専務（当時）であった。数回に渡る交渉の結果、筑波大学が関東鉄道バスに5,000万円支払い、筑波大関係者に学内周辺路線を乗り放題とするサービスに双方合意した[*1]。これが第1の関門であった。

第2の関門：関東運輸局の行政指導

関鉄バスとの合意を得て、筑波大が関鉄バスにバスサービスの代価として5,000万円支払う旨を関東運輸局に打診したところ、運輸局が難色を示した。道路運送法第9条に、一般旅客を対象とする公共交通においては「特定の旅客に対し不当な差別的取扱い」を禁じる条項があり、筑波大と関鉄バスの協定はそれに抵触するとの判断であった。一般旅客と混乗する路線にこのような運賃設定は「不当な差別的取り扱い」だというのである。

表2　旧学内連絡バスと新学内交通システムの相違点

	旧学内連絡バス	新学内交通システム
運行主体	筑波大学	関東鉄道バス
運行日	平日のみ（休業期間は間引き運転または運休）	毎日
運行時間	8：00～18：00	6：00～23：00
運行本数	右回り・左回りそれぞれ30分毎（合わせて15分毎）	つくばセンター発 平日 18本／時（最大）休日 5本／時（最大）
運賃	無料	通常運賃（160円～260円）
運行経路	筑波大学中央～図書館情報専門学群	筑波大学中央～つくばセンター

この条項をクリアするため、当初無料を想定していたバス定期券に受益者負担のコンセプトを取り入れ、大学が5,000万円で定期券6千枚を購入し、1枚8,000円で大学関係者に販売するという案を運輸局に提示した。しかしこれも割引率90％以上の定期券となり、格差が大きすぎるとの判断でつき返されてしまう。

困っていた矢先、関東鉄道バスが「大口特約一括定期」というアイデアを提案してきた。これは大学が一括して定期券を購入し、大学が各利用者に再販売するシステムで、関東鉄道バスには定期券販売に関するリスクは無いことになる。このため、思い切った値段設定が可能となったほか、他の組織から同様の申し出があれば受け入れるという前提を設け、公平性をも担保可能となった。

こうして、日本で初めての「大型特約一括定期」によるバスサービスが実現することになったのである。

第3の関門：大学内の新制度創出

関鉄との契約は、大学から5,000万円支払うことで合意した。しかし、①定期券が売れ残ったらどうするのか、②通勤手当にバス代をどう位置づけるのか、③販売ルートはどのように確保するのか等、前例の無い学内の問題が山積していた。

これらの問題は、財務部、人事部、総務部の各部署による積極的な取り組みにより、①定期券が売れ残ったとしても筑波大学全体の収支としては以前よりも黒字となる、②バスの通勤手当は定期券による現物支給とする、③販売ルートは書籍販売の丸善に委託する等、新しい制度創出によりクリアできた。

5　関係各位との協働

新学内バスは、大学事務局、学生、関東鉄道バスなど

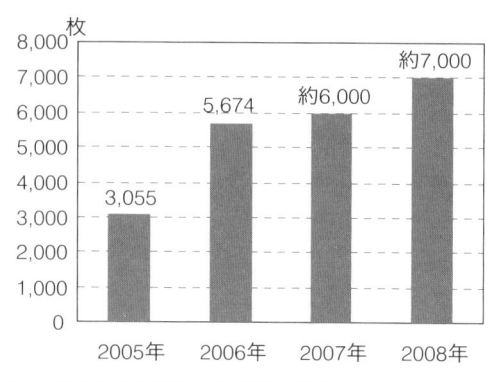

図3　学内バス定期券の販売枚数の推移

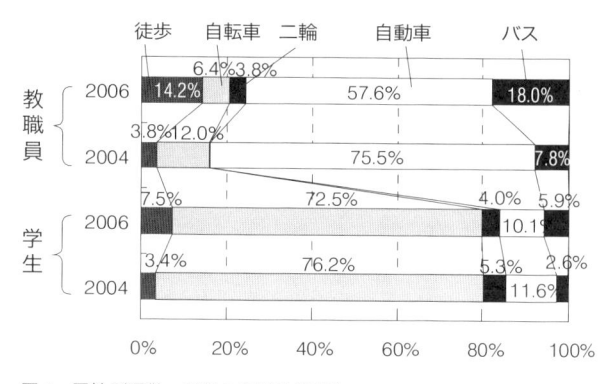

図4　属性別通勤・通学の交通手段変化

関係各位の協働で実現したシステムである。逆に言えば、どの主体が欠けても、実現しなかったであろう。バス利用実態の調査・分析を担当した都市計画実習の3年生、全代会（全学の各組織から選出された学生代表で構成される学内組織）厚生委員会の交通グループ、学内の調整に奔走した総務部の担当者、担当副学長。これら学内の関係者の検討の場として設けられたのが、先に述べた筑波大学交通安全対策委員会新学内バスWGであった。このWGには、先に述べた関係者に加え、施設・財務・人事の担当者、そしてオブザーバーとして筑波大学新聞の記者も参加しつつ計10回に及ぶ公開・非公開の検討を重ねた。そして忘れてはならないのが、交通事業者として筑波大学の交通を共に考えた㈱関東鉄道バスの専務（当時）が果たした役割である。社内の調整・説得を一手に引き受けてくれたほか、全国初の大口特約一括定期のアイデアを出したのも彼であった。

こうした関係者の協働が実を結び、筑波大新学内バスは誕生したのである。

6　新学内バス導入によるインパクト

新学内バス導入による効果計測のため、導入前後（2004年7月ならびに2006年4-6月と11月）において筑波大学構成員を対象とした交通行動実態調査を実施した。

図3は学内バス定期券の販売枚数の推移である。2005～2008年にかけて、順調に増加しており、年を経る毎に認知度が高まるとともに、利用促進の取り組みが効を奏したものと考えられる。

ここで、新学内バス導入が筑波大学に与えた量的・質的なインパクトとして以下の項目を挙げることができる。

第1に、学内全体への量的効果として、（1）経費節減、（2）環境負荷の低減、（3）公平性の確保、を挙げることができる。学内バスの運行経費については、旧学内バスシステムでは7千万円/年程度であったが、2005年度は2,600万円程度（いずれも筆者らの試算による）の見込みであり、学内の経費節減に大きく貢献している。また、環境負荷について、自家用車利用がバスに転換することにより（図4）、通勤・通学交通におけるCO_2排出量が全学で約12%削減された（筑波大学都市交通研究室の試算による）。さらに、自家用車を使えない人々に対する公平性の確保と言う観点からも、一定の効果があることは間違いないだろう。

第2に、筑波大学構成員のキャンパスライフの質の向上が考えられる。例えば、学生の交通行動分析結果[文献3]より、定期券を持っている学生のほうが、自動車、自転車、バス等、幅広い交通手段の選択肢をもち、つくばセンターへの立ち寄り回数も多いことが示されており、新学内バスにより学生生活を豊かにしている可能性が報告されている。

7　新学内バスシステムの今後に向けて

1 筑波大学における交通マネジメントの今後の展開

新学内バスシステムの導入により、筑波大学構成員の交通行動は少なからず変化し、学内全体に様々なインパクトを与えた。これらは経費節減、環境負荷低減、公平性の担保などの量的な効果のみならず、大学構成員のライフスタイル等、質的なものにも影響していることが明らかになった。このシステムの成功要因としては、①学内関係者と交通事業者の連携、②学内の既存システム

との調整の成功、③利用者にとって使いやすいシステム構築、④適切な情報提供など利用促進の取り組み、等が挙げられる。

今後も、大学構成員のライフスタイルを、自動車に過度に依存しない、より持続可能な方向に転換してもらうため、継続的な大学交通マネジメントを進めていく予定である。例えば、現在模索中のプロジェクトとして、①筑波大学を縦断する歩行者用道路を自転車道と分離して整備する計画、②コンパクトシティを目指して、公共交通の利便性の高い地域への居住を促すコミュニケーション実験や、③地元住民を巻き込んだカーシェアリング導入実験等が挙げられる。

❷マスタープランの重要性

また、筑波大学の新学内バスシステムがうまく機能するに至ったのは、関係各位の努力もさることながら、キャンパスリニューアル計画というマスタープランの存在も大きいと考えられる。交通安全対策委員会のみの検討事項でなく、全学の施設計画の一部として交通システムを位置づけることで、地元交通事業者との連携や学内調整を円滑に進めることが可能となり、軸のぶれない成果を生み出すことにつながったものと考えられる。今後は、自治体、近接する大学[*2]、そして市民との協働も見据えた交通マネジメントを実施していく必要があろう[*3]。

ここで、筑波大学と同様、大学の交通マネジメントを実施している事例について、触れることとしたい。

我が国では、大学の交通マネジメントを体系立てて実施している例は極めて希である。しかし、英国や米国では、学生サービスの一環として、交通マネジメントが重要視され、広範に実施されており、中には一般市民も利用可能なバスシステムを大学当局が新規導入した事例も報告されている[文献4]。大学構成員のみならず、一般市民をもターゲットとすることで、より大きな需要が見込まれる他、地域の交通利便性も向上し、まちおこしにもつながることもあり得るのである。

このような事例が実現した大きな理由として、大学の「交通マスタープラン」の存在が挙げられる。例えば、英国では大学も含む一定規模以上の事業所全てに「トラベルプラン」という事業所毎の交通計画の策定が義務づけられており、交通問題に対する大学としての理念や、大学構成員・来訪者の交通行動調査結果に基づく具体的な交通施策を、専門家の支援を受けつつ、まとめなければならない。また、このトラベルプランは、作って終わりではなく、事業の進捗状況確認を含む定期的な見直しも義務づけられており、これが計画の実効性を高めることにつながっている。英国では、多くの大学のトラベルプランにおいて、学業のみならず、「学生が居住地や市街地にアクセスする交通を確保することも大学側の責任」であると明記されており、このような理念に基づいて学内バスの整備や公共交通割引パスの販売、カーシェアリングポートの導入など、具体的施策が進められているのである。

このように、中長期を見据えたマスタープランとともに、その定期的な見直しや、推進体制・予算措置といった実行性を担保することが、大学の交通マネジメントを継続的かつ、総合的に進めるためには不可欠であると考えられる。

◎注
* 1 関東鉄道バスと筑波大学の契約は、筑波大学が関東鉄道バスに5,000万円支払い、6,000枚の定期券を購入するというものであった。大学は、教職員に1枚8,400円/年で販売し（通勤に利用する場合は、通勤手当の一部として定期券そのものを配布）、学生には大学が半額補助して4,200円/年で販売している。つまり、学生への販売が増えるほど、大学の負担額も増えることになる。しかし、これは大学サービスとして学生生活の利便性向上を図ること、ならびに、環境問題をはじめとする交通問題緩和のための経費と見なされている。2008年現在、定期券の販売枚数は、関鉄バスとの契約数である6,000枚を超えており、超過分は関鉄バスから別途購入している。この超過分については、関鉄バスとの交渉により、関鉄からの奨学寄付金という形で大学に戻ることとなっており、大学の持ち出し分は相殺されている。
* 2 TXつくば駅と筑波大学を結ぶ新学内バスの路線上には、いくつかの大学や看護学校が立地しており、これらの大学と連携した交通マネジメントも、今後模索する必要があろう。
* 3 現時点において、筑波大学新学内バスの導入が市民に与えた直接的な影響はそれほど大きなものとは言えないかもしれないが、例えば筑波大学病院やメディカルセンター等、大規模な医療施設へのアクセスは新学内バス導入により、大幅に向上している。

◎参考文献
1) ウィキペディア「都心回帰」：http://ja.wikipedia.org/wiki/
2) 計良聡範 "筑波大学における新たな学内バス導入のための交通行動把握と需要予測"「2004年度筑波大学社会工学類卒業論文」2005
3) 石田東生 "筑波大学「新学内バス」の導入とその効果"「土木計画学研究発表会講演集」Vol.36、2007
4) 谷口綾子、鈴木春菜、浅見知秀、藤井聡、石田東生 "郊外型大学キャンパスにおけるバスを主体としたモビリティ・マネジメントの展望と課題"「第42回都市計画論文集」vol.42-3、pp.943-949、2007

2-7
蔵の文化を継承・活用する民官学の協働まちづくり
〈喜多方市と東京大学〉

野原　卓（東京大学先端科学技術研究センター）

1　「蔵とラーメンのまち」喜多方

　喜多方市は、磐梯山の裏側、会津盆地の「北方」に位置する、人口約5万5,000人[*1]の都市である。三方を飯豊連峰などの山々に囲まれ、豊かな自然と文化資源に恵まれたこのまちには、市街地から農村部に至るまで、4,100棟[*2]もの蔵が点在している。昭和40年代に開かれた地元写真家の写真展、そして、NHK新日本紀行「蔵ずまいのまち 喜多方」（1975年）放映により、喜多方は、「蔵のまち」として全国に知れ渡ることとなる。

　近年では、喜多方ラーメンが全国区の知名度となり、年間100万人が訪れる観光都市に成長した。その一方で、ラーメン目的の観光と、魅力ある地域資源を巡る観光とのニーズが合致しないこともあり、短時間滞在のみの観光からメリットを享受しきれないという地域の現実がある。また、蔵とラーメンを除けば、中心市街地活性化問題、空き地・空き家問題、高齢化問題と、他都市と同様に根深い問題を内包している。

2　「蔵ずまいのまち」喜多方

　1880（明治13）年の大火を機に、防火建築として急増した喜多方の蔵であるが、その後は、「男四十にして、蔵の1つも建てられないようでは一人前ではない」と言われるほど、地域に重要な存在となる。喜多方の蔵の特徴は、その多様性にあり、素材（漆喰・土壁・レンガ等）、用途（農家の倉庫蔵、日本酒・味噌・醤油の醸造蔵、店蔵、漆を扱う工房蔵、接待用の座敷蔵、生活の場として居住蔵、厠蔵、塀蔵等）の多様さの中に、蔵だけでなく、その背後にある伝統文化、産業、田畑、自然と一体となった喜多方の生活文化と、これに溶け込んでいる蔵並みの様子を垣間見ることができる（写真1、2）。

　つまり、農・工・商の融合した喜多方文化の象徴である蔵は、今でも生活文化に根付いており、喜多方は、「蔵のまち」ではなく、「蔵ずまいのまち」なのである。そして、この生活文化との有機的な関係が、魅力と同時に、まちづくりを進める上での複雑な課題も生み出している。

　実際、地域資産である蔵も、維持管理の困難さから利用されなくなったり、姿を消したりしているにもかかわらず、そのほとんどは法的支援や補助を受けておらず、所有者の自助努力に委ねられている。中心部の蔵でも登録有形文化財に指定されているものはわずか数棟にすぎない。

　市民にとってはあたりまえのように生活の中に溶け込んでいる蔵は、取り立てて保全したり、化粧したり、活用する対象として見なされていない。そのため、保全活用の問題は、いつも話題に上りながらも具体的な施策には結びつかず、活用にも手が回っていなかった。

写真1　喜多方を取り囲む風景

写真2　喜多方の蔵並み（おたづき蔵通り）

3 民・官・学の「協働まちづくり」

このように、個々の蔵への想いとは裏腹に、組織的な蔵の活用やまちづくり活動は進んでいなかった中で、1995年、市民有志による任意団体「喜多方 蔵の会」が結成された。まちなかの蔵の所有者が多く参加するこの組織は、蔵主同士の交流も少なかった喜多方にとっては重要な組織であり、設立以降、この蔵の会を中心に、蔵を活用した事業活動が展開されていった。しかし、蔵の会だけでは、市民の力を集結して蔵や喜多方文化を活かすような地域活動を育むまでには至らず、これらの活動同士をつなぐ、鎹となる存在が必要とされていた。こうした状況の中で、東京大学が喜多方のまちづくりに参画することとなる。

東京大学大学院都市デザイン研究室（以下、大学）の喜多方まちづくりへの参加は、2001年、文化庁および(財)日本ナショナルトラストからの委託による「東北地方における都市間連携による広域観光圏整備計画調査」の現地調査が最初である。前述の「蔵の会」を地域の受け皿団体として、喜多方市におけるの歴史的建造物の保全活用状況を中心とした調査が進められた。中では、有効に利用されていない蔵など、歴史・文化的資源を活用することで大きく発展する可能性が指摘され、「喜多方観光まちづくり提案」という形で報告された。同時に、同年12月には、蔵活用に関する活動を束ねるまちづくり懇談会「蔵のフォーラム」を開催し、地域の人々に、蔵を中心とした地域資源を生かしたまちづくりの重要性を認識させる契機と人脈をつくった。

この研究調査自体は1年間のみであったが、大学の多数存在する大都市とは異なる中小都市では、こうした大学との出会いは貴重な機会である。外部からの視点提供により、地域では当たり前であった蔵などの資源を再認識し、その資源を個ではなく、「まち」という広がりの中で捉えるという視点を獲得した。また、調査の過程で生まれた地域住民やまちづくり活動組織との出会いを機会に、少しずつ協働のまちづくりは継続されることとなる。

4 地域資源を活かした中心商店街との協働

前述の調査終了後、「蔵の会」や大学とともに協働まちづくりを展開したのは、通称「ふれあい通り商店街」[*3]と

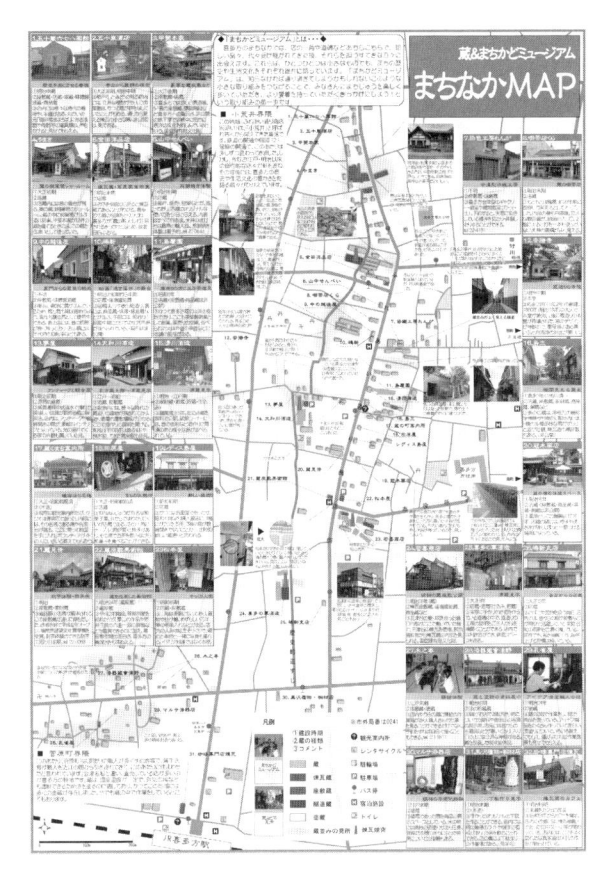

図1 蔵&まちかどミュージアム　まちなかMAP（2002）

呼ばれる、喜多方の中心商店街である。2002年度、ふれあい通り商店街は、大学や蔵の会とともに蔵を生かした商店街のあり方について検討し、日常生活に溶け込む蔵や、各家に眠るお宝や資源を活用することによって、効率的でかつ魅力的な商店街のにぎわい再生を行ってゆくというまちの将来像を見出した。

この方針を実践すべく、蔵の会、ふれあい通り商店街、大学が協働する形で、2002年11月、まちづくり実験イベント「蔵みっせ」（蔵を御覧なってくださいの意の会津弁）を実施した。通りに点在する蔵や店舗を用いて各々のお宝を展示し、まちなか全体を博物館とする「まちなかミュージアム」や、蔵のライトアップ、普段非公開の蔵を特別に巡るツアーなどを通して、工夫によってにぎわいと魅力を創出する可能性を広く示すことができた。

また、「蔵みっせマップ」と呼ばれる、まちなかの資源となる蔵をプロットした地図を作成した（図1）。蔵に焦点をあて、地域資源を把握し、地域の生活文化・歴史を際立たせるこの地図は、地域資源に対する認識を市民自身が再構築するためにも大きな役割を果たした。

写真3　初代まちづくり寄合所開設の様子（2004）

写真4　まちづくり塾（のれんワークショップ）の様子（2007）

5　まちづくり団体の誕生と「おたづき蔵通り」

　喜多方は、西の小荒井地区（ふれあい通り）と東の小田付地区（おたづき蔵通り）とが、中央を南北に流れる田付川を境に切磋琢磨する双子のまちである。

　小田付地区にも、数は少ないものの、立派な蔵並みが建ち並んでいるが、これを活かしきれていなかった。ふれあい通りでの取り組みにも刺激を受けつつ、同地区の住民は、自ら活動を行うための組織づくりを開始した。2003年度は、大学も小田付地区のまちづくり組織設立の支援に回って準備を重ね、2003年10月、地区のまちづくり団体「会津北方小田付郷町衆会」（以下、町衆会）が誕生した。団体設立後は、地域住民自ら、蔵のライトアップや、イベント「蔵してる通りフェスティバル」など、蔵の保全活用を中心とした様々な事業を展開している。

　中でも、2004年度から行われた空き蔵の再生は、市・大学・町衆会の協働で展開された興味深い試みである。まず、地区内にある空き蔵を所有者から借り受け、清掃・改修を行い、大学の空間提案、市の助成事業申請などのサポートを経て、「蔵のまち喜多方・まちづくり寄合所」（初代寄合所、写真3）を開設した。中では、地域のまちづくり活動拠点、観光ボランティアの小拠点、さらに、「都市デザイン研究室喜多方分室」（大学が喜多方で活動する際の作業所）など、多様な活動の器として運営された。同時に、蔵を利用している様子をみせつつ、この蔵の定常的な賃貸・利用希望者を探した。その結果、出店希望者が現れ、喫茶店として新たに利用されることとなる。その後町衆会は、他の空き蔵を再び借受け、それを2代目寄合所としてオープンさせただけでなく、裏通りにある店蔵を清掃・改修し、イベント時に借り受けながら地域活動に利用するなど、空き蔵再生を少しずつ積み重ねた結果、地域はにぎわいを取り戻しつつある。

6　次世代につながる「まちづくり教育」への広がり

　商店街や地域団体だけでなく、次世代の喜多方を担う子どもたちにも地域資源の大切さを伝えるため、小中高校生に向けてのまちづくりの試みも展開された。

　2003年、蔵の会を主催として、市内の数小学校を対象に、小学校の「総合的な学習の時間（以下、総合学習）」を利用した「蔵探検」が行われた。蔵の会会員、市教育委員会、東京大学学生のサポートの中で、小学生自ら、蔵の調査、蔵主へのインタビュー、蔵の模型製作などを行い、蔵の文化を学ぶプログラムである。その結果は、イベント「蔵 de しゃべんべ」という形で報告された。

　また、2007年には、市内の数中学校を対象として、今度は中学校の総合学習を利用した「蔵調査」を実施した。こちらも蔵の会が主催し、東京大学の支援の下に、蔵調査を一緒に行うために募集した地域の市民協力員や、中学校の教員とともに、各学区の集落調査を実施した。

　さらに、地域中心のまちづくり教育の試みも実施した。町衆会は、2006〜07年、地元高校等と連携して、中高生を対象とした「まちづくり塾」を行った。前述の再生された店蔵を教室として利用し、東京大学の学生を先生として、地域の蔵見学、伝統工芸体験、地図や模型の作製を行いつつ、蔵の利活用を考えるプログラム（2006年）や、地域住民や商店主とともに、街並みを彩る「のれん」を作成するプログラム（2007年）が実施された（写真4）。

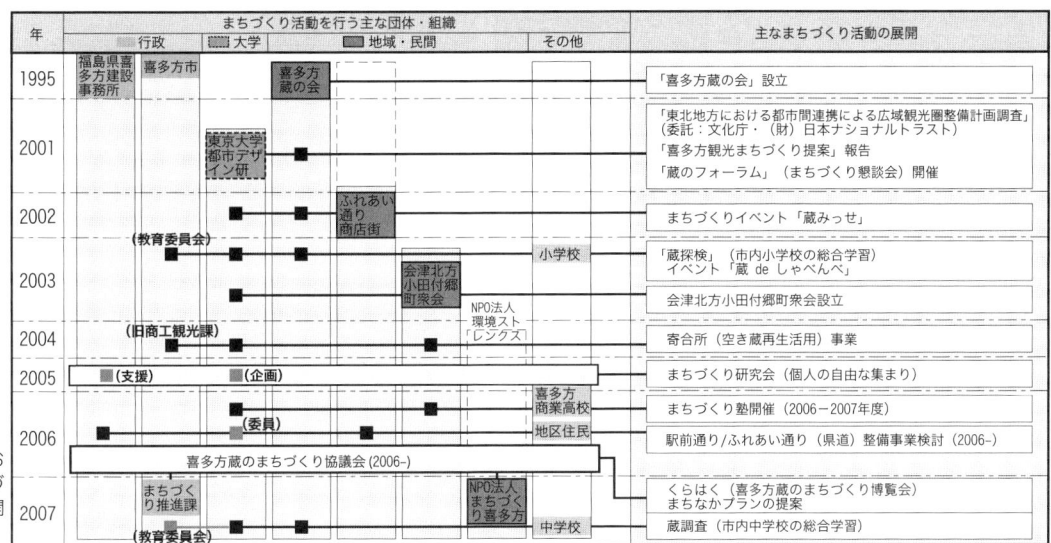

図2 喜多方における協働のまちづくり活動の展開 (1995 - 2007)

このように、地域団体・大学の連携によって、小中学生や、普段参加できない主婦や商店主などにもまちづくり活動を広げてゆくことができたのは成果の1つである。

7 行政と協働する公共空間づくり

こうしたまちづくり活動の傍ら、都市構造を再編するために、行政による公共道路整備がいくつか計画されており、ここにも協働まちづくりが必要とされていた。

喜多方駅前通り（県道西小原北町線）では、拡幅事業が予定されていたが、喜多方の玄関口としての道路整備のあり方と同時に、沿道建替えをどのように進めるべきかが懸案事項であった。事業者である福島県喜多方建設事務所（以下、県）によるワークショップや、地元により景観まちづくり協定は締結されていたが、運営は必ずしも円滑ではなかった。そこで、大学は、県の協力のもと、協定を運営する栄町地区振興整備委員会に情報提供し、協定運営に関する具体的な支援を行った。同時に、個別で建替えを検討している建築主とも、大学も含めた専門家を交えて情報提供しながら個別建替えの支援も行った。大学と喜多方出身建築家と協働し、蔵の様式を活かした、街並みに配慮した店舗に建替えた事例もある。

中心部であるふれあい通り（県道喜多方会津坂下線）では、かねてから、商店街にかかるアーケードが懸案事項であった。生活商店街としては、雪雨を防ぐために必要である一方、蔵の存在を隠しているアーケードの是非は、老朽化を機に議論の的であったが、空き地、空き店舗という課題や、アーケード撤去後に表に現れる沿道の街並み再生という課題、撤去に伴う道路側の雪対策や無電柱化という課題もあり、複雑に絡みあっていた。

そこで、大学では、「くらにわ」という考え方を提案した。これは、人口減少時代の将来、そして、アーケード撤去の後には、空地が埋まりにくいであろう状況も考慮し、連続する建築物による街並みだけではなく、蔵の前や横にある小さな外部空間（くらにわ）を整備活用し、外部空間や緑も含めて豊かな街並み形成を図るというものである。これに基づいて、官民協働で「くらにわ」活用の社会実験を行い(2007年)、外部空間を用いた街並み再生の可能性に関する共通認識を高めた。

現在、アーケード撤去とこれに伴う無散水消雪化・無電柱化事業、これに合わせた沿道空間への地上機器設置と、くらにわ整備の検討が進められている。同時に、沿道商店街では、景観協定も締結しつつ（仲町商店街景観協定）、アーケード撤去と街並みについて検討を進めている。

こうした公共空間の整備は、本来、各事業での個別対応ではなく、将来像を描いた計画をベースに進められていくべきであるが、喜多方では、こうした全体のビジョンは曖昧であるとともに、将来像を構築するための場（プラットフォーム）がなかった。そこで、大学は、県の支援を受け、2005年、様々な人々が集まり喜多方の将来像に関する議論する「まちづくり研究会」を開催した。研究会自体は1年間で終了したが、その後、民・官・学、協働のまちづくりをとりまとめる場、「喜多方蔵のまちづくり協議会」（2006年設立）へと受け継がれる。

写真5　くらにわ社会実験の様子（くらはく期間内）

写真6　まちづくりフォーラムの様子（くらはく期間内）

表1　2008年以降喜多方での主なまちづくりの取り組み（予定）

プロジェクト	主な主体
蔵サイン事業（2007年度）	喜多方市、各地域住民（蔵所有者）
大森家店蔵の活用	会津北方小田付郷町衆会 NPO法人まちづくり喜多方
三津谷煉瓦窯再生プロジェクト	三津谷煉瓦窯再生プロジェクト実行委員会（会津喜多方商工会議所、NPO法人まちづくり喜多方、喜多方蔵の会等）
地方の元気再生事業 （内閣府・内閣官房）	喜多方蔵のまちづくり協議会 （事務局：NPO法人まちづくり喜多方）
ふれあい通り（県道）整備	福島県喜多方建設事務所、仲町商店街等

8 「くらはく」（喜多方蔵のまちづくり博覧会）

2007年、まちづくりに新たな2つの動きが生まれた。1つは、市内で「ベロタクシー」事業を手掛けていたNPO団体からまちづくり事業への展開に向けて改組された「NPO法人まちづくり喜多方」の誕生、もう1つが、まちづくりを所管する喜多方市の部局「まちづくり推進課」の新設である。これによって、地域・行政それぞれに総合的なまちづくりを実行する体制が生まれ、両者は、活動を展開してゆく上での重要な存在となっている。

2007年10月、このような数々のまちづくりの動きを一度整理し、広く、市民、来訪者、喜多方を愛する人々に広め、新たな喜多方の方向性を考えるための取り組みとして、「くらはく（蔵のまちづくり博覧会）」が開催された。主催は、地域の各種まちづくり団体を始め、上記NPO、県、市、大学等によって構成される「喜多方蔵のまちづくり協議会」である。企画（大学）、運営・実施（NPOや地域）、補助や広報（行政）に至るまで、正に「協働」で実施される取り組みとなった。

「くらはく」は、喜多方のまちなか全体を舞台に行われた。数か所の蔵を拠点に、まちじゅうの蔵や店舗でも展示が行われたほか、前述の「くらにわ社会実験」や、「蔵カフェ再生実験」なども実施された。さらに、市民が気軽に語り合う「まちづくり語り合い」を数回実施した後、最終日の「まちづくりフォーラム」では、喜多方の将来について議論が交わされた（写真5、6）。

この取り組みを通して、市民には、地域の魅力、まちづくり活動、そして、喜多方のまちづくりを考える契機が与えられたと同時に、喜多方において民・官・学の協働まちづくりを行うための「場」と「ノウハウ」が形成された。

このように、喜多方のまちづくりは、全体として、地域の活動を大学や行政が支援する形で始まり、様々な活動の積み重ねとつながりを経て、有機的に絡み合いながら展開している（図2）。活動の受け皿も、従来のプロジェクトのように、行政のみを窓口として助成金ありきで行うのではなく、各事業や団体が、自らその場で必要とする助成を探し、必要な組織同士の連携などを行いながら事業を組み立て展開してきた。ここでは、大学は、協働を行う上での第一歩の後押し、活動の方向性を定めるための空間像や再生戦略の提示、そして、個別団体や個別地域に特化しがちな地域の動き、分野別で動きがちな行政の動きを補う形で、不足した連携を埋めるための「横」の動きをする役割を担ったということが言えよう。

その後、2008年には、蔵の案内サイン設置事業、三津谷地区登り窯の再生事業、内閣官房内閣府「地方の元気再生事業」など、様々な事業が展開、あるいは、検討されており（表1）、有機的でアクティブな喜多方まちづくりのさらなる展開を期待してゆきたい。

◎注
* 1　新喜多方市は、2006年1月に、旧喜多方市と周辺5町村と合併して誕生した。旧喜多方市の人口は約3万6,000人程度。
* 2　合併後の数字。旧喜多方市では、約2,600棟といわれている。
* 3　仲町商店街、中央通り商店街、下南商工会をあわせた総称。

2-8
棚田の復田と農村の再生
－棚田百選から大学との協働による重要文化的景観へ

〈唐津市相知町と佐賀大学〉

五十嵐勉（佐賀大学農学部）

1　「蕨野の棚田学」事始め～蕨野と大学の出会い

　佐賀県唐津市相知町、蕨野の棚田*1。筆者の手元には、この棚田について記録した8冊のフィールドノートがある。2000年6月10日、はじめて八幡岳の北麓に広がる蕨野の棚田を訪れた時の最初の印象を、「佐賀大学に着任して13年、これほどの棚田の景観を知らなかった我が身を恥じる」、それに続いて、「丸一日、この急な坂道を上り下りしながら調査してみれば、住民に、この美しい棚田の景観を残して下さいとは、余所者が真顔では言えないな」などとフィールドノートに記入した。フィールドワーカーは、地域から研究データを頂戴し、それなりに研究成果として纏め上げるのだが、その結果が地域にとってどのような意味があるのか。絶えず繰り返される葛藤なのだが、蕨野に関する限り、調査データを生かしながら、学生たちも含めて今日まで地域と関わり続けている事実が、その答えなのだとわかり始めた。

　筆者と蕨野との関係は、佐賀の近代化遺産の調査の一環として訪れたのが始まりだが、有明海沿岸の広大な干拓地景観と同様に、あるいはそれ以上に、蕨野のような山麓に拓かれた狭小な石積みの棚田景観も、農業の近代化の過程で形成された近代の所産なのだと確信を得たのは、数年後であった。日本の原風景とも呼ばれる棚田景観は、アジアの稲作社会における労働集約型農業の極致と見なされるが、過疎化・高齢化・米価の低迷などで、日本のみならずアジアの各地で荒廃が進んでいる。ユネスコの世界文化遺産に登録されたフィリピンのコルディエーラの棚田群が、同時に世界危機遺産でもあることからも、棚田景観の存続は難しい課題である。

　筆者が調査者として蕨野にかかわり始めた2000年当時は、全国的な棚田保全運動の隆盛期で、佐賀県においても蕨野が1997年の佐賀県むらぐるみ発展運動重点地

写真1　八幡岳（標高764m）の北斜面に広がる蕨野の棚田（『蕨野の棚田、保存管理計画書（2008）』より）

表1　蕨野の棚田をめぐる主な動き（1970年以降）

1970	蕨野浮立の復活
1980	ふるさと会の発足
1993	田直し（せまちだおし）事業開始（→畦畔コンクリ化）
1996	住みよい蕨野を考える会発足→住みよい蕨野マップの作成
1997	佐賀県むらぐるみ発展運動重点地域の指定
1999	日本の棚田百選の選定
2000	夢しずく（佐賀県奨励品種）の栽培開始 中山間地域等直接支払い制度に対する実行委員会の設立 全国棚田サミットへの参加
2001	蕨野の棚田保存会設立（36戸）・棚田米の直売運動開始 九州米サミット普通作部門での最優秀賞受賞〔→商標登録〕 棚田と早苗ウォーク・千枚棚田の菜の花種まき交流会開始
2002	読売新聞社「遊歩百選」の選定 佐賀県農業賞（活力のある村づくり部門）受賞 佐賀新聞社「社会大賞」受賞
2003	九州農政局長賞（豊かな村づくり事業）受賞 佐賀大学農学部との棚田の保全・利活用に関する協定締結 手間講隊活動開始
2004	第10回全国棚田サミットの開催 交流広場オープン 文化的景観調査委員会発足（委員長、五十嵐勉） 佐賀大学棚田実習農場「JAS有機認証」取得
2006	蕨野の棚田、保存管理計画策定委員会発足（委員長、五十嵐勉） 棚田米「佐賀県特別栽培農産物（減農薬・減化学肥料）」認証取得
2007	唐津市景観条例制定、及び景観計画策定
2008	重要文化的景観の選定（7月）

写真2 蕨野の棚田のシンボル「高石積みの棚田」(『蕨野の棚田(2003)』より)

域に指定され、1999年の農水省による棚田百選の選定を受けて、佐賀県奨励品種である「夢しずく」の栽培、全国棚田(千枚田)サミットへの参加、中山間地域等直接支払い制度の活用のための実行委員会の設立など、棚田米の生産に基盤を置く棚田保全運動の始まりの時期であった。当時のO町長は、スロータウン構想や農林課を農林観光課に改組するなど農村ツーリズムに熱心で、行政主導で蕨野の棚田を活用した都市‐農村交流の活性化による棚田米の販売戦略を開始した時期であった。

しかしながら、棚田の造成や維持・管理、蕨野浮立の伝統行事の復活、住みよい蕨野を考える会の設立など(表1)、地域コミュニティの伝統がこれらの新しい運動を支えた基盤となっていた。また、関連イベントとして開催した地区公民館での棚田発見塾(講師：筆者)は、イベントに参加した消費者のみならず、地区住民自らが足元の棚田について学ぶ機会ともなり、住民の記憶から消えつつあった石積み棚田の構造や石積み造成時の共同作業(手間講)等に対する「外からの評価」が、伝統の再生による棚田保全の原動力となった。

蕨野の棚田は、標高150～420mにかけて、傾斜約1/4、約40ha・1,000枚程の石積み景観として、5つの谷に広がっている。「高石積み」・「三反田」とよばれる棚田は、石垣の高さが8.5mで、日本で最も高い石積み棚田である。また、棚田の造成時に、できるだけ農地面積を多く確保するために谷部では暗渠と呼ばれる地下式の排水路が数多く築造された。これらの棚田の造成は、長いもので10年の歳月を要し、手間講によって、石垣棟梁の指導の下、農民自身が築いたものである。水源は、八幡岳中腹の溜池群で、明治・大正期に耕地整理組合方式で築かれ、そこから山麓を横溝水路と呼ばれる用水路が走り、井堰を通して分水される。これらの棚田の「謂れ」をまとめた『蕨野の棚田(筆者監修)』の小冊子は、いつしか棚田ウォーク等で訪れた市民を案内する際の住民ガイドのテキストとして利用されていた。

このような棚田の伝統は、住民の意識からは失われつつあったが、繰り返されるイベントや棚田発見塾は、住民自身による再発見の場となり、イベントの動員数、棚田米の販売実績、村づくり運動に関わる数々の受賞や認定、そしてメディアによる報道等によって、棚田と生きる地域アイデンティティの醸成につながった。特に、2001年に設立された蕨野棚田保存会による棚田米の販売戦略は、蕨野モデルとも呼ばれるほど、全国的にも注目される活動となった[*2]。しかしながら、耕作放棄地の増加や担い手の高齢化・農業後継者不足は、容易に解決できる問題ではなく、新たな棚田の保全・活用策が模索されていた。特に、農道が狭く農地へのアクセスが難しい場所や水掛りの条件が悪い耕境付近では耕作放棄地が増加し、イノシシの獣害の要因ともなるなど、その対策が緊急の課題でもあった。

2　手間講隊、いざ出陣!～援農活動と地域の活性化

蕨野に通う筆者は、一調査者から地区の住民と棚田の将来を共に考える立場へと変わりつつあった。そのような中で、2002年、耕作放棄地対策に取り組む棚田保存会から、字「下の木場」にある耕作放棄地を佐賀大学農学部で活用して欲しい旨の申出を受けた。筆者は農学部に籍を置いているとはいえ、人文地理学者であって、実際に農地を活用(営農)するような農学を専門としているわけではないので、学部に持ち帰り検討することとなった。幸いなことに、農学の実践的な教育を行っている附属農場が、循環型農業や地域連携を推進する資源循環フィールド教育科学研究センターに改組したばかりの時期であったので、平坦地にある附属農場とは性格を異にす

る棚田での循環型農業の実験・実習農場として活用する方向で検討を開始した。

　しかしながら、片道1時間（往復2時間）を要する距離にあること、申出の農地が放棄後5年を経過し、雑草のみならず灌木が生い茂る荒地であったことなど、その実現の可能性が危ぶまれた。しかし、法人化を前にして、地方国立大学の具体的な地域貢献が求められていたこともあり、大学の支援と文部科学省の地域貢献推進支援事業（平成15～16年度）に採択されたことで、事業が開始された。佐賀大学の地域貢献特別支援事業は、ユニキッズ・クラブ（文化教育学部）、空き店舗活用による中心市街地活性化（経済学部）、eラーニングを活用した未来型教育システムの開発（理工学部）、及び農学部による生ゴミの堆肥化による資源循環型コミュニティづくり、森林環境教育プログラム開発、そして棚田保全支援の6事業からなるもので、棚田再生プロジェクトは、耕作放棄地の復田作業と復田農地での有機栽培による棚田米の生産実験が主たる事業であった。

　蕨野の棚田米は、その食味のみならず、壮麗な石積み景観と気温の寒暖差、生活雑排水が流入しない水を使用した安全な米をブランド力の基盤としていたが、ほとんどの農家が慣行栽培を行っていた。労働強度の大きな棚田での有機栽培は、自給程度の生産では可能でも、販売目的での生産は極めて難しいというのが一般的な評価であった。大学としては、有機棚田米を生産することで新たなブランド力に繋がる可能性や、農業の原点ともいうべき棚田での農業体験が持つ教育的効果をねらいとしたが、それ以上に農学部附属のフィールドセンターの理念を実現する絶好の機会とみなした「内輪の事情」が反映されたことも事実である。

　地区から申出のあった農地の利用に関しては、行政が農地の賃借や活用策を仲介する形式とし、町と農学部との間で棚田の利活用に関する協力協定を締結し（2003年）、教職員・学生を中心とする援農隊－現代版「手間講」隊を結成して、荒地の開墾作業から始まった。この時期、棚田での市民による援農や棚田オーナー制度が、棚田保全運動の中核として全国的なブームとなっていたが、蕨野では棚田オーナー制度の導入には否定的であった[*3]。それよりも大学による教育ファームとしての遊休農地の活用や、大学との協働による地域ブランド力の向上や大学生が定期的に通耕することで得られる「場の賑わい」

写真3　荒地の開墾作業に取り組む佐賀大学の学生たち（2003年4月）

に期待したのである。さらには、耕作放棄の要因ともなっている減反農地（畑地）での特産品開発にも期待が寄せられた。

　「大学生に何が出来るか！　どうせ1年も持たないだろう……」、ほとんどの地区住民は、静かな棚田の村にやってきた学生たちの営農活動には懐疑的であった。しかしながら、全く営農経験が無く、そして卒業後も直接的には農業に従事することのない現代の農学部の学生が、スコップと鍬で開墾する姿や、つなぎの野良仕事スタイルでトラクターや草払い機を自由に扱うセミプロ級のフィールドセンターの女子学生の働きぶりは、鍬や鎌さえ持つことのない現代の地元農家の子ども達を見慣れた住民にとっては驚きであった。

　週に3回、水管理に原付バイクで通う大学院の女子学生の姿は、いつしか村人の食卓の話題になっていった。さらには、棚田の荒地で働く、茶髪にピアスの今時の学生の姿は、メディアの格好の報道対象ともなった。学生たちが働く「蕨野の棚田」は、取材依頼の不要な格好の広告媒体であったし、住民以上に驚き、感激したのは筆者を含めた教員であったかもしれない。ゼミや実験・実習の一環、あるいは地域貢献ボランティアとして、学生たちを「動員」したという点では、かなりの自責を念を禁じえないが、この地で卒論や修論に熱心に取り組んだ学生たち、農家との交流を通して農のある暮らしや生活文化を学び、眼下の棚田を見下ろし、爽やかな棚田の風を感じながら、石垣に座って食べる弁当の旨さに、多くの学生たちが充実感を味わい、素直に「楽しい」と応じてくれた。

写真4 横溝水路の一斉清掃　　写真5 石垣での昼食

写真6 復田農地での田植え体験（2008年6月）

3 地域貢献から地域創成型学生参画教育プログラムへ

　荒地の開墾から復田農地での有機栽培実験と日常的な水・雑草管理、そしてイノシシの獣害対策など、学生ボランティアによる開墾と営農には自ずと限界がある。「このような立派な活動を、なぜ単位として認定しないのか」などの学内外からの多くの批判も受けた。幸いにして、地域貢献特別支援事業は、平成17〜19年度の3ヵ年に及ぶ「地域創成型学生参画教育モデル開発事業」として文科省から支援を受け、大学の教育研究特別経費事業による単位制の授業科目・カリキュラムに組み込む教育プログラムとして継続された。学外での調査・実験・体験活動等の課外活動を基盤にした、行政・市民・NPO等との協働による問題解決型の教育モデル事業は、教育先導を根幹に位置づけた国立大学法人佐賀大学にとっては、全学的に取り組むモデル事業として始めての経験であった。その実施に際しては、円滑な推進をはかるためのプログラム推進委員会、各プログラム毎の実施委員会などを組織して取り組んだ。

　棚田再生プログラムは、農村再開発プログラムと名称を変更し、復田農地での有機栽培実験、有機栽培米の販売にかかわる学生主導のコミュニティビジネス、棚田・里山の環境調査、棚田を維持してきた農村コミュニティ調査、廃校活用による食農・環境教育プログラム開発などの多様な教育研究テーマが、この蕨野の棚田から始まった。この教育プログラムでは、農学部の専門教育に限らず一般教養科目〔主題科目〕や他学部の教員の協力も得て、大きな広がりを有する事業へと展開することが出来た。地区から無償で借りた遊休農地約9,000m²は、その9割を元の農地に戻し、減反割り当てで米の作付けが制限されている農地は、蕎麦の在来種の栽培など畑地として利用し、一部は市民参加方式による自然農法圃場として活用している。

　米の有機栽培では、菜の花・ヘアリーベッチの緑肥作物と、伊万里市のNPO「はちがめプラン」を支援しているプロジェクトとの連携によって、生ゴミ堆肥による栽培実験等にフィールドセンターの学生が取り組むことで、貴重な実験データが集積された。棚田での大学による有機栽培は、地区住民による減農薬・減化学肥料による県の特別栽培農産物の認証取得へと展開し、エコファーマーの認定農家が増加した。代掻き前の地区総出の横溝水路の一斉清掃への参加、大学入門科目受講生（1年次生）の田植え体験、田植え後の地区住民との交流会、都市−農村交流イベントへの協力、廃校を活用したゼミ合宿・集中農学実習、そして重要文化的景観の選定への取り組みに必要な基礎調査やワークショップ、保存管理計画策定への参画など、多様な棚田保全支援を地区住民と協働して推進してきた。

4 棚田の重要文化的景観　〜棚田の文化遺産化とその保存・活用にむけて

　荒廃の進む日本の棚田は、①営農機軸型、②都市−農村交流型、③再自然化の3つの方向に分かれつつある。①は蕨野の棚田に代表されるように、棚田米のブランド化による農業所得の維持・向上を目指すもの、②は棚田オーナー制度などによる交流人口の増加による農家の生きがいの持続をはかるもの、③は耕作放棄を含む非農業的利用への後退である。棚田をめぐっては、一般に、棚田里地保全事業、中山間地域等直接支払い制度、及び農地・水・環境対策などの農業政策によって、棚田の保全と活用のための施策が進められてきた。しかしながら、これらの政策にもかかわらず、棚田の耕作放棄は一向に

歯止めがかからない。蕨野の棚田は、2008年7月、国(文化庁)の重要文化的景観に選定された*4。文化財保護法の改正に伴って、あらたに導入された我が国の文化的景観の保護と活用は、いわば棚田の文化遺産化であり、上述の農業政策のみならず、文化財保護、及び景観法に基づく都市計画との連携が前提となるもので、従来の棚田保全に比べ、多様な保存・活用の可能性がある。

特に、棚田百選の選定地の多くで耕作放棄が進む中、重要文化的景観の「選定」は、市町村からの申請に基づくもので、生業を継続させることで守られる景観であり、したがって、その文化的景観の価値を住民自らが共有し、そのための保存・管理・活用計画の事前の策定が前提となること、及び自治体の景観計画の重点地区に位置づけることが必要となるため、棚田の集落を越えて、自治体レベル、あるいは遠隔地の市民を巻き込む多様な棚田保全の仕組みを構築しやすい利点がある。しかしながら、空積みの石積みと練り石積み、セマチ直しの圃場整備、棚田の畑地化(段々畑化)など、営農の継続を前提とした場合の棚田としての真正性(オーセンシティ)や、都市－農村交流、グリーン・ツーリズムの対象としての「消費される農村」問題など、新たな地域課題にも直面する。

この点において、蕨野は棚田米のブランド力の向上や都市－農村交流を通じて培ってきた戦略とも整合するため、大きな選定効果が期待されている。また、オーセンシティの維持と営農の継続のために、住民による自主ルールに基づいて、棚田のゾーニングによる保存・活用計画を策定し、その具体的な実施を、大学や市民を含む新しい景観管理団体を設立する方向で検討している。ゾーニングによる保存活用計画においては、現状の景観を変えずに保存する第1種、農道・畦畔・水路など、営農の継続を前提に、営農環境の改善のための景観に配慮した補修・修景を進める第2種、そして第3種として耕作放棄地の復田等の棚田再生ゾーンを設定している。第3種は佐賀大学による5ヵ年の実績を評価した上での活用策であり、大学等の団体・市民参加(開放)による活用を意図したものである。

蕨野と大学の連携は、今や筆者個人との関係ではない。継続的、かつ組織的な連携は、研究を超えて、学生参画による教育プログラムとして展開してきた。重要文化的景観選定後の蕨野は、担い手(後継者)の育成、棚田米のブランド力の維持、新たな広報戦略、市民との連携等、多くの課題を抱えている。文化的景観の管理・保存・活用を担う組織として、新しく設立予定の特定非営利活動法人には、地区住民以外に大学・市民も参画する。現代版手間講は、佐賀大学の学生・教職員主体の組織、そしてそれを支えた行政側の関与から、多様な人材による主体的な協働組織として、蕨野の棚田の文化遺産を保存・活用する担い手になることを目指して動き出した。大学による棚田保全の活動支援を通して、大学と地域との「共創」関係とは、棚田という地域資源を、お互いに利用しあうことで生み出された、いわば共有資源(コモンズ)の再生運動であったように思われる。

◎注
* 1 蕨野の棚田は、佐賀県唐津市相知町、平山上地区に展開する。集落の戸数65戸。棚田で耕作する農家は60戸で、基幹的な営農従事者の平均年齢は65歳以上で、そのほとんどが第2種兼業農家である。
* 2 「棚田米、蕨野」は、「夢しずく」の棚田米の商標登録米で、都市－農村交流イベント参加者への宅配便による販売、佐賀市内の大手ホテルのレストラン・百貨店との契約販売など積極的な営業活動を展開している。
* 3 蕨野の住民は、保存会のメンバーを中心に、全国棚田サミットに参加し、棚田保全運動を行っている他地域の住民と交流し、サミット開催中に開かれる分科会にも参加して、オーナー制度の可能性について学習してきた。その結果、ホストとしてオーナーと関わりを持ちながら営農の継続のモチベーションを維持・向上させるのではなく、棚田米を高値で販売して農業所得を安定的に確保することで、結果的に棚田保全に繋げることを選択し、そのためのイベントの繰り返しに「イベント疲れ」はないことを確信していた。
* 4 重要文化的景観は、近江八幡の水郷・遊子水ヶ浦の段畑を始めとして2008年7月現在9箇所が選定されている。このうち、棚田を一部に含むのが3件(大分県日田市の小鹿田焼の里、滋賀県高島市の水辺景観・熊本県の通潤用水と白糸台地の棚田群)で、棚田単体としての選定は蕨野の棚田のみである。国内の文化遺産としての棚田は、名勝指定の2ヵ所(長野県姨捨の棚田・石川県白米の棚田)があるが、名勝とは異なる保全・管理のあり方が模索されている。

◎参考文献・資料
1) 五十嵐勉「蕨野の棚田」『佐賀県の近代化遺産』佐賀県教育委員会、38頁、2002
2) 五十嵐勉(監修)『蕨野の棚田』佐賀県相知町農林観光課、2003
3) 『文化的景観、蕨野の棚田調査報告書』相知町教育委員会、2005
4) 『蕨野の棚田、保存管理計画書』唐津市教育委員会、2008
5) 佐賀大学地域創成型学生参画教育プログラム推進委員会編『大学教育と地域創成－佐賀大学の教育実践』昭和堂、2008

3章
環境の保全・再生

3章のねらい

斎尾直子（筑波大学大学院システム情報工学研究科）

1　「環境」をめぐる地域と大学

　自然環境、地域環境、地球環境…、「環境」は大学のあり方にとっても地域の将来にとっても、現代社会の中で非常に重要なテーマである。本章では、地域と大学との連携により、キャンパス敷地内外の様々な「環境」に対する計画や保全・再生を行っていくしくみ、さらには、広域都市圏の環境共生型まちづくりを継続的に行うことを目指す協働プラットフォーム等、7つの事例をもとに、共創まちづくりのための協働のかたちを探っていく。

　各事例では、地域と大学とが〈環境の保全・再生〉という共通目標を共有する場合の、環境の対象の広がりや主体のつながり方、連携・協働のしくみの変容と持続性に着目しつつ、具体的な効果や課題を論じている。

2　〈環境の保全・再生〉7つの事例から

　本章の前半、3-1から3-3の3事例は、キャンパス内の一部の敷地、あるいは敷地全域の環境資源活用と環境マネジメントを題材としている。次に、後半3-4から3-7では、さらに、大学が立地する自治体全域、学術研究都市、複数都市間の連結、県全域、といったように、キャンパスを超えた広域圏での協働による環境保全・再生をテーマとしている。7つの事例を、〈キャンパス内外の環境資源活用と環境マネジメント〉〈広域圏の環境保全・再生〉大きく2部構成で捉える。

　対象とする「環境」空間が、大学キャンパス内にある広場や緑地、里山、河川といった緑空間や親水空間の場合は、市民も利用可能であり、大学と地域双方が保有する自然資源として捉えることができ、協働による保全・再生活動の対象となり得る。その時点では、大学キャンパス内の計画や活動に過ぎないかもしれないが、広大な敷地を持つキャンパスというものの立地都市内に占める影響力を考慮すれば、地域全体として環境を保全・再生

していくことと、将来的に直結している場合もでてくるであろう。

　さらに対象が、キャンパスを超え、広域圏になっていくと、大学は複数の活動主体の1つとなり、リードしたり支援したりという立場となっていく。広域圏の範囲は、学園都市という意図的に研究・教育機関を集積させた地域圏、あるいは複数市町村圏、さらには県全域、複数県を合わせた地方圏へと、環境の保全・再生活動が及ぼす範囲は広がり得る可能性を持つ。

　地域と大学との協働プラットフォームのありようからいえば、3-1から3-7まで、「環境」の対象の広がりによる主体と連携・協働体制の多様化を読みとることもできる。以下に各事例のキーワードを紹介していく。

〈キャンパス内外の環境資源活用と環境マネジメント〉

3-1：キャンパス緑地を保全・活用する市民と大学の協働プラットフォーム：金沢大学角間の里山自然学校と近隣地域

　キャンパス内の自然環境資源を学生や市民の協働により保全し、活用する大学ベースの協働組織、その活動展開

3-2：自然環境との共生をはかるキャンパス計画：米国ワシントン大学の環境配慮型キャンパス計画

　大学キャンパス計画に地域環境保全の視点、地域と連携した大学全体としての環境影響評価のしくみを組み込む経緯

3-3：大学の環境ISO取得と地域環境モデルとしての大学キャンパス：千葉大学と周辺地域による環境活動

　地域と大学双方に求められる環境に対する姿勢の明確化、学生主体の環境ISO、地域関係者をもシステムに位置づけた経緯と手法

〈広域圏の環境保全・再生〉

3-4：地域と大学による都市フリンジの再構成：英国ケンブリッジ市とケンブリッジ大学

　地域の緑地帯の保全システム、すなわち都市計画の一端を担うキャンパス計画、市の都市計画・都市経営上の連携体制、保全システムの中で大学が空間的成長を行うための開発計画

3-5：学術研究都市における「緑のまちづくり」：九州大学学術研究都市と北九州学術研究都市

　自然との共存・共生が大きな課題となる学術研究都市、2つの学研都市における連携体制と大学が果たす役割

3-6：環境をテーマとし設立された大学と地域の連携：鳥取環境大学と市・県・広域圏

　地域の総意でつくられた公設民営大学、様々な地域との協働活動の目的や体制、プロセス、環節都市の構想

3-7：持続可能な地域社会を目指す広域の地域・大学連携：仙台広域圏と宮城教育大学

　3地域と大学が、持続可能な発展のための教育を推進する広域圏の協働プラットフォーム、その成長課程

3 〈環境の保全・再生〉における共創まちづくりの着目点

　環境の保全・再生というテーマに関しては、対象とする「環境」というものが、身近な地域に存在する里山や緑地等の自然資源を指すのか、地球レベルの環境問題を扱うのかにより、問題解決の方法は当然のことながら異なってくる。

　前者の場合さらに、狭域の自然資源の規模と、キャンパスの中か外かという立地により、地域×大学の関係や活動のノウハウは変わってくるであろう。また後者は、地球レベルの環境問題を扱っていく場合、地域と大学が同じ地域側の一員となり、地域外に環境に関するメッセージや活動成果を発信していく際の同士となるであろう。

　連携・協働のかたちができあがり、さらに次のステップでは、地域と大学にかかわる多様な主体が増えていくにつれ、互いを結びつけ、各主体の持つその「環境」に対する意識や技術・アイデアを結集し、将来的には広域的な都市圏の将来像を見据える視点を共に持ち得る"協働プラットフォーム"のありようが重要となってくる。その主体をつないでいくコーディネート役は大学側、地域側、果たして誰が担うのか、その点も注目すべきポイントとして挙げることができる。

　地域と大学が、同じ場において「環境」をテーマとし、連携・協働していく場合、具体的な対象や問題を一つ一つ解決していく視点の持ち方と行動の起こし方が課題である。地域と大学の共創まちづくり〈環境の保全・再生編〉7つの国内外の事例解説を行き来しながら、多様な将来像を展望してほしい。

3-1
キャンパス緑地を保全・活用する市民と大学の協働プラットフォーム
〈金沢大学と近隣地域〉

小松 尚（名古屋大学大学院環境学研究科）

1 新キャンパスの緑地を保全・活用するために設立された地域と大学の連携組織

　大学キャンパスは周辺住民にとっても貴重な空間資源である。特にキャンパス緑地は、大学のみならず、地域の緑地や里山としての役割も果たしている。しかし、教育研究用の建物と比べて十分な管理や活用がなされていないのが現状である。

　金沢大学は、都心部の金沢城趾にあったキャンパスを郊外丘陵地に移転した後、新キャンパスの緑地の保全・活用を周辺住民に呼びかけ、協働して取り組んでいる。この取り組みを実行する連携組織として、大学が「金沢大学角間の里山自然学校」（以下、自然学校）を設立して活動を主導し、または支援する体制を整えている[*1]。最近では自然学校と連携した市民グループによる自主的な企画も出てきており、興味深い展開をしている。

　そこで本稿では、自然学校の取り組みを通じて、キャンパス緑地の保全、活用をテーマに地域と大学が協働するために築いたプラットフォームのこれまでの役割や成果、そして今後の展開について見ていきたい[*2]。

2 金沢大学角間キャンパスと角間地区の関係

　角間地区は金沢市街地に隣接した角間丘陵地の一角に位置しており、周辺は1970年頃まで農村地域であった。角間の里山は、谷地田や畑、果樹園として耕され、山林は水田の重要な水源と見なされてきた。1970年代後半になると農家数は大きく減少し、農村的性格は失われていった。

　ちょうどその時期に、金沢城趾内にキャンパスを構えていた金沢大学は、1978年に総合移転の方針を決定し、1980年には総合移転地を市南東部の角間地区とすることを決定したのである（表1）。

表1　金沢大学の総合移転事業の経緯

	西暦	角間キャンパス整備計画事業の内容
	1978	評議会で総合移転（200ha 構想）の方針を決定
	1980	評議会で総合移転地を「角間地区」に決定
第I期計画事業	1984	「総合移転整備事業建設工事起工式」を挙行
	1989	文学部・法学部・経済学部棟及び付属図書館が完成
	1992	理学部棟・教育学部棟が完成
	1995	「総合移転第I期計画事業完成記念式典」を挙行
第II期計画事業（～2008年）	1997	キャンパスの一部を「里山ゾーン」（自然園 12ha 環境保全自然林 62ha）に指定
	1998	第II期整備工事起工式
	2003	自然科学1号館完成
	2004	ベンチャー・ビジネス・ラボラトリー、ハードラボ、自然科学本館完成
	2005	自然科学2・3号館、自然科学系図書館、**角間の里**完成

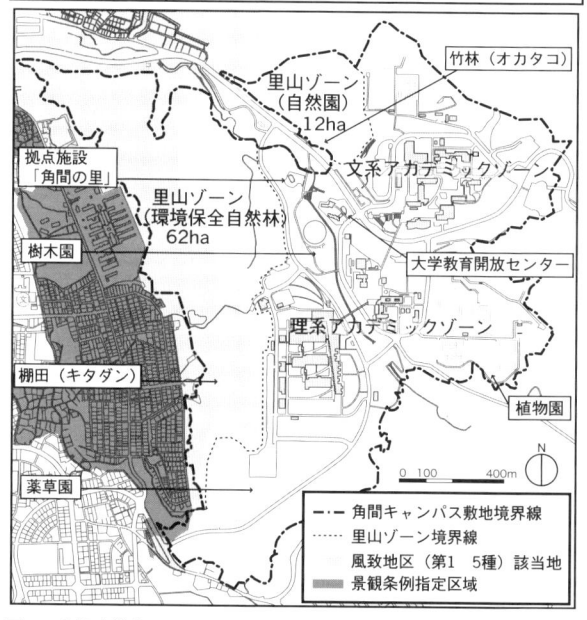

図1　金沢大学角間キャンパスとその周辺地区

しかし、多くの動植物が生息する里山として、長く市民に親しまれてきた場所である（図1）。

　そこで、総合移転の第II期キャンパス開発に際して、1997年にキャンパスの一部を里山ゾーンに指定し、キャンパスの自然環境の保全・修復に配慮しながら、地域に開かれたキャンパスづくりを目指すことになった。また、『金沢市斜面緑地保全条例』（1997年3月）において、角

写真1　大学の創立50周年記念館「角間の里」

写真2　角間の里山自然学校主催による定期活動の様子

間キャンパスの「里山ゾーン」の一部が風致地区（第1種）に指定され、緑地の保全や建築物に関する規制等が設けられている（表1、図1）。生物多様性に配慮した斜面緑地の積極的な回復、建物外壁の色彩調整や高さ制限などが求められている。

3　角間の里山自然学校の設立経緯

角間の里山自然学校は、金沢大学角間キャンパス内の緑地を教育・研究に利用するだけではなく、地域住民の学習活動、自然体験の場として開放することを目的として1999年に発足した。キャンパスの斜面緑地の保全や活用を、地域住民との協働によって実施することを目的に大学が立ち上げた組織である。

当時、総合移転の第Ⅱ期事業が進行していたが、第Ⅰ期事業の造成工事によって里山は切り開かれたままの状態で残されていた。その現状を憂慮した教員が、金沢大学の創立50周年記念事業の一環として遊歩道整備などを行い、この里山を活用するようにできないかと当時の施設部建築課長へ提案した。このことをきっかけにして、学内の同意を得て文部科学省への予算申請へと動き、自然学校発足へと至った。

4　角間の里山自然学校の活動状況

❶発足から現在までの流れ

初年度は試行期間として、ワークショップ等により、地域住民の意見を聞き入れ、活動へと反映させていった。2001年度からは毎月第2、4土曜日の午前中が定期活動日となった。申し込みの必要はなく誰でも参加できる。

活動が進むにつれて、積極的に参加する学内外の人を登録するようになり、2002年度からは会員制の「角間の里山メイト」（以下、里山メイト）へと組織化された。会費は年2,000円である。年会費は、活動保険への加入の他、角間の里山メイト企画の資金援助等に充てられている。

2007年度現在、約250名が里山メイトとして登録している。2003年度からは里山メイトの有志が自ら企画を提案し、角間の里山自然学校との連携プログラムを実施している。

❷スタッフ構成と運営資金

自然学校は2007年度現在、金沢大学の教員2名のほか、非常勤職員として地域連携コーディネーター2名、研究員2名、事務員2名で構成されている。自然学校の運営の一部は大学事務局と協働で行っている。

自然学校の運営資金については、文部科学省からの予算を主な財源としている。1999年度からは文科省の調査研究費、2002年度からは文科省地域貢献特別推進事業経費、2005年度から5カ年は同省特別教育研究経費（連携融合）の1プロジェクトして運営資金を得ている。

❸活動の拠点

発足当初は専用の拠点施設がなく、屋外を集合場所として活動していた。現在は、2005年度に石川県旧白峰町から移築、改修された築280年の古民家が活動拠点となっている。「角間の里」と名付けられた大学創立50周年記念館である（写真1）。木造3階建、延床面積約500m²のこの建物は、1階は多目的に利用可能な土間と板の間

表2 角間の里山自然学校が主催、支援する活動の概要

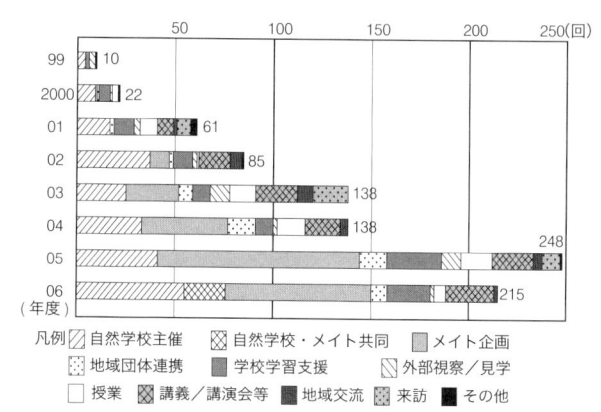

図2 活動開催数と活動内容

表3 角間の里山メイトのグループ活動の概要

グループ名	活動内容	人数	結成のきっかけ	問題点など
藍染めグループ	藍の種植えから染色までの全工程を実践・研究している。	10名	活動拠点施設ができたこと。古民家には藍染めが合うと言われたので。	藍染めは初体験なので、絵本などを参考に一から学んでいる。
角間の里農園グループ	野菜づくりと米づくりを1年をかけて行い、栽培、収穫、加工までを参加者に体験させている。	2名	活動拠点施設の完成とともに前庭に畑ができたため。	活動日が雨天の場合、その日やるはずだった作業をすべて自分たちで行わなければならず、大変。しかし、現代の子どもたちにはもっと野菜を好きになってほしい。
コナラグループ	コナラ林の再生、遊歩道の整備。	5名	はじめは1人で遊歩道の整備等を行っていたが、徐々にメンバーを募っていったので。	やる気のある人や問題意識の高い人がなかなか集まらず、人手不足。
竹ん子くらぶ	竹林整備、タケノコ掘り、農作物の栽培、学習支援。	16名	竹林の浸食で里山が荒れているのをなんとかしたいとの思いから。	助成金取得にあたって、自己資金を確保しなければならず、作物を売ったり、個人資金により調達した。
棚田復元グループ	棚田の復元、50年前の田んぼ作業体験、学習支援、水生動植物の再生（ホタルなど）。	10名	荒廃していた棚田を復元したいと自然学校からの要望があったため。	棚田の復元は収穫目的ではなく、研究のフィールドづくりや農業体験のためなので、基本的に農薬等は使用できず、手入れが大変。田んぼ作業は家庭や地域で異なるため、意見の衝突もしばしば。
炭焼きグループ	炭焼き小屋の製作、雑木林の整備。	5名	学生サークルができたので。	学生が主体であるため、活動がどうしても不定期になってしまう。

の研修室、2階は展示等のためのスペースとなっている。自然学校の定期活動日以外でも、毎週火曜日から土曜日の午前9時から午後5時まで、地域住民の交流の場として使用されている。

4 活動内容

現在の活動を表2に示す。自然学校の定期活動では、自然観察会や昆虫採集、保全活動の他、里山メイトや地域団体が主催する活動に協力や支援を行っている。全般的な傾向としては体験型活動が多い。しかし主催者別でみると、自然学校や周辺の小中学校など地域団体が主催する活動では体験・学習型の活動が多いのに対し、里山メイト主催の活動では保全活動に重きが置かれている。

定期活動への参加者数は10名程度から100名を超えるものまで、活動によって幅がある。参加者の多くは地元住民であり、教員や学生の参加は少数に留まる。

一方、里山メイトが発足した2002年度から年を重ねるごとに里山メイトが企画した活動が増えている。近年では自然学校と同数もしくはそれ以上となっている（図2）。中には表3のようなグループを結成し、積極的に保全や活用に関する活動を行っている。さらに、地域団体の活動を里山メイトが協力するという動きもある。

5 角間の里山自然学校と里山メイトとの連携活動

1 角間の里山メイトによる活動

現在、自然学校との連携プログラムを実施している里山メイトのグループは6つある（表3）。活動メンバーは自然学校の発足当初から参加している者が多く、自然学校の進展にあわせて、グループ活動を開始している。その活動資金は里山メイトの会費のほか、4グループは必

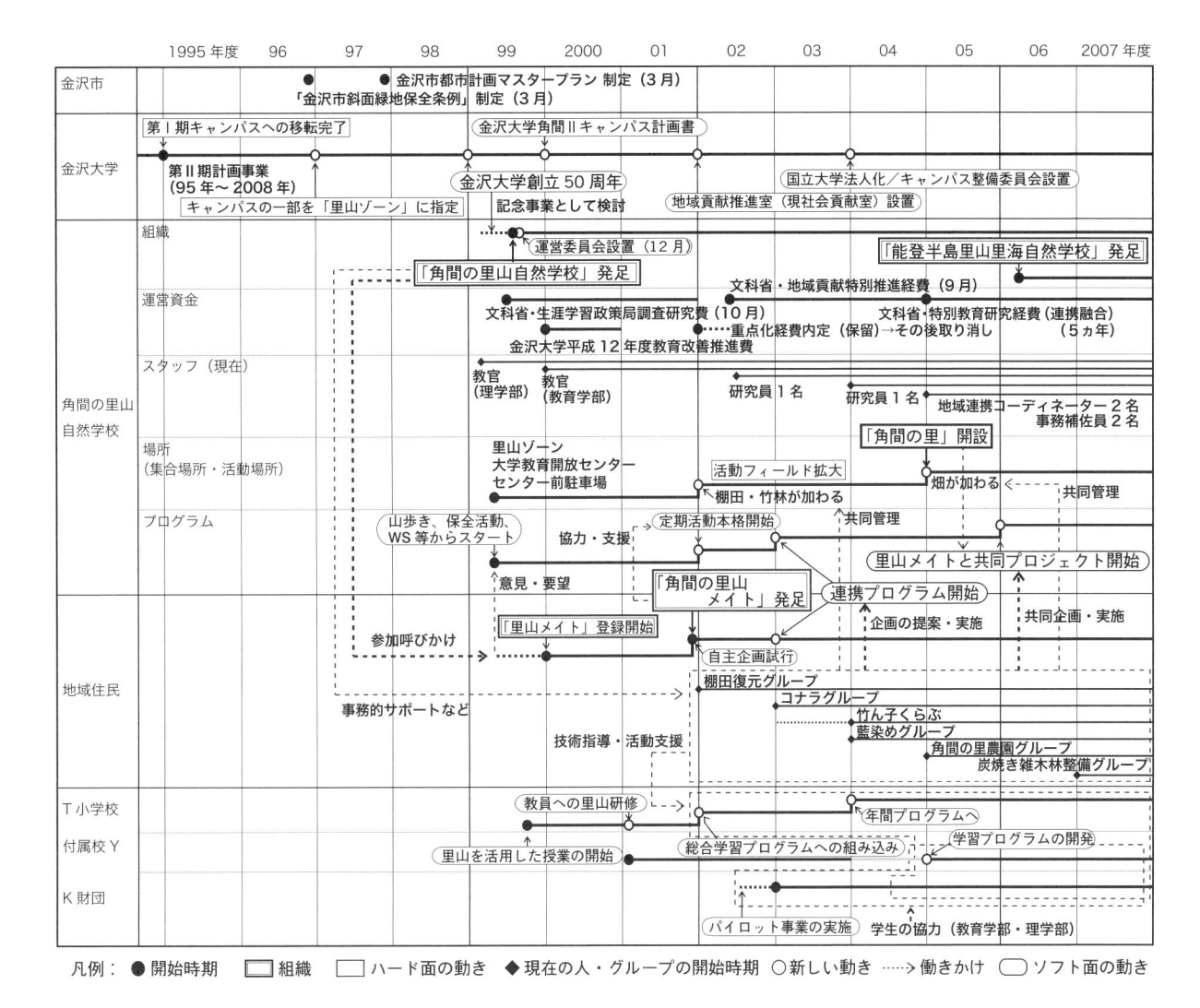

図3 角間の里山自然学校と地域団体の関わりの変遷概要

要に応じて外部の助成金を取得している。

❷里山メイトの自然学校に対する評価

　他の地域住民や地域団体と交流できるようになったことや、教育研究機関としての特色ある活動に参加できる点を評価している。自然学校が地域住民や地域団体をつなぐ役割を果たしていると言えよう。また、常設の活動拠点である「角間の里」の完成によって多くの人が訪れるようになったことや雨天時の心配がなくなったこと、安心して子どもを連れて来ることができること、スタッフに常時相談ができること等のメリットを挙げている。
　一方、課題としては自然学校の活動の参加者が特定化しつつあることや、保全活動に対する大学としてのビジョンが不明確であることを指摘する声があった。

6　角間の里山自然学校と地域団体の連携

❶地域団体との連携活動の概要

　連携する地域団体は、地元の小学校や大学の付属校、財団、児童館、市民団体などである。地元の小学校や付属校、財団などは年間を通して定期的な連携活動を行っている。それぞれの活動には自然学校がサポートするほか、里山メイトが企画に合わせて技術的なサポート等を行っている。

❷地域団体から見た連携活動の評価

　定期的に連携活動を行っているK財団と付属校Yにヒアリングを行ったところ、ともに自然学校の関係者と接点があったことが連携活動を始めるきっかけになってい

る。活動内容について、K財団は全面的に自然学校に任せているが、付属校Yは独自にプログラムを組み、自然学校と協力して活動内容を決定している。キャンパスの緑地や自然学校を中心とした仕組みについて、両団体とも大学によって管理運営されたフィールドで活動できるため安心感があること、学生や里山メイトなど普段接点がない人々とのコミュニケーションの機会がもてることなどを評価している。

7 　角間の里山自然学校と近隣地域の関係の変遷

角間の里山自然学校発足から現在までの組織変遷、地域住民・団体との相互関係を図3にまとめた。そして、地域との連携による活動内容の違いに着目すると、以下のように3段階に整理できる。

発足当初（活動初動期）は、大学の呼びかけにより集まった地域住民は、いわば参加者として活動に関わっていた。よって、自然学校は地域住民との交流の場としてワークショップを開催し、意見や要望を引出している。

2002年頃から、非常勤職員を採用したことによって自然学校の業務体制が整い、活動が活発に行われるようになった（活動発展期 I）。並行して、地域住民が里山メイトを立ち上げて自ら企画し、活動するようになったことで、2005年度には各種活動への年間参加者累計が3,000人に達した。里山メイトが自然学校の活動を支えるパートナーとなっていく段階として評価できる。

2006年頃からは自然学校と里山メイトの共同プロジェクトが始まり、活動の企画のみならず運営にまで里山メイトが関わるようになった（活動発展期 II）。また自然学校主催の保全活動には、里山メイトグループ全体でサポートする体制を取るなど、協働関係が進展した。

8 　これまでの成果と新たな展開

大学が設立した連携組織（角間の里山自然学校）を市民組織（角間の里山メイツ）が支援し、時には市民組織がリードする形でキャンパス緑地の幅広い保全や活用に向けた活動が展開されていることは、大学発の連携プラットフォームの果たした役割として評価できる。この連携関係が構築されていく過程においては、大学という教育研究機関ならではの活動内容や自然学校の窓口となる専任スタッフの役割、専用の拠点施設の存在が重要な要素になっている。

その一方で、運営資金が文部科学省からの助成金が中心であるため、財政的な安定性を今後どう確保するかは課題である。同時に、大学経営における自然学校の位置づけの再確認、自然学校の体制や活動のノウハウを活かしたキャンパス緑地に対するビジョンの構築なども課題となるのではないかと考えられる。

さて、金沢大学は2006年10月、角間の里山自然学校のこれまでのノウハウを生かし、三井物産環境基金を得て、能登半島の珠洲市に自然環境の保全再生や環境に配慮した農水産業の基盤振興策などの地域の課題に取り組むことを目的に「能登半島里山里海自然学校」を設立した。奥能登の自然環境のポテンシャルマップの作成による調査分析と解決提案、農水産業や自然を生かしたベンチャー事業を担う地域活性化リーダーの育成、さらに地域住民や子どもたちを対象にした自然体験学習活動を実施している。

キャンパス緑地の活用や回復を主目的に設立された角間の里山自然学校であるが、そこで培った地域と大学の協働の仕組みやノウハウを活かしながら、大学が地域の再生事業に取り組み始めている。

◎注
* ＊1　キャンパス緑地の保全・活用をする他事例としては、龍谷大学が2003年に教官らにより設立された保全の会により、地域住民と協働でキャンパス内の保全活動を行っている。また、九州大学ではキャンパスの総合移転に伴って、新キャンパスのマスタープランに緑地の保全や、地元ボランティアとともに里山の管理をすることが謳われている。
* ＊2　本稿は文献1）を大幅に再構成したものである。また本稿で使用している図版は、文献1）の執筆者である髙橋里佳が作成し、文献1）に掲載した図版を筆者（小松）が加筆修正したものである。

◎参考文献
1）髙橋里佳、小松尚 "大学・地域連携によるキャンパス緑地の保全・活用に関する研究"「日本建築学会大会学術講演梗概集 F-1（選抜梗概）」pp.233-236、2008.9

3-2
自然環境との共生をはかるキャンパス計画
〈米国シアトル市、ボスル市とワシントン大学シアトル校、ボスル校およびカスケード・コミュニティカレッジ〉

鶴崎直樹（九州大学新キャンパス計画推進室）・三島伸雄（佐賀大学理工学部）

1 豊かな自然環境と共生するワシントン大学

都市における開発行為と同様に大学キャンパスの開発は、その規模の大きさゆえ周辺環境に多大な影響を与えるため十分な配慮が必要となる。これに対し、例えば米国では、環境影響評価指針（Environmental Impact Statement）や環境影響評価報告書（EnvironmentalImpact Report）の作成、閲覧が一般的に行われており、大学キャンパスの開発に対する環境影響評価の仕組みが構築されている。

米国北西部に位置するワシントン大学（1861年創立）は、環太平洋エリアにおいて高等教育を目指した最古の大学であり、キャンパスの開発と整備による環境への影響に配慮するとともに、環境との共生を目指したキャンパス計画を行っている。2000年には、新たにボスル校も開校し、環境共生を図りながら研究教育フィールドとして活用されている[1]。

ここでは、同校による自然環境との共生事例を概観し、大学キャンパス整備のあり方について考察する。

2 環境資源の保全と活用をはかるシアトルキャンパス

ワシントン大学のメインキャンパスであるシアトルキャンパスは、シアトル市街地の北部約6kmの位置に立地し、280haの敷地に218棟の施設を擁すとともに、学生約4万3,000人、職員約2万7,600人が活動している。このキャンパスは、都市近郊に位置するものの豊かな自然環境に恵まれており、シアトルキャンパスの北部および西部は市街地に接するとともにキャンパス南部には2つの湾とそれを繋ぐ運河が流れている。また、東側のユニオンベイ沿いのエリアには、貴重生物の生息地である湿地帯があり、その保全を行うとともに野生生物に関する学習や環境に関する調査研究の場として活用されている（図1）。

■ 土地利用にみる環境保全

キャンパス内の施設配置をみるとキャンパス西部の市街地側では周辺の道路体系と街区形状を踏襲しており、市街地から離れるに従い、地域の象徴であるレイニヤー山への景観軸を優先するなど比較的自由な配置形態を採用している点が特徴的である。また、キャンパス東部には大規模駐車場、運動施設等を配置している（図1）。

キャンパス南部に位置する全長約3,660mの海岸線と連たんする湿地帯は、貴重な生物が生息する地域であり、その保全を行うとともに環境に関する教育、研究のフィールドとして活用されている。この地区は、シアトル市海岸域マスタープログラム（Seattle Shoreline Master Program）の中で、3つのゾーンに区分され、それぞれにつ

写真1　ハッチソンホール

写真2　リベラルアーツクワッド

写真3　レイニヤー山を望む景観軸

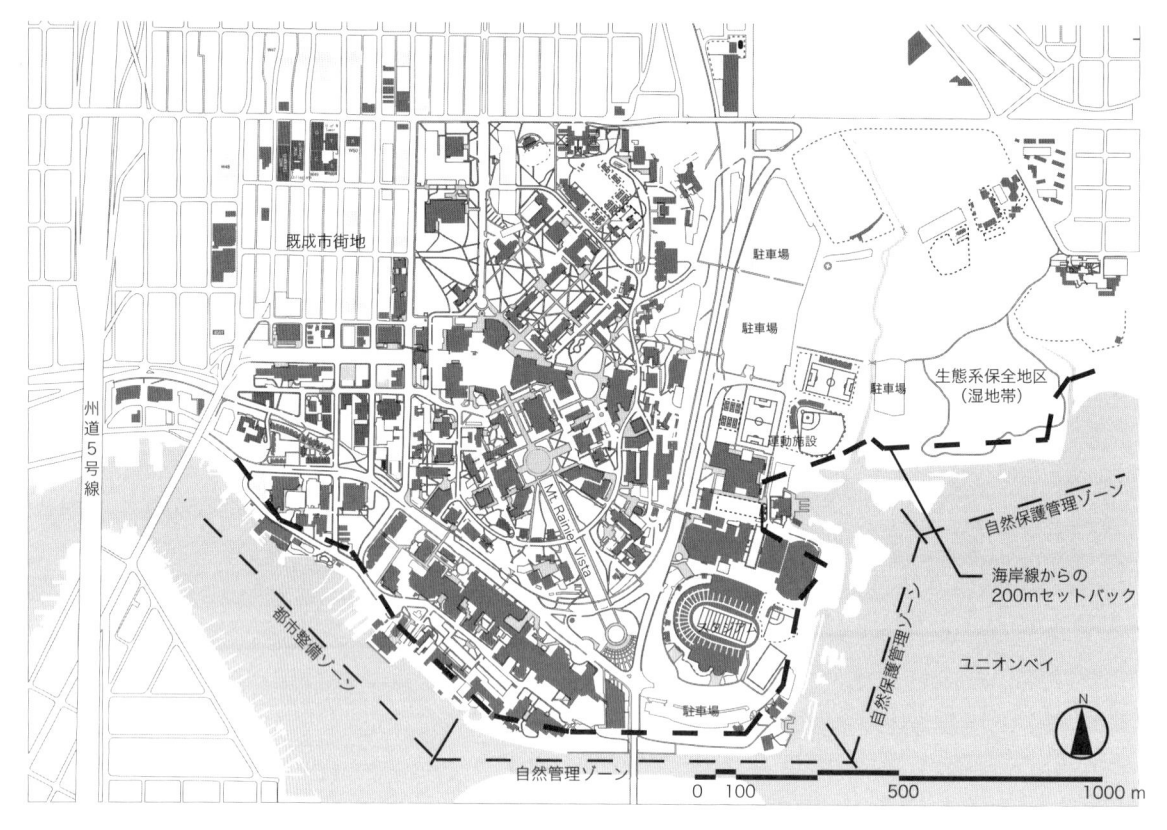

図1　ワシントン大学シアトルキャンパスと周辺エリア

いて、土地利用、アクセス経路そして開発に関する方針が示されている。また、シアトル市の港湾および埋め立て関係の複数の委員会との調整が図られ、計画や保全活動が行われている。

2 環境配慮型キャンパス計画

ワシントン大学では、キャンパスおよび周辺地域の環境マネジメントについて、①周辺環境を尊重し、持続可能性を支援する開発、②自然エリアの保全と品質向上、③環境への最適な接触形態、④サステナビリティーへの志向の4つを主な目標として掲げている。また、具体的な取り組みとして、①新規の建築物に対し、アメリカグリーンビルディング協会(U.S. Green Building Council)による建造物の環境配慮基準の認証制度（The Leadership in Energy and Environmental Design : LEED™）を適用した客観的環境評価の採用、②自然エネルギーの高効率的活用とライフサイクルコストの視点の導入、③開発技術者に対するサステナブルデザイン能力判定の導入、④サステナブルデザインのトレーニング等普及活動の実施を挙げており、環境マネジメントに対する意欲が伺える。

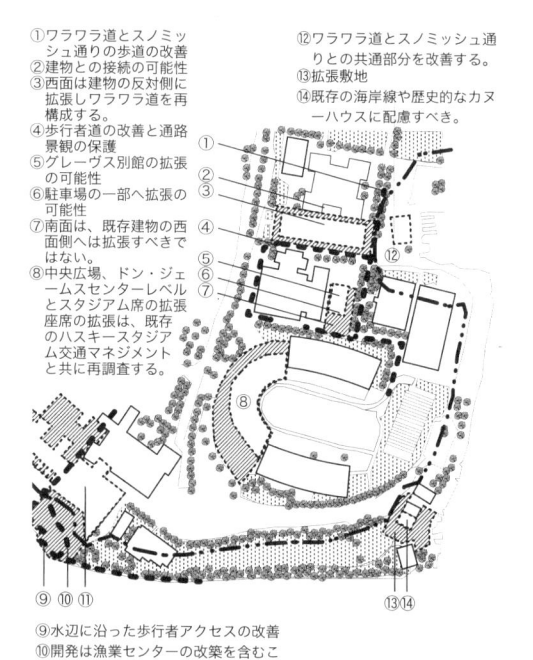

①ワラワラ道とスノミッシュ通りの歩道の改善
②建物との接続の可能性
③西面は建物の反対側に拡張しワラワラ道を再構成する。
④歩行者道の改善と通路景観の保護
⑤グレーヴス別館の拡張の可能性
⑥駐車場の一部へ拡張の可能性
⑦南面は、既存建物の西面側へは拡張すべきではない。
⑧中央広場、ドン・ジェームスセンターレベルとスタジアム席の拡張座席の拡張は、既存のハスキースタジアム交通マネジメントと共に再調査する。
⑨水辺に沿った歩行者アクセスの改善
⑩開発は漁業センターの改築を含むこともありうる。また、木の景観を最大限活かし、開発により海岸線のオープンスペースとつなぐ。さらに、1970年代の漁場の保護の可能性有り。
⑪既存の健康科学施設との接続の可能性
⑫ワラワラ道とスノミッシュ通りとの共通部分を改善する。
⑬拡張敷地
⑭既存の海岸線や歴史的なカヌーハウスに配慮すべき。

図2　ワシントン大学東キャンパスのガイドライン
(参考文献1) から抜粋翻訳、図統合)

❸ 地区別の目標と対策

ワシントン大学は、そのマスタープランの中で、それぞれの地区における開発の方向性（目標と対策）を作成している。これは、民間企業等からの寄付金等で研究棟が整備される際に、それぞれの地区の開発を誘導し、地区の環境的な質を担保することを目的としており、地区環境の質が確保されることが、学生や企業にとっても魅力的であるという考えに基づいている。

ここでは、具体的な例として、前述の生態系保全地区である東キャンパスを見てみることとする（図2）。

東キャンパスは、環境保護に敏感な湿地と水辺や、中央キャンパスから多くの使用者がいるスポーツ関連施設を含むエリアである。未開発のまま残る多くの水辺を自然な状態で保護すること、またスポーツ関連施設があるため周辺キャンパスとの接続を高めることが主たる目標であり、具体的には以下を挙げている。

①自然を保護し、価値を高める。②海岸線エリアや、湿地、野生生物生息地、水辺通路や不安定な土壌の地域を含む環境を尊重する。③自然環境、特に水辺や山、水への眺めを利用する。④景観要素を利用して、機能間の関係を明確にするルートをつくり、わかりやすくすることによって地域の骨組みを強化する。⑤歩行者と自転車との接続を良好にすることによって機能を結束させ、東キャンパスを強化する。⑥歩行者の海岸線や湿地へのアクセスについては、自然環境を減じることなく容易にする。⑦この地区の可視性が高いことを認識し、質のいいデザインを提供する。⑧景観や歩行者アクセス、駐車施設周辺、レクレーション/スポーツ施設を改善する。⑨東キャンパスから中央キャンパスへのつながりを改善する。⑩東キャンパスから海岸線へのつながりを改善する。⑪ワーキアカム小路沿いの安全性要素を改善する。⑫駐車場利用が統計的に終日需要のピークを満たさない場合、駐車場は移転させる。植樹は駐車場移転後に実施する。

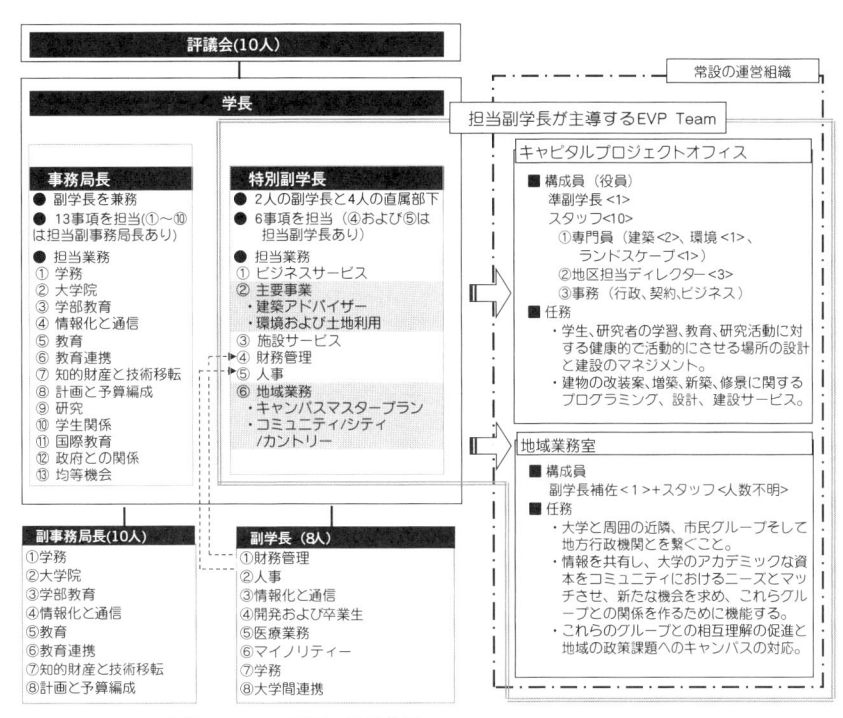

図3　ワシントン大学キャンパス計画の推進体制（参考資料をもとに筆者作成）

これらの方針に基づいて、具体的な対策を図で示し、開発の誘導を行っている。

このようにワシントン大学シアトルキャンパスは、豊かな自然環境を貴重な資源として位置づけ、積極的にその保全を図り、教育および研究に生かすとともに、関連団体との連携によるマネジメントを実施し、自然との共生を目指した先進例であると言える。また、具体的な地区別計画を提示し、経営戦略と環境マネジメントの達成を目指している点が特徴的である。

❹ キャンパス計画の推進体制と計画プロセス

キャンパス計画は、担当の副学長が主導するチーム（EVP Team）が主体となり、外部のコンサルタントと協同してキャンパス・マスタープランやキャピタルプロジェクトを含む大学経営上重要な複数の業務を行い、マスタープラン諮問委員会との連携及び学内審議を経てマスタープランを策定している。また、策定メンバーに学内外の環境の専門家を参画させるとともに、策定の過程において、現キャンパスのイメージや将来像に関する学内コミュニティ意見の集約、公聴会、オープンハウス、ワークショップ等の開催、隣接市における議会での審議、EIRの閲覧と質疑応答などの実施による開かれたプロセスにより進められている（図3）。

図4　ボスルキャンパスと湿地帯復元エリア

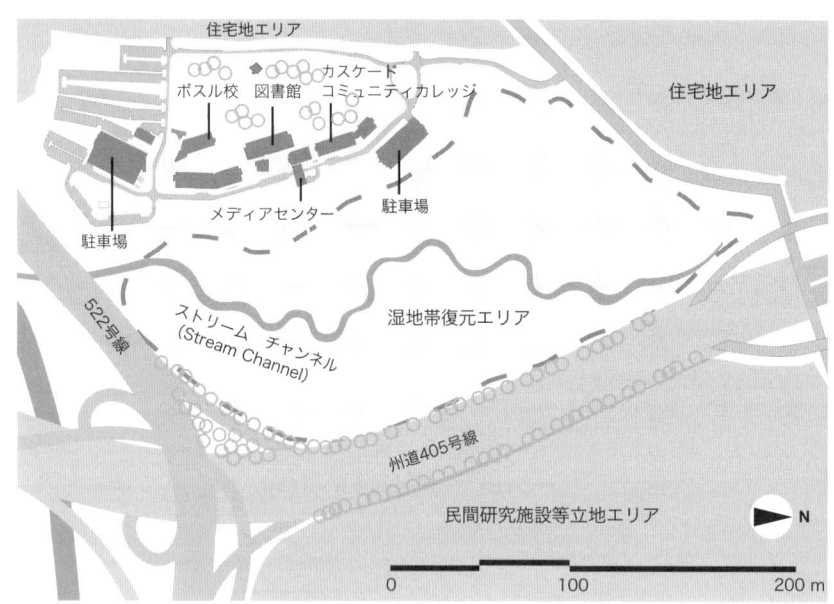

写真5　復元された湿地帯

写真6　復元エリア内クリークの小橋

3　湿地帯の復元と環境共生を図るボスルキャンパス

ボスルキャンパスは、ワシントン大学のブランチであるボスル校と地元のカスケード・コミュニティカレッジが共存するキャンパスである（図4）。

このキャンパスは、シアトル市の人口増加と市街地の拡大に伴い、居住地周辺での学習意欲と教育要求が高まり立地したもので、用地選定時には、拡大する市街地のエッジでしかも高速道路のインターチェンジ近傍であること、また、ハイテク企業（マイクロソフト等）が隣接している点が評価され、51.8haのこの地が決定された。

ボスル校は、シアトル市街地の北東約24kmの場所に位置し、ビジネス、コンピューター、ソフトウエアシステム、教育、学際的文理融合学科、看護等の複数のプログラムを受講する1,800人以上の学生のホームとなっている。また、同校は、北西域の学校と大学の協会の認定を得たワシントン大学の1ユニットであり、年々プログラムを拡張している。

■1 キャンパスおよび施設計画

キャンパスの計画条件として、当敷地がもともと農地であり、小河川を含んだ湿地帯があることから開発可能なエリアが限定されたことが挙げられる。また、計画のプロセスにおいて、環境アセスメントおよび交通アセスメントを実施するとともに、開発時には、既存の農家や隣接する墓地等の歴史的価値評価を行い、記録保存と移築による保全を行っていることが特徴的である。

1995年に最初のキャンパスマスタープランを策定し、2003年には、これをアップデートした2003年度長期開発計画（the 2003 Long Range Physical Plan）が策定された。

この長期開発計画では、キャンパスがドゥワーミシュ族の系列と推測されるサマミッシュインディアンの居住域に隣接する土地であったことや、キャンパス西部に歴史的な墓地が存在すること、また、南側の州道522号線が通行量が多く、この道路を越えて、地域の資源であるノースクリークがサマミッシュ川と合流し、ワシントン湖に流れ込むこと、さらに、敷地の西部と南部は、ノースクリークの歴史的な氾濫原の一部であり、南西部丘陵地の斜面が氷河期の土砂による堆石層であることなどから、この敷地が有する印象的な地形と自然特性の重要性と独自性を重視した計画としている。そして、傾斜地形と原生林と自然特性を可能な限り維持する慎重な開発手法が選択された。現在、51.8haの内23.5haが湿地帯のミティゲーションと復元エリアとなっている。また、キャンパス南側入口部は、近隣居住地とオープンスペースに隣接し、将来的には商業系の開発が行われる。

2006年には、この2つのマスタープランを基本として、ファシリティマスタープラン（Facility Master Plan）を策定し、キャンパス整備を進めている。このプランでは、「敷地の自然的特徴の尊重」、「シンプルで空間把握が容

易なキャンパスプラン」「開発の各フェーズにおける完結性の達成」の3点が基本方針とされている。

建物面積は約9万3,000m²となる計画であり、ボスル校、カスケードコミュニティカレッジそれぞれの大学の個性を主張させず、中央部に配置した図書館により両者を繋ぎ融合を図っている。また、街側からの利用に配慮した配置計画とし、地域のアイデンティティーを意識した周辺環境と調和する施設計画がなされている。さらに、建築物については、ワシントン州の要求に従い、LEED™による環境性能認証における高評価であるシルバー格の取得を目指しており、建築面積の最小化や、再利用舗装材など利用し、雨水の涵養を行うとともに、建築資材、リサイクル、太陽光利用、エネルギー利用の抑制などの取り組みを行っている。

現在、このボスルキャンパスは、環境にやさしく技術的にも優れ、建築的にも高い評価を受ける近代的なキャンパスとなっている。

❷湿地帯と水路の復元とマネジメント

開発の条件であった湿地帯の保全に対し、水路を復元し、湿地帯における生物の生息環境を再生させている。この水路の線形は50以上の事例調査によるサケの生息特性に基づいて決定され、また、湿地帯は、約53haが保全され、その環境的品質は、復元以前よりも向上したとされている。

復元の際には、①連邦政府、州政府、地方自治体が規定する要求水準への十分な配慮、②用地および機能の維持、③ミティゲーションによるサイト内の環境調整、④地域の計画資料における目標を達成可能とする復元計画、⑤動植物などの自然の河岸生態系の特性と機能を目標水準とすること、⑥自然とキャンパスのランドスケープの地形的、機能的整合をはかることを方針として進められた。また、復元計画は、外部の設計事務所、環境コンサルタントがデザインを行うとともに、ワシントン大学の河川地形学者が参画し協働的に進められた。

復元地の成熟について、10年程度の未成熟期を経て約20～30年で自律的機能を獲得するとされ、長期間の積極的管理の必要性とモニタリングに基づく定期的なメンテナンスにより確実な復元を目指している。また、水路復元時にはコスト低減のために隣接地に苗圃を設け、成長させた後移植する手法が採用されている。さらに、この復元湿地帯は、北西太平洋エリアで最大規模の氾濫原の復元地であることから、貴重な教育研究フィールドとしてボスル校及びカスケードコミュニティカレッジによる生涯教育や研究フィールドとして利用されている。

現在、本エリアを生態に注意すべき復元湿地帯として位置づけ、両校の合同による湿原監視委員会（the UWB/CCC Wetlands Oversight Committee）を組織し、管理、監視そして研究教育利用を行っている。そして、エリア内の通行や活動に対する許可制度の導入や立ち入りグループ人数の制限（25名以下）、採取、攪乱、投入等の規制を行っている。

このようにボスルキャンパスでは、地域の教育需要を重視し計画されるとともに自然環境を復元し、その保全を地域の組織体と連携しながら進め、さらに共同研究のフィールドとしても活用していることから、真に環境共生型キャンパスであると言える。

4　環境共生型キャンパス計画に向けて

本項では、ワシントン大学シアトルキャンパスおよびボスルキャンパスにおけるキャンパス計画と自然環境保全を目指した地域環境マネジメントについて概説した。

同校は、地域環境資源の享受者であるとともに、シアトル市等関係団体と連携し、自らが擁するキャンパスの環境資源を核として地域環境の維持・保全に貢献する主体者として重要な役割を果たしていると言える。

大学キャンパスの整備は、地域環境に多大な影響を及ぼすため、今後は、地域環境の維持・保全を視野に入れることが肝要であり、そのためには、地域との共創による環境共生型キャンパス計画が求められると言えよう。

◎注
* 1　本稿の内容は、日本建築学会キャンパス計画小委員会によるアメリカ大学調査（2001年9月実施）において、現地でのヒアリング等によって得られた情報およびその後、ホームページ等より収集した資料をもとに作成している。

◎参考文献・URL
1) University of Washington Master Plan Seattle Campus, 2003
2) 2006 Campus Facilities Master Plan
3) ワシントン大学シアトル校ホームページ　http://www.washington.edu/

3-3
大学の環境 ISO 取得と地域環境モデルとしての大学キャンパス
〈千葉大学と周辺地域〉

上野　武（千葉大学キャンパス整備企画室）

1　大学にとっての環境 ISO 取得の意義

　法人としての大学は、地域における大事業主であり、公的性格も強いことから、地域環境形成のための社会的責任を担ってゆくことが求められている。2005 年度からは環境報告書の作成が義務づけられるようになった。さらに、社会資産として大学のあり方を見直し、その施設や環境を良好な状態で維持していくためのファシリティーマネジメントの手法が大学運営上不可欠なものになってきている。このような中で、大学が環境マネジメントシステムの国際規格である ISO14001（以下、環境 ISO）の認証を取得する事例が増えている（表 1）。

　一方、大学の地域貢献、地域連携が叫ばれており、教育・研究の分野では徐々に成果を上げつつあるものの、フィジカルな環境面においては、大学と地域の良好な関係が確立されている事例は少ない。本稿では、大学の環境 ISO 取得が、地域との関係の中でどのような効果を生み出すのかを、千葉大学の場合を事例として検証したい。

　千葉大学は、4 つのキャンパスに分散している。4 キャンパス合わせて敷地面積約 96 万 m²、建物延床面積約 45 万 m² の規模を持ち、そこに約 1 万 7,000 人の学生・教職員が活動している。年間の光熱水費は法人化直前の 2003 年の時点で約 13 億 7,000 万円に上っていた。このような中で 2003 年 10 月 27 日、磯野可一学長（当時）は環境 ISO 取得キックオフ宣言を行った。

　環境 ISO の取得を目指すことを決定した背景には、大学運営の効率化と、環境負荷の低減による地域貢献という 2 つの目標を同時に達成できる有効な手法であると考えたことにある。しかし、一番の目的は、教育・研究・地域貢献といった大学の 3 つの使命を、環境というキーワードの元に領域横断型の教育研究プログラムとして実現したいという大きな目標があった。

　大学キャンパスを都市の縮図と考え、これからの環境問題を考えていくための実験フィールドとして活用し、研究成果を社会に還元していくことで地域環境の改善のための方向が見えてくるはずである。

2　「千葉大学方式」：学生主体の環境 ISO

　千葉大学における環境 ISO（以下、「千葉大学方式」*1)

表1　ISO14001 適合大学一覧表（財団法人日本適合性認定協会のデータベースをもとに作成）

No.	大学名	事業所名	登録年月日	No.	大学名	事業所名	登録年月日	No.	大学名	事業所名	登録年月日
1	武蔵工業大学	横浜キャンパス	1998/10/28	17	福井大学	—	2003/3/7	33	信州大学	教育学部	2005/12/21
2	法政大学	市ヶ谷・多摩	1999/9/29	18	岐阜大学	地域科学部	2003/3/20	34	島根大学	—	2006/3/10
3	京都精華大学	—	2000/3/25	19	長崎大学	環境科学部	2003/3/20	35	日本大学	生物資源科学部	2006/3/18
4	芝浦工業大学	大宮校舎	2001/3/9	20	千葉商科大学	—	2003/3/31	36	山口東京理科大学	—	2006/5/12
5	四日市大学	—	2001/3/28	21	日本大学	工学部	2003/4/11	37	信州大学	農学部	2006/11/22
6	呉大学	社会情報学部	2001/4/20	22	東海大学	湘南キャンパス	2003/6/7	38	信州大学	繊維学部	2006/12/18
7	信州大学	工学部	2001/5/30	23	東京理科大学	久喜校舎	2003/8/8	39	群馬大学	荒牧キャンパス	2007/1/20
8	日本工業大学	—	2001/6/27	24	明治大学	駿河台 A 地区	2003/10/26	40	滋賀大学	教育学部	2007/1/24
9	熊本大学	薬学部	2001/9/6	25	富士常葉大学	—	2003/11/12	41	関東学院大学	人間環境学部	2007/2/14
10	京都工芸繊維大学	松ヶ崎キャンパス	2001/9/10	26	福岡工業大学	社会環境学部	2003/12/26	42	長崎総合科学大学	人間環境学部	2007/3/2
11	名古屋産業大学	—	2001/11/26	27	熊本大学工学部	物質生命化学科	2004/1/15	43	北見工業大学	—	2007/3/19
12	工学院大学	新宿キャンパス	2001/11/28	28	筑波大学	農林技術センター	2004/2/19	44	秋田大学	工学資源学部	2007/3/22
13	三重県立看護大学	—	2002/3/21	29	長崎大学	学内共同利用施設	2004/3/17	45	信州大学	松本キャンパス	2007/10/17
14	名城大学	—	2002/6/13	30	千葉大学	全キャンパス	2005/1/27	46	明治薬科大学	—	2007/11/7
15	大垣女子短期大学	—	2002/10/21	31	神戸国際大学	一号館	2005/3/28	47	三重大学	—	2007/11/19
16	鳥取環境大学	—	2003/2/26	32	東京薬科大学	—	2005/7/8	48	金沢大学	技術支援センター	2008/4/14

（事業書名は 2008 年 9 月現在データベースに登録されているもののみ記入した。）

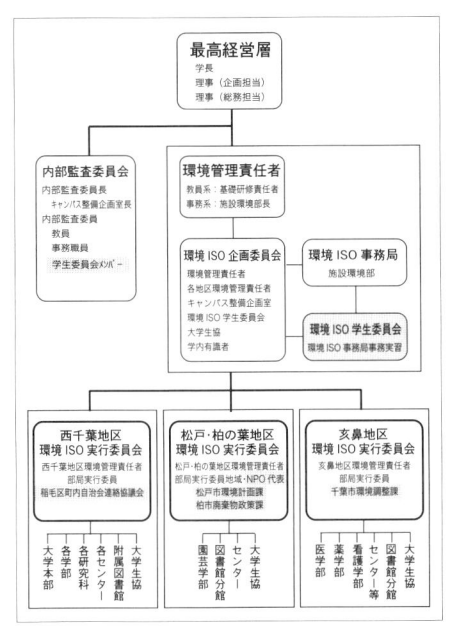

図1 千葉大学環境ISO組織図

は、①総合大学としての特長を活かした環境教育・研究、②環境負荷の少ない緑豊かなキャンパスづくり、③学生主体の環境マネジメントシステムの構築と運用、④地域社会に開かれた形での環境マネジメントシステムの実施、以上4点を環境方針として定めている。特に、学生主体であること、地域社会と連携して環境ISO活動を進めることに大きな特長がある。光熱水費の節減等すぐに結果があらわれることだけではなく、大学だからこそ可能になる環境ISOモデルを構築し、地域と共に持続型社会の構築を目指そうとしている。

キックオフ宣言後約1年を取得準備期間にあて、2005年1月27日西千葉キャンパス、2005年12月27日に松戸ならびに柏の葉キャンパス、2007年1月22日には最後に残っていた亥鼻キャンパスも認証を取得し、4キャンパス全てにおいて環境マネジメントシステムの構築が完了した。文系・理系がある総合大学としての国立大学法人では我が国初のことであり、国際的に見ても数は少ない。千葉大学の試みは、ジュネーブのISO中央事務局でも注目され、隔月で発行している機関誌「ISO Management System」の2005年1・2月号の中で、「日本の大学が教育分野でISO14001のモデル事例となる」と題して取り上げられた。

「千葉大学方式」の大きな特長の1つは、学生主体の環境マネジメントシステムを構築したことにある。普及啓発活動に学生の力を借りる取り組みはいくつかの大学でも行われている。しかし、環境マネジメント組織（図1）の中に環境ISO学生委員会（以下、学生委員会）の立場を明記し、環境目標・環境方針の原案作成から環境ISO事務局の実務研修、内部監査への参加、環境報告書の作成までを学生が主体的に行っているのは千葉大学だけだと自負している。マネジメントサイクルであるP（Plan）、D（Do）、C（Check）、A（Act）の全ての部分に学生委員会のメンバーが関わっている。環境ISO学生委員会が、日常的な評価活動と改善活動を担っていくのである。附属幼稚園、附属小・中学生への環境教育も学生たちが中心になって行っている。

この「学生主体の環境マネジメントシステムの運営」は文部科学省の平成18年度特色ある大学教育支援プログラム（特色GP）に採択された。

このような仕組みが実現した背景には、
① 最高経営層の学生への信頼
② 企画立案の全学委員会に最初から学生が参加
③ 環境ISO活動を通じての単位取得
という3点がある。

もう1つの大きな特徴は、地域社会に開かれた形での環境マネジメントシステムを実施していることである。各キャンパスの実行委員会には、教職員や学生の他に自治会協議会メンバーや地域NPO代表、市の環境部署職員が参加している。

3 「千葉大学方式」の成果と地域連携

千葉大学方式の成果は、大きく教育的成果、研究的成果、経営的成果、地域連携的成果の4つに整理することができる。

①教育的成果

教育的成果では、前項で整理した③環境ISO活動を通じての単位取得による成果が大きい。

具体的には、主に学部1・2年生を対象とした普遍教育科目に「環境マネジメント実習1・2」という環境教育の講義を設け、この単位を取得した学生は、環境ISOの内部監査人として登録できる仕組みをつくり上げた。さらに2007年度からは主に3年次対象の「環境マネジメント実習3」という千葉県や千葉市などの自治体や企業等へのインターンシッププログラムを開始している。学生達はこの授業を通じて、環境マネジメントに必要な専

図2　マネジメント実務士認定証　　図3　千葉大学光熱水費の推移 　　図4　千葉大学環境報告書

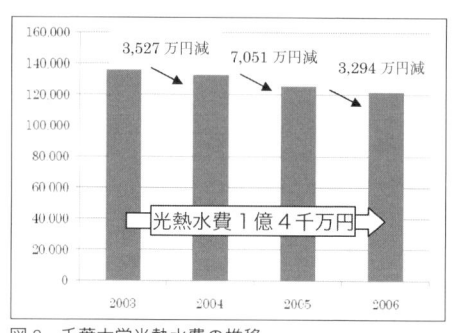

門知識を学ぶだけでなく、仕事の進め方や、企画書の作成方法、スケジュール管理、交渉術など、プロジェクト全体のマネジメントの仕組みを実践経験していくことになる。大学卒業後社会人1年生となってから学ぶことを前もって体験していくのである。さらに、全ての単位を取得し、内部監査人を務めた学生に対し学長が「環境マネジメント実務士」という資格を認定している（図2）。これは千葉大学だけの資格であるが、履歴書等への記入を大学が認めている。

②研究的成果

研究的成果としては、これまでの部局単位の縦割り型の研究が、環境ISOの活動を通じて部局の垣根を乗り越えた教職員の交流が生み出され、環境をテーマとした領域横断型の研究組織立ち上げの契機になったことがあげられる。2006年には「千葉大学地域サステイナビリティ学アソシエーション（CARSS）」が設置され、東京大学が中心となって立ち上げたサステイナビリティ学研究機構（IR3S）の協力機関として、食と健康の観点から地域環境のサステイナビリティのあり方の研究を行っている。また、21世紀COEに採択された「持続可能な福祉社会のための公共研究拠点」も、環境ISOに関わる人文系教員による領域横断型研究である。ここでの調査研究成果が、福田首相が2008年6月に行った「低炭素社会・日本をめざして」というスピーチ[*2]でも取り上げられるなどの成果を上げている。

③経営的成果

経営面では、光熱水費の節減が一番の目に見える成果であろう。2003年時点で13.7億円までになっていた光熱水費を節減するために、学生委員会が省エネルギー啓発活動を推し進める一方、学長がリーダシップをとり全部局合同省エネプロジェクトを立ち上げ、全構成員への協力を求めた。加えて、NEDOの研究補助金を受けてWEBを活用しての大学施設群のエネルギー使用実態把握システムを構築した。結果として、2007年3月までの3年間で1.4億円を削減することができた（図3）。これはエネルギー消費に由来するCO_2排出量に換算すると3年間で約21%削減という大きな成果を上げたことになる。

また、地域の大規模事業主としての大学に、環境報告書の作成が義務づけられるようになったが、千葉大学では義務化の1年前から独自の環境報告書づくりに取り組み、内容の原案作成とデザインを学生主体で行っている。2007年に発行した「千葉大学環境報告書2007」（図4）は、『第11回環境コミュニケーション大賞』（主催：環境省、財団法人地球・人間環境フォーラム）環境報告書部門において優秀賞（環境配慮促進法特定事業者賞）、『第6回日本環境経営大賞』（主催：日本環境経営大賞表彰委員会・三重県）「環境経営部門」においては「環境経営優秀賞」、『第11回環境報告書賞・サステナビリティ報告書賞』（共催：㈱東洋経済新報社／グリーンレポーティング・フォーラム）においては「公共部門賞」を受賞し、外部からの高い評価を受けている。千葉大学の広報活動にも多大の成果を上げているといえる。

④地域連携的成果

地域環境面での成果も少しずつではあるが実を結びつつある。学生委員会が中心となり、地域のNPOや他の環境系学生サークル、まちづくりボランティアサークルと連携して様々なプロジェクトを実現した。

■落ち葉堆肥化プロジェクト

NPO環境ネットと共同で千葉市「バイオマス活用事業補助金」の助成を受け、西千葉キャンパス内の落ち葉を集めて堆肥をつくるプロジェクトを立ち上げた。年間約2トンを生産し製品名「けやきの子」として頒布するまでにこぎ着けた。この活動は2007年からは松戸キャンパスにも拡がり、こちらは「まつ土」という製品名にな

表2　千葉大学環境ISO活動と地域連携活動一覧

	連携プログラム	概要	キャンパス	連携先	期間
1	緑花プロジェクト	大学キャンパスから松戸駅までの道筋を花で彩るプロジェクト　コミュニティーガーデンを地域の人々と共同で設置	松戸	松戸市　周辺住民	2006〜
2	インターンシッププログラム	環境マネジメンシステム実習3の授業の一環として、自治体、企業において環境マネジメントに関する実務を研修	全キャンパス	千葉県庁、千葉市役所、市川市役所、成田市役所日本適合性評価機構、イオン、JAL他	2007〜
3	けやきの子	西千葉キャンパスの落ち葉を堆肥化し地域に頒布	西千葉	千葉市　NPO法人環境ネット	2005〜
4	環境報告書	「環境だより」を年2回発行し、付属幼・小・中学校を通じて地域家庭に頒布	西千葉	稲毛区自治会協議会、附属学校	2006〜
5	まつ土	松戸キャンパスの落ち葉を堆肥化し地域に頒布	松戸	松戸市　地域住民有志	2007〜
6	Rドロップス	リターナルびんを地域に普及するプロジェクトを共同開発　経済産業省委託事業（地域省エネ型リユース促進事業）	全キャンパス	びん再使用ネットワーク、東京薬科大学生協、横浜市立大学生協	2007〜
7	八都県市3R学生サミット	八都県市廃棄物問題検討委員会主催のシンポジウムの企画運営	全キャンパス	東京都、千葉県、千葉市、神奈川県、横浜市、川崎市、埼玉県、さいたま市	2007/9/9
8	ちばし手づくり環境博覧会	市民団体や企業の日頃の環境保全活動の展示発表に大学として参加	全キャンパス	千葉市	2008/6/7
9	ecoパーク2008	環境に関わりのある活動を行っている大学やNPO、ボランティア団体によるブース展示やワークショップに参加	全キャンパス	日本放送協会、環境省、渋谷区、国土緑化推進機構	2008/6/8
10	千葉県廃棄物処理計画タウンミーティング	千葉県廃棄物処理計画に県民や学生の意見を反映させるためのワークショップを開催	全キャンパス	千葉県	2008/6/15

っている。

■ 3R活動推進（リターナブルびん：Rドロップス）

学生委員会メンバーが他大学（東京薬科大学、横浜市立大学）や市民NPO・企業と協力して、経済産業省平成19年度エネルギー使用合理化システム開発調査「エリア限定型の携帯可能リターナブルびん利用・流通システムの構築」に参加した。共同で開発した、軽くて、携帯可能なリターナブルびん（Rドロップス）を活用し、大学内など構内を携帯しつつ飲用し、構内を出る際には当該びんを指定場所に返却・回収する利用・流通システムの構築実験を行うとともに、「Rドロップス」の普及広報活動を通じて需要を喚起し、地域におけるリターナブルびんの導入促進をアピールした。

■ その他の地域連携活動

この他にも、大学キャンパスから駅までの道筋を花で彩るプロジェクトや、地域自治体における環境部署でのインターンシップ等、地域の環境改善に役立つ取り組みを行っており、様々なメディアにも取り上げられるようになった。2008年度は千葉県が主催する「地球温暖化防止と生物多様性保全」推進きゃらばん隊への参加や、「2008ちばし手づくり環境博覧会」という地域の市民団体や企業の環境保全活動の展示発表への参加するなど、着実に地域連携の成果を上げ始めている（表2）。

大学の環境ISO活動は、環境教育と研究の仕組みがすでに存在しているという点で、大きな可能性がある。加えて学生主体でマネジメントシステムを運用することで、持続可能な地域環境づくりの明日の担い手を育成できることは、さらに大きな成果につながっていく可能性がある。学生達はこの取り組みを通じて着実に成長し、環境に対する意識を高めている。教職員も学生の活動に大きな影響を受け、環境ISO活動も学生に引っ張られているという感すらある。

4　環境マネジメント大学モデル

これまで、地域環境の改善に教員個人が研究室単位で関わり、地域との連携を図っていくという取り組みは数多くある。しかし、大学全体としてこれに関わることはまれであった。「千葉大学方式」では環境方針の中に、「地域社会に開かれた形での環境マネジメントシステムの実施」を謳い、実行委員会メンバーとして地域住民代表に参加してもらっていることはすでに述べた。地域の人達に大学の取り組みを知ってもらうとともに、環境監査人としての役割を担ってもらうことにもなっている。こうした活動を通じて、徐々に大学キャンパスと地域の連携を進め、広域避難場所として大学キャンパスのあり方や、キャンパスの都市公園化等の具体案を検討していこうと考えている。最終的には省エネルギー、CO_2排出量削減、廃棄物削減、緑の環境づくり等、「千葉大学方式」で培ったノウハウを地域の環境マネジメントシステム構築に反映させ、その中心的役割を大学が担っていくことを視野に入れている。

大学キャンパス内だけの施設に関するマネジメントは、環境ISOとは別に徐々に成果を上げつつあり、スペースの有効活用、省エネルギー、安全性確保などが実行され始めた。「千葉大学方式」はこの施設マネジメントとISO14001活動を組み合わせたものであるが、学生の主体的活動と領域横断型環境教育研究を推進することによって、地域の環境マネジメント（エリア環境マネジメント）の一役を担う仕組みに発展する可能性を秘めている。

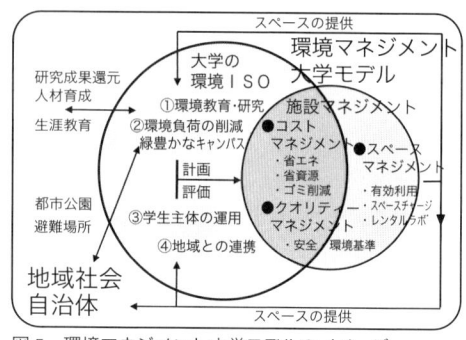

図5　環境マネジメント大学モデルのイメージ

本稿ではこれを「環境マネジメント大学モデル」として提案したい（図5）。

私たちの身の回りの環境について、継続的な点検評価の仕組みを確立し改善を行っていくためには、地域で生活する住民の意識の高まりが必要不可欠である。

環境マネジメント大学モデルは、大学が地域社会や自治体と連携していくための触媒として機能することが期待できる。大学側は地域に対して、①地域の人材育成、②地域住民や自治体へのスペース提供、③都市公園としてのキャンパス空間開放、④環境研究成果の地域還元、などを担い、地域・自治体側は大学に対し、①環境ISO内部監査への協力、②都市公園整備費用の補助、③地域環境に関する研究委託、などを提供する事が可能である。地方都市の中心施設として、都市の文化性を担い近隣地域の生活と活力を支えていくべき存在として、大学がキャンパスマスタープランなどの総合計画と地域との連携システムを構築していくことは社会的要請なのではないだろうか。環境マネジメント大学モデルは、大学キャンパスを実証モデルとして地域の環境形成に役立てることでもある。

5　地域環境モデルとしての大学キャンパス

21世紀は、拡大・拡散を目指す都市の姿から、サステイナビリティを志向するコンパクト都市へと目標を切り替えるべき時代だと言われている。

しかしこれまでの環境ISO活動は、地球温暖化対策のためのCO_2削減等を目標として、省エネルギー・廃棄物削減等の手法が研究され、それを企業や工場レベルで実践していくというものであった。これらは必ずしも地方都市における地域住民の生活環境の諸問題を解決するまでに至っていないように思える。

一方、都市計画や建築計画の視点から地方都市の活性化に対する様々な取り組みはあるものの、経済面や形態規制等の議論に終わることが多く、地域住民の生活に密着した形で有効な手法を確立しているとは言えないのではないだろうか。都市計画・建築計画・ファシリティマネジメント・環境ISO・環境政策・地球温暖化防止にとどまらず、もっと複合的な視点で地域の「生活の質（QOL）」の問題に取り組み、それを解決するための体制作りが必要である。

2008年洞爺湖サミットの直前には、国内外27大学が参加するG8大学サミット開催された。ここで採択された札幌サステイナブル宣言には、「サステイナビリティの実現において大学が果たし得るもうひとつの役割は、大学の研究教育プロセスを通じて社会のさまざまなステークホルダーとの交流を行い、サステイナブルな社会の新しいモデルとして自らのキャンパスを活用していくことにある。（中略）大学を社会の実験の場にすることは、将来の社会のサステイナビリティを担っていく学生たちに必要なスキルや行動様式を育むという点においても重要である。換言すれば、キャンパスは実験の場であると同時に教育の理想的な教材であり、大学はサステイナブル・キャンパス等の活動を通して次世代の社会づくりに貢献することができる。」という一文がある。

大学が地域連携の第一歩として環境ISOに取り組み、地域環境モデルとして大学キャンパスを位置づけた上で、サステイナブルな社会の実現手法をその周辺地域を含めた形で実証的に研究していくことは、地域にとっても大きな成果を生み出すはずである。

◎注
* 1　千葉大学環境ISO事務局HP：http://kankyo-iso.chiba-u.jp/
　　千葉大学環境ISO学生委員会HP：http://env.chiba-univ.net/
* 2　2008年6月9日福田総理が日本記者クラブで行ったスピーチで、我が国の76の自治体が、地域内に民生用電力需要を上回る再生可能エネルギー電源を保有しているという調査研究がとりあげられた。http://www.kantei.go.jp/jp/hukudaspeech/2008/06/09speech.html

◎参考文献
1) 千葉大学環境ISO事務局編 "千葉大学方式2002-2007「学生主体の環境マネジメントシステム」その構築と運用" 2008
2) 上野武、鈴木雅之、服部岑生、坂井猛、鶴崎直樹、小篠隆生 "環境マネジメント大学モデルによるキャンパス空間と地域の連携に関する考察―千葉大学での取り組みを通じて―"「日本建築学会大会学術講演梗概集（査読付き梗概）」p.93-96、2004

3-4
地域と大学による都市フリンジの再構成
〈英国ケンブリッジ市とケンブリッジ大学〉

坂井　猛（九州大学新キャンパス計画推進室）

1　都市のグリーンベルト

都市の成長による周辺地域へのスプロールを抑制するため、都市のフリンジ（外周）にグリーンベルト（緑地帯）を設定する手法が世界の諸都市で試みられている。その嚆矢は、ロンドン大学アバークロンビー教授の起草による大ロンドン計画（1944）であった。ここでは、ロンドンの近郊に位置するケンブリッジ市とケンブリッジ大学を事例として、都市の成長限界線であるグリーンベルトを維持しつつ、都市と大学が協調して都心の環境改善と大学環境の更新を実践している姿を概観する[*1]。

2　ケンブリッジ市とケンブリッジ大学

ケンブリッジ市は、イングランド島南東部ケンブリッジ州に位置する人口約11万人の中核都市であり、首都ロンドンからは北東約80kmに位置している。市域面積4071haを有し、市の中心部にケンブリッジ大学がある。中心部から半径約30kmのエリアには、情報通信、バイオテクノロジー、エレクトロニクス、ナノテクノロジーなど、ケンブリッジ大学と連携するハイテク産業が集積している。この地域は「シリコン・フェン」と呼ばれ、サイエンスシティの成功事例として著名である。

写真1、2　大学構内の中庭「クワッドラングル」

■ケンブリッジの生い立ち

ケンブリッジ大学は、町の人々との対立から逃れてきたオックスフォードの学者たちが、1209年にケンブリッジに住むようになったことに起源をもつ。以来、アイザック・ニュートン、チャールズ・ダーウィン等、世界史に名を残す多くの学者、著名人を輩出してきた。これまでのノーベル賞受賞者は80人を超えており、世界の研究機関で最多である。

オックスフォード大学とケンブリッジ大学にみられる中庭を低層建築で囲む様式「クワッドラングル」は、大学空間の一原型として認識されている。19世紀中頃には17のカレッジであり、入学生数は1,000人に満たなかったが、19世紀末から医学系や理工系、教養教育のための新しいカレッジの設置を継続的に行い、ケンブリッジ市の中心部から西に向かって大学敷地の面的拡張が行われてきた。農業地帯のまま、これといった産業もなかったケンブリッジに、変化が訪れたのは第二次大戦後であった。

図1 ケンブリッジ大学の発展

写真3 ケンブリッジ市内を流れるケム川

写真4 都心に展開する中世の街並みと交通渋滞

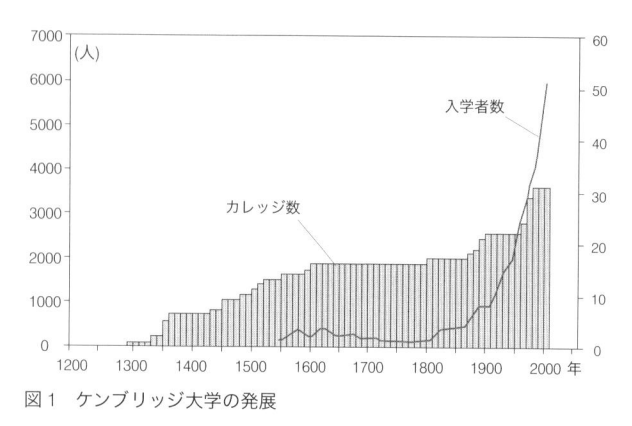

2 ホルフォード報告とグリーンベルト

1950年、建築・都市計画家のウイリアム・ホルフォード卿を議長とする郡議会は、ケンブリッジ市の人口を10万人に抑え、歴史的で豊かな環境を維持すべきとする「ホルフォード報告」をまとめた。

1950年代は、都心西端部のシジウィック（Sidgwick）地区の開発を行い、歴史学部棟などの施設建設が行われた。1960年代になると、密集するロンドンから流出しはじめた工場の受け皿として、ケンブリッジを含む地域がねらわれだした。このとき、ケンブリッジ市は市内への第二次産業の立地を許さず、設定したグリーンベルトの外側に立地を誘導し、開発の抑制と環境の維持をはかったのである。これによって、ケンブリッジのケム川沿いのリッチな河川景観や中世ゴシック様式の建物群がそのまま残された。

3 モット報告とサイエンスパーク

次の転機は1969年である。この年、ノーベル物理学賞受賞者でケンブリッジ大学教授のネヴィル・モット卿が議長となって作成した「モット報告」のなかで、雇用促進のための科学産業の立地推進が提言された。これがきっかけとなり、ケンブリッジ北東部のケンブリッジ・サイエンスパーク61haをはじめ、ケンブリッジの頭脳を背景とする知識主導の企業集積、スピンアウトによるベンチャー企業の継続的な立地が相次いだ。ケンブリッジ・サイエンスパークには現在、60以上の企業と約5,000人の雇用が生み出されている。モット報告以後のこうした動きは、「ケンブリッジ現象」とよばれている。

3 ケンブリッジ大学の新たな展開

ケンブリッジ大学は、学生数1万8,000人、教職員数8,700人、建物数328、カレッジ数31、延床面積65万m²を有する。不動産にかかる年間費用は109億円[*2]であり、大学の年間支出全体の約1割を占める。ケンブリッジ市の人口の約4分の1を大学関係者が占め、市の建物の3分の2はケンブリッジ大学関連といわれている。

ケンブリッジ大学は、世界におけるトップレベルの地位をさらに高めるため、学際的な教育研究や産業界との結びつきを強める研究活動を盛んにすることを大学の方針としている。このため、2025年までに学生5,000人と教職員5,500人の増加を見込んでいる。しかしながら、大学の中心部における施設の量的拡張はもはや困難であり、ケンブリッジ市からもグリーンベルトの開発規制が課せられていることから、都心部の開発をあきらめ、市

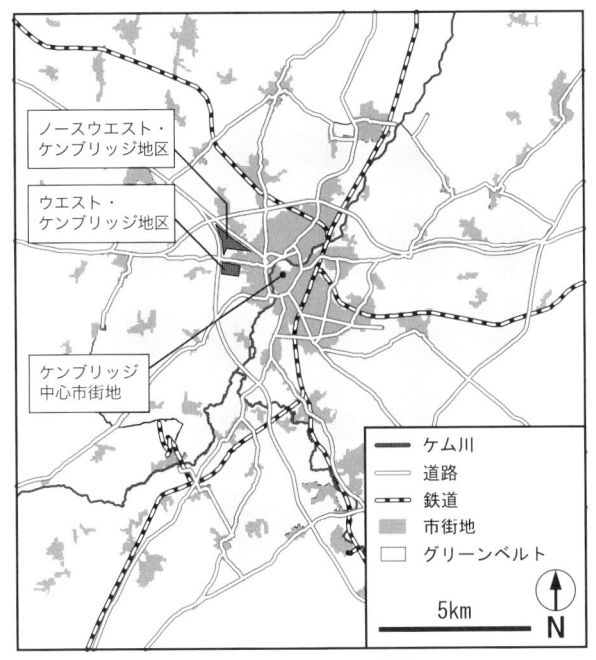

図2 ケンブリッジ市のグリーンベルトと市街地

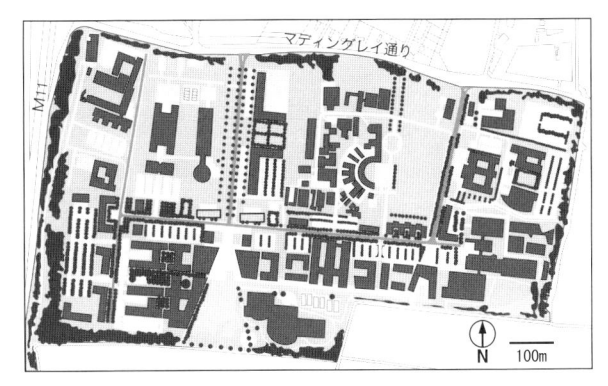

図3 ウエスト・ケンブリッジ地区

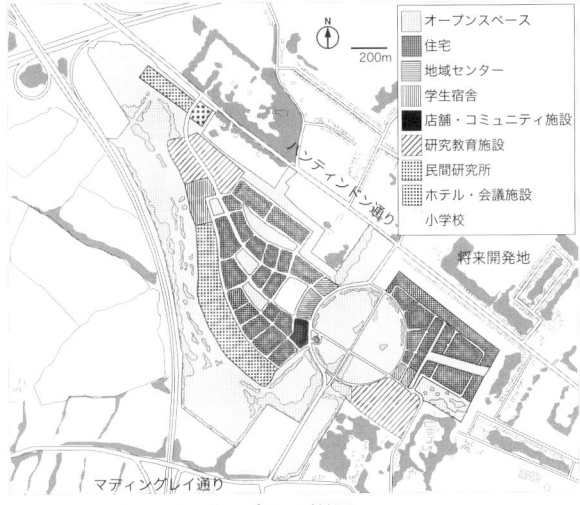

図4 ノースウエスト・ケンブリッジ地区

の西側への敷地取得と開発を継続的に行っている。

現在では、1990年代に計画策定されたウエスト・ケンブリッジ地区66haの開発が進んでおり、さらにノースウエスト・ケンブリッジ地区140haを取得し、大学の拡張に着手している。

1 ウエスト・ケンブリッジ地区

ケンブリッジ大学は、1930年代から40年代にかけてウエスト・ケンブリッジの土地66haを取得した。自然科学の教育研究環境を提供するため、1999年3月に22万8,000m^2の建物建設を伴うウエスト・ケンブリッジ地区のマスタープランがケンブリッジ市議会で承認された。それは、大学部局の施設7万3,000m^2、研究所2万4,000m^2、企業による研究所4万1,000m^2などを建設するものであった。さらに、一部の土地利用と住居の増設などのためにマスタープランの改訂がなされ、2004年に市議会で承認されている。大学、住宅、研究所、民間施設等が混在するサイエンスパーク型開発である。ウエスト・ケンブリッジ地区には、インフラ施設の他、マイクロソフト社による研究所やナノサイエンスの研究施設、コンピュータ関係の研究所がある。大学スタッフや大学院生のための居住環境も重視されており、2004年には206戸の居住施設と保育所が完成した。ウエスト・ケンブリッジ地区の敷地を含む一帯は、ケンブリッジ市のローカルプランでも重要視しており、大学関連機能による限定的な土地利用がなされている。

2 ノースウエスト・ケンブリッジ地区

ケンブリッジ大学はさらに、ウエスト・ケンブリッジ地区の北側に21世紀以降の教育研究両面での発展的拡張を果たすための用地140haを取得した。

この一帯は「ケンブリッジ・グリーンベルト・ローカルプラン」(1992)に基づくグリーンベルトであり、原則として開発が禁じられている。この敷地における開発は、グリーンベルト指定からはずすことが要件となる。

施設計画では、教育研究施設と同等に、学生や職員の増加に応えるための居住施設やオープンスペースの確保が計画の中心課題である。住居系用地が最も多くの面積を占め、全体で40ha、約2000戸の建設が目標になっている。このうち半数は大学職員用住宅であり、残りは一般

に販売される住宅である。ケンブリッジ大学周辺の住宅価格が非常に高く、大学職員の購入は容易でないことが背景にある。次いで学術研究用地が35haを占め、10万m²の施設建設を予定している。セントラルエリア地区からの地球科学および地理学部門の移転の他、企業との共同研究のための施設等が構想されている。

これまでに関係者とのワークショップや計画公開が繰り返され、2005年9月からのローカルプランとの調整を経て、開発に着手している。

4　ケンブリッジ市の都市計画にみる大学

ケンブリッジ市は、2016年までにグリーンベルト内側にある市街地の隣接地を都市域に繰り入れる計画をうちだした。近年まで、かたくなに守ってきたグリーンベルトによる開発規制の緩和である。約8,000軒の住宅建設を計画し、都心部では商業施設等を再開発しつつ、田園風景を残すことに腐心する。そして、中世の市街地が完成した後に建設されたために発展が遅れていた鉄道駅周辺を再開発し、新しいオフィスや商業施設の立地を促す。

ケンブリッジ市は、「ケンブリッジ市ローカルプラン」のなかで、中軸となる将来像として、緑豊かで文明化された歴史都市であること、全ての人にあらゆる機会が与えられることをあげ、現在の自然および歴史的環境を発展的に持続させる方針をうちだした。また、課題として、ケンブリッジが急速な成長の段階にあり、その要因としてケンブリッジ大学を中心にしたサイエンスパークとハイテク産業の発展をとりあげ、自動車交通問題、歴史的環境への影響、住宅問題、娯楽の用意、各種サービスへの公平性、そしてオープンスペースの喪失への懸念を表明している。

ローカルプランのほとんどの章において、ケンブリッジ大学に関する言及がなされており、ケンブリッジ大学が都市計画および都市経営上の重要な要素となっていることを示している。

ケンブリッジ市ローカルプランにおける大学との連携に関する特徴をまとめると、以下の2点である。
(1) 大学の発展と開発支援の姿勢を明確にしている

ハイテク産業と密着したケンブリッジ大学の発展とそれに伴う開発をローカルプランの中で明確に位置づけ、支援することを明確にしている。

ローカルプラン目次

1. イントロダクション
2. 方法
3. 環境の概要
4. 自然環境
5. 人工環境
6. 居住
7. コミュニティ・サービス
8. レクリエーションおよびレジャー
9. 高等教育および生涯教育
10. 雇用
11. ショッピング
12. ツーリズム
13. ユーティリティ・サービス
14. 交通
15. 行動

ローカルプラン本文より抜粋

4. 自然環境
4.1：高速道路の築堤がウエスト・ケンブリッジの眺望に影響を与える。
4.3：大学の建築のいくつかは、ケンブリッジの遠景のスカイラインを支配している。
4.8：ウエスト・ケンブリッジは熟成したガーデンとしての価値が高い。
4.24：ケンブリッジ・ストラクチャー・プラン(1989)はケンブリッジ市周辺のグリーンベルトを保存することを提案しており、ケンブリッジ大学やカレッジ、ケム川周辺も含まれる。
4.31：ケンブリッジ・グリーンベルト・プラン(1992)が修正された際に、ウエスト・ケンブリッジは特にその対象となった。

6. 居住
6.31：学生数が増加しており、住居が適切に供給されないと、住宅市場をますます圧迫することになろう。

9. 高等教育および生涯教育
ケンブリッジ大学を始めとする高等教育機関が、市の環境的な資産を保存し高めることに矛盾しない方法での開発を行うことができるようにする。
9.21：ケンブリッジ大学の国内外における重要性、教育研究の空間的拡張の必要性、予期できない開発のための柔軟性の確保、増加する学生や職員のための住居の確保の必要性などを認識している。
9.22：大学の中心部とウエスト・ケンブリッジで行われる教育研究目的の開発を支援する。
9.23：大学の開発において、開発エリアと保存されるオープンスペースの間に魅力的な境界を生み出さねばならない。このためにはウエスト・ケンブリッジでの開発は限定された規模でなくてはならない。
9.24：市のローカルプランと大学のウエスト・ケンブリッジ・ストラテジー(1991)の間には共有点と相違点がある。
9.29：中心部では既存の大学敷地の中における大学関連施設の開発を支援する

(2) グリーンベルトの調整による連携を行う

　ウエスト・ケンブリッジ地区における現在の緑豊かな環境を維持発展させつつ、ケンブリッジ大学施設の開発のためにグリーンベルトを限定的に使用し、自動車交通に頼らず、バスと自転車によって市中心部と結ぶことを目指している。

　学生の大学への自動車通学は禁じられており、自転車の利用割合は極めて高い。ケンブリッジ市は、グリーンベルトの境界線を調整するとともに、大学には建物の配置に関する市の意向を受け入れるよう求めている。また、グリーンベルト内にあるノース・ケンブリッジ地区も、開発にあたってワークショップや公開討論会などを重ね、学生や職員の増加が見込まれる中で住宅価格の高騰を避けるために、大学関係者の住居を供給している。

　ケンブリッジ大学の優れた環境は、大学が創設以来生み出してきた歴史的な空間だけでなく、緑地や歴史的な環境を地域の資産と認識し、その継承と発展的改善の方針に基づく計画を進めてきたケンブリッジ市との連携の努力の結果、生まれたものである。

　ケンブリッジ大学の威光は、ローカルプランからも読み取ることができる。ケンブリッジ市は、大学を都市経営や良質の都市環境形成に対する推進力として十分認識しており、大学に対する様々なインフラ整備の面で貢献している。

◎注
* ＊1　本稿の内容は、九州大学学術研究都市推進機構準備会議による欧州学研都市調査（2004年7月実施）、日本建築学会キャンパス計画小委員会による欧州大学キャンパス調査（2005年5月実施）における現地での関係者ヒアリング等によって得られた情報を元にしている。
* ＊2　5,200万ポンド（1ポンド＝210円で換算）
* ＊3　図1～図4の作成にあたっては、樋口敬君、東江真人君（九州大学大学院）の協力を得た。

◎参考文献
1) Facts and Figures, University of Cambridge http://www.admin.cam.ac.uk/offices/planning/data/facts/
2) Cambridge Local Plan （1996, 2006）
3) Cambridgeshire Structure Plan （1989）
4) 国土交通省都市・地域整備局「海外のサイエンスシティにおける産学官の推進組織等に関する調査報告書」2004

写真5～7　ウエスト・ケンブリッジ地区の研究施設と住宅

3-5 学術研究都市における「緑のまちづくり」
〈九州大学学術研究都市および北九州学術研究都市と関連大学〉

佐藤剛史（九州大学大学院農学研究院）・デワンカー・バート（北九州市立大学国際環境工学部）

1 自然環境と共生する都市へ

自然環境とどのように共存・共生するかは持続可能な都市を構築するうえで大きな課題である。福岡県における九州大学学術研究都市と北九州学術研究都市は、どちらも里山の丘陵に立地するという似た条件にあり、緑地環境の保全を理念のひとつとして掲げている。

初期の段階では、学術研究都市事務局も大学も、マンパワーのほとんどを研究所の誘致や施設計画に集中せざるをえず、緑地環境の保全までは手がでない状態であった。そうした時期、既存の枠にとらわれずに学生が主力となって始めた保全活動が、理学と農学の教員の支援を得て続けられ、やがて地元住民、自治体、学内に認知されるようになり、次第に保全活動以外の活動へと展開している。地域に働きかけながら行う様々な活動の動機や目的、実施体制を解説し、周辺環境とどのように共生できるのか、その場合、大学にはどんな課題があるのかを述べたい。

2 うみ・やま・さと・なぎさに広がる 知の創造空間～九州大学学術研究都市

九州大学は、福岡市内の箱崎地区、六本松地区などに分散する現在のキャンパスから、福岡市西部の糸島地域に位置する伊都キャンパスへの統合移転をすすめている。2005年10月にその第1期が開校した。糸島地域を舞台とする九州大学学術研究都市構想のもとで、豊かな自然環境と共生するまちづくりが進められている。「緑のまちづくり」という視点からすれば、九大伊都キャンパスには2つの特徴がある。

1つは、キャンパス内に広大な緑地を有していることである。伊都キャンパス造成に伴い、生物多様性保全事業が実施された。「生物を一種も絶滅させない」「森林面積を減らさない」という目標が掲げられ、その実現に向け、高木移植、林床移植、池の引っ越しなどが行われた。九大伊都キャンパスの総面積275haのうち100haは緑地として残され、キャンパス内には、生物多様性保全ゾーンという環境保全エリアも設けられた。この生物多様性保全事業は、科学雑誌『Science』(305:329-330)やNHKの番組『サイエンスアイ』でも取り上げられ、土木学会環境賞の受賞に寄与するなど、世界的にも先進的な取り組みとして評価されている。特徴のもう1つは、伊都キャンパスが福岡都市圏の市街地から離れ、緑豊かな農村の真ん中に立地することである。

この2つの特徴は、同時に2つの課題を提起している。1つは、伊都キャンパスの内の広大な緑地を誰がどのように管理、保全していくかであり、もう1つは、九大は、キャンパス周辺の農村環境、緑資源にいかにかかわっていくかである。

❶学生主導の環境保全ボランティア

伊都キャンパスの内の広大な緑地を誰がどのように管理、保全していくか。「九州大学新キャンパス・マスタープラン2001」では、「良好で快適な屋外環境を維持するために、キャンパス・コモン、生物多様性保全ゾーンを含む保全緑地の維持・管理システムを導入する。（中略）また、維持・管理には、学生等によるボランティアの活用も合わせて検討する」と記している。その後、九州大学新キャンパス計画専門委員会緑地管理計画ワーキンググループを中心に、大学としての方針を「保全緑地維持管理計画」としてとりまとめたのは2005年3月であった。

安全で楽しく長続きするボランティアの必要性を大学に訴えていた筆者（佐藤、当時大学院生）は、生物多様性保全事業の中心となっていた理学研究院の矢原徹一教授に相談し、学生有志を集め、学生主導の九大伊都キャンパスの環境保全活動を2001年に開始した。

保全活動を行うには、鋸や鉈、ヘルメットなどの作業

道具を買い揃える必要があったが、環境保全のアイデアを、九大のチャレンジ＆クリエイション・プロジェクト（C&C、院生や学生が自ら企画するユニークな研究・調査プロジェクトをサポートする九大独自の全学事業）に応募し、50万円の活動資金を得た。それ以降、月1〜3度、伊都キャンパスに出かけて環境保全活動を行っている。活動の内容は、多岐にわたる。拡大し続ける竹林の除伐、植樹、ネイチャートレイルの作成、自然観察会、等々である（写真1）。

その後、こうした活動を長続きさせるため、NPO法人環境創造舎を設立した。NPO法人化したからといって、スタッフや活動資金が保証されるわけではない。NPO法人化することで社会的な責任が増し、煩雑な事務作業が増える。何もしないよりは、法人として責任のある仕事を行っていけば道が開けるはず、と考えた。こうして全国的にも珍しい、学生によるNPO法人環境創造舎が2002年6月に誕生した。始めて6年間の活動は100回を超え、延べ参加者数は1,500人にのぼる。

2 九州大吟醸〜飲めば飲むほど緑が増える

環境創造舎の活動をはじめてしばらくすると、ある悩みが生まれた。それは地元との繋がりが全くないことである。箱崎キャンパスからバスで伊都キャンパスに出向き、保全活動を行い、バスに乗って帰ってくる。地元の人々と挨拶することもなく、誰もいない伊都キャンパスの中だけ、学生だけの活動が約1年以上も続いた。

そんなとき、1本のメールが届いた。福岡市西区元岡で、1870年から酒造りを続けている浜地酒造の常務理事、浜地浩充氏からであった。彼は、マスコミなどを通じて環境創造舎の活動を知り、「一度、酒でも飲みながら語りませんか」とスタッフを酒蔵に招いてくれたのだ。2004年1月、私たちははじめて元岡の集落に足を踏み入れた。「酒は水が命ですよ」、杜氏が使う酒蔵の小さな部屋で浜地さんは切り出した。小さい頃に裏山で遊んだ記憶、九州大学がやってくることによる開発への期待と農村景観を残したいという地元地域の本音、裏山が造成され酒造りに使う地下水に影響が出るのではないかという不安。たっぷり話し合い、じっくりと酒を酌み交わし、「これから力を合わせましょう」と力強く約束した。浜地酒造と環境創造舎の活動はつながっていると分かった。酒は水から生まれ、水は森で育まれる。そうした話し合いを重

写真1　里山の保全活動

写真2　九州大吟醸の仕込み

ねるうちにうまれたのが、九州大吟醸のアイデアである。浜地酒造と九大とが協力して、九大オリジナルの地酒を造ろう、そして、その売り上げの一部を、地域の環境保全活動費として活用しよう、というものだ。「飲めば飲むほど緑が増える酒」である。こうして2006年3月に九州大吟醸『しずく搾り』と『手づくり』が完成した。しずく搾りは、発売後3ヵ月に、手づくりもその6ヵ月後には完売した。次年度以降も確実に売り上げを伸ばしている。2006年度は、元岡地区の田んぼを借り、九州大吟醸の原料となる酒米の田植えからスタートした。これで、米づくりの段階から、学生や教員がかかわったことになる。こうした企画から、具体的な仕込み作業や搾り作業、販売プロモーションにまで、すべてのプロセスにおいて学生が企画し、主導している（写真2）。

❸ 育つ記念碑、ヤマツツジ

　九州大吟醸を販売することで、毎年、50万円近くの環境保全活動費が生みだされている。さて、次の課題は、これをどのように活用するか。

　浜地酒造の位置する元岡の集落と九大新キャンパスとの間には荒れ果てた森がある。もとは里山として利用されてきた森であるが、人の手が入らなくなり、竹が生い茂る鬱蒼とした森になって久しい。

　学生、教員でアイデアを出し合い、この森をヤマツツジの咲き乱れる里山に再生しようということになった。元岡と九大との間を豊かにしようと言うわけだ。里山が荒れて見られなくなったヤマツツジを集め、苗を育て、竹を切り開いて、森に光を入れ、ヤマツツジの苗を植樹する。それは地元の植物の苗で森を育てるという、伊都キャンパスの保全事業の考えに沿った計画なのである。2005年の4月に種をまいたヤマツツジは、半年をかけて10cm弱の苗に育ち、2005年の10月30日、地元の小学生の手によって植樹された。それ以降、多くの人達の手によって、毎年植えられ続けている。

❹ ムラに飛び出す学生たち

　九大伊都キャンパスでは、環境創造舎だけでなく、「福岡グリーンヘルパーの会」「市民の手による生物調査」という2団体が環境保全活動を行っている。前者は、竹林の伐採や植樹活動を、後者はニホンアカガエルやカスミサンショウウオのモニタリング調査等を中心に行っている。つまり、地元の方々が、九大伊都キャンパスに集い、学生と一緒に環境保全活動を行うということは実現している。

　地域の環境保全活動といえばデカタである。デカタとは、地域共有の農道や水路、ため池、緑地などの共同管理作業のことだ。元岡地区では、デカタが6月と10月の年2回行われる。これに学生が参加することになった。

　昼前まで、草刈りや水路の泥あげなどの作業に一緒に汗をかき、昼からは、地元流の飲み会である。地元の方々は、早朝から一緒に汗を流し、何とか地元にとけ込もうとする学生を大歓迎してくれた。学生は、地元の方々のおおらかさ、飲み会の楽しさに大感激であった。

　また、地域の古い写真を集めて、それを見ながらお年寄りに昔話を語ってもらい、学生はその内容を学ぶというようなワークショップや、地域の農産物を伊都キャンパス内で販売するという試みも行われている。これまでの経験と構想をまとめた「地域環境・農業活用による大学教育の活性化－ネットワーク型農学校が大学と地域社会の未来像を創造する－」は、文部科学省の現代的教育ニーズ取組支援プログラム（現代GP）に採択された。

3　創造的産業都市の再生～北九州学術研究都市

　北九州学術研究都市は、北九州市若松区と八幡西区にまたがって位置し、地域面積は約335haである。北九州市が打ち出した「北九州ルネッサンス構想」の長期計画の一角として、市の四大プロジェクト事業の一つとされている。「北九州学術研究都市整備事業」は、アジアにおける学術研究機能の拠点として、21世紀における創造的な産業都市として再生することを目指し新しい大学や研究機関の誘致を図り、産学官民の連携による複合機能都市のまちづくり計画である。計画人口は約8,500人である。現在では、北九州学術研究都市には、北九州市立大学国際環境工学部、九州工業大学大学院生命体工学科、早稲田大学大学院情報生産システム研究科、早稲田大学情報生産システム研究センター、福岡県リサイクル総合研究センター、クランフィールド大学北九州研究所など複数の研究機関が集積し賑わいを見せている。しかし、学術研究都市の発足当初は、北九州市立大学国際環境工学部のみであり、緑地保全についての連携組織はなく、何の手も打たれていない状態が続いていた。

❶ 地域づくり研究会

　2001年7月、北九州学術研究都市周辺地域を対象として、都市計画・生態系・化学・エネルギーなど、環境に関連する様々な分野の大学教員、民間企業専門家、行政技術職員、一般市民、学生が集まり、地域づくり研究会が発足した。社会奉仕活動や環境学習を行う環境実践イベントを通して広く市民に環境に対する意識の向上を啓発しつつ、環境に配慮しながら地域の人に愛される市民参加による地域づくりを目的とした研究会である。研究会発足以降の7年間に75回を数える環境実践イベントを開催している。

① 竹林のがっこう「平成竹取伝説」

　NPO法人北九州ビオトープ・ネットワーク研究会が里山地域を対象として、竹林保全の市民参加型環境保全イ

ベント、子供を対象にした竹細工教室、「平成竹取伝説」（2004年1月から毎月1回）などを始めている。これは、市民による竹林保全活動の拠点整備のための人材育成を行い、産学官民連携による竹林の有効活用を目的としたイベントであり、雑木林に侵食した竹の伐採や竹林の間伐作業を通じて、延べ2,000人を超える市民と森林、竹林の触れ合いの場を提供したものである。また、北九州市立大学の学生が、竹の間伐と間伐竹を使ったオブジェづくり等を行っている。

② 水辺のがっこう「江川と洞海湾の水辺」

北九州学術研究都市の北部沿いに流れる江川（えがわ）は、多くの野鳥が見られる。用水路にはメダカや絶滅危惧種であるニッポンバラタナゴなども生息し、歴史的に太閤水、汐分地蔵（しおわけじぞう）などの史跡が残る貴重な河川である。江川と洞海湾（かいわん）が市民に愛される水辺となることをテーマにして、環境保全と魅力のある人間活動と生態系の水辺を再発見・新発見するイベントを行った（写真3）。漂流物や行楽客の残したゴミを拾う清掃活動、江川の清掃活動、ウォーキングイベント、川面から地域を見つめ再発見・新発見するためのカヌー下り、埋め立て地の防風と憩いの場をつくるための松の植樹などである。

③ 田んぼのがっこう「お米の春夏秋冬」

学術研究都市に隣接している若松区竹並地区（たけなみ）の水田において、小学生とその保護者を対象とした田植えと稲刈りなどの体験学習を行っている。6月に田植えを行い、10月に自分で植えた稲を自分で刈り、その後収穫したお米を持ち帰り食すことで、米を育てる苦労とその収穫の楽しみを体得し、また、日本の伝統文化である餅つきに参加することにより食文化を再考する。さらに、竹並地区の農家との交流の中で、地域の特産物についても学習している。

２ 緑のまちづくりワークショップ

学研都市緑のまちづくりワークショップでは、住みよい学術研究都市にするため、学術研究都市構想のテーマとなっている「自然と科学文化・生活が共生する高感度なまち」を目指し、地域住民、学術研究都市で学ぶ学生、まちづくりに関心のある一般の方など多様な主体の市民の参加により、3つのテーマとして「癒す」「遊ぶ」「住む」について共に学び、共に考え、共に行動しようというものであった。2004年11月12〜14日の3日間、癒

写真3 水辺のがっこう（江川カヌーイベント）

写真4 緑のまちづくりワークショップ

す・遊ぶ・住む、の3テーマ別に班分けし、各々の目的にあったワークショップを同時に開催し、最後に、発表会で各班の成果を参加者全員が共有し合った（写真4）。

「癒す」班では舟尾山（ふなお）（標高70.5m）の麓に広がる北九州学術研究都市の周辺地域の竹林を伐採、整備することにより、森林への竹の侵食を阻止し、里山を保全することを目指した。また、竹を使った照明のデザイン、製作、展示など、里山・自然・竹を楽しく体験してもらった。

「遊ぶ」班では、学術研究都市内南部に位置するひびきの南公園をフィールドとして子供から大人までの地域のコミュニティづくりを目指し、地域住民の交流及びこれからのコミュニティや遊びのあり方などのアイデアや遊びのデザインの案を提案してもらった。それまで、大学・地域住民間のコミュニティはまだ薄かったが、計画段階から大学、地域住民、NPO団体が参加することで、新たなコミュニティが形成できた。ワークショップ終了

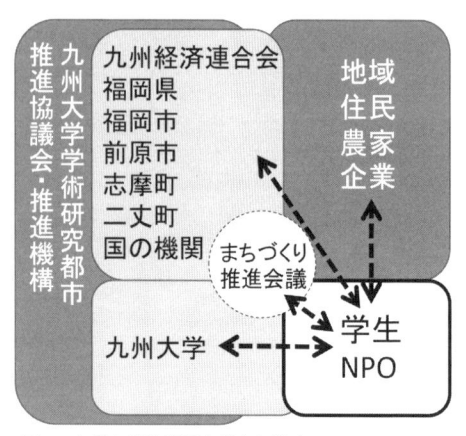

図1 九州大学学術研究都市と学生NPO

後も、調査や意見交換などの取り組みが継続的に行われている。

「住む」班では、学術研究都市の宅地開発が進むことから、新しいまちにふさわしい環境と共生したまちづくり及び住宅のあり方を検討した。住宅の周辺環境に関する意見交換、コーポラティブハウスの模型による体験入居などを行った。

4 関連組織との連携と課題

2つの学術研究都市の活動に共通しているのは、その地域でしかできないことを発見し、そこでしかできない学生の教育・研究が行われ、さらに、それが市民とのまちづくりと結びついていることである。それでは、学生主体の活動と大学や地域との連携はどうであったか。

九州大学ではベンチャー・ビジネス・ラボラトリーが、学生の企画するユニークな研究・調査プロジェクトをサポートする全学事業「チャレンジ＆クリエイション・プロジェクト」を実施しており、伊都キャンパスと学術研究都市域を対象として、多くのプロジェクト支援を行い、総長賞の表彰制度を設けるなど、学生のやる気をかきたてている。九州大学内バス停横の学内居酒屋「アカデミックらんたん」は、九州大吟醸の醸造元である浜地酒造が営業している。これは移転初期のキャンパスに潤いを与えるために総長が発案した学内施設であり、NPOとの共同による九州大吟醸の売り上げにも貢献している。現在、九州大学は新キャンパス計画専門委員会（委員長はキャンパス担当理事）のもとで事務局が緑地保全活動に対する支援をしているが、キャンパスの緑地105haの維持管理はNPOやボランティアの力では限界があり、大学の継続的な予算措置が課題となる。

九州大学学術研究都市づくりを進めるため、九州大学学術研究都市推進協議会（財界、自治体、九州大学により1998年設立）のもとに㈶九州大学学術研究都市推進機構を設立している。この動きにあわせて、各自治体では担当部署が決められ（福岡県企画・地域振興部総合政策課、福岡市住宅都市局大学移転対策部まちづくり推進課、前原市総務部経営企画課、志摩町企画課、二丈町企画調整課）、相互の協力体制のもとで、住民と学生の交流の場設定などを様々なかたちで行っている（図1）。2007年には、学生、教職員、住民、推進機構、自治体等で、「まちづくり推進会議」をつくり、ワークショップを重ね、菜市開催、まち歩き、景観誘導の検討などを始めている。

北九州市立大学では、国際環境工学部事務局管理課が研究会メンバー募集のための広報等を記者クラブに繋ぎ、また、学生グループと北九州市建築都市局整備部および学術・研究都市開発事務所とのパイプ役を果たすなど、様々な連携をとっている。最近では、大学のはからいで、幹線沿いの1階空き店舗スペースにNPOセンターとして入居しており、大学の顔の1つとしても一役買っている。また、学研都市で学生グループが行っている環境実践イベントや山林での活動の際には、産学連携センターが地元とのパイプ役となっている。これらの動きは、学生と教員の熱心な働きかけが事務局職員の協力に繋がったものであり、関係職員との日常的なコミュニケーションがこうした連携継続の鍵となっている。

2つの学術研究都市における緑のまちづくりは、学生が大学や学術研究都市の既存の組織、枠組みに捕らわれずに活動をはじめたものであり、学生を主とする取り組みだったからこそ、住民をはじめ多くの人を惹きつけ、動かす力を備えていたのではないかと思う。

大学とその周辺地域を取り巻く環境、人々などは1つとして同じものがない。活動の成果はすぐに見えるものもあれば、数年後、数十年後にしか見えないものもある。地元住民、ボランティア団体、大学および学術研究都市事務局との連携と調整など、様々な障壁を少しずつ乗り越えながら、持続させることが重要であろう。

3-6
環境をテーマにして設立された大学と地域との連携
― 地域油田開発から環節都市の構想へ

〈鳥取県・鳥取市と鳥取環境大学〉

吉村元男（鳥取環境大学環境デザイン学科）

1 「環境」をテーマに開学した公設民営大学

　鳥取環境大学は、地球環境問題が色濃く投影されてきた21世紀の幕開けである2001年4月に、鳥取県と鳥取市が「環境」と言う名称を冠した全国でも稀有な公設民営の新しい大学として開学した。当初、鳥取県では、唯一の4年制の大学；国立鳥取大学の他に、もう1つの県立の大学の設立が県民の悲願であった。特に、地元経済界などからは、地域振興に資する経済産業部門の大学の設立が望まれていたが、実際に設立されたのは、経済と全く異なる「環境」というテーマの大学となった。乱立する地方大学との差別化や地球温暖化問題への地球規模の環境への関心が、大学での教育分野でも大きなウエイトを占めるとの予測のもと、「経済」から「環境」へと大きな方向転換をして開学したのである。鳥取環境大学は、1学部3学科の組織体制で、環境情報学部のなかに環境政策学科、環境デザイン学科、情報システム学科がある。一つの学部の中に、法学・経済のいわゆる文系と建築とコンピューター/ITの理工系とが混在して存在しているのが特徴で、「文理融合」がうたい文句になっている。文理融合を図るために、1年、2年生は、3学科の垣根を越えた体験学習型のプロジェクト研究があり、環境問題の総合的な理解や解決方法を中心とした教育・研究プログラムに力をいれ、特色を出すことにしている。

2　環境問題は、総論賛成で各論反対

　一般的には、環境と経済・地域振興とは対立する経過を辿ってきた。1960年代から始まる経済成長の影で日本列島を襲った公害問題は、自然破壊や多くの命を奪った。その反省に立って、日本の企業は世界にも例がないほど省エネルギー、省資源という環境や資源効率上昇への努力がなされ、成果をあげてきた。しかし、地球環境問題の今日でも、環境や資源は、企業にとっては克服するべき「壁」として経営に立ちはだかる対象とみなされ、環境を配慮すれば、企業の活動が損なわれるという考え方がまだ根強く、環境税などの導入に消極的な姿勢がみられる。環境問題は大切だという理解が深まる一方で、身に降りかかる対策には、消極的な姿勢が目立つ。環境問題は、総論賛成、各論反対で、経済と環境は対立する概念であった。そうしたなかで、経済成長や地域振興に「負」と捉えがちな「環境」をテーマにした大学は、何を教育・研究の柱にするべきか。特に、「環境」を学んだ学生にとって、環境にそれほど関心のない産業界や地域社会にあって、就職先はどのような企業、あるいは企業のどのような部門が想定されるのかという切実な問題が開学以来の大きなテーマとなってきた。

　本書の地域と連携する共創の大学といった問いかけからみた地方大学のあり方を論点にする場合に、「環境」というテーマは、どう地域に係ることが出来るのかという問題が改めて浮かび上がる。環境が経済と対立するという構図を引きずったままで、地域との連携や共創に入ってしまったときに、「環境」というテーマは、阻害要因になってしまう。事実、鳥取環境大学でもISOを取り上げており、そのISOの基準を、農村経営に取り入れようとした農業振興プロジェクトがあった。しかし、過疎化・高齢化した農村では、ISOの導入の受け入れは難しい。「環境」を振りかざして地域や都市づくりでどう大学が連携・共創できるのか。大学が地域との連携で「環境問題」を取り上げることは、まだ十分にその手法が開発されていないのが現状である。一方、一部に環境に関心のあるグループやNPO法人などには、「環境」をテーマにした大学の開学に、大きな関心を寄せてきた。しかし、いざ実際に、地域という一定の領域で、「環境」をテーマにした地域やまちづくりの現場では、その具体的で明確な戦略のなさゆえに、理念先行的といった戸惑いの声が聞か

れることがたびたびあった。

3 環境というテーマの大学が意味する「環境」とは

既に述べたように、鳥取環境大学が、「環境は経済発展にとって、制約になる」という従来までの経済界とは異なる認識を持つとすれば、その「環境」はあくまで、地球規模の問題であり、私たち人間の活動が起因する地球温暖化や生物多様性の破壊などの「地球環境問題」である。京都議定書で約束した90年比CO_2排出6％削減の約束年度の08年に入っても、逆に6％増加させている日本は、その約束のために12％の削減をしなければならない。しかし、国連などの各種の予想によると、京都議定書参加国の約束の遵守だけでは、2050年の気温は3〜4度もあがり、その場合は、水不足から30億人以上の人類が死に直面すると言われている。このような事態を避けるためには、2050年に国連加盟国のすべてが排出するCO_2の削減を50％にする必要があるとされている。この世界の枠組みからすると、CO_2排出量は、アメリカ、中国、ロシアに次ぐ世界第4位の日本は、70〜80％ものCO_2排出削減を実現することが求められる。この達成のためには、今までの技術や社会の仕組み、過去のトレンドのどれもが役に立たないことになるだろう。経済界が、このような劇的なCO_2排出削減に反対するのは、経済と環境とが両立する削減の手段が見つからないからである。同じことは、都市計画やまちづくりでも言える。これまでの地域計画、土地利用計画、都市計画、まちづくりは、石油浪費型で、自然破壊とCO_2排出増加を前提にして実施されてきた。しかし、これからのまちづくりでは、CO_2排出削減70〜80％が求められる。現在の私たちの生活は、エネルギー自給率、食の自給率、木材の自給率など極端な低い数字で成り立っている。それらは、すべてCO_2排出を増やし、地球を劣化させる原因となっている。

鳥取環境大学の環境のテーマは、少子高齢化で疲弊する地方都市において、CO_2排出削減を劇的に減らし、なおかつ経済も社会もうまく行く、エコロジーとエコノミーが一体化し、地域社会が元気になる手法の開発研究を実施することで、全国に同じ問題を抱える地方都市の再生・活性化に寄与することである。こういった状況の中で、具体的に、鳥取環境大学と地域が連携して、CO_2排出削減に寄与できるプロジェクトを立ち上げたのが、「地

写真1 てんぷら廃油で地域を走るエコバス

域油田をエコバスが走る」事業であった（写真1）。

4 石油ゼロ型の環節都市のまちづくり

「地域油田をエコバスが走る」社会実験事業は、鳥取環境大学が、地域の4つの公民館との連携で始めた「石油ゼロ型まちづくり」である。この事業の背景は、鳥取環境大学の立地と大きな関係がある。鳥取環境大学は、都心から約15kmほど離れたニュータウンに建設され、近傍には鉄道の駅もない。公共交通としてはバスだけしか通学手段がなく、教職員・学生の4人に1人がマイカー通学という、郊外立地に共通した問題を抱えていることであった。鳥取環境大学のマイカー通学の学生、教職員を対象に、近隣地区や大学食堂から回収した天ぷら廃食油を製油したバイオディーゼル燃料で走行するエコバスに乗り換えることで、地域での石油代替燃料の製造・自給とマイカー使用低減による、飛躍的な省エネルギーの実現を目指した。

この事業のために、市民活動の中核になる鳥取市教育委員会が提供する公民館を起点にして集められた天ぷら廃食油を原料とするバイオディーゼル燃料の製造過程に、市民が参加することで、地域ぐるみのエネルギー自給と省エネルギーの鳥取環境大学モデルを、市民に提示した。さらに、天ぷら廃食油提供の近隣住民への地域通貨やエコバス無料利用の提供で、市民のマイカーからエコバスへの利用転換を促進し、省エネルギーを目指し、地域ぐるみで劇的なCO_2排出削減を目指したのである。これが、鳥取県、鳥取市の協力の下で、鳥取環境大学と地域が連携して進めている石油ゼロ型の環節都市のまちづくり実験である（図1）。この事業には、鳥取県、鳥取市など地方に共通する、3つの環境問題の原因となっている背景

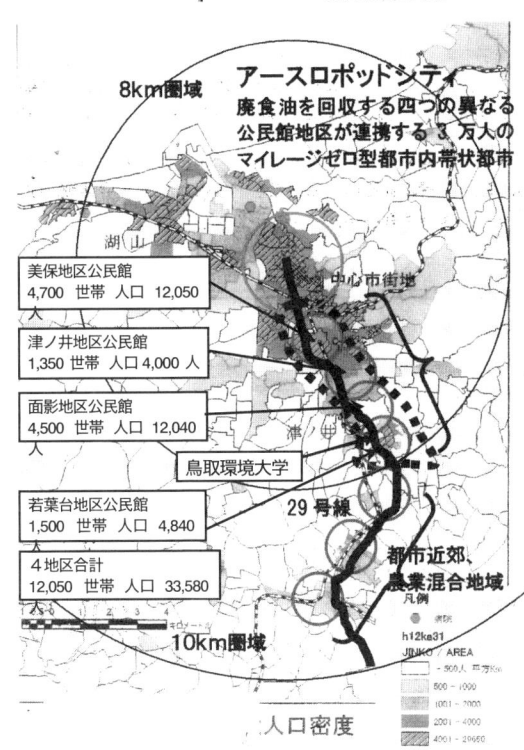

図1 環節都市のまちづくりイメージ

がある。第1は、人口が少ない地方都市へ行けば行くほど、交通需要に占めるマイカーが増えること。第2は、住民参加のまちづくりにおいて、CO_2排出削減の手段がほとんど限定されていること。第3は、その結果として、地方ではCO_2排出をますます増やすと言う悪循環に陥っていることである。この3つの問題・トリレンマをどう解決するか、これが、鳥取環境大学における「環境」をテーマとして地域社会で解決する大きな課題として、立ちはだかっているのである。

5　マイカー通学者のCO_2排出量は、大学の年間電力消費の2.3倍に達する

まず、第1のマイカーについて、鳥取環境大学の状況から見てみる。鳥取環境大学へのマイカー通学者300人（2006年）の通学距離を平均片道15kmとした場合、1日の走行距離は15km×2×300人＝9,000kmとなる。ガソリン使用は、1リットル10kmの燃費とした場合に900ℓ、ドラム缶4.5缶にもなる。1年間で授業時間のある40週のうち5日＝200日で通算すると、マイカー通学の教職員が使用する年間のガソリンは18万ℓ、ドラム缶900本にもなる。

ガソリン中の炭素に換算すると、10km/ℓの走行とした場合、18万ℓのガソリンのなかに、18万ℓ×2.6kg/ℓ＝46万8,000kg。CO_2換算では×3.7＝173万1,600kg。すなわち1,732トンのCO_2を排出している。この量は、2004年度の鳥取環境大学の電力及びLPG消費によるCO_2排出量換算値の年間760トンをはるかに凌ぎ、約2.3倍にもなる。鳥取環境大学が交通不便な郊外に立地していることで、300人の通学者がマイカーを使わざるを得ず、これだけのCO_2の排出をして、地球温暖化に負荷をかけていることになる。このデータからみると、鳥取環境大学の電力及びLPG消費からでるCO_2をゼロにすることと、300台のマイカーのうち130台の人がバスに乗り換えることが、同じCO_2削減効果を持つことになる。このことは、郊外立地の大学などの事業所が、いかにマイカー依存で成り立っており、CO_2排出の大きな原因となっていることが理解できる。マイカー通学削減なしに、地球環境問題の解決にはならないのである。

6　鳥取環境大学での建築設備の努力も、マイカー通学で相殺される

第2の問題は、鳥取環境大学が、地域での取り組みで、最も効果的な手法とは何かを模索することにあった。CO_2排出削減に地域油田をエコバスが走る事業の実験の背景にとって、もう1つのデータがある。鳥取環境大学での省エネの努力、例えば鳥取環境大学の省エネCO_2排出削減のシンボルともいえる太陽光発電が作り出す年間平均発電量1万6,018kWhは、CO_2の削減量にすれば、年間5.766CO_2-kgである。言い換えれば、これだけの太陽光発電にかけた装置とそれに投じられたコストから生み

出された省エネルギーの努力も、マイカー通学者1台がBDFスクールバスに乗り換えたCO_2排出削減と同じであり、いかに、マイカー通学者の低減が、大きな値となるかが理解できよう。また、大学内での省エネ努力を、いくらかけても、マイカー通学者が減らない限り、鳥取環境大学全体のCO_2排出削減の効果は、建築での省エネルギーの努力をしても極くわずかに留まることも明らかになった。このことからわかることは、マイカーに依存せざるを得ない、公共交通の不便な郊外立地という問題が浮かび上がる。この問題こそ、20世紀が推し進めてきた都市圏の拡大という都市化政策が、いかに、今日の地球環境問題を引き起こしているかの証左になっていることがわかる。鳥取環境大学が、自ら、地域と連携して地球環境問題の解決の糸口を、まちづくりから切り開こうとするなら、マイカーの低減化こそ、大きな戦略になると考えたのである。

7　地方都市ほど、CO_2排出削減が困難

　第3は、地方都市、地方県に共通するCO_2排出削減の困難さの問題である。地域油田をエコバスが走る事業のもう1つ重要な背景は、鳥取県のような人口減少が進んでいる地方が、CO_2排出削減に困難な状況に直面している事実である。鳥取県の地球温暖化対策では、国が90年比、6％のCO_2排出削減目標を立てながら逆に6％の増加となったのに対して、2004年度では鳥取県は実に90年比28％もの増加となっている。国の目標達成の基準値と同じにしようとすれば、34％のCO_2排出削減を08年から12年の約束期間までに達成しなければならない。この数値は、実現には、まったく不可能であることを物語っている。20万人都市の県庁所在地である鳥取市では、一家に平均2台のマイカー所有で、JR以外の大量輸送機関がなく、マイカー依存の都市になっている。東京など大都市ではCO_2排出が相対的に少ないのは、地方がCO_2排出が多く出る製造部門を引き受けていること。農業部門での石油依存型生産システムや灯油などの暖房需要が多いことなど、地方特有のCO_2排出増加の背景がある。それに加えて、公共交通機関の整備がないままの、都市圏の拡大がなされた。郊外への役所、病院、ショッピングセンターの移転は、マイカーなしでは一日も過ごせない石油浪費型の都市化の進展の結果であった。

8　どのような事業を実施したか
　　～地域油田バイオマスオンサイトサービス創出事業

　以上の3つの問題を一挙に解決する手段として、取り上げたのが地域油田をエコバスが走るの社会実験であった。これは、海外からの輸入にたよる化石燃料に替わって、地域に賦存する天ぷら廃食油、生ゴミなど食品廃棄物、麦わら、間伐材や木屑、牛の糞尿など生物系廃棄物すなわちバイオマスを原資として地域のエネルギーを生み出す地域油田開発をし、そのエネルギーを使って、地域の公共サービスを生み出すという「地域油田バイオマスオンサイトサービス創出事業」とでもいえるもので、CO_2排出の劇的な削減を目指すものであった。これはまさしく、地球環境時代における環境問題を地域・地方から解決する Think globally, Act locally にふさわしいテーマとなった。その具体的な内容を以下に紹介する。
ⅰ）鳥取環境大学を起点にJR駅と教職員・学生の居住地を巡回するエコバスの運行状況を、携帯電話で確認する「どこですカー」システムを採用した。
ⅱ）省エネルギーやCO_2排出削減活動を、「地球大好きマイレージ」で評価し、「鳥取環境大学炭素銀行」で地域通貨に換算し、エコバス乗車や中心市街地の商店での買い物割引サービスを提供した。
ⅲ）公民館やコンビニ等に、インテリジェント天ぷら廃食油改修機を開発、常時設置し、天ぷら廃食油の回収のコスト削減と回収率向上の実験を行った。
ⅳ）廃食油提供者へ地域通貨やエコバス無料利用というインセンティブを用意することにより、市民のマイカーからエコバスへの利用転換を促進した。

9　目指すものと、事業の評価

　地域油田をエコバスが走る事業に関しては、目指す事業の結果を評価する尺度を、以下に設けて検証することとした。
ⅰ）廃食油マイカーからエコバスへの乗り換え率
ⅱ）転換による石油節減と省エネルギー効果
ⅲ）交通弱者のエコバス活用による市民活動参加向上度
ⅳ）鳥取市公民館を軸にした市民による廃食油の回収率向上度
ⅴ）天ぷら廃食油回収活動のビジネス化での雇用効果

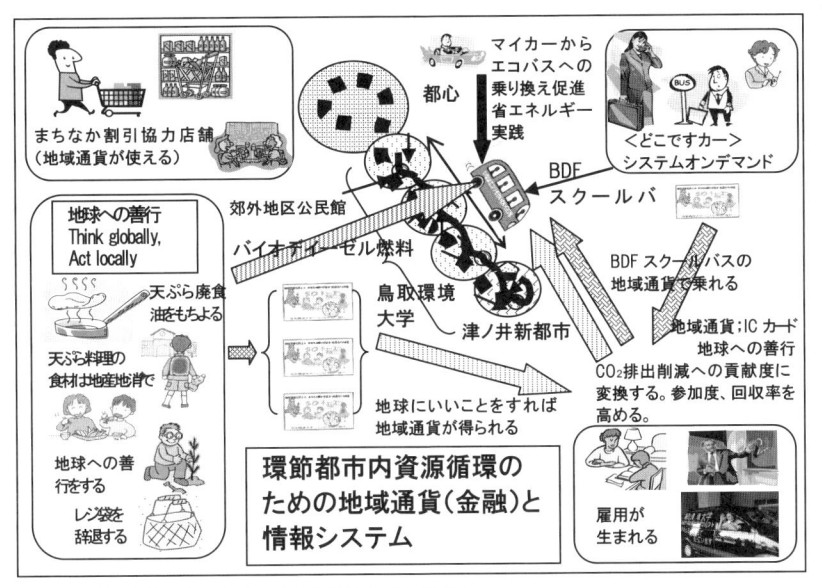

図2　環節都市内循環のための地域通貨と情報システム

（ビジネス化効果）
vi）地域内ゼロエミッション（エネルギー・廃棄物の地域内資源化）効果

　この結果の詳報は字数に限りがあるので避けるが、地域油田として鳥取環境大学と4つの公民館地区に居住する3万4,000人が出す天ぷら廃食油は、レストランや家庭から出るものと想定して1人当たり年間約3ℓとした場合、約10万ℓの天ぷら廃食油という油田が眠っていることになる。地域油田をエコバスが走る事業では、鳥取環境大学とJR駅の間を1日8便運行し、すべて4公民館地区からの天ぷら廃食油から生産されたバイオディーゼル燃料で、その燃料の100％を賄うとすれば、地域に埋蔵している地域油田の約13％の回収率でよいことになるという結果が出た。この石油ゼロのBDFスクールバスに、300人のマイカー通学者の34.6％が、実験では乗り換えた。

10　展望〜大都市圏のなかに都市をつくる

　地域油田をエコバスが走る事業は、数年間の社会実験の繰り返しで、現在BDFスクールバスが運行し、8つの公民館からの天ぷら廃食油の回収で継続した実験データを取っている。このデータの成果は、鳥取環境大学と同じように、スプロール化した都市圏の広がりの中で、交通不便な郊外に立地し、大学のキャンパスがマイカーで埋まっている同じ悩みを抱えている大学や事業所、ニュータウン居住者に共通の問題解決の手法を提供できるものである。当初の目論見では、以下である。

ⅰ）地域油田をエコバスが走る事業に投じられた投資資金の回収年＝1,250万円÷128.6万円＝9.86年。
ⅱ）同業他社への波及効果＝都市郊外立地で、公共交通機関に恵まれない大学の省エネ対策に有効である。
ⅲ）他業種への波及効果＝公共交通機関に恵まれない地域に立地する大学、工場、事務所、研究機関などに、応用できる。
ⅳ）他地域への波及効果等＝交通不便な都市と郊外、過疎地での循環バスに応用可能。

　また、この「地域油田をエコバスが走る」の社会実験は、既にEUで始められている「100％再生可能エネルギー・100のコミュニティ」作りと同じ理念の地域づくりで、100％石油を使わない環節都市という「石油ゼロ型まちづくり」を目指した地域発のプロジェクトである。EUの実験コミュニティと異なるのは、わが、「地域油田をエコバスが走る」事業は、約20万人の鳥取市広域都市圏のなかの石油ゼロ型ミニ都市で、持続可能な広域都市圏を、都市圏内部から改革しようとした点である。

　石油浪費型の都市圏を一挙に変えてゆくのは難しい。しかし、この大都市圏のなかに石油ゼロ型ミニ都市を幾つも創ることで、大都市圏全体を石油ゼロ型に転換する手法が可能になれば、鳥取環境大学モデルは、地球温暖化対策に直面する全国の大都市圏での解決に向けた実践に、1つのモデルを提供できるかも知れない。

3-7 持続可能な地域社会を目指す広域の地域・大学連携

〈仙台広域圏 ESD・RCE 運営委員会と宮城教育大学〉

小金澤孝昭（宮城教育大学）

1 持続可能な地域づくり

21世紀を迎えて、国連は地球の環境、人口、貧困、平和をめぐる問題を解決していくために持続可能性というキーワードを使い始めた。持続可能な開発を進めることが21世紀の課題とし、それを担う人材育成を重要な目標と設定した。

2002年のヨハネスブルグで開催された環境と開発サミットで、日本の政府とNGOが提案した持続可能な社会づくりを受けて、国連総会で「持続可能な開発のための教育の10年」(DESD：Decade of Education for Sustainable Development）の取り組みが採択された。2005年1月から始まった持続可能な開発のための教育（以下、ESD）の取り組みは世界に広がり、各国で推進計画が立てられていった。日本政府は、2006年3月に日本のESDを進める基本計画を作成した。これに先だって、国連大学は、ESDを世界に普及するために、活動モデルとなる地域拠点（RCE：Regional Center of Expertise、以下、RCE）を指定していった。このRCEは、現在世界の54地域が指定されている。日本国内のRCEは、大学が中心となって複数の地域を連携させる仙台広域圏、行政主導型の岡山と横浜、行政と市民の連携型の北九州、大学が中心となって広域連携を目指す神戸・兵庫と中部・名古屋の6つが指定されている。また日本のESDを進める全国組織ESD-Jが、全国各地域の持続可能な社会づくりの取り組みを支援・交流させている。環境省は全国の14地域をESD推進地域に指定しており、文部科学省は、新しい学習指導要領に持続可能な開発のための教育を取り入れ、持続発展教育と整理した。

本稿では、ESDの地域拠点として指定された仙台広域圏RCEの成立過程と大学の役割について報告し、地域の目標である自然環境と共生した循環型地域社会への展望を明らかにしたい。

2 持続可能な地域づくりと仙台広域圏の活動

仙台広域圏のRCEは、自然環境の保全と人間の暮らしとの共生を目標に活動を行っている。仙台広域圏RCEのESD活動の特徴は、大学と地域単位の活動のネットワークを形作っていることである。宮城教育大学と仙台、気仙沼、大崎・田尻の3つの地域の持続可能な活動を仙台広域圏ESD/RCE運営委員会が連携させる構成をとっている。

仙台広域圏RCEでは、3つの活動課題を設定している。1つは、1大学・3地域がそれぞれの持続可能な未来に向けての目標を立てて活動を行うこと、2つはそれぞれの地域の特色ある活動を各地域が相互に学びあうこと、3つは1大学・3地域で共同して取り組み課題を設定することである。1大学・3地域の活動概要は、表1のとおりである。

■1 仙台のESD

仙台地域のESDを推進する母体は、杜の都の市民環境教育・学習推進会議（FEEL仙台）である。FEEL仙台は、仙台市環境局環境都市推進課を事務局として教育委員会、宮城教育大学、JICA、生活協同組合、NPO、個人の18団体から構成されている。FEEL仙台は、2001年から準備委員会が作られ、2004年6月に結成された仙台市と市民が連携して環境教育・学習を推進する啓蒙運動組織である。運営に関わる予算は仙台市が拠出している。

FEEL仙台は、仙台市がフレームを用意し、その中身を行政と市民のパートナーシップでつくり上げていくというものである。しかし、市民だけでは持続可能な運動を組織するのは難しく、また行政だけでは市民の声を活かして運動するのは難しい。そこで、この両者の違いを埋め合わせるものとして生み出されてきた。FEEL仙台が行う持続可能な地域づくりの活動としては、市民と行

政のパートナーシップにより循環型社会を目指して以下の活動を行っている。それは、①情報受発信活動、②環境社会実験事業（持続可能な未来プロジェクト）、③もりもりレスキュー事業、④環境フォーラム事業、⑤エコチャレンジの5つである。

FEEL仙台の特色として環境社会実験がある。これは、FEEL仙台発足以前から取り組まれてきた活動で、2008年で6年目を迎える。これは環境問題の解決や環境教育を推進する事業を実験的に開始させ、定着させていく支援事業である。活動助成金上限30万円でNPOや企業が企画を提出し、公開コンペで助成活動を決定するもので、これまで生ごみリサイクルや広瀬川の浄化キャンペーン、市営スタジアムの清掃ボランティア活動などを助成してきた。これらの活動は、助成終了後も継続され定着しているものが多く、市民活動を育て定着させる助成活動といえる。

もう1つの特色のある活動はもりもりレスキュー事業である。当初環境省の助成活動として始まったものをFEEL仙台の活動が引き継ぐ形で進めてきた環境学習プログラムの開発事業であり、2008年で5年目を迎えた。この事業は、環境教育・学習を持続的に行うために不可欠な人材育成と環境学習プログラムの開発を同時に行う活動である。NPOから環境学習プログラムのアイデアを募り、そのアイデアを具体化するための方法や活動の教材化のノウハウについては、宮城教育大学環境教育実践研究センターやその他の教育機関と連携した連続講座で研修しながら、NPOが実践活動からプログラムを作成する。そのプログラムをテキストに作成し、仙台市内の小中学校に配布される。このプログラムのうちから、実施希望のある小中学校には担当したNPOが出向いて出前講義を行うというシステムである。NPOは、活動助成金を受けて学習プログラムを開発し、同時に活動過程でそのまとめ方や教材化を学ぶことが出来る。そしてその成果は小中学校の環境教育に活かされるのである。環境教育・学習の人材育成を図る上では効果的な手法である。

2 気仙沼のESD

気仙沼市のESDの推進母体は、気仙沼RCE推進委員会で、2006年12月に結成された。事務局は気仙沼市教育委員会に置かれ、教育委員会、行政、商工会議所、美術館、ユネスコ協会、NPO、小・中・高等学校など22団体から構成されている。気仙沼地域のESD活動の特色は、地域の住民や各機関と小・中・高等学校が連携してつくり出してきた学校教育での持続可能な開発のための教育プログラムである。

2002年から、環境教育、国際理解教育に取り組んできた面瀬小学校の実践を事例にすると、面瀬小学校では、持続可能な地域・環境を自ら気づき、考える生徒を育む教育プログラムを開発してきた。1年生から6年生まで、それぞれの教育テーマを子ども達の発達段階に応じて設定して体系的なプログラムを作成している。1、2年生では、自然と祭りプロジェクトと野菜栽培プロジェクトを行い、祭りや栽培を通じて自然環境と人間のつながりを気づかせる内容としている。3年生では、昆虫プロジェクトで森や池をフィールドにして五感を使って、昆虫などの生き物を観察し、生き物の生態や季節変化を気づかせる内容となっている。4年生では面瀬川をフィールドに水生生物や微生物を観察し、生き物同士のつながりを気づかせ、川の生態系を考えさせている。5年生では、海のプロジェクトを行い、森と川と海のつながりを考えさせ、自然環境を体系的、立体的に把握することを学ばせている。6年生では、環境未来都市プロジェクトを行い、実態調査を基にした持続可能な地域づくりの将来像を、模型（ジオラマ）にまとめさせている。

こうした、授業プログラムを実践するために、①教員同士の連携を強化するとともに、②地域の農家、漁家、

表1　1大学・3地域の特徴と課題

地域等	特　徴	課　題
仙台地域	環境教育・学習をテーマに市民・行政、大学が独自のパートナーシップのルールで連携する。	環境教育にとどまっていること。小中の教育現場との連携不十分。
気仙沼地域	環境教育・国際交流をテーマに、小学校の中での全学年プログラム作りや小中高校連携と地域連携が進む。	教育の分野では先進的だが、地域の産業や経済分野でのESDの取り組みが弱い。
田尻地域	持続可能な農業をテーマに、生産者、農業団体、行政、NPOが連携しており、持続可能な経済活動教育を行った。	学校教育分野まで十分広がっていない。組織がメリット共有の段階でパートナーシップが未確立。
宮城教育大学	3つの地域と密接な関係を持ち、地域間調整の役割を果たしている。	教員・指導者養成の分野は得意だが、広い分野のESDには限界。
他地域・他分野へ拡大	登米市、栗原市、七ヶ宿町、岩沼市で教育委員会との連携が生まれた。	中心メンバーとの連携にとどまる。地域ぐるみ・組織ぐるみの連携へ。

事業所、NPOなどの人材と連携して、さらには、③宮城教育大学の教官や博物館などの専門家の協力を得て専門的でかつ、わかりやすい授業プログラムとしている。気仙沼のESDは、面瀬小学校で開発された授業プログラムを気仙沼市全域に各学校の状況に応じて改変し、定着させている。ある小学校では、国際理解教育を通じて、ある小学校では食教育を通じて持続可能な地域づくりに取り組んでいる。また気仙沼市の小学校はユネスコのユネスコ学校に登録し、持続可能な開発のための教育の実践を行っている。

3 大崎・田尻のESD

大崎・田尻地域のESDの推進母体は、大崎市田尻RCE推進委員会が2007年2月に産業振興課を事務局にして結成された。推進委員会には、市役所、公民館、農協、農業団体、周辺市町村、NPOなど19団体が参加している。この地域の、持続可能な地域づくりの特色は、環境創造型農業の推進とこの農業を活用したエコツーリズムの推進を掲げている。

田尻地区には、湿地・沼地を保全する国際条約であるラムサール条約に認定された蕪栗沼がある。毎年冬にこの蕪栗沼には、主に雁や白鳥など8万羽の渡り鳥がやってくる。この渡り鳥との共生できる農村づくりに向けて、行政、農民、大学が取り組み、環境教育の実践的なフィールドとして活用してきた。行政と農民達は、渡り鳥と共生し、農薬や化学肥料を使わない米づくり農法である「ふゆみずたんぼ」を開発し、定着を図ってきた。この農法は、冬に田んぼに水を張り、渡り鳥の餌場・水場として活用し、渡り鳥の活動環境を整備する。さらに鳥の糞などが有機肥料となり、春から夏にかけて糸ミミズが繁殖し、田んぼの雑草を抑制する。このため、農薬や化学肥料が使われず、田んぼに多様な生き物が成育する生態系が生まれる。この農法による米づくりと、多様な生き物がいる環境を使ったエコツーリズムが大崎・田尻地域の特色である。「ふゆみずたんぼ」農法は、渡り鳥との共生農業として注目を集め、エコツーリズムも修学旅行や野外活動として活用されている。

4 宮城教育大学のESD

宮城教育大学では、2005年6月に学内に国連大学RCE推進委員会（現在は、宮城教育大学ESD・RCE推進委員会に改称）を設置して、持続可能な発展のための教育の教師教育についてプログラム開発を行っている。宮城教育大学では、従来から環境教育実践研究センター、国際理解教育センター、特別支援教育センター、教育臨床教育センターの4つのセンターで持続可能な未来のための教育プログラムをそれぞれの目的で進めてきた。各センターの実践をネットワーク化して、持続可能な未来に向けての教員養成に取り組んでいる。また、同時に、宮城教育大学は仙台広域圏ESD・RCE運営委員会の事務局として3地域の連携のまとめ役を担ってきた。

仙台広域圏での持続可能な開発のための教育の取り組みの概要は、このように1大学3地域の連携から始まってきた。今後さらに宮城県内の諸地域との連携や他大学との連携を進めていく予定となっている。

3 仙台広域圏の活動と大学のリーダーシップ

現在、仙台広域圏のESD活動は、1大学と3地域がそれぞれの推進組織を持ち、それぞれ仙台の循環型社会、気仙沼市の持続発展教育、大崎・田尻の持続可能な農業、宮城教育大学のESDのための教師教育といった特徴ある活動を推進し、それぞれの地域・大学が対等にネットワークを結ぶ仙台広域圏ESD・RCE運営委員会という組織体制を整備してきた。今後は、水源の森林保全を目指す七ヶ宿地域や里山保全の栗原地域とのネットワークが始まっている。では、次にこうした組織体制がどのように作られてきたのかについて触れることにする。

1 宮城教育大学と各地域との連携

2001年ごろから、仙台市では環境問題を考える市民会議づくりが始まり、宮城教育大学の教員がこの準備委員会に参加した。2002年のヨハネスブルグのサミットに仙台市は、NPOや学生の代表団を派遣して、環境教育の推進、循環型社会づくりのアピールを行った。こうした市民活動を背景に、NPOが活動報告を行う環境フォーラムが毎年開催されるようになり、2004年には、宮城教育大学環境教育実践研究センターも参加して、FEEL仙台が結成された。

2000年に宮城教育大学が実施した米日財団から助成を受けたアメリカ理解教育の研修に気仙沼市の教員が参加し、宮城教育大学の教員と面瀬小学校の教員との連携

が始まった。2002年に面瀬小学校がフルブライトメモリアル基金の助成を受けてアメリカの小学校との連携教育を開始すると、教員の個人的連携から宮城教育大学環境教育実践研究センターと面瀬小学校との組織的な連携が始まった。各学年の授業プログラムに、宮城教育大学の各専門別に教員が配置され、小学校の教員との共同実践が行われるようになった。その意味で、前述した面瀬小学校の授業プログラムは、面瀬小学校と宮城教育大学との共同開発によるものといえる。2006年には宮城教育大学は気仙沼市教育委員会と「連携協力に関する覚書」の調印を行っている。

2000年頃から田尻町の蕪栗沼をフイールドにする環境教育実践が、環境教育実践研究センターの教員によって開始された。学生が先生となり、小学生を蕪栗沼に引率して環境教育を実践するフレンドシップ事業が実践されていった。また、田尻町が進めていったラムサールフェスティバルの取り組みにも宮城教育大学の教官が参加し、田尻地域の環境教育の実践との連携を深めてきた。

❷仙台広域圏RCEと宮城教育大学

このように、2000年頃から仙台市、気仙沼市、田尻町（その後大崎市に合併）での大学と連携した環境教育の実践が、それぞれ独立して実践されていた。そこで、2003年に、宮城教育大学の研究室が地球環境基金を得て、持続可能な発展のための教育を推進するグローバルセミナーを開始した。このグローバルセミナーでは、仙台市や環境省、国連大学、高等研究所、市民団体、学生などによって実行委員会が組織され、ESDについて講演会や仙台市、気仙沼、田尻町などの環境教育の実践報告が定期的に開催され、報告書が作成された。2003年から2005年まで続いたこのESDグローバルセミナーを通じて、大学と3地域の活動が交流する中で、連携が生み出されていった。

この連携を成果に、2004年11月に持続可能な発展のための教育の10年に向けた地域拠点の準備委員会が1大学3地域ならびに宮城県、仙台市、JICA、環境省地方事務所、河北新報社などから組織され、宮城教育大学の就職連携課が事務局となって仙台広域圏RCEの結成準備に入った。2005年6月には宮城教育大学に国連大学RCE推進委員会の設置が教授会で報告された。次いで仙台広域圏ESD・RCE推進委員会が設立された。そして、6月の名古屋大学で開催された国連大学・ユネスコのセミナーで、国連大学から他の6つの地域とともに世界で最初のESDのRCEとして正式に認定された。この後は、気仙沼市で2005年12月に、大崎市田尻で2006年2月に、それぞれの地域のRCE推進委員会が結成された。従来の宮城教育大学主導型の地域支援から、自立した地域組織間のネットワークが生み出されていった。

地域から持続可能な発展の教育の10年を推進する仙台広域圏RCEは、まずは個別的に大学の教員と地域・学校との研究・教育実践から始まり、次に大学組織と地域との連携が整備された。個人レベルの連携から組織レベルの連携が生まれたのである。さらに大学の協力を受けて生み出された複数の地域の活動が、大学を中心にしたネットワークを形成したのである。バラバラに各地域が活動していたものを、ESDを共通目標にしてネットワークができたのである。地域でESDを推進するためには1つの大学が地域を組織するだけでは、閉鎖的になり、総合力が発揮できない。複数の大学や複数の地域が参加できるものしていくためには、参加する大学、関係機関、推進組織を持った地域が対等に地域間ネットワークを形成する必要がある。そこで、現在は仙台広域圏ESD・RCE運営委員会を核として大学、各地域が連携する体制となったのである。このことによって新規の多様な参加団体を募ることが可能となった。

4　持続可能な地域づくりの展望

表2は、2005年の6月から始まった仙台広域圏RCE組織の発展段階を示したものである。2006年11月で、第1段階のESDへの共通認識が完了し、第2段階の地域の運営組織が結成された。2007年に第3段階の1大学3地域がお互いに学びあいながら連携する体制が整い、2008年に第4段階の組織を拡大し、仙台広域圏RCEの共通課題の取り組みの段階に突入している。

地域を育て、強くしていくためには、力のある地域（5年程度の活動実績のある地域）が集まっても最低3年はかかる。いずれにしても仙台広域圏RCEは、最初から1つの組織・地域が総合力を目指すのではなく、1つの得意分野を持った組織・地域が、連携してそれぞれが総合力を身につけるためのモデルである。この1大学・3地域が連携し、互いの長所を共有して、それぞれが総合力

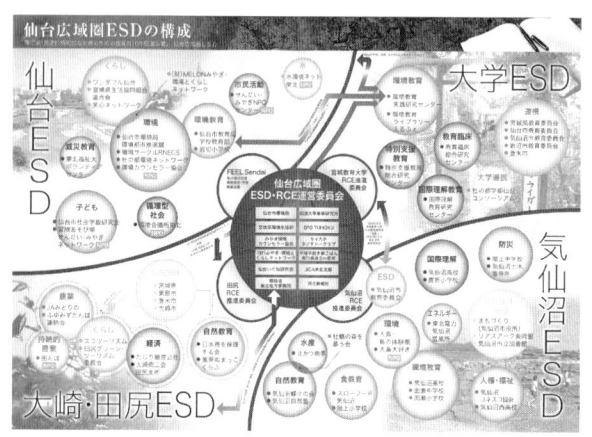

写真1　仙台広域圏のパンフ

写真2　アジアRCE若者・大学生会議(2008年2月)

表2　仙台広域圏RCEの発展過程

段階	各段階の到達状況と目標	達成時期
第1段階	お互いがつながっているという自覚を共有すること。これは仙台広域圏運営委員会で確立されているので、各地域の中心メンバーには自覚があり、共同行事をすぐに作れる。	2005年6月〜2006年11月
第2段階	互いの地域・大学に受け皿になる独自の組織が形成されていること（これは中心メンバー同士の点的な連携ではなく、各地域の構成団体全体での面的な連携）。これは宮教大、仙台地域、気仙沼地域で完了、田尻地域は2月に準備会発足。	2005年6月〜2007年2月
第3段階	互いが他地域の行事に参加しあい協力連携しているという実感を持つこと。そのためにESD月間を設定して、互いの活動の情報共有を行い、人の交流を始めた。アンケート調査による各地域の構成団体（パートナー）の自己紹介パンフの作成。他地域連携のシーズづくり。	2006年11月〜2007年12月
第4段階	お互いの長所を学びあう体制作りとそのための交流事業である。仙台広域圏全体の共通課題への取り組み、さらに他地域・他大学との連携づくりを進めていく。	2007年4月〜

を身につけるという方法である。

　大学が主導してきた地域づくりも、地域間ネットワークの段階に到達した。ネットワークを形成する段階では1つの大学が中心核となって複数の地域と協力して、地域間ネットワークを作る方法は有効である。しかし、この段階でとどまると特定の大学と特定の地域による閉鎖的なネットワークに陥り、ESDの活動を多様な主体と連携してネットワークを拡大していくことにつながらない。そこで、対等な地域間ネットワークを運営するために中心核に仙台広域圏ESD・RCE運営委員会を置いて活動する体制をとった（写真1は、仙台広域圏RCEの構成団体とそのネットワークを示したパンフである）。

　こうしたネットワークを発展させていくためには、①運営委員会の役割を強化して各大学、各地域がESD推進のために連携、協働していることが実感できるようにすること、②仙台広域圏RCE全体で活動するテーマを明確にすることが今後の課題となっている。現在、テーマとして、地域仙台広域圏の特色である海・山・まちを繋ぐために「食教育を通じた環境保全や循環型ライフスタイル、農林水産業振興の地域づくり」を目指している。またサブテーマとしては、大学生ネットワークによる若者部会や学校教育の分野で持続発展教育部会の設置が求められている（写真2は、2008年2月にアジア地域のRCEの学生たちで行ったセミナーの記念写真である）。

　宮城教育大学のリーダーシップによる仙台広域圏のESDネットワークは、点から線へ、さらに面へと拡大してきた。この過程で大学は牽引車の役割を果たすが、面的に拡大した段階では、大学は調整役としての機能を強化して、新規の多様な主体との連携を創ることが求められている。

◎参考文献
1) 宮城教育大学・気仙沼市教育委員会「メビウス〜気仙沼市における地域・専門機関・海外と連携した国際環境教育プログラムの実践」2007.3
2) FEEL仙台「杜々かんきょうレスキュー隊・環境学習プログラム集」仙台市環境局環境都市推進課、2008.3
3) 仙台広域圏ESD・RCE運営委員会「ESD促進事業報告書」2008.3
4) 気仙沼市教育委員会『気仙沼市環境教育ESDカリキュラムガイド』仙台広域圏ESD・RCE運営委員会、2008.3

コラム……鶴崎直樹
地区単位計画による地域と大学の連携〈韓国〉

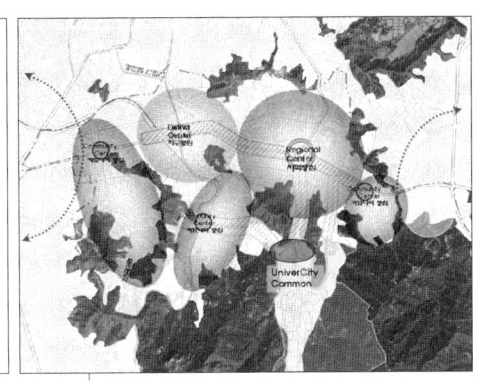

写真1　修景計画の例　　　　図1　地域との連携計画図（ソウル大学と冠岳区）
（SNU-Community Cooperative Plan より抜粋）

1. 大学立地の変遷と地域との関わり

韓国の大学の創立とその発展は、まさに政権交代など国内情勢に大きく影響を受けたものであると言える。

1945年の解放の後、日本の植民地時代に閉鎖的だった教育政策から開放的・自由放任的政策への転換がなされ、当時まで制限を受けていた大学での教育に対する需要が高まり、大学と学生数が急増した。

1949年、教育制度と運営の基本方針が提示された「教育法」が制定されるやいなや、1950年に朝鮮戦争が勃発し、ソウルに集中していた大学は地方（釜山、光州、全州、大田）への避難を余儀なくされた。しかし、諸大学は相互協力のもと臨時連合大学として授業を継続し、その後、休戦を迎えるとともに戦災を免れた大学はソウルに戻り、地域とともに現在の姿に成長してきた。

風水の訓えに基づいて形成された都市、ソウル。現在、その中央に東西に横たわる漢江の北部に24校、南部に4校の大学が立地している。

2. 地区単位計画による街路整備
～ソウル市政開発研究院の取り組み

ソウル市の都市計画を担当する組織であるソウル市政開発研究院は、研究レベルの緻密な調査・分析に基づき政策提案を行う重要な役割を担う。

大学と地域との連携や良好なコミュニティの形成について、その重要性を唱えつつも、大学に隣接する地区の多くが商業系を占め、教育や文化的環境が欠如していることより、友好な関係は未構築であると指摘する[*1]。

このことから、近年、主に大学と地域が接する道路を重要な空間として位置付けるとともに、総合的な評価に基づき選定した7つの大学隣接地区に対し、地区単位計画[*2]を活用し、街路整備を進めている（写真1）。

3. 冠岳区との連携（ソウル大学）

漢江の南部をはしる地下鉄在来線のソウル国立大学駅から約2.5km、両側を緑地帯に閉ざされた道路を抜けるとソウル国立大学に辿り着く。

ゴルフ場跡地に移転した同大は、市街地と隔絶された環境にあることから、立地する冠岳区とともに、空間的連続性と新交通による利便性の向上を企図した戦略的目標を掲げている。

UniverCity（ユニバーシティ）をキーワードとするこの戦略では、同大と冠岳区の主要な結節点とを3つの空間軸により連結することにより、地域との連続性を向上させるとともに連携的なプログラムや活動の活性化を目指している（図1）。

4. 大学と地域の連携のこれから

韓国における大学と地域との連携は、大学および行政が主導するハード整備に重点が置かれており、地域課題の解決や地域の活性化をも視野に入れた連携は途上にあると言える。つまり、大学と地域との間において、「連携」、「共働」、「共創」という段階的な成熟性が見出せるとすれば、韓国では、その端緒に就いた状態のようである。

しかし、かのプロジェクトにおいて、都心の河川を覆っていた高速道をいともたやすく取り壊し、新たなる都市の文脈・脈路を創出させた韓国。政府と大学の牽引力、その力強さは、我が国のそれとは比較できないほど大きく、今後、政策による力学の働き如何によっては、大学と地域との連携が全国に広がることとなろう。ただし、そのとき必要となるのは、政府や大学による単なるお仕着せの連携ではなく、対等かつ両者の発意による調和のある「協奏」、そして「共創」ではないだろうか。

大学と地域との連携に重要性を見出し、今まさに動き始めた韓国のこれからの変化から目が離せない。

◎注
*1　本稿は、2008年韓国大学調査（日本建築学会キャンパス計画小委員会）による現地でのヒアリングおよび提供を受けた資料をもとに作成した。
*2　我が国における地区計画と同義。

4章
地域経済の再生・振興

4章のねらい

坂井　猛（九州大学新キャンパス計画推進室）

1　地域経済を支えるエンジンとしての大学

　米国カリフォルニア州スタンフォード大学で工学部長、副学長を歴任したフレッド・ターマン教授が、2人の学生に起業資金を提供し、その成長を大学からサポートした。1939年、住宅のガレージでスタートしたこの会社がヒューレット・パッカード社であり、やがて、サンマイクロシステムズやアップルなどのベンチャー企業が後を追いかけるようになる。20世紀末には、スタンフォード大学を中心とするシリコン・バレーがIT産業の中心地として、世界の注目を集めるようになった。以来、大学は、地域経済を支えるエンジンとして、また、地域の均衡ある開発と発展を実現するための重要な切り札として期待されている。

　地域社会は、次の世代の産業を生み出すシーズの宝庫として大学を捉えるようになってきた。米国シリコン・バレーや英国シリコン・フェン（「3-4 地域と大学による都市フリンジの再構成」参照）、フィンランドのオウル市のオウル大学を中心にした産業クラスター等で生まれた事例を参考にしつつ、大学との共創による地域経済の再生と振興をめざして、世界中でさまざまな取り組みが行われてきている。地域経済の再生・振興の決め手として、世界中の多くの地域でリサーチ・パーク、サイエンス・シティを形成する構想がつくられていった。

　米国マサチューセッツ州ケンブリッジ市は、人口10万人の小都市であるが、ハーバード大学とマサチューセッツ工科大学(MIT)が立地している。MIT周辺にはバイオテクノロジー関連の研究所や事業所が数多く立地しているために、ケンブリッジ市の商工業課税額は、隣接する人口60万人のボストン市のそれを上回っている(MIT、2002年)。サンフランシスコでは市民による非営利組織が主体となって、大学キャンパスとのまちづくりを始め、経済活性化をめざすタスクフォースを組むなどの注目すべき動きが見られる。

2　大学の経済力と次世代への投資活動

　いったん大学が立地すると、その地域には20代前後の若年層が増加する。大学内の活動を終えてまちに繰り出す学生や若い研究者の存在自体がまちの活気につながる。また、授業料、助成金、寄附等を収入源とする大学全体が有する購買力、地域に落とす様々なコストは莫大である。大学は研究教育活動に必要な設備を揃え、施設を建設して、その代価を企業に支払う。また、そこに居住する学生や教職員が支払う家賃、電気・ガス代、税金をはじめ、地元の企業や自治体に支払う費用は、地域経済の活性化に直結する。人口10万人を下回る小都市では、大学自体がその都市の主要産業となっている。

　企業が大学に支出する共同研究、委託研究等の資金は、喫緊の課題解決に期待するものも多いが、新たな産業のシーズを生み出すことを大学に期待するものがある。地域産業の転換、産業クラスターづくりへと地域社会、地域経済をダイナミックに変えていく可能性を秘めており、「次世代への投資」が大学に対して注がれている。

3　日本における大学と地域経済

　日本の大学は、久しく「象牙の塔」として、産業界とは距離を置こうという空気が支配的であった。一方で、高度成長期以降の懸案となった首都圏への人口集中を是正する妙薬として、工場や大学の郊外移転が発想され、都心から30km以上の距離にある筑波や八王子など郊外への移転が行われた。筑波では、大学設置と国の研究機関移転が同時に行われ、やがて民間の研究所や事業所も立地するようになり、日本初の研究学園都市が生まれた。

　関西では、財界が中心になって、3府県にまたがる丘陵地に関西文化学術研究都市をつくり、同志社大学や企業の研究所など100以上の機関を集めた。また、戦後すぐに旧制高校や専門学校を大学として取り込んでいた宮崎大学、広島大学、九州大学等は、敷地と組織の統合を実現するため、郊外の新天地に移り、地域振興を目指す自治体や経済界と手を組んで、研究学園都市、サイエンス・シティを整備している。

　近年では、企業だけでなく、大学の存在する地域の人々が、大学のもつ知識を地域のビジネスに活かし、また反対に、大学が地域のニーズや資源を活かして教育研究を進めるかたちで連携して取り組む、「コミュニティ・ビジネス」を創出する試みが始まった。一橋大学などでは、地域のブランドづくりを推進するためのプラットフォームをつくることによって、地域経済の再生・振興を目指す取り組みもみられる。

4　本章のねらい

　まず、地域経済の活性化を促すプラットフォームの事例を4-1で概観し、地域の産業クラスター形成や産業転換を支える大学の姿について、4-2から4-4までの事例をもとに概観する。

〈地域経済の活性化を促すプラットフォーム〉

4-1 地域コミュニティの交流の場へと展開する商店街のまちなか研究室

　横須賀市において、まちなかに設置した大学の研究室が中心になってはじめたワインづくりがきっかけとなり、商店連合会の結成とまちづくりまで展開している事例をみる。

〈地域の産業クラスター形成や産業転換をささえる大学〉

4-2 生命医科学の研究拠点が先導する新しい都市型産業のコミュニティ

　米国西海岸サンフランシスコ・ミッションベイにおいて、カリフォルニア大学サンフランシスコ校の新キャンパスを中心にバイオ産業クラスターとコミュニティ形成を戦略的に取り組む事例をみる。

4-3 都市再生プロジェクトにおける大学の新たな役割

　北イングランドのブラッドフォード市において、ブラッドフォード市が進める都市再生に大学を位置づけ、ブラッドフォード大学のキャンパス整備・施設の更新と連動した再開発をみる。

4-4 創造都市を推進する国際的研究教育拠点を目指して

　関西都市圏を創造都市圏としてとらえ、それに向かって取り組む人材の育成と地域振興をめざす大学と地域の取り組みをみる。

◎関連ホームページ
　スタンフォード大学 http://www.stanford.edu/
　オウル大学 http://www.oulu.fi/
　ケンブリッジ市 http://www.cambridgema.gov/
　筑波研究学園都市 http://www.tsukuba-network.jp/index.shtml
　けいはんな学研都市 http://www.kri-p.jp/portal/index.html

4-1
地域コミュニティの交流の場へと展開する商店街のまちなか研究室
〈横須賀市追浜地区と関東学院大学〉

昌子住江（元関東学院大学工学部、神奈川大学大学院）

1 まちなか研究室の誕生まで

今では、大学の研究室が商店街に進出することも珍しくはなくなったが、その最初の試みは関西学院大学総合政策学部片寄俊秀教授（当時）の「ほんまちラボ」だといえるだろう。場所は兵庫県三田市の本町センター街、開設は約半年の準備期間をおいた後の1997年4月であった。考えてみれば、まちなかに研究室があって日々まちを観察し、まちの人と気楽な話をしながら本格的な研究テーマをさがす、時には課題を持ち込まれるといった、持ちつ持たれつの関係があって当たり前なのだろうが、それを初めて実践してみせてくれたのがこの「ほんまちラボ」であった。

私自身2002年度から、「地域に出て地域に学び、地域の課題に対してコミュニティビジネスとして提案してみよう」という半期の演習（「まちづくり起業入門」）を始めたが、最初の年は共通のフィールドを定めなかったので、発表会を終えたものの授業の成果が拡散してしまったような印象であった。そこで、2003年度はフィールドを定めようと、紹介する方があって大学に隣接する横須賀市追浜地区を対象地域に選んだ。

対象が定まったところで、何回か訪れたことのある「ほんまちラボ」のような拠点、「まちなか研究室」を持つことが1つの目標となった。

2 追浜というまち

追浜は横須賀市の北部にあり、横浜市に境界を接している。ちなみに関東学院大学は横浜市側にある。人口約3万人、面積約7.1km²（追浜行政センター管内）で、海側には日産自動車、住友重機など日本代表する大企業が立地し、山側には湘南鷹取の良好な住宅地が広がる（図1）。

京浜急行電鉄追浜駅周辺に商店街が広がるが、ご多分

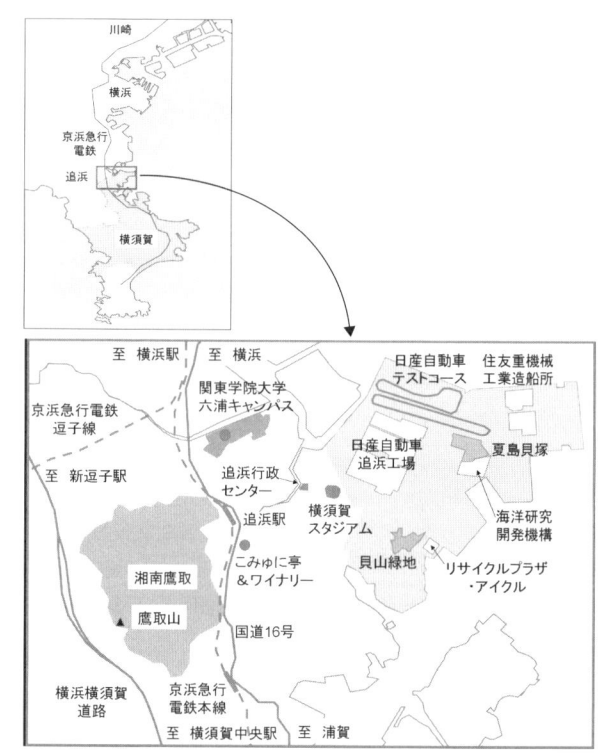

図1 追浜位置図

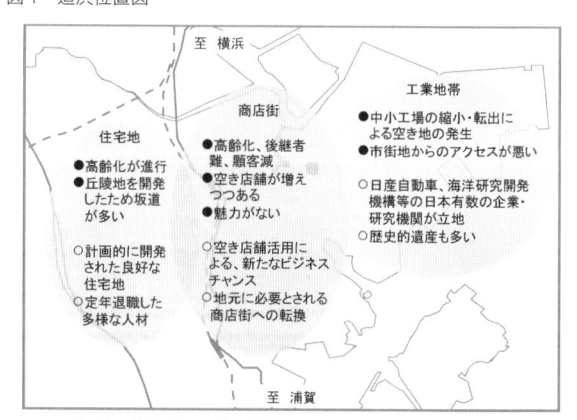

図2 追浜の地域別現状と課題

に漏れず後継者難など問題を抱えていて活気がない。実は私自身、大学へは横浜市側の金沢八景駅を利用していたため授業で取り上げてから始めて地域を知るようになった次第である。正直なところどうも横浜の方に目が向

写真1　追浜こみゅに亭＆ワイナリー正面

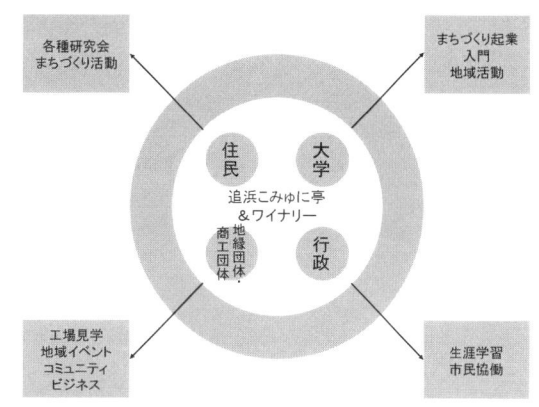

図3　追浜こみゅに亭の概念図

いていたのだが、追浜の商店街の方々にお会いしてみると、追浜にとっては「地元の関東学院大学」との意識でみていたことを知らされたのであった。

実際に追浜を歩いてみると、前述の日本を代表する大企業のほか海洋研究開発機構といった世界的に有名な研究施設もあれば、縄文遺跡として全国的に知られる夏島貝塚、伊藤博文の別邸跡近くの明治憲法起草の地の碑と、歴史的遺産にも事欠かない。予科練発祥の地でもあり戦争遺跡も残る。一方、鷹取山にはロッククライミングの施設もあるなど多様な顔を見せるが、残念ながらこれらの資源がバラバラでうまく活かされていない。

湘南鷹取の住宅地も坂道が多いため、高齢化の進行により生活交通問題が深刻化するなど「まちづくり起業入門」の素材には事欠かない、といった印象であった。

3　ワイナリー付き研究室の構想

2003年度の演習が始まった。学生たちはさまざまなことを学びながら、最終報告会を迎えた。学生たちはいくつかの提案を行ったが、その1つに海洋深層水を利用したワイナリーがあった。

なぜ、まちなか研究室でワインづくりかと聞かれる。当時、規制緩和でぶどう畑を持たなくてもワインをつくれるようになったが、まだどこも手がけていない。ここでつくれば第1号になる。一方、商店街の活性化を狙った空き店舗活用には、多くの地方自治体が助成制度を持っている。追浜地域でも神奈川県、横須賀市とも同じような制度を有する。ただし、多くの場合は賃貸料の3分の1程度で期間の制限がある（神奈川県、横須賀市とも24ヵ月）。助成期間を超えて、空き店舗をまちなか研究室

として維持するためには、独自の資金源が必要である。それが地域の特産品として愛好されれば一挙両得、というわけである。

ぶどう畑を持たないワイン醸造は濃縮果汁を使用することになるが、濃縮果汁だけでは糖度が高すぎる。これを緩和するものとして、海洋深層水が候補にあがった。海洋深層水は、追浜にある海洋研究開発機構で研究されていたが、他県での利用が報じられるなか、地元追浜ではまだ活用されていなかった。これで追浜特産のワインができる。学生たちはこうした条件のもとに「横須賀おっぱまワイン」を提案した（ちなみに地域名を冠したワインは他にもあるが、多くは企業に醸造を委託している）。

幸い地元の方々からこれらの提案が好感を持って受け入れられ、空いていた居酒屋を改装した「追浜こみゅに亭＆ワイナリー」の開設が決まった。「こみゅに亭」とは、もちろんコミュニティを捩ったものである。

4　「追浜こみゅに亭＆ワイナリー」開設

「追浜こみゅに亭＆ワイナリー」（以下、こみゅに亭）は2004年10月に開店した（写真1）。ここは、大学の演習や研究室の学生の地元研究の拠点、地元の方々は独自企画の研究会やまちづくりの会合に利用することができる。「まちなか研究室」としてのこみゅに亭の構想を図3に示す。追浜地域では、2004年に「おっぱままちづくり連絡協議会」（以下、協議会）が設立された。協議会は、自治会連絡協議会、社会福祉協議会、観光協会、工業会、商盛会等と横須賀市追浜行政センター館長からなり、追浜のまちづくりを支える組織となっている。こみゅに亭は、協議会の構成団体・その他の各種地域団体、一般住

民、大学・学生、横須賀市が協働でまちづくりに関する活動を行う場として考えた。横須賀市役所では追浜行政センターとの関わりが深いが、市民部市民生活課市民協働推進担当とも連携し、必要に応じて各担当課につないでいる。

施設の運営は事務局会議と名付けた任意のグループで行っている。メンバーは、追浜地区の商業者団体の中心である協同組合追浜商盛会（以下、商盛会）の有志（代表理事と事務局長が参加している）、ワイン研究会のメンバー、その他市民有志からなり、毎月1回定例会を開いている。

大都市の商店街では空き店舗といえども賃貸料は安くない。坪1万円/月といったところで、1軒借りると月15万円かかる。これに対し収益はワイナリーの他、地域連携の試みとして、山形県白鷹町の農産品を入れた。なぜ白鷹町かと言えば、独自の農法でがんばる農家の支援をしたいという声があったからであるが、商店街の八百屋さんと品物が競合しないための配慮もしている。これらの収入を、施設の維持管理の費用に充てている。

なお2007年からはもう1店舗借り、醸造施設を移転させた。これにより、空いた場所には懸案だった喫茶・軽食コーナーを設けている。これは、商店街にひといきつく場がほしいという利用者の要望にこたえたものだが、そのために賃貸料はほぼ倍になった。

ワインづくりには醸造機の購入等もあるので、初期投資のためとPRをかねてワインのサポーター制度を設け、1口1万円でまちの方々に支援してもらった。かなり話題を呼んで300口ほど集まったが、思わぬ障害にぶつかった。

醸造免許がなかなかおりないのである。ワインの醸造と販売のための免許を申請したが、なにぶんにも商店街での空き店舗ワイナリーは日本で始めてのことだ。前例がないということで、手続きが遅々として進まない。10ヵ月近く経過した後にようやく免許が下り、醸造を開始したのは2005年になってからであった。

「横須賀おっぱまワイン」の完成パーティは2005年5月、いまからおもえば初々しいワインであった。

5　こみゅに亭での活動の担い手

実際にワインをつくっているのはどのような人たちだ

写真2　横須賀おっぱまワイン

ろうか。実際には商店街の住民の有志でつくっている。住民有志の多くは、定年退職で地元に戻った方々である。当初、どんな人が関わってくれるだろうかと「一緒にワインをつくりませんか」というワイン研究会のチラシを配布した。これを見て、退職後何をしようかと迷っていた方々が集まって来たのである。みなさんボランティアで醸造を行っている。

ワインは現在フルボトル1,300円（サポーター価格1,100円）ハーフボトル900円（サポーター価格700円）、2007年からは白ワインも加わった（写真2）。素人ながら研鑽を積んだ成果があらわれて、当初よりだいぶ美味しくなったと多くの方からいわれる。今度はどんな味だろうかと買ってくださる方があるのも、地域ワインならではかもしれない。

このように、地域でのさまざまな活動の拠点になってほしいということで、文部科学省平成16年度「生涯学習まちづくりモデル支援事業」の助成金をえて、各種講座、研究会を立ち上げた。地域在住の専門家におねがいしたステンドグラス、ビーズアートなど趣味の講座、ゆっくり勉強したい人のためのパソコン研究会、追浜の歴史を学びガイドツアーに役立てる追浜学研究会などを立ち上げたが、必ずしもすべてがうまく行っているとは限らない。ここで問題点を整理し、あらたな方向性を検討すべき時期に来ている。

6　商店街をこえて～学生たちの演習課題の展開

追浜を対象とする演習も、2004年度以降続いていた。ただ、不思議と学年によって学生たちに温度差があり、

写真3 土木学会公共政策デザインコンペ風景

単位さえ取れれば良いという学生の多い年と、面白いテーマが見つかれば授業の枠を越えてやってみたいという学生が目立つ年とがあった。2005年度は後者のような学生が多い年だった。

一方、演習を続けてくると取り組むべき課題が商店街から高台の住宅地、海側の工場地帯へと広がり、半年で取り組むには難しくなっていく。2005年度はそうした視点で取り組む時期になっていた。高台の住宅地は高齢化が進むなかで、生活交通の不便さが問題となりつつある。工場地帯には空き店舗ならぬ空き工場の発生が問題になっていた。工場地帯に散在する歴史的遺産は、アクセスの悪さもあってなかなか生かされていなかった。

2006年が明けて演習も発表会を終えたころ、土木学会から第1回公共政策デザインコンペの案内が来た。「斬新で実現可能性のある提案を求む」との呼びかけ文で、対象は1自治体の中の1地域でも良いとのこと、演習でのテーマを学生たちがもう一度考えるチャンスだと、希望者を募った。ただし、ポスターの締め切りは3月末、春休みをつぶしてがんばった学生たちは、幸い6月に東北大学で開かれた2006年度土木計画学会春期研究発表会でのプレゼンテーションで優秀賞を獲得した（写真3）。

提案内容は以下の4点に集約した。①高齢化の進む高台の住宅地では、タクシーを利用したDRT（需要応答型生活交通）の検討、②工場地帯の中に散在する歴史的遺産と工場見学等を組み合わせた市民ガイドによる産業観光、③空き工場には循環型のリサイクル産業、④丘陵地に残る農地を地域で借りて耕作する農のコミュニティ、である。③と④はその後手詰まり状態だが、①と②は実現に向けて進みつつある。これについては次節でふれたい。

7 地域活動の核に～成長するこみゅに亭

現在追浜では空き店舗2棟を借りている。当初からの店舗では、醸造設備をおいていたところに喫茶・軽食コーナーを設けた。商店街にはちょっと休むところがない、という利用者の声に応えたものである。

カウンター4席、テーブル6席の小さなスペースだが、まず目立つのは女性の高齢者が多いことだ。現在店舗部分は追浜在住の主婦のパートにお願いしているが、とにかく話をしたくて通ってくる人が多いそうである。常連も多く、1人1人の滞在時間も長い。その分客同士でも話が進む。最近は小さい子どもを連れた母親が立ち寄ったり、交流スペースとして存在感を増してきている。レンタルボックスに、手作り品をおく主婦の方も増え、8つあるボックスはすべて塞がっている

こみゅに亭での活動が元になった最近の成果についてふれておきたい。東京湾には、明治から大正期に造られた3つの海堡（海上要塞）がある。いずれも当時、東京防備のために建設されたものである。その中の第三海堡が完成直後に関東大震災のため大破し、戦後は東京湾の船舶航行の増加とともに、航路障害物件となっていた。2000年からの第三海堡遺構撤去と航路確保事業により、観測所等のコンクリート構造物が追浜展示施設（東亜建設工業用地内）におかれていた。

追浜に展示されているといっても、見学には人数等の条件があり一般にはあまり知られていなかったが、建設にあたっては鷹取山の石等が使用されたということで、こみゅに亭主催で何回か見学会を設け、少しずつ知られるようになった。

この遺構が、航路確保事業終了とともに廃棄されるのではないかという話が伝わった時、なんとかこれを追浜に残し、歴史遺産としてまちづくりに活かしたいとの声が上がった。

しかしながら、それぞれの遺構が何百トンという重量が問題で、陸上輸送ができず、海岸線にある公有地に移動させるのも難しいという状況にあって、関係する国土交通省東京湾口航路事務所（以下、事務所）、横須賀市役所等と交渉を続け、また専門家を招いてシンポジウムを開催するなどの活動を行った結果、当面現地に保存され、また地元での活用に関して事務所との間で申し合わせを締結するところまできた。今後は、他の歴史遺産を合わ

写真4　東京湾第三海堡遺構の市民見学会

せてツアーを組むべく準備を進めている（写真4）。

また学生提案にもあった、タクシー利用のDRTについては、追浜地域にある浜見台1、2丁目自治会が具体的な検討を希望してきたため、横須賀市や交通計画の専門家とともに交通社会実験の実施に向けて動き出した。

8　こみゅに亭がもたらしたもの

地域に出る演習からこみゅに亭の開設という試みが、地元で受け入れられた理由は何だろうか。商店街の方からいわれたのが、「これまでにない発想や提案が出てくる」「地元だけで議論していても膠着状態になるが、大学とか学生からの提案ということになると、モノゴトが進む」ということである。

商業者自身、これまでの商店街では立ち行かなくなるし、今後必要とされる商店街がどのようなものかということは、個店のあり方にとどまらず、まちづくりと一緒に考える必要があると思ってもその手がかりがない。大学との連携に期待する点がそこにある。

実は追浜にはこれまで連合商店会がなかった。商盛会は各商店会の有志による協同組合であり、これまで商店街全体のイベント等を行ってきた。こみゅに亭での活動がきっかけとなり、2007年に追浜連合商店会が誕生したのである。

学生たちにとっても地域に出ることは座学と違った新鮮さがあり、興味をもって課題に取り組むことができる。ただ、学生は毎年かわるので意欲の高い年度ばかりではないが、この演習がきっかけで大学院に進んだり、職業選択に影響を及ぼす例もみられる。

9　コミュニティ店舗の可能性と課題

こみゅに亭の活動は順調なように見えるが、実は多くの課題も抱えている。

① 運営組織の確立

現在は有志による事務局会議でこみゅに亭を運営しているが、これをNPO法人化し、組織的な基盤を固めることが必要である。そのためには、ここで活動する人数を増やしたい。特に青壮年層と女性の参加を増やす方策を考えなくてはならないと思う。

② 経営基盤の確立

ワインは順調に売れているが、月20万円を越す賃貸料の負担はやはり大きい。コミュニティ活動を支える施設を行政が提供するというのが、これまでのやり方であろう。しかし地方財政が緊迫化する中で、地域で支える地域施設の経営基盤をコミュニティビジネスでまかなうことは、これからますます重要になってくるのではないか。

地域のニーズに合わせたコミュニティビジネスを行い、これで地域活動を支えるという一種のビジネスモデルを考えたい。先行する取り組みに学びながら、こみゅに亭を拠点に、「非営利・協働のまちづくり」を追究したいと思う。

10　市境を越えた生活圏と大学への期待　～地域と大学の新しい関係

冒頭に示した地図でも分かるように、横須賀市追浜地区は横浜市金沢区と境を接している。実際、追浜商店街の商圏は金沢区にも広がっているし、子ども達も市境を越えて金沢区の公園に遊びに行っている。

また開港150周年を迎える横浜港周辺に対し、金沢区から追浜にかけては鎌倉時代以降の歴史がある。軍都横須賀の遺産も金沢区にかけて広がっているが、行政がつくる地図には、それぞれの市外となる部分は含まれない。これについては共通の地図をつくろうという動きがあるが、実際につながりのあるものが、市境で切れてしまうことは他の分野にもあろう。

歴史、文化、生活を共有する住民で、地域の実情にあった活動、住民ニーズにあった施策を望む声が上がっている。市境にある関東学院大学だからこそ、こうした問題を考えてほしいといわれる。

地域が大学に期待するものはやはり大きい。

4-2
生命医科学の研究拠点が先導する新しい都市型産業のコミュニティ
〈米国サンフランシスコ市とカリフォルニア大学サンフランシスコ校〉

有賀　隆（早稲田大学大学院創造理工学研究科）

1　都市づくりの構想とそれを支える社会的仕組み

　サンフランシスコは米国西海岸を代表する国際都市の1つであるとともに、ベイエリア（サンフランシスコ湾に面する9つのカウンティ（郡）で構成される広域都市圏）の中枢都市として、地域経済、産業、雇用など社会・経済活動を先導している。ベイエリアの他都市、例えばオークランドやリッチモンドが港湾や石油化学、物流、建設などの工業系産業都市として、また対岸のバークレーがカリフォルニア大学本校を核とした研究学園都市としての性格が強いのに対し、サンフランシスコでは中心業務地区とその周辺に広がる金融、保険、サービスなどの大規模業務用途、都心地区の大型商業・観光関連用途、さらに南側の既成市街地に立地する中小工場、作業所、小規模オフィスなどの都市型業務機能が共存する中枢都市としての性格を持っている。加えて世界有数の情報（IT）産業拠点であるシリコンバレーとその人材輩出を担うスタンフォード大学が立地する都市・パロアルトともフリーウェイで繋がっている事から、国内外の経済投資を惹き付ける都市間競争の中で常に魅力ある市街地環境と都市基盤の整備が求められ続けている。

　サンフランシスコは半島の北端に位置する事から港湾部の限定的な埋め立てを除くと、市街地の大幅な面的拡大はそもそも望めない地理的特徴を持っている。19世紀に画地された碁盤目状（グリッド）の都市基盤をベースに、それぞれの時代ごとに街路や街区を足し加えて限られた土地の中で市街化を進めてきた。現在の市街地もその当時のグリッドの街区、街路パターンを踏襲し、その上に多彩な生活空間と人間活動の場を共存させている。こうした地理的特徴や社会・文化的背景は、都市の空間と機能の変化に対して少なからず影響を与えてきているのは言うまでもない。時代毎に進化し多様化する都市活動のための市街地空間は、その都度、都市再開発や大規模民間開発によって市街地を再編・更新する方法で創り出されてきた。この様な市街地変遷のプロセスは、サンフランシスコ市民が都市づくりに様々なレベルで関与する社会的土壌と制度的な仕組みを育んできたと言えよう。

図1　ミッションベイ全体土地利用コンセプト[*1]

　身近なコミュニティ開発から全市的な総合計画の策定にいたるまで様々なレベルで市民、住民が直接、間接に自らの考えや意見を表明していく社会的な参加の文化が根付いているのである。加えて住民直接投票（イニシアティブ）や州法に基づく「環境影響評価」のパブリックヒアリングなど、法制度上も市民参加の仕組みが公的に支えられており、こうした仕組みが先進的な地域協働の都市開発の実現に大きな役割を果たしている。まさに市民による都市づくりが試みられてきたという事ができる。

　さてミッションベイの都市再開発プロジェクトはこうしたサンフランシスコの都市づくりの先進事例の中でも、とりわけ、先端的な生命医科学分野で全米屈指のカリフォルニア大学サンフランシスコ校（以下、UCSF）の大学院キャンパスを核とした新たな研究拠点の形成と地域産業の創出、市民参加のまちづくり思想に基づくコミュニティ施設や社会的な住宅の供給、そして広く市民利用

を前提とした新たな公共オープンスペースとインフラの整備などを一体化する市街地再生の取り組みであり、地域社会、NPO、自治体行政、大学、民間事業者らが立場や利害の相違を乗り越え、構想段階から相補的かつ相乗的に連携して実現した「共創」まちづくりの好例である。

ミッションベイプロジェクトはもともと、サンタフェ・サザンパシフィック鉄道会社（Santa Fe and Southern Pacific Railroad Corp.）の跡地利用を目的とし、民間都市開発事業としてスタートを切った。1981年の最初の開発構想発表以来、人工のラグナを取り囲む大規模な複合開発案に対する地域社会の反対、開発権限の市への移譲（法定再開発事業地区の指定）、市民諮問の仕組みとそのためのミッションベイ・クリアリングハウス（情報公開・協議拠点）の設立など、多くの計画課題を解決し、数々の対立を乗り越えながら構想案の見直しが行われてきた。初期の構想は、都市開発によって市街地の経済的な投資価値を高める「ジェントリフィケーション（高級化）」の考え方が基本にあったと言える。しかしこうした開発構想は、周辺市街地での産業系土地利用やそれを支えてきた地元の労働者層の住民生活とは無縁のものであり、加えて既存の眺望景観の阻害など地域コミュニティと地元にとって受入れられる内容ではなかったのである。

こうしたプロセスを経て、1991年、当時の開発事業主体であったカテラス社（Catellus Development Corp.）から市民諮問委員会に提案する開発構想策定の依頼を受けた設計事務所のSOM(Skidmore Owings and Merril)は、コミュニティの多様性を重視し住宅供給と地域産業の混在立地を図り、公共オープンスペースと街路・街区のネットワークを基本とした実現可能な開発計画のマスタープランを策定した。

このマスタープランに基づき、カテラス社とサンフランシスコ市との間で開発協定の合意が結ばれた（1991年）のだが1990年代後半の不動産不況により市との合意案の実現は困難を極め、1996年カテラス社の申し入れにより協定案は正式に破棄される結果となった。

ミッションベイプロジェクトを取り巻くこうした経済、市場環境変化の中、1996年に新市長として就任したウィリー・ブラウンは、新しい野球場の建設による市街地南側の「サウスオブマーケット地区（South Of Market Area: SOMA）」の集客施設の整備、LRTトランジットモールによる公共交通機関の整備、またIT産業誘致のための光ケ

表1　ミッションベイ構想案と開発テーマの変遷概要

1981年	建築家・ワオナキ案	"経済性優先の開発"計画
1984年	建築家・I.M.ペイ案	"都市の中の都市"（大規模商業・ラグナ水際の住宅地開発）計画
1987年	ELS/EDAW案	"都心近隣住宅地区"計画
1991年	SOM案 市民諮問委員会へ提示のマスタープラン	"実現可能な段階的開発"計画
1997年〜	Machad & Silvetti案 BALSA主催による国際コンペ当選案	法定再開発地区指定と公民協働"キャンパスを核としたコミュニティ計画"と先端的土地利用開発

ーブルによる地域LANシステムの整備と、職住一体（リブ・ワーク）型建築の暫定的規制緩和など、地域コミュニティの保全と強化による都心再生へと都市計画行政の戦略を転換させていったのである。

2　NPOが核となる「共創」の都心再生プロセスと戦略

1996年、カテラス社によってミッションベイプロジェクトの新たな事業計画提案がなされるのを契機に、サンフランシスコ市は「法定再開発事業地区」への指定の検討を始め、その中核施設としてUCSFの生命医科学研究センター（Bio-Medical Research Center）及び新キャンパスの開発計画を具体化させる事となった。このUCSFキャンパス構想実現の中心的役割を果たしてきたのが「ベイエリア生命医科学連合（以下、BALSA：Bay Area Life Science Alliance）」という非営利組織（NPO）である。

BALSAは、当時UCSFの教授で生命医科学研究の第一人者であったウィリアム・J・ラッターを中心としたサンフランシスコの有力市民によって、人々の生命と健康に貢献する生命医科学研究の拠点を地域コミュニティと一体的に創り上げていくというビジョンの下に設立された。BALSAが目指したビジョンは学生、研究員、教員が一体となって進める先端的な研究は社会から孤立し閉ざされた大学ではなく、地域社会と共に創造される新しいコミュニティで行われる事が不可欠であるという画期的なものであった。

こうしたBALSAによる開発構想において重要なのが、事業者兼底地権者でもあったカテラス社によるUCSFキャンパス用地の大部分の無償提供である。当時2011年＋αまでのキャンパス長期開発計画の中で、サンフランシスコ市内に分散する既存キャンパスの統合を掲げていたUCSFに対し、その移転先候補の1つとなっていたミ

ッションベイ地区での新キャンパス計画を強く働きかけたのである。すなわち、キャンパスを新しい都市再開発事業の中核施設とすることで、先端的な生命医科学分野の民間関連研究機関、多様な商業、業務、サービス施設、学生や教員に加え民間企業の社員やその家族のための住宅施設の供給など、キャンパス周辺の市街地開発を総合的に進めるコミュニティ開発戦略を描いたのである。

カテラス社はその後2006年までに、所有していたミッションベイの個別敷地開発権の殆どを第三者の民間事業者へ譲渡するとともに、自らは世界有数の物流施設開発運営企業のProLogis社傘下に入り、ミッションベイ開発全体のマスターディベロッパーとして、それぞれの民間開発事業に伴う公共インフラの整備開発及び運営を中心とした地域マネジメントの役割へと転換した。これらのインフラには新たに作られる開発道路や複数の公園、レクリエーション施設、スポーツ・ボート施設などの建設と管理・運営が含まれる。

このように、BALSAは立場や利益の異なる多様な計画・事業主体に対して、それぞれの開発ニーズと負担の調整を図り、相互連携と協働可能な都市再開発事業の構造と計画の仕組みを構築することで、サンフランシスコの地域社会の中に新しい「共創」の都市づくりの仕組みを創り上げたと言う事ができる。

3 研究型キャンパスが先導する「サンフランシスコ&イーストベイ・バイオ産業コリドール」

UCSFミッションベイキャンパスは、17.4haの敷地に全体で20棟の建物／延べ床面積24万6,193㎡を、今後15〜20年間に幾つかの段階に分けて建設していくものである。新キャンパスの施設内訳は約6%が教育施設、46%が研究施設、それ以外の48%が図書館、実験動物施設、大学事務、学生活動、レクリエーション、住宅、チャイルドケア、飲食サービス、地域管理、光熱水供給、倉庫、その他、新しい研究コミュニティ全体の機能に割り当てられている。一方、地域経済への効果については、キャンパス内だけでも9,100人の新たな雇用が創出され、さらに大学と直接関係のあるバイオ産業分野の民間企業約60社が周辺に進出する計画である。このうち、48社はUCSFから独立したベンチャー企業であり、またその他の企業も含めると、全米の生命医科学関連企業の3分の1がミッションベイ地区に集中する先端産業のクラスターが形成されることになる。またこれらに加え4,600台分の駐車施設がキャンパスに建設予定である。

一方、サンフランシスコ湾東側のバークレー市、エメリビル市、リッチモンド市など通称「イーストベイ」と呼ばれる都市圏エリアに目を向けると、全米有数規模のバイオ企業である「Chiron」「Bayer」などが他都市より移転して拠点を構えている他、専門性の高いバイオ技術

表2 ミッションベイ再開発事業計画

法定再開発事業地面積：126.79ha
全体開発事業者：
　カテラス社（Catellus Development Corp.）
　カリフォルニア大学サンフランシスコ校（UCSF）
　サンフランシスコ再開発公社（San Francisco Redevelopment Agency）
地域地区：法定再開発地区（サンフランシスコ市）
開発土地利用概要：
　1）UCSFミッションベイキャンパス
　　〈キャンパス敷地〉17.4ha
　　　内訳：Catellus社寄付 12.1ha
　　　　　　SF市寄付 5.3ha
　　〈施設計画イメージ〉
　　　・建物延べ床面積 24.6ha
　　　・公共オープンスペース 3.2ha
　　　・地区学校用地 0.9ha
　　　・キャンパスハウジング 335戸
　　　・コミュニティセンター、スポーツ施設等
　2）民間開発地区（500室のホテル、60社の民間バイオ関連企業、キャンパスハウジングを合わせて計6090戸の住宅開発。内1,700戸（28%）は中、低所得者向アフォーダブル住宅　ほか）
　3）小売・物販店舗
　4）公立学校、警察署、消防署、公園、コミュニティ施設　ほか

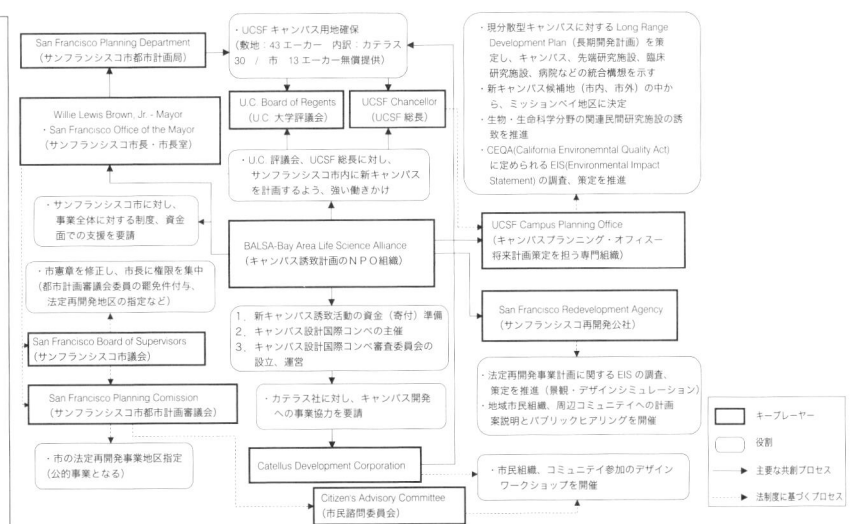

図2　ミッションベイプロジェクト　多様な計画・開発主体による「共創」の仕組みとキープレイヤーの役割

やノウハウを持つ中小規模の研究開発企業が集積して「イーストベイ・バイオテック・コリドール（バイオ産業集積地）」を形成している。これはインターステイトハイウェイ・I-80や空港の利便性に加えて、全米屈指の先端研究機関であるカリフォルニア大学バークレー校（UCバークレー）の研究資源やそれを担う優秀な人的資源を利活用する上での至近性のメリットによるものである。バークレー市では都心に立地するバイオ分野のNPO研究開発機関と合意を結び、新たな地域産業への技術支援や専門教育への人的貢献などを協働で促進していく取り組みを始めている。この事はUCSFミッションベイやUCバークレーなど研究型大学キャンパスがサンフランシスコ・ベイエリア全体の新しい産業を創出していく核となり、その周辺に大企業や高い専門性を持つ中小の民間機関のネットワークが形成され、そうした活動を自治体が協働で支援する新しい「共創」の地域再生の動きとして捉える事ができる。

ミッションベイの計画においても注目すべきは、こうした新しい研究拠点を核とした産業クラスターの形成が周辺市街地から孤立する存在ではなく、むしろ周辺の既成市街地と一体化したコミュニティとして発展させていく点ではないだろうか。そのため、まず学生や研究員、教員などUCSF関係者に加えて、進出する民間企業で働く人たちの日常的な生活や都市活動を支える様々な施設整備を民間事業者と協働で一体的に進めていく計画が作られた。

住宅開発については2004年までに335戸のキャンパスハウジングを建設し525人の学生を受け入れると共に、キャンパス周辺の民間事業と合わせると地区全体で6,090戸の住宅供給を計画している。この内1,700戸（28％）は中・低所得者向けの公的補助付き住宅（アフォーダブル住宅）である。アフォーダブル住宅の建設は、マスターディベロッパーであるサンフランシスコ再開発公社が公的資金を複数の非営利開発事業者（NPOディベロッパー）に提供し、これらNPOディベロッパーが個別の開発用地に建設していく方法で行われている。これには賃貸用と分譲用があり、いずれの場合も家賃あるいは分譲価格が民間市場価格より低く抑制され、所得の少ない若い世帯や一般的な給与所得の中間層など多様な属性の住民が共に暮らす事のできる都心コミュニティの実現に向けた事業上の工夫がなされていると言える。

4　地域と共有化する戦略的なデザインガイドライン

ミッションベイプロジェクトの中心となるUCSFの研究キャンパスと周辺市街地との調和的な連続性を実現するためには、物的(空間的)および機能的な計画指針となるデザインガイドラインの役割が非常に重要である。デザインガイドラインは多様な計画・事業主体が個々の利益、立場の相違を越えて共有化する将来の市街地像の実現に向け、空間計画の規範やその適用方法、運用例を示したデザイン指針である。従ってデザインガイドラインの役割は、個々の建築の個性や空間整備の特徴を活かしながら市街地全体としての方向付けを行っていく事業者、建築家相互の「共創」デザインの手法であり、時間をかけて漸進的に市街地空間の形成を進めていくために有効な方法である。

こうした意味でミッションベイの再開発事業及びUCSFキャンパス計画におけるデザインガイドラインでは、両者を空間的、機能的に連携させるための建物の配置、規模、形態などを規制・誘導するための指針に加え、都市の眺望景観や市街地のスカイラインをコントロールするための様々な指標が用いられる。これらの指標には、個々の建物の意匠に関するもの、高さや壁面位置の指定に関するもの、敷地内の広場など公共的屋外空間の設置に関するもの、オープンスペースやウォーターフロントなど公共空間へのアクセス性の確保に関するものなどがある。またキャンパス内外を具体的に連続させるオープンスペースの配置と計画はミッションベイの空間計画でも極めて重要な役割を担っている。このため周辺市街地との接点となる「プラザ」、キャンパス中央部で象徴的な空間となる「グリーン」、学生会館などと一体的にスポーツ・レクリエーションの拠点となる「コート」という3つの異なる機能と空間テーマを持つオープンスペースを設け、これを市街地と連続する街路計画と一体としてデザインしている。

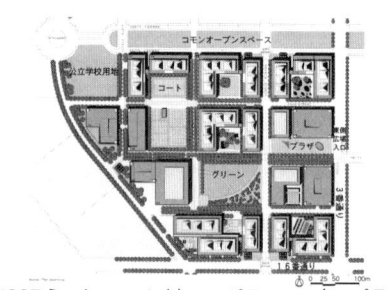

図3　UCSFミッションベイキャンパス　マスタープラン[*1]

5 「コミュニティ・タスクフォース」と持続的な地域再生のマネジメント

ミッションベイプロジェクトでは、先行して建設が進められているUCSFキャンパス内の研究棟やコミュニティセンター、住宅施設、駐車場などキャンパス施設全体の約半分以上にあたる24万6,000 m^{2}が既に完成し、まちの新しい住人である学生、研究員、教職員、また周辺市民などに利用され始めている。こうした中、UCSFはコミュニティ・アドバイザリー・グループ（CAG）と呼ばれる組織を設け、このグループをメンバーとしてキャンパス開発がプロジェクト地区全体や周辺市街地の環境と地域経済にどのような波及効果と影響を及ぼすのかを、地域コミュニティと協働で協議・検証・提案するミッションベイ「コミュニティ・タスクフォース」という活動を2007年9月より続けている。このタスクフォースは地元の近隣自治会、各種コミュニティ組織の代表者、CAGメンバー、市都市計画局、市港湾局、そして建設業協会など25名の多彩なメンバーと、その活動を専門的な技術面から支援するコンサルタントグループによって運営されている。

タスクフォースでは大きく分けて以下の8分野のテーマごとに検討・協議を進めている。

1) 市街地のアメニティ、公共サービス、防災・防犯
2) 建物意匠・デザイン、街並み
3) コミュニティ保全・活性化
4) 環境計画・保全・改善
5) 住宅計画・供給・管理運営
6) 人的資源、経済活性化
7) 土地利用、建物利用
8) 交通・サーキュレーション

このタスクフォースの活動成果は、1997年に採択され現在運用されているUCSFの長期整備開発計画（Long Range Development Plan: LRDP）の修正や、2011年の承認を目指して現在策定中の次期LRDPの計画指針として盛り込まれる重要な役割を担っている。すなわち、地域の住民やコミュニティ組織によるまちの再生へ向けた課題認識と将来計画の指針に関する提案が、研究拠点大学を核とした都心再生の実践的な計画、事業の戦略に反映される新しい地域マネジメントの仕組み、取り組みとして大きな意味を持つものである。

6 「共創」の都市づくり・デザインの視座

ミッションベイの都心再生事業とUCSFキャンパスの開発では、地域の再生と新しい都市活動の持続的な成長・発展が目指され、その実現のために多様な計画・事業主体による「共創」の都市づくりの仕組みがつくられた。いわば市民と地域社会に開かれた都市計画・開発事業のプロセスである。こうした仕組みが地域コミュニティの参加と協働を支え、専門家による計画支援の仕組みと技術面での効果的なアドバイスへと繋がったものと言えよう。研究型キャンパスを核とする生命医科学のコミュニティ形成という新たな都市再生は同時に市民、住民にとっての「新しい共創のまちづくり」へと結実したのである。このミッションベイプロジェクトが示唆する都市づくり・デザインの視座をまとめておきたい。

- 市民・地域社会・NPO・事業主体・自治体行政が継続して関与する計画と事業の仕組みと、それを支える制度、財源の工夫
- 大学の先端的研究資源を都心再生に活かす事業・計画主体の役割調整、分担と協働の明確化、非営利事業主体への公的な支援と利活用
- 都市基盤（道路、交通、街区ほか）、都市施設（公共施設）・民間施設（住宅、商業、ホテルほか）の開発整備へ向けた計画目標とガイドラインの共有化とマネジメント

このように、多様な主体による相補的、相乗的な協働の仕組みが地域社会の中に安定的に作られ、それを基に市民、住民、事業者が連携して新しいコミュニティづくりを実践する「共創」の都市づくりが実現できるのである。

◎注
 * 1　元図出典：U.C. San Francisco, Mission Bay Campus Master Plan & Design Guidelines, 1999

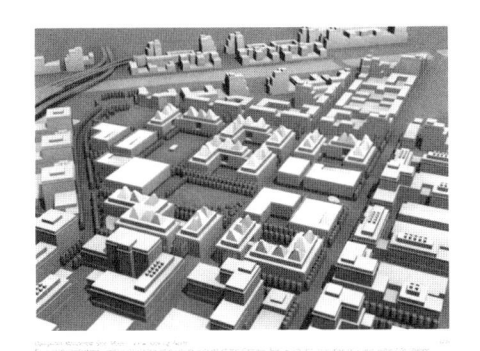

図4　UCSFミッションベイキャンパス　建物ボリューム・レイアウトのCGシュミレーション[*1]

4-3
都市再生プロジェクトにおける大学の新たな役割
〈英国ブラッドフォード市とブラッドフォード大学〉

小篠隆生（北海道大学大学院工学研究科）

1 ブラッドフォード市の現状

ブラッドフォード市は、イングランド北部の緩やかな丘陵地帯に位置し、周辺には、マンチェスター、リヴァプール、リーズ、シェフィールドといった50～130万人規模の大都市が40～50kmの距離に点在している。19世紀中頃より蒸気機関を活用した紡績、織布工業、特に毛織物工業が発展したが、1960年代以降の主力毛織物工業の不振によって、工業都市として発展してきた都市自体も衰退の一途を辿った。

1998年よりイギリス政府が進めた都市再生の動きの中で、地方都市が自ら組織を構築し、計画をつくりながら都市再生を進めている。ブラッドフォード市にもその推進役となる都市再生会社が設立され、計画づくりのプロセスが進行中である。また、市の基幹大学である、ブラッドフォード大学も地域とどのように連携するかを大学のマスタープランに盛り込んで、その実現のプロセスを進行させている。このように、大学、地域双方で連携・協働の模索が進行する過程で、大学をどのように利用して、また、都市と大学がどのように協働しながら事業を進めようとしているのかを見て行きたい[*1]。

2 大学が都市再生に協力する理由

1 HEFCEが戦略計画で強調する「第3の潮流」

イングランド高等教育助成評議会（HEFCE）は、主として英国イングランドの高等教育機関に対して資金交付等を行う機関である。その主な活動は、イングランド内の高等教育機関への教育・研究とその関連活動のための資金配分、高等教育の発展を支援するプログラムへの資金提供、大学やカレッジの財政・運営状況のモニター、資金提供先の教育の質の評価などである。

HEFCEの定めた戦略計画（Strategic Plan 2006-11）[文献1]

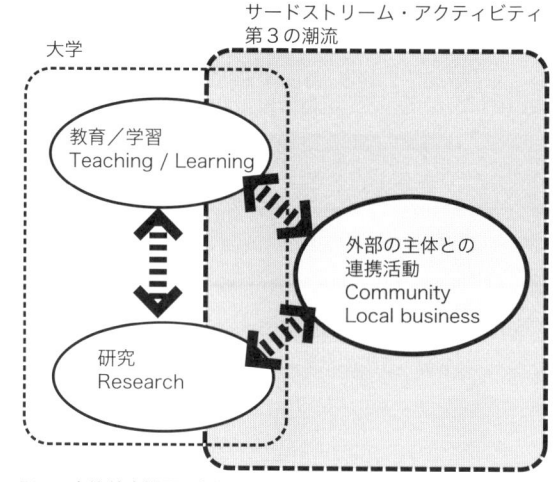

図1 高等教育機関の新たな活動の枠組み

に、彼らの役割として5つの項目が挙げられている。それは、①学習、教育の質の向上、②研究の質の向上、③公平な参加による教育機会の増大、④地域経済や地域コミュニティに対する協働の推進、⑤質の高い高等教育の持続的発展である。その中で、「地域経済や地域コミュニティに対する協働の推進」が重視されてきている。このように、教育、研究に次ぐ大学の第3の活動である企業やコミュニティとの連携活動に関する戦略をサードストリーム・アクティビティ（高等教育機関の新たな活動＝「第3の潮流」：以下、第3の潮流）と呼んでいる（図1）。これは、教育・研究を統合化し、地域経済と地域コミュニティを担う知識や技術を持った人材を育成していく活動である。この活動によって仕事を創り出し、富を蓄積できるポテンシャルを持たせ、人々の生活の質を改善し、地域社会と経済の再生を支援し、ひいては都市の価値を増大させようとする試みである。

「地域経済や地域コミュニティに対する協働の推進」の目標として、①第3の潮流のために長期的で適切な支援を保証すること。②すべての高等教育機関がそれぞれの使命に沿った持続的な方法で第3の潮流に相応しい活動

を構築すること。③地域の特徴的な大学との連携活動を促進させることによって教育・研究に幅広い利用者を引き込むこと。④諸外国の高等教育機関や学生・研究者とイングランドの大学相互が参加できる環境づくり。⑤企業やコミュニティと大学との連携活動の社会的側面を強調し、高等教育機関が持つ波及効果と利害関係者の理解と参加を促すこと。⑥市民参加の活動を支援・促進させるために、顕彰制度の開発を地域と共に行うこと。⑦第3の潮流の適切な活動に対して、効果的な財政支援や評価システムを考案し、利用すること。という7項目が掲げられている。

HEFCEは、このような方針に基づいて、第3の潮流に対する財政的支援を行っている。この時のターゲットは、特に地方に存在する中小規模のベンチャー企業と大学との交流である。公的性格が強い企業や創造型企業だけでなく、健康、教育といった社会サービスに関連する企業と大学との交流もターゲットに入っている。こうしたことを展開することによって、地域や地元の利害関係者との間に理解が進み協働関係が構築され、適切な社会サービスの提供による市民生活の向上や、地域の価値の向上が期待できる。このように大学が、地域コミュニティや環境整備の支援を様々な主体と連携しながら実現していく枠組みがつくられている。

2 大学の方針

このようなHEFCEの動きに対して、大学は、3年ごとにHEFCEに提出することになっている大学のマスタープランとも言える法人計画（Corporate Strategy 2004-2009）で大きな方針を示している[文献2]。

ブラッドフォード大学の法人計画は、図2に示す9つの方針が立てられた。この中で特に「多様なコミュニティの中での教育や活動」と「大学が地域コミュニティの核となること」については、大学が大学という法人単独での教育・研究にのみその役割を持つという認識ではなく、地域とどのように連携しながら持続的に発展するのかというHEFCEの第3の潮流に合致した方針となっている。

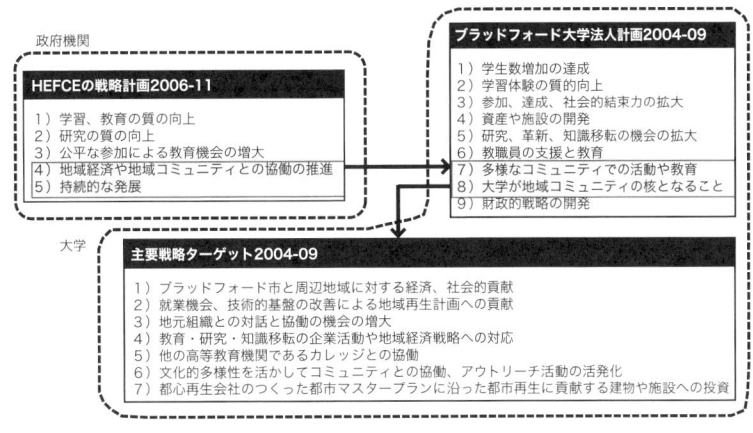

図2　イングランド高等教育助成評議会（HEFCE）と大学の計画的関連性

さらに法人計画を具体的に進めるために「主要ターゲット2004-2009」が定められている。これは、法人計画で示された方針を具体的な行動計画として示したものであるが、具体的に大学の新たな役割として認識された地域社会の再生につながる活動の展開を明確に示し、具体的なアクションを起こそうとしている。特に、ブラッドフォード市と都市再生会社が進めている都心部再生のためのマスタープランに連動させるように、具体的に大学の施設の改善や新築、さらには、都市側のプロジェクトに対して投資して、都市再生の計画に参加していこうとする大学の発展戦略と都市戦略との相互連携の状況が示されている。

このように大学が企業や地域コミュニティとの連携を強めて、都市再生に大きく貢献するためにつくられたプロジェクトが、「エコバーシティ2003-2013」である[文献3]（図3）。エコバーシティ（Ecoversity）というモデルは、環境、経済、社会、教育の4つの要素を関連づけることによって地域を再生するための新たな創造が達成されるもので、都市・地域総体として多様な分野が連動した新たな好循環を創り出し、発展を目指す都市再生の理念に大学という組織やそこで行われる活動を位置づけたコンセプトである。4つの要素の関係は図3のとおりになる。

中心市街地の衰退や基幹産業の不振などによる疲弊した地域経済を発展させるために、エコバーシティ・モデルでは、生涯資金を賄うことが可能な職業を提供し、大学と起業家との提携を支援するために起業家と大学双方の持つ技術を見せるショーケースをつくる。そこは、大学を卒業したばかりの人々にとってその初期段階に相応しい職住近接の環境になっており、ベンチャービジネス

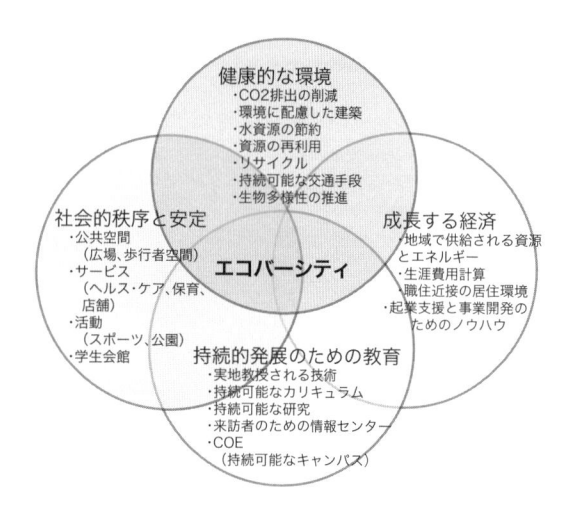

図3 エコバーシティの概念

図4 都心部再生マスタープラン

に取り組み、それを成長させていくことが見込まれる大学と都市の機能が複合化した空間となっている。

創り出される空間は、社会的秩序と安定をもたらすように歩行者優先の公共空間整備、文化的・健康的な活動を保証し、学生に対しては、普段の生活の中での居場所となるような空間を提供する。家族向けの居住施設も整備し、地域コミュニティが参加できる中心的な拠点を創り出す。

具体的施設整備計画には、様々な環境配慮技術、自動車交通量の削減を含んだ持続的交通計画や生物多様性の向上といった環境マネジメントなどの技術が採用される。

このようにして創られる空間は、サスティナブル・キャンパスとして、世界水準の研究教育拠点を形成するために、研究水準の向上と世界をリードする創造的な人材育成を図ることを可能にする重点的な支援が行われる。持続可能な生活を実地に体験し、その技術を学び、持続可能な発展に関する教育が行われる。同時並行して持続可能な発展に対する先端的な研究も展開され、同様な方向性を持つ様々な企業が集積し、技術の開発や情報交流が行われるセンター的な役割を果たす。

このように、環境、経済、社会といった要素の再生と大学の教育を関連させながら、持続的発展のモデルを示そうとするもので、現在計画されている学生ビレッジ（6万9,000 m²、1,000戸）には、持続可能性についての学習や環境に配慮した生活を実際に行うという地域の生活環境を環境配慮型に再生させることを意図した大学と地域の協働プログラムが盛り込まれている。

学生ビレッジのプロジェクトは、2006年6月にプロジェクトのマスタープランが完成し、2008年6月現在、建設中である。また、2006年8月には、大学はHEFCEより約6億5,400万円の持続的発展に関する教育基金の配分を受け、まさにハードとソフト、そして4つの要素が関連しながら展開するエコバーシティが少しずつ具体化しつつある。

3 都市再生における大学の役割

❶都市再生の動き

このような大学の動きの中で、ブラッドフォード市は現在都心で進めている大規模な都市再生の動きに対して、大学を大きく位置づけている。

それは、イングランドの都市再生に大きな役割を果たしている都市再生会社[*2]と大学との関係より理解することができる。

都市再生会社は、市、地域開発公社（Regional Development Agency：RDA）[*3]、イングリッシュ・パートナーシップ[*4]、という3つの支援母体との間にパートナーシップを形成して運営されており、各自治体の都市再生策を示す地域経済戦略計画を実現するための事業の組み立てと推進を役割としている。そのために、対象地域全体の都市再生のためのマスタープランを作成する。計画内容は、定住人口増、雇用創出、経済復興、生活・ビジネス環境の向上、民間投資の誘引等を目標に、工場跡地再

表1 ヴァレー地区再生プロジェクトの取り組み体制

戦略テーマ	内容	間(年)	財源	責任主体	協働主体
都市居住	1. ゴーイットサイド・アーバンビレッジ：サンブリッジ・ロードの北側につくられる居住地区	1-10	ディベロッパー	ブラッドフォード都心再生会社	ブラッドフォード・公共住宅・トラスト／ディベロッパー
	2. リスターゲート：ガスワークス地区にできるランドマーク的な住宅地区	2-10	ディベロッパー	ブラッドフォード都心再生会社	ディベロッパー／大学／ブラッドフォード市
	3. ウエストホーム・ストリート：水路沿いの住宅開発。コンベンションと新築を含む	1-3	ディベロッパー	ブラッドフォード都心再生会社	ディベロッパー／カレッジ／ブラッドフォード市
	4. ヴァレー・コート：スロントン・ロード沿いのランドスケープを配慮した一連の住宅群	5-10	ディベロッパー	ブラッドフォード都心再生会社	ディベロッパー
創造と情報	5. ジ・アーク：サンブリッジ・ロードに創造的・芸術的空間を設ける	2-4	ブラッドフォード都心再生会社／ディベロッパー	ブラッドフォード都心再生会社	芸術関連団体
	6. ナレッジ：知識・情報企業の起業化のための最初の建物群	3-5	ブラッドフォード都心再生会社／大学	ブラッドフォード都心再生会社	大学
	7. フォーマー・アレキサンドラ・ホテル：ブラッドフォード・カレッジのための新しい建物	2-4	カレッジ	カレッジ	ブラッドフォード都心再生会社／ブラッドフォード市
	8. ブラッドフォード・サイエンスパーク：以前のガス工場の西側部分にできる都心型サイエンス・パーク	4-10	大学／ディベロッパー	ブラッドフォード都心再生会社	ディベロッパー／ブラッドフォード市／大学
生活の舞台となるランドスケープ	9. ベックサイド・パーク：ベックに沿った線状の公園づくり	2-10	ブラッドフォード都心再生会社／ディベロッパー	ブラッドフォード都心再生会社	ブラッドフォード市／ディベロッパー
	10. オーチャード・スクエア：スロントン・ロードの西端にできる新しいゲートウエイとなる広場	1-3	ブラッドフォード都心再生会社／ディベロッパー	ブラッドフォード都心再生会社	ブラッドフォード市
	11. ゴーイットサイド・コート：ゴーイットに沿った一連の親近感のある中庭	2-5	ブラッドフォード都心再生会社／ディベロッパー	ブラッドフォード都心再生会社	ブラッドフォード市
	12. アーバンビレッジ・グリーン：アーバンビレッジの中心部にくる新しい公共空間	3-5	ブラッドフォード都心再生会社／ディベロッパー	ブラッドフォード都心再生会社	ブラッドフォード市
質の高い街路空間	13. ソロントン・ロード・ブールバール：魅力的な街路樹のある広幅員道路	3-6	ブラッドフォード市／ディベロッパー	ブラッドフォード市	高速道路庁
	14. パラダイス・ストリート：ダウンタウン・ロードからソロントン・ロードにかけてつくられる新しい道路	3-7	ブラッドフォード市／ディベロッパー	ブラッドフォード市	高速道路庁
	15. サンブリッジ・ロード：サンブリッジ・ロードに沿った公共空間領域の改善	1-3	ブラッドフォード都心再生会社	ブラッドフォード都心再生会社	
	16. クロス・ヴァレー・ルート：南北の道路の環境配慮型の改善	2-5	ブラッドフォード都心再生会社	ブラッドフォード都心再生会社	ブラッドフォード市

生、土地開発、住宅整備、文化・産業施設整備、交通環境改善、公共空間整備等に及ぶものである。

ブラッドフォードの都市再生会社は、ブラッドフォード都心再生会社(Bradford Centre Regeneration)という名称であり、2003年2月に設立された。その目的は、ブラッドフォードの都心部の持続的な再生を促進することである。具体的には、①都心部を北部イングランドの著名な中心地に変える、②投資家の信用を促す、③都心部の経済の多様化と発展、④ブラッドフォードの人々の雇用機会の創出、⑤交通、駐車場、道路ネットワークを改善、⑥安全で楽しい都心を創出する先行事例となることが挙げられている。そして、2004年には「ブラッドフォード都心部再生マスタープラン」[文献4]を策定し、都心部再生の全体像とイメージを明らかにしている（図4）。

2 都心部再生マスタープランにおける大学の位置づけ

都心部再生マスタープランは、都心部の公共空間としての質を高め、都心での様々な活動を担保する空間を再編成するという全体の方向性と、都心部を4つの地区に分け、それぞれの地区の性格づけを行って具体的な空間イメージを示している[文献5]。この計画対象エリアに大学キャンパスも含まれている。

特に4つの地区のひとつであるヴァレー地区の再生計画では、大学が重要な鍵を握っている。リスターゲート、ナレッジ、ブラッドフォード・サイエンスパークという3つのプロジェクトは、都市再生会社、大学、民間企業、市の協働で行われるプロジェクトである。

リスターゲートは、大学キャンパスに隣接しており、また、大学側の進めているリスターヒルズ学生ビレッジにも隣接している。この学生ビレッジは、大学側が前述のエコバーシティで位置づけたプロジェクトであり、学生用居住施設、住居、健康センター、オフィス、ホテルが立地する複合開発プロジェクトである。

この学生ビレッジのプロジェクトと内容的な連携をとっているリスターゲート・プロジェクトは、隣接する大学やサイエンスパーク周辺に立地する知識集積型企業に従事する人々をターゲットとした高品質の住宅開発プロジェクトである。財源は民間主導で、ディベロッパー、大学、ブラッドフォード市が協働して事業を進める。事業期間は、2年から10年を目処としている（表1）。

ブラッドフォード・サイエンスパークは、イギリス初の都心に立地するサイエンスパークであり、ブラッドフォード大学の学部等から出た研究を企業のノウハウを入れながら発展させるためのものである。大小の生産、研

究施設とオフィス、さらに住居を組み合わせた開発メニューが特徴である。財源は、大学とディベロッパーが出資し、ディベロッパー、ブラッドフォード市、大学が協働して事業推進を行う。

このように都心部再生マスタープランでは、リスターゲート・プロジェクトのように都市側で行うプロジェクトに相乗効果を持たせるために、大学自体が主体的に進めているプロジェクトとの関連をつくり、また、サイエンスパークのように大学が事業主体のものに民間企業や行政が参加・協働していくといったかたちで、大学が持っているポテンシャルを利用して都心の再生に結びつけていこうとしていることがわかる。

4　都市と大学の協働的な計画づくり

現在は、行政による新たな地域開発フレームワークに都心部再生マスタープランを位置づけるために、都心部アクションプランの検討が行政の手で行われている。この都心部アクションプランは、都市再生会社がつくった都心部再生マスタープランと4つの地区の計画を統合したものを実行するための基盤をつくりだすものである。また、計画を実行するためのプロセスの1つである戦略的環境アセスメントが要求する持続性の評価をするためという理由も含まれている。

その中で、高等教育という章を設け、都心部の空間的な目標像を定めるための項目を提示している。そこでは、大学やカレッジを都心の必要不可欠の部分を構成し、キャンパスの空間的向上を目指すことを目標としているものと位置づけている。

さらに開発規制の方針を記述した法定都市計画の基本文書であるディベロップメント・プランの変更について「高等教育キャンパスゾーン」を設定している。ここで、ブラッドフォード大学とブラッドフォードカレッジは、都心再生への貢献と、教育・研究利用の両立ができるように土地利用の許可を行うこととしている。許可される土地利用は、教育、学生用居住、業務、レクリエーション施設と付属的な駐車場である。

このように行政は、行政の計画的な手続きを着実に進めながら、大学キャンパスの位置づけとその周辺で実施あるいは計画されている都市再生プロジェクトを行政の都市計画としても位置づけようとしている。

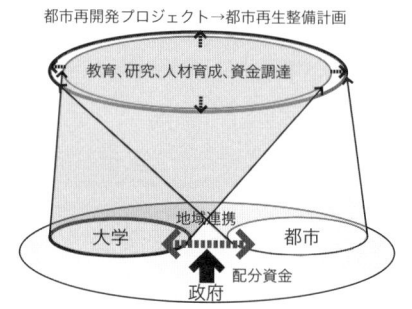

図5　都市と大学の相補的マネジメント

5　都市と大学の相補的マネジメント

これまでにみたように、大学側は、大学の発展を目標とした経営戦略として、政府からの配分資金の獲得を目指し、その戦略のひとつに地域連携を大きく取り込んで、大学キャンパスの施設や環境整備を行っている。一方で、都市側は、喫緊の課題である都心部再生において、物的資源としての大学キャンパス空間を重視し、また大学という主体が持つ教育、研究、人材育成、資金調達といった力を都市再生の原動力として積極的に活用し、大学の施設・環境整備と連動した都市再開発のプロジェクトを都心部再生整備の計画に位置づけ、実施している。

このように、それぞれの目的に対して双方がお互いをうまく利用して最大限の効果を生もうという考え方が、大学が持つもうひとつ新しい役割の可能性と、都市と大学が共生する有り様を鮮明に私たちに示している（図5）。

◎注
* 1　本稿の内容は、日本建築学会キャンパス計画小委員会によるイギリス調査（2006年10月実施）において、現地での関係者ヒアリングによって得られた情報に、筆者の調査を加えたものである。
* 2　都市再生会社を設立するにあたっては、3つのパイロットプロジェクトが、リヴァプール、マンチェスター、シェフィールドに1999～2000年にかけて実施された。
* 3　中央政府によって設立され、地域における戦略的経済開発の先導を行い資金を供給する。
* 4　土地、建物の再整備という役割だけでなく、コミュニティの再生のため、中央政府との調整役の役割を担う。

◎参考文献
1) HEFCE;Strategic plan 2006-11,Updated April 2007
2) University of Bradford; Corporate Strategy 2004-2009
3) University of Bradford; Campus Master Plan and Ecoversity 2003-2013
4) Bradford Cenetre Regeneration; Bradfored Centere Regeneration Masterplan
5) Bradford Cenetre Regeneration; Valley Neighbourhood Development Framework

4-4
創造都市を推進する国際的研究教育拠点を目指して
〈大阪市と大阪市立大学〉

佐々木雅幸（大阪市立大学創造都市研究科）

　大阪市立大学大学院・創造都市研究科は2003年4月に開設された新しいタイプの研究教育機関であり、その教育内容も従来の日本の大学院にない斬新でユニークなものとなっている。

1　「創造都市」をキーコンセプトにした社会人向け大学院

　創造都市研究科の特色の第1は「創造都市」という新しい都市理念・モデルをキーコンセプトに掲げた世界最初の大学院であるという点にある。

　「創造都市」とは21世紀の都市モデルとして欧米で注目を集める新しい概念であり、「市民の創造活動の自由な発揮に基づいて、文化と産業における創造性に富み、同時に、脱大量生産の革新的で柔軟な都市経済システムを備え、グローバルな環境問題や、あるいはローカルな地域社会の課題に対して、創造的問題解決を行えるような『創造の場』に富んだ都市」のことである。

　その代表的なモデルとしては、イタリアのボローニャやスペインのバルセロナ、カナダのモントリオールなどが挙げられる。これらの都市に共通する特徴は、第1に現代芸術が町中に満ちあふれ、市民が存分にそれを愉しんでおり、芸術創造のエネルギーが過去から現在まで脈々と続いていることである。第2に、芸術文化の創造性を産業に活かした創造産業群の発展が都市経済の新たなエンジンになり、雇用と富とを生み出し、独特の美しい都市景観とあいまって、文化観光の分野も好調である。第3に、市民の自治意識の高さである。市民の「対話の広場」が無数に形成されて、さまざまな思想の人たちが語り合う「騒々しい都市」でもある。第4に、世界的な貧富の格差拡大、文明間の対立の深化などグローバル化のもたらす負の側面を緩和するための行動や人類普遍の価値を創り出す都市である。前世紀末から注目を集めたニューヨークや東京に代表される「世界都市」がバブル崩壊と9・11の惨劇によって見直しを迫られる中、都市再生の有力なモデルとして浮かび上がってきたものである。

　全国1高い失業率とホームレス・ピープルの急増、相次ぐ大規模工場の海外移転と大企業本社機能の東京への流出など経済状況が悪化の一途をたどり、「世界都市」を夢見て建設されたワールドトレードセンターなど第3セクターの債務超過問題など都市財政も火の車で、日本最初の大都市衰退現象に陥っているかにみえる関西や大阪の大都市圏を、どうすれば再生できるのか？　従来のように財政資金による大型公共事業に頼る以外にどのような道があるのか？　今まさに、「世界都市」から「創造都市」への都市像の転換が求められている。

　それゆえ、「関西大都市圏を創造都市に転換する」ための指導的人材と政策立案のできる専門家を養成しようというのが創造都市研究科の基本理念であり、創造都市実現のための「知の拠点」となることをめざしている。

　そもそも、大阪市立大学設立の理念は、「優れた人材の育成と真理の探究という大学としての普遍的な使命を果たすとともに、人とその活動が集積する都市を学問創造の場としてとらえ、都市の諸問題に知恵を結集して正面から取り組み、その成果を都市と市民に還元することにより、地域社会ひいては国際社会の発展に寄与する、市民の誇りとなる大学をめざす」ことであり、この理念のもとに設立されたのが本研究科である。

　さらに、2006年4月には、国際的な都市研究の拠点として、都市研究プラザが設立され、2007年には文部科学省より、グローバルCOEとして選定され「文化創造と社会的包摂に向けた都市の再構築」をテーマに世界水準の都市研究を進める体制を整えている。都市・大阪の再創造を通じて新しい都市研究の波を世界に発信するためのプラット・フォームとなることが期待されており、まさに、ローカルな研究教育をグローバルな視点から展開しようとするものである。

写真1　都市政策専攻都市経済政策研究分野の募集案内
(http://www.gscc.osaka-cu.ac.jp/ より)

表1　大学院創造都市研究科修士課程の専攻と分野構成

専攻と研究分野
◎都市ビジネス専攻
1.アントレプレナーシップ研究分野
2.システム・ソリューション研究分野
3.アジア・ビジネス研究分野
◎都市政策専攻
4.都市経済政策研究分野
5.都市公共政策研究分野
6.都市共生社会研究分野
◎都市情報学専攻
7.知識情報基盤研究分野
8.情報システム創成研究分野

　特色の第2は、真に「社会人のために設計された大学院」であることである。

　近年、いわゆる「社会人向け」大学院が雨後の竹の子のごとく東京や大阪の都心に相次いで新設されているが、その多くは、既存大学(学部)や大学院の定員の一部を振り分けて「社会人向け」コースを準備している場合がほとんどであり、社会人「専用」に設計されたものとはなっていない。そのような場合、教育体系や授業時間など社会人のニーズに合致したものとは言い難い。

　しかしながら、本研究科は最初から「社会人のために設計された」大学院であり、約40名の専任教員で発足し、修士定員120名、博士定員10名の「社会人のための大学院」としては国内有数の規模の教育機関である。仕事を持った社会人院生が勉学しやすいように、授業は平日（週2日）夜間と土曜日で必要単位が修得でき、大阪・梅田の駅前第2ビル（JR大阪駅から歩いて6分）の専用教室を使用するので、午後6時半の授業開始時間に大阪府内はもちろん、京都市や神戸市からも退社後、駆けつけることができる。入学試験においても、出願資格として一般選抜では概ね3年の実務経験を必要とすることを明記しており、社会人が受験しやすいように実務実績報告書と研究計画に基づき面接試験を実施している。

2　創造都市の担い手養成を目標に掲げる大学院

　創造都市研究科、とりわけ修士課程の特徴は表1のような創造都市を実現するための3専攻、すなわち、都市ビジネス、都市政策、都市情報学の各専攻に、8の研究分野がおかれ、それぞれの人材養成目標を明確にしていることである。

　たとえば、筆者の担当する都市経済政策研究分野の人材養成目標は「新産業や新文化の育成など都市本来の機能が発揮される創造的都市圏創出のため、都市のあるべき姿を構想し、社会に提案できるオピニオン・リーダーを養成する」ことにおかれ、対象とする院生像としては地方自治体・地方議会・シンクタンク・経済団体、さらにはマスコミやジャーナリズムなどで活躍する人々を想定している。

　実際にこれまで、大阪市・神戸市・京都市・奈良市・堺市・大津市や大阪府下の衛星都市などから自治体職員、東大阪市・尼崎市などから市長経験者や市会議員、大阪や京都の商工会議所やリサーチパークの職員、関西圏で活動するシンクタンクや非営利組織の職員、そして新聞社や放送局などで活躍するジャーナリストなどが院生として入学している。年齢は20歳代後半から60歳代まで広範囲にわたり、実務経験も5年前後から20年以上まで幅広いものとなっており、極めて多様性のある集団を形成している。このため相互のコミュニケーションとネッ

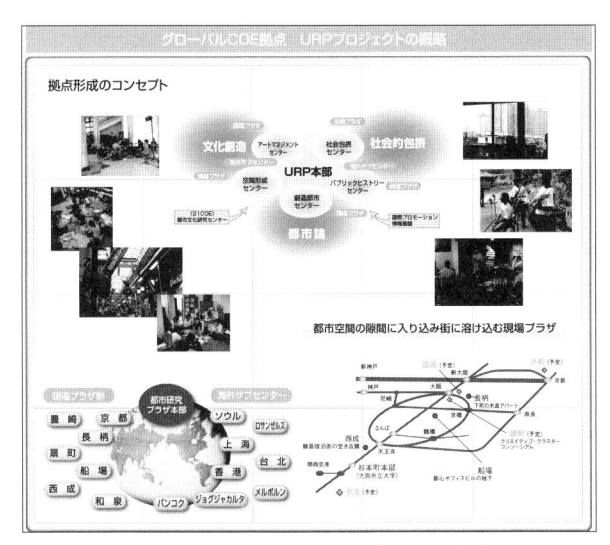

写真2 グローバルCOE拠点　URPプロジェクトの概略
(http://www.gscc.osaka-cu.ac.jp/ より)

トワークの形成それ自体が、都市再生のための新しい知を創出する雰囲気に満ちた「創造の場」となる可能性を秘めている。

都市経済政策研究分野の講義科目としては、基礎科目として「都市経済入門」や「ミクロ経済論・公共経済学」、中核科目として「都市経済論」や「創造都市論」「ベンチャー経済論」、探求科目として「中小企業論」「不動産経済論」、さらには「東大阪地域経済論」など、都市経済政策に関する全般的知識がバランスよく配置されている。

また、同じ都市政策専攻に属し、隣接する都市公共政策研究分野の講義科目は中核科目に「都市計画論」や「行政評価論」「政策形成論」、探求科目に「都市住宅政策」「都市財政論」などを置いており、また、都市共生社会研究分野の講義科目には、「NPO論」「NPOマネジメント」「多元社会論」などがあり、希望に応じてこれらの科目も受講できるよう柔軟性を持たせている。

以上から伺い知れるように、創造都市研究科は工学系のハード主体の都市計画ではなく、創造都市の実現をめざす、社会・経済・情報系のソフトな都市政策の教育体系となっている点が特徴である。

3　ワークショップによる「実践的知」の形成

創造都市研究科の授業の中でもっとも特色あるものは最前線で活躍する現場の専門家を招いたワークショップ

表2　都市経済政策研究分野ワークショップ（2003年度）

第1回	大蓮寺應典院住職・秋田光彦氏 NPO 寺院と大阪・上町のまちづくり
第2回	西陣町家倶楽部事務局長・小針剛氏 京都・西陣の町家再生とまちづくり
第3回	大阪市都市協会事業本部長・山崎茂樹氏 大阪市の文化政策
第4回	NPO法人ダンスボックス代表・大谷燠氏 アーツパーク事業（フェスティバルゲート）とまちづくり
第5回	アートコンプレックス1928プロデューサー・小原啓渡氏 名村アートミーティングと三条明かり景色プロジェクト
第6回	京都府立大学助教授・宗田好史氏 京都町家再生プロジェクトについて
第7回	中間まとめ
第8回	アドック神戸事務局長・栄敏充氏 神戸における中小企業ネットワーク
第9回	近畿経済産業局産業クラスター計画推進室長・竹中篤氏 近畿におけるクラスター振興
第10回	日本福祉大学経済学部助教授 中村智彦氏・地域経済活性化と中小企業
第11回	大阪市都市型産業振興センター・メビック扇町 所長補佐・山納洋氏 OMSと扇町のまちづくり
第12回	サントリー次世代研究所部長・佐藤友美子氏 文化によるまちづくり
第13回	アルパック副社長／大阪所長・杉原五郎氏 大阪湾ベイエリアの再生プランを考える
第14回	まとめ

※役職・肩書きは当時

にある。

毎回、当該分野の第一人者をゲスト講師に招いて、今、焦点となっている問題とは何か？　それについてどのように考えているのか？　約1時間の講義の後、院生と担当教員を含めて講師と1時間の討論を行い、最後の1時間は院生と担当教員とでさらに討論を続けるという内容で、徹底的に討論を尽くすことによって、政策現場に必要な「実践的知」の形成をめざしている。

たとえば、都市経済政策研究分野のワークショップは表2のように大阪・京都・神戸など自治体の経済政策や文化政策担当者やまちづくりや文化NPOの実践的指導者、さらにはシンクタンクや研究機関の代表者など、多様なテーマで魅力的な講師が並んでいる。

予定時間内では話が終わらない場合には、教室から出て酒盃を傾けながら討論の延長を続ける熱心な講師も出てくるが、幸い、大学院の教室がキタの歓楽街に立地しているため、かえって院生や講師には好評である。これも社会人大学院の楽しみ方であろう。

4　大学院生の多様な自主的研究会活動の展開

　本研究科のような社会人大学院の特徴の1つは、院生自身の社会経験が豊かで、それぞれの分野の専門家であるという点であろう。本来の仕事を持っているため、勉学に割ける時間は相対的に少ないが、本人の研究関心が明瞭に絞られている場合には、テーマごとに自主的に研究会を組織して院生交互に講師役を演じながら「自学自習」する能力を持っている。

　都市経済政策研究分野の場合、夏休みの期間に都市論の古典として有名なルイス・マンフォードの『都市の文化』、ジェイン・ジェーコブズ『都市の経済学』を自主的に輪読する「都市論研究会」が組織されたのを皮切りに、ワークショップのゲスト講師として招いた大阪のNPO寺院である應典院住職、秋田光彦氏より依頼されて具体的なフィールドでまちづくりコラボレーションをすすめる「まちづくりNPO研究会」、東大阪市や八尾市など中小企業の産業集積地域におけるフィールド調査をしながら都市政策を研究する「ものづくりはまちづくり研究会」、大阪市内の空き倉庫や小学校跡地を活用した芸術文化による都市再生を研究する「アートのまちづくり研究会」、ロボット産業を都市再生の戦略産業として政策研究する「ロボテク創造都市研究会」、東アジアと関西に共通する都市問題をグローバルに研究する「東アジアと関西のまちづくり研究会」そして不動産の再活用を軸に都市再生を研究する「都市再生研究会」の7つの研究会が誕生した。このように大学院の本来の教育体系を横軸にし、それに院生の自主研究会を縦軸にしながら進めることで、院生の研究能力が一層上がるものと思われる。

5　多様な「創造の場」から「創造の渦」へ

　創造都市研究科の大きな課題として、年齢も、分野も、バックグラウンドも異なる多様な院生集団の研究関心にどのように応えて、創造都市研究を深めていくのかという点が挙げられる。

　筆者が指導している院生の研究テーマは以下のように4グループに分類できる。
(1) 創造都市や創造産業にかかわるグループ－「知のプロデューサーと創造の場」「創造的生活都市－尼崎の都市再生」「モントリオールの創造的都市戦略」「クリエイティブ・コンテンツ・カンパニー」など。

　この中から、市会議員として活躍する方、衛星都市の文化政策審議会座長として政策形成に貢献する方、あるいは、世界を股に掛けて創造産業の現場で活躍する方々が生まれている。
(2) 大阪の都市再生にかかわるグループ－「芸術文化による大阪の再生」「水都・大阪の再生」「大阪における文化創造型コミュニティビジネスの可能性」など。

　この中には、在野のジャーナリストや大手ゼネコンで働きながら市民運動で活躍する方、商工会議所などでコミュニティビジネス支援スキームを立案する方などがいる。
(3) まちづくりと文化政策にかかわるグループ－「公立文化ホールの新しい展開とまちづくり」「アーティストインレジデンスと地域づくり」「障害者とアートによる自律のための社会環境」など。

　この中には、衛星都市の文化ホールのマネージャーや、文化専門雑誌のライター、アートマネージャーとして活躍中の方々がいる。
(4) 地域産業政策にかかわるグループ－「地域経済政策と創造都市論」「産業クラスターに関わる高度専門支援人材の役割」「東大阪の中小企業活性化」など。

　この中には、東大阪の市長に返り咲いた方、衛星都市の産業政策の担当者として活躍する方、マスコミの最前線で活躍中の方々などがいる。

　このように、創造都市研究科には現在、大企業やベンチャービジネス、NPO、そして、都市行政、市民活動、文化運動といった様々な「創造の場」で活躍している約300名が在学しており、相互の出会いや交流も分野を越えて多様に展開されており、その成果が研究や日常の仕事に活かされている。既に卒業した社会人達500名もネットワークを作って在学生との交流が始まり、新たな事業の創造や既存組織の革新によって、衰退する大阪・関西を創造的な大都市圏に転換する「創造の渦」が巻き起ころうとしている。

　その具体的な展開として、筆者は卒業生・在学生とともに、大阪を市民の手で草の根から「創造都市」に作りかえる思いをもって、*Creative Café* という対話の場を2006年4月から開始した。大都市・大阪の隅々で同じような思いを共有している人々が、創造性あふれる会場で、自由闊達な対話を繰り返すことが重要だと考え、あちこ

金沢市では市立美術工芸大学の教員と学生・院生がアートによる商店街の再生に、横浜では市立大学が旧歓楽街のまちづくりに、そして、札幌では新設の市立大学がデザインや創造産業の担い手づくりに貢献しており、この波は全国に広がろうとしている。

写真3　大阪創造都市市民会議の模様 (写真提供：Asa（ATOM 企画）)

ちに点在する、「創造の場」を緩やかなネットワークに紡いで「創造の渦」を作り出すことが一人一人に活力を呼び覚まし、病の床から大阪を救い出すことにつながるに違いないと考えたからである。幸いにして、多くの市民の参加と協力を得ることになり、「創造の場」が「創造の渦」へと広がり始めた。ここで、大阪を創造都市に転換するための熱い討論が展開されて、創造都市市民会議の立ち上げが決まり、2007年7月、中ノ島公会堂において創造都市市民会議（愛称：クリエイティブ大阪）の設立総会が開かれた。創造都市政策を持続的に進めるためには、行政の取り組みのみでは不可能であり、経済界・NPO団体など広範な市民が参加して、「創造の渦」を巻き起こすことこそ、緊急に求められるものであるとの認識から100名を越える市民が集ったのである。

6　ひろがる人材養成をめざす大学の試み

以上のような創造都市のための人材養成をめざす大学の試みは、金沢市や横浜市、札幌市でも展開されている。

5章
担い手を育成するプログラム

5章のねらい

上野　武（千葉大学キャンパス整備企画室）

1　大学が関わる新たな地域人材育成プログラム

　まちづくりや地域の再生プロジェクトに参画する大学にとって教育研究上の目的設定は欠かせない。地域の切実な課題に実践的に取り組むことで、地域のニーズに応じた人材を輩出し、またそれによって大学としての個性を作り出そうとする動きが始まっている。さらに、地域と大学双方の改革・再生の目的・目標を一致させて、まちづくりやその担い手育成を連動させる体制をつくりあげている地域と大学もある。本章では、先進事例を通して、まちづくりの担い手を地域と大学が連携・協働して育成するプログラムや体制について、「市民や学生の自立を促すプログラム」「まちづくり専門家を養成するプログラム」「まちぐるみの担い手育成プログラム」という3つのテーマに焦点を絞って考えていく。括弧内の番号は本章の事例番号に対応している。

2　育成プログラムの3テーマ

1）市民や学生の自立を促すプログラム（5-1、5-2、5-3）

　鳥取県智頭町の取り組み（5-1）は、大学人の個人的な参画に端を発して、集落が築きあげてきた自律的なまちづくりの基盤や仕組みを住民が自ら再認識し、地域の福祉システムの構築にまで至った事例である。その中では、大学研究者個人レベルではなく、組織としての大学との持続的連携の難しさも指摘されている。

　山形大学エリアキャンパスもがみ（5-2）は、実際の大学キャンパスと離れた、広域の農山村過疎地域を仮想のキャンパスに見立て、地域課題に即した教育プログラムを実践し、成果を上げるまでに至った事例であり、今後の地方大学のあり方を示唆する取り組みである。

　学生まちづくり組織の動向と今後の展望（5-3）では、全国都市再生まちづくり会議に参加した各地の学生まちづくり組織の活動を紹介し、組織生成過程の違いに着目して、活動体制や組織持続手法の比較分析を行っている。

これら3事例によって、それぞれの着眼点は異なっているものの、市民や学生が自立的にまちづくりに関わっていくためには、大学（大学人）が持つ中立的・客観的な視点やアプローチの必要性と、地域が大学と連携協働する意義を再確認することができるだろう。一方で、マネジメント体制の不備など、組織としての大学が持つ課題も浮かび上がってくる。

2）まちづくり専門家を養成する連携プログラム(5-4、5-5)

銀座商店街の取り組み（5-4）は、複数大学の学生による街の調査やデザイン提案や研究の積み重ねの中から、地域関係者のまちづくりに対する関心を引き出し、うねりを創出している事例である。学生にとっては共通の対象や課題の中にも、異なる視点や解決方法があることを発見する契機にもなっている。大学の教育カリキュラムや専門領域の垣根を越えた専門家の卵の育成と、まちづくりの実践を両立した仕組みづくりを実践している好例である。

滋賀県立大学の地域連携教育プログラム（5-5）は、地域が抱える課題や地域資源を教材にして、自治体関係者や民間企業、地域、NPOと連携しながら次世代のまちづくり専門家「コミュニティ・アーキテクト」を養成しようとするまでに至った画期的な事例である。

この2事例は、大学は実践的教育プログラムとしての効果だけを求めるのでなく、地域の評価を分析し、プログラムの問題点を地域と共に明らかにしながら次のステップへとつなげていく、スパイラルアップの姿勢を持つ必要があることを気づかせてくれる。

3）まちぐるみで取り組む担い手育成プログラム(5-6、5-7)

まちづくりの担い手となる人材の育成を、大学のアカデミックプランとして掲げている2つの大学について焦点を当てる。我が国における新しい大学運営の形態である公設民営の東北公益文科大学（5-6）と、米国オレゴン州のレーン・コミュニティカレッジ（5-7）である。

東北公益文科大学の事例では、高等教育を核にした地域再生戦略として設置された公設民営大学の使命や、地域との連携によってこれまでの大学教育からどう脱皮しようとしたのかを紹介する。さらに、地域は大学をどう受け入れ、どう変化しつつあるのかについて現在の成果にふれながら論じていく。

次の事例では、全米でも意欲的な取り組みを行っているレーン・コミュニティカレッジの社会的位置づけと、経営体制、ならびに教育プログラム策定方法を紹介する。具体的なカリキュラムが例示されているが、地域を熟知し、地域動向に応じて地域が求める人材を育成供給することの大切さが述べられている。

この2事例を通して、地域が求める人材を地域ぐるみで教育し輩出するという、地域と大学の新しい使命が見えてくるように思える。

3　地域の個性と大学の個性を伸ばす好循環

あらためて言うまでもなく、大学は人材育成の場である。若い学生達に対してだけではなく、社会人向け大学院教育プログラムや生涯学習機会の提供などを通じて、あらゆる世代の人々に対して「知」の提供を行うことが可能である。今、大学も独自の個性を打ち出していくために、様々な試みに挑戦しはじめている。その中には、地域性に着目し、市民の生活に密着した教育プログラムを作り上げていくことも含まれている。

そのような大学の動きを地域として放っておく手はない。まちづくりに関わる諸問題を総合的に解決していくための人材が不足している地域社会にとって、大学とパートナーシップを組んで、共創まちづくりのための担い手を育成するプログラムを作り上げていくことは大きな意義がある。

一方、大学においても地域の環境や生活の質の問題を領域横断的・総合的に研究し、グローカルな課題解決へとつなげていくための新たな教育研究体制をつくることが、大学独自の個性形成にもつながっていく。

地域と大学が連携することで互いの個性を生かし、共に発展していくための好循環を作り上げていくことが求められている。そのためには、持続性をもった担い手育成の手法を作り上げていくことが、地域・大学双方にとって重要であるということを、本章で取り上げた事例は指し示している。

5-1
住民が創発する草の根地域再生運動

〈鳥取県智頭町と周辺大学〉

山重　明（㈱ノーザンクロス）

1　先進的な過疎地域・鳥取県智頭町

　智頭町は、鳥取県の東南に位置し、周囲には中国山脈の山々が連なり、総面積の9割以上を山林が占める山村地域である。人口は約8,500人。ピーク時の1955年頃には約1万5,000人だったので、50年間で4割以上減少しており、全国各地に見られる典型的な過疎地域である。

　この智頭町が、1990年代以降、地域再生のモデル、お手本として各方面から注目を集めるようになる。今日、全国各地で地域再生に取り組んでいる人々にとって智頭町は生きた教材であり、多くの人々が訪れ、学んでいる。「先進的な過疎地域」とも呼ばれる智頭町が展開している地域活性化の取り組みが「日本1/0（ゼロ分のイチ）村おこし運動」である。

図1　智頭町の位置

2　住民創発の地域再生

■草の根住民運動

　「日本1/0（ゼロ分のイチ）村おこし運動」は、1997年から町の施策として位置づけられ、今日まで推進されているが、この運動は行政が企画・主導したものではなく、地域の住民が発意し、行動をおこし、仲間を広げ、展開してきた草の根住民運動が起源である。

　草の根住民運動の発祥は1984年頃まで遡る。地域の保守的・閉鎖的な体質に強い危機感を抱き、自ら村おこし運動を立ち上げた2人（特定郵便局長、製材所経営者）を中心に、当初は少数であったが住民の有志が集まり、新しい活動やプロジェクトを展開し、次第に活動に参加する住民の輪を広げていった。

　村おこし運動は、1985年に開催された「わかとり国体」の参加者に、名産の智頭杉を活用した土産物を開発したことが契機となった。

　その後、智頭杉の付加価値を創出するためのプロジェ

写真1　新田集落の杉の木ログハウス

クト―「木づくり郵便コンテスト（1987年）」「日本の家・設計コンテスト（1988年）」「ログハウス群・杉の木村建設（1989年）」―を次々と展開し、智頭町の宝物である「杉」の価値を地域の内外に向けて、強力に発信していった。

写真2　板井原集落の古民家

写真3　智頭宿の石谷家住宅

2 智頭町活性化プロジェクト集団（CCPT）

このような戦略的なプロジェクトを企画し、実行したのは前述した住民有志の小さな集団である。当初は、保守的な人々からの風当たりも強かったが、1988年には約30名の住民が参加して「智頭町活性化プロジェクト集団（以下、CCPT）」を正式に結成した。

その後、CCPTによる様々な活動を通して、2人から始まった草の根の村おこし運動は、住民を動かし、集落を動かし、町全体へと波及していく。国内外との交流も活発化し、多彩なネットワークが形成されていった。

智頭町が地域再生のお手本として全国から注目されるのは、行政が主導する形式的な住民参加・住民主体ではなく、本物の草の根住民運動によって村おこしが展開されてきたことにある。CCPTの歩みや取り組みは、全国各地で地域再生に取り組んでいる人々に勇気と可能性をもたらす生きた教材である。

3 ひまわりシステム

CCPTが提案し、実現したプロジェクトの1つに1995年にスタートした「ひまわりシステム」がある。「ひまわりシステム」は、郵便局、役場、農協、病院、警察が連携して、毎日の郵便配達の際に独り暮らしのお年寄りに日用品や薬を配達したり、声かけをしたり、安心をサポートする「郵便屋さんの福祉サービス」である。

「ひまわりシステム」は、1994年にCCPTが役場に提案して郵便局と役場の若手メンバーを中心とするプロジェクトチームを設置し、その中で構想・実現化された。住民組織（CCPT）が推進約・調整役となり、縦割りの

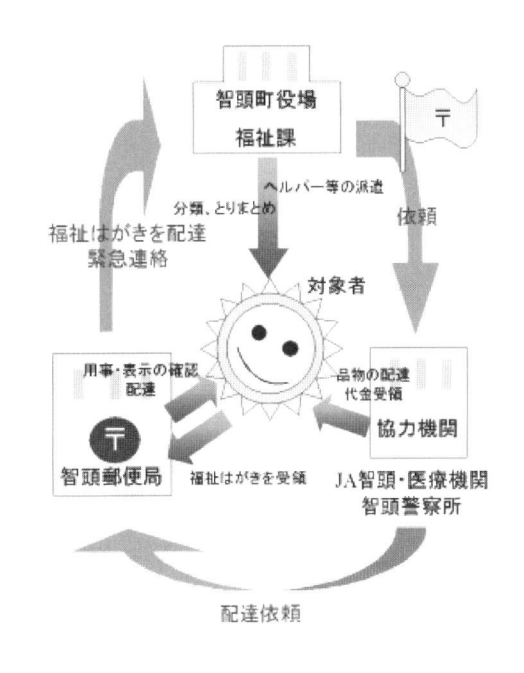

図2　ひまわりシステムの概念図

弊害を打破し、地域の公的機関が連携して新しい住民サービスを創出するという「新しい公」のマネジメントモデルと言うべき取り組みである。

1997年には、当時の郵政省が智頭町の「ひまわりシステム」を政策のモデル事業として位置づけ、全国45町村の郵便局で同様のサービス（ひまわりサービス）を開始し、それ後も全国各地の郵便局に広げている。

2人から始まった草の根運動が、住民を動かし、集落を動かし、町全体を動かし、国を動かし、全国へと波及した地域再生のお手本となるプロジェクトである。

3　研究者・専門家との交流

1 人づくりのための交流

　CCPTを中核とする草の根住民活動の成果をベースに1997年から「日本1/0（ゼロ分のイチ）村おこし運動」が本格的にスタートするが、CCPTは1988年頃から「人づくり」に重点を置き、大学の研究者や専門家との交流や、海外との交流を活発に展開している。

　海外との交流では、1988年に智頭町活性化基金を設立し、高校生、大学生、青年社会人を毎年海外に派遣したり、鳥取大学の留学生を招いて子供たちとの交流を行ったり、特に若い世代の人材育成に力を入れている。

　CCPTが外国人留学生と子供たちの交流会の開催を企画し、その協力を要請するため鳥取大学を訪問したのが研究者や専門家との交流を広げる契機となった。

2 杉下村塾

　鳥取大学で過疎地の地域計画を研究テーマとしている研究者がCCPTの協力要請に応じ、CCPTの活動に参加することとなり、その研究者を通して大学の研究者や民間の専門家との交流が大きく広がり、そのネットワークを生かして、1989年から毎年秋に「杉下村塾」という講座が開催されることになった。「杉下村塾」には多彩な研究者や専門家が参加し、村おこし・住民自治・地域経営など多角的なテーマが取り上げられ、地域リーダーの育成や具体的活動の推進に大きな役割を果たしている。

3 研究者・専門家の役割

　智頭町の取り組みに見られるように、過疎地域の再生・活性化において、外部の研究者や専門家が果たす役割は、①専門的・科学的見地からの助言を行うこと、②地域住民の学習活動を支援すること、③地域の外との交流を促進すること、④地域の持つ価値を再評価すること、⑤地域活動のリーダーを育成すること、⑥地域内外に向けて情報を発信すること、などである。

　何よりも重要なのは、これらの活動を通して、住民が「わがまちへの誇り」を取り戻し、新たな地域づくりに取り組む「気」を高め、具体的な活動やプロジェクトに参画し、一つ一つ着実に実践し、その成果を共有する、という草の根地域再生運動のプロセスを長期的・持続的にサポートする連携パートナーとなることである。

表1　ゼロ分のイチ運動の5つの活動方針

①村の誇り（宝）の創造　～村の特色を一つだけ掘り起こし、誇りある村づくりを行う。
②住民自治　～自分たちが主役になって、自らの一歩によって村をおこす。
③計画策定　～長期的視点で村の行く末を考え、村の未来計画を立て、村なりの特色ある事業を計画し、実行する。
④国内外との交流　～村の誇りをつくるために、意図的に外の社会と交流を行う。
⑤地域経営　～生活や地域文化の再評価を行い、村に付加価値をつける。

写真4　智頭町の町並み

4　日本1/0（ゼロ分のイチ）村おこし運動

1 無から有への一歩

　「ゼロ分のイチ」は、村の誇りや価値を創造するため、住民一人ひとりが0から1、無から有へ一歩を踏み出し、無限大の挑戦をしていこう、という村おこしの精神を表している。

　ゼロ分のイチ運動は、「これからもその集落に住もう、どうせ住むなら豊かで楽しい村がいい」を合言葉に、集落単位で取り組む住民運動であるが、表1に示す5つの活動方針が全体で共有されている。

　ゼロ分のイチ運動を町が制度化し、本格的にスタートしたのは1997年であるが、その行動宣言とも言うべき5つの活動方針は、今日、全国各地で取り組まれている地域再生の指針そのものであり、わがまち・わがむらの誇りを住民自身が取り戻し、自ら地域の経営に取り組むという、自主自立の精神が明確に表明されている。

表2 集落活動の事例

集落	活動内容
波多	集落情報化の拠点づくり、映画会の実施、ぎぼうし栽培、収穫祭
新田	都市との交流事業、著名人によるカルチャー講座、花づくり運動、情報誌発行、NPO設立
早瀬	あずまやの建設、子供新聞の発行、模擬店・フリーマーケットの開設
市瀬	堤防の花づくり、村出身者との交流、特産品の開発
本折	ミニ傘・ミニわらじの販売、花づくり運動、老人への食事サービス
中田	蛇の輪の復元、つちのこ探索、野鳥の巣箱設置、敬老の集い
中原	かずら籠の商品化、集落内の除雪、山郷杉太鼓の振興
白坪	福神漬、味噌の製造販売、地域内交流事業、石碑・標注の建立
五月田	地蔵まつり、子供新聞の発行、模擬店、フリーマーケットの開設
上町	智頭農林高校との交流、あいさつ運動の推進、智頭宿の開発研究

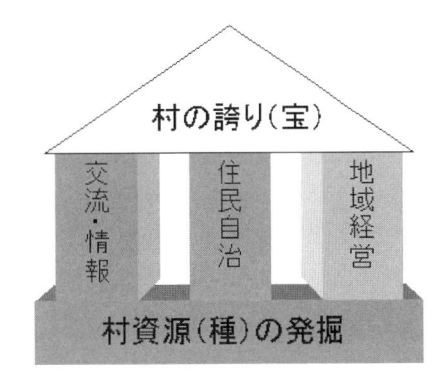

図3 ゼロ分のイチ運動の柱

2 村落共同体の再生

智頭町は、6つの町村が合併して形成された自治体であるが、これらの旧町村は山で隔てられ、異なる谷筋に位置し、それぞれの地区ごとに10～25の集落が点在している（全体で89集落）。

ゼロ分のイチ村運動は、これらの集落単位の住民活動であり、過疎化・高齢化が進み、沈滞する集落の活性化を図るため、かつての集落が果たしていた村落共同体としての自治機能を再生すること、そのために集落の保守的・閉鎖的体質を打破し、新しい住民自治の仕組みを創造することが運動の基本的な狙いである。

3 新しい住民自治の仕組み

ゼロ分のイチ運動に参加する集落では、集落の全住民の参加による「集落振興協議会」を組織し、その下に「総務計画部会」「交流促進部会」「村おこし部会」を設けることが定められている。

集落振興協議会には、既存のコミュニティ組織や町会議員、財産区議員なども全て包含する形になっており、まさに集落ぐるみの仕組みである。また、集落の全戸から年会費5,000円を徴収することが定められており、集落の全戸、全住民の合意と参加に基づく組織である。

集落振興協議会は町の認定法人であり、活動開始当初の2年間については町から1集落につき50万円が助成され、集落の特色を掘り起こすためのソフト事業に活用されている。1997年に町がゼロ分のイチ運動を制度化して以来、16集落が参加しているが、主な活動事例は表2のとおりである

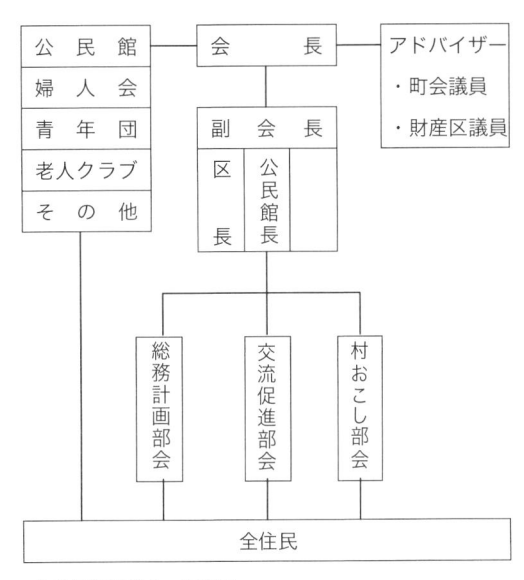

図4 集落振興協議会の組織図

5 草の根住民活動と大学の連携

智頭町に限らず、全国の過疎地域では、わがまち・わがむらの存亡をかけて地域再生運動に取り組んでいるが、そのような地域活動と「大学という機関」がパートナーとして連携しているケースは必ずしも多くはない。研究者個人あるいはグループとの連携がほとんどであろう。

智頭町の場合も、地域リーダーからの協力要請に対して、当初は大学側の協力がなかなか得られなかったが、過疎地の地域計画を研究テーマにしていた鳥取大学工学部教授と出会い、智頭町の地域再生運動への理解と賛同を得て、研究者個人の知識、情報、人脈などを地域活動に生かすことが可能となった。特に地域外との交流ネットワークを広げる上で研究者の発揮した役割は大きい。

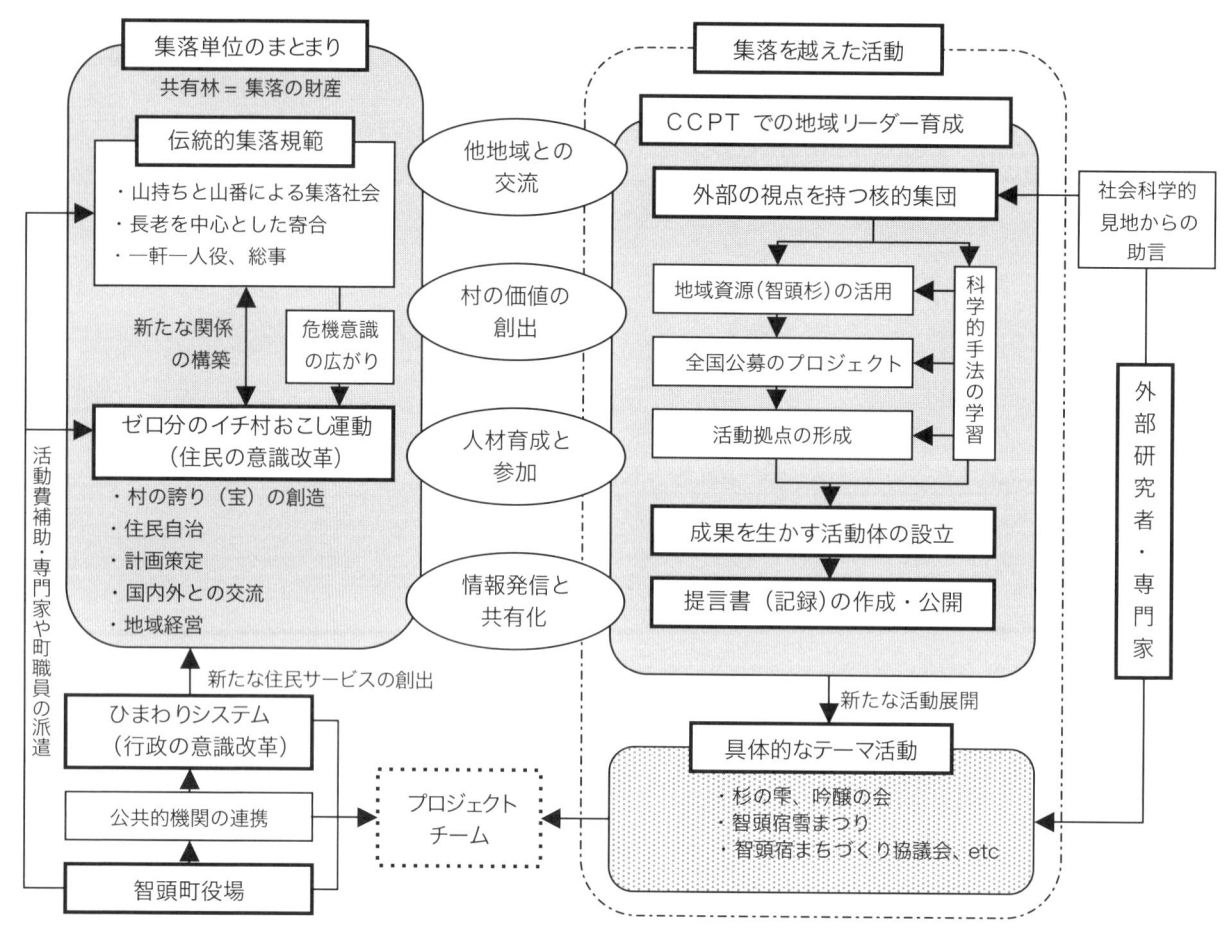

図5 智頭町における住民創発による地域再生活動の展開図

　「大学という機関」は、住民組織、民間企業、行政機関などと比べ、マネジメントのメカニズムが非常にわかりにくい機関である。「大学という機関」が草の根住民運動とどのような形で持続的・横断的に連携できるのか、どのようなプロセスで意思決定が行われるのか、行政以上に縦割りの組織をどのようにつなげば良いのか、大学の外側の人々には良くわからない。

　それは、大学が教育機関・研究機関としてのシステムは整備されているものの、社会的機関としてのマネジメントが未成熟であることによると思われる。「地域リーダーと研究者個人の交流」から「地域と大学の連携」へと展開していくためには、大学自身が社会的機関としてのマネジメント能力を開発しなければならない。

　地域と大学との持続的・横断的なパートナーシップを構築するには、地域リーダーが大学で学んだり、研究者が住民活動のマネージャーを務めたり、地域と大学との人材交流も不可欠である。また、既成の大学の枠組みとは別に、多彩な研究者ネットワークを基盤として、地域連携プロジェクトに特化した「まちづくり大学」を形成することも戦略的なアプローチであろう。

5-2 農山村エリアに展開する「やまなかキャンパス」を契機とした地域の人材育成
〈山形県最上地域と山形大学〉

国分　厚（山形県農林水産部経営安定対策課）・斎尾直子（筑波大学大学院システム情報工学研究科）

1　最上地域：農山村エリアと大学

山形県北東部内陸部に位置する最上地域1市4町3村は、新庄市を中核とした自然資源豊富な農山村地域である。地域の総面積は、約1,800km^{2}で大阪府や香川県の面積にほぼ等しく、県土全体の約2割を占める。夏は高温多湿、冬は最上川の峡谷に沿って日本海からの北西の季節風の影響が大きい積雪寒冷地帯で、厳しい自然環境の中にあるが、それだけに四季折々の美しさは彩り鮮やかである。交通の面では、古くは最上川の舟運で栄えた歴史を持ち、現在は、一般国道、JR奥羽本線、陸羽東・西線等が交差する地にあり、1999年には山形新幹線が新庄市まで延伸され、県内外の広域交流人口拡大が期待されている地域である。

一方で、8市町村の人口は計約9万人ほどであり、うち6町村が過疎地域自立促進特別措置法の過疎地域指定を受けている。人口流出と高齢化によるコミュニティの弱体化、農的空間の維持保全の困難等、我が国の農村地域が一般的にかかえる過疎問題に深刻に悩んできたエリアでもある。これらの課題は、これまで高等教育機関が全くない空白地域であったことが一要因であるとも言われている。県内でも大学進学率は低く、進学者のUターン率も低いことから、地域住民にとっての大学は、決して身近な存在ではなかった。さらに、大人が改めて学び直す機会も少ない状況にあった。

このような地域を舞台とした『最上エコポリス構想』策定は1993年のことである[文献1]。"環境と人とが共生するモデル地域"の形成を志向し、表1に示すような形成指針や計画理念を、各市町村や各地域が役割分担しながら、定住人材育成等を総合的に目指した「最上エコポリス」の実現に向けた地域あげての様々な取り組みが行われてきたところである。構想から15年、計画の実践は、当初の行政主体から地域住民によるまちづくり活動組織等主体に移行していく状況もみられている。

この広域圏全体をキャンパスと位置づけ、学生の活力をいかした地域活性化と地域のさらなる人材育成にも主眼をおき、現地体験型授業を中心として展開したのが2006年度スタートの「山形大学エリアキャンパスもがみYAM」である。近年様々な地域で試みられている中心市街地内の「まちなかキャンパス」とは志向を変えた「やまなかキャンパス」ともいうことができる。

山形大学としては、"特定の施設を持たない全国初のソフト型キャンパス構想"と銘打ち、"学生の人間形成と地域の人材育成を相乗的に活性化する"ことを目指している。一方、8市町村はこのキャンパスを受け入れるという形態の連携を契機に、地域住民が先生や生徒になりつつ、学生と共に学ぶ機会を活かし、地域活性化の原動力となる人材育成を推し進めているところである。

本稿では、大学と農山村エリア（広域圏自治体）との包括的な連携協定により、これまでの物理的な施設を伴うキャンパスとは異なる方法を用いた、「やまなかキャンパス」の事例を対象とし、農山村側からみた受け入れ、連携の意義と様々な課題を中心に述べていきたい。

表1　エコポリスの形成指針と計画理念（5つの基本戦略）[文献1]

	エコポリスの計画理念					
	豊富な環境資源の活用		自然共生システム創出		環境資源と産業振興	行動交流の空間仕掛け	新庄の拠点強化
	自然環境	集住環境	生活環境	産業環境	業振興		
エコポリスの形成指針	環境に調和した地域空間	▲●	■●	■●		■☆	●■	
	循環型の地域システム	☆			☆	☆	☆	■
	環境と共生した生活様式	●	○	○			○	
	環境への認識取り組み	▲●	▲	▲		▲	▲	
	環境を取り入れる仕組み	実践への仕組みづくり						

1　■エコシティ新庄の形成、2　●最上川流域の環境デザイン、3　☆地域産業を核とした地域経営システム、4　▲遊動型環境学習の場の創出、5　○自然と共生する生活のデザイン

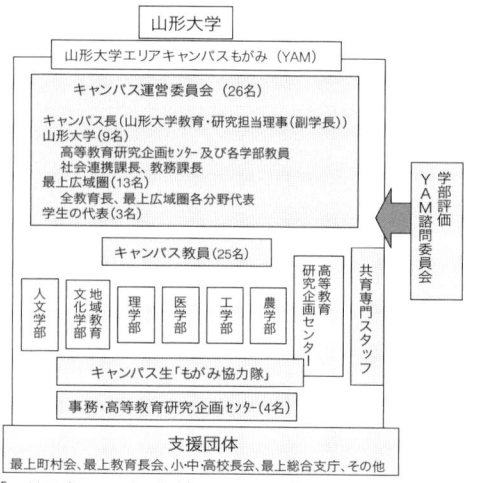

図1 「エリアキャンパスもがみ YAM」運営のしくみ（山形大学資料より）

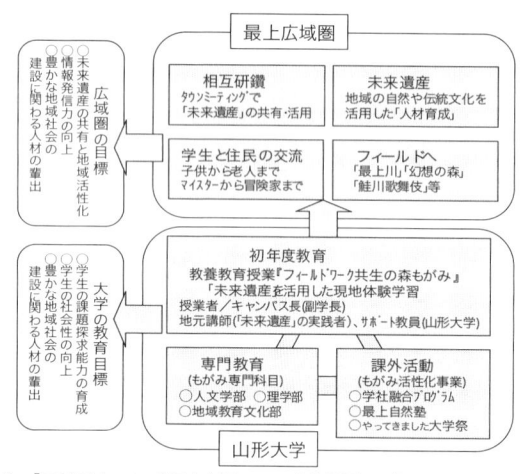

図2 「エリアキャンパスもがみ YAM」全体概要・目標（山形大学資料より）

2 「エリアキャンパスもがみ YAM」とは

　山形大学では、2004年度から、大学と県内自治体との連携策を構想する「山形大学活性化プロジェクト—地域へ飛び出してみよう—」が事務職員研修として行われた。大学職員が県内の自治体等に出向き、地域の多様なニーズを調査し、大学の地域貢献策をまとめるものである。このプロジェクトから誕生し、学長リーダーシップの下に展開したのが『エリアキャンパスもがみ（以下、YAM）』である。

　地域側からみると、最上広域圏に大学の機能を誘致し、地域住民と教員・学生が交流することにより地域の活性化を図るという構想であり、最上広域圏の教育長会が中心となって取りまとめて、活動内容の提案が行われてきた。この誘致運動の背景には、最上広域圏の高等教育機関を長年渇望する熱い思いがあったという。

表2 教養教育授業「フィールドワーク共生の森もがみ」例（2007年度抜粋、山形大学資料より）

プログラム・タイトル	日程	実施市町村	講師・受け入れ組織等
『日本一の新庄祭り』- 山車作りと祭り囃子 -	7/14-15 8/4-5	新庄市	山車人形師、山車連盟の方々、市民プラザ館長、他
金山町廃校利用　プログラムの作成と実践	5/26-27 7/14-15	金山町	教育委員会職員、他
冒険家との語らいと特産物づくり体験	6/16-17 6/23-24	最上町	冒険家、中学校教諭、農家、他
子ども達の自然体験支援講座 II	12/8-9 1/12-13	真室川町	県・少年自然の家職員、他
自然と農村が共生する文化を活用し都市との交流による地域再生	5/26-27 7/14-15	舟形町	※「ブナの実21」メンバー他
温泉地大蔵村の自然・人・ものも体験 II	12/8-9 1/26-27	大蔵村	村・観光ガイド、村・高齢者大学会員、こけし職人、他
『伝承 鮭川歌舞伎』- 歴史を感じる -	6/16-17 6/30-7/1	鮭川村	歌舞伎保存会のメンバー、他
里の自然文化研究講座 I 畑の学校と炭焼き編	6/16-17 8/4-5	戸沢村	※「角川里の自然環境学校」メンバー、他

※「ブナの実21」「角川里の自然環境学校」は3項で紹介する地元受け入れ組織

　山形大学の理念「自然と人間の共生」と、最上広域圏の「環境と人との理想的な地域社会」を目指す「最上エコポリス構想」以来の基本理念とが一致したこともあり、お互いに協力して人材育成を進めることとなる。この構想は市町村の有する施設を利活用し、学生が自身の専門性と興味に基づいて教職員や地域住民と一緒になって主体的に活動し、地域の活性化と人材育成に寄与することを目指している。こうして2005年、最上広域圏8市町村の首長と学長の間で連携に関する協定書が結ばれ、YAMが設立された。これを基盤として最上地域での本格的な教育・研究・社会貢献活動が着手されることとなる。

　広域圏全体をキャンパスに見立てたYAMでは、地域との双方向的連携により、「地域の活性化と人材育成」と「学生の課題探求能力育成」、2つの目標を掲げている。YAMには、図1に示すような、キャンパス長と教員、現地スタッフ、それに「キャンパス生」が在籍し、教職員・学生・地域住民からなる「キャンパス運営委員会」により運営される。図2はプログラム概要と、大学・地域双方が掲げる目標である。2008年度までは、文部科学省の現代GP、及び社会人の学び直しニーズ対応教育推進プログラムを順次採択、活用し、運営している。

　表2は、教養教育授業「フィールドワーク共生の森もがみ」の例である。学生は教養科目として所属学部に規定されずに主に1年次に参加し、1泊2日を2回参加と全体発表会等を行い単位を取得する。このプログラムの参加を機に地域のファンとなった学生が、その後も地域

の応援団として活動に参加する事例も出始めている。また、2年次以上の専門教育「もがみ専門科目」では、小中学校への教育実習（地域教育文化学部）、野外研修（理学部）、等が行われる。教育実習では、この実習を機に、最上地域の小中学校の先生としてのUJIターンも期待されるところである。

図2の双方の目標に示すように、学生の教育効果と別に、重要な目的の1つに「地域の人材育成」がある。これは地域の子ども達に「大学」を直に感じてもらう機会づくりである。山形市のキャンパスと最上地域は50kmも離れており、学生が日常的に入り込める環境にはない。しかし、このYAMを通じて、学生が機会あるごとに現地に出向いて活動し、そこに地域の子ども達も入り込む。こうして地域の子ども達が「大学」というものの存在を認識し、自分の将来像の中に位置付けるようになり、遠くない将来、優秀な人材として地域に戻ってくることを狙っている。すでにこの一環として、最上地域で行っている「大学祭」やグループワーク形式の「タウンミーティング」にも、地元の多くの中高生が参加している。

3　農山村地域の課題と
ソフト型キャンパス受け入れによる効果

1 農山村地域が抱える課題の本質

最上地域は、全国の農山村地域が抱える共通課題のほか、雪国ならではの地域固有の課題が山積みする（表3）。1戸あたり生産農業所得は県内で最も低く、現在でも他県への出稼ぎや圏外への通勤者が最も多い地域でもある。

このような過疎・中山間地域における状況を打破するため、農林水産省では、2000年度「中山間地域等直接支払制度」、2007年度「農地・水・環境保全向上対策」、等が始まり、様々な対策が講じられてきている。前者は、協定を結んだ農業者による農業継続と多面的機能を確保するための農地保全を支援するもの、後者は、農業者の減少を補うために農業者以外の地域内住民の創意工夫による環境保全活動を支援するものである。ただし当然のことながら、これらの支援（交付金等）を受けるには、受け皿となる地域組織のまとまりや、活用し活動していく担い手が必要となる。しかしながら、いわゆる限界集落、またはそれに近い地域を数多く抱える最上地域では、これら支援事業の受入れすら難しい地域も少なからず存在するのが現状である。

表3　最上地域がこれまで抱えてきた課題等

〈農業の担い手、農山村の空間維持管理について〉
- 農家1戸あたり生産農業所得：県平均の82.3%（H18県農林水産統計年報）
- 農業継承が困難、農業離れの促進、農業担い手不足
- 減少している農業の担い手ほど多忙になり、地域活動に参画しにくい
- 耕作放棄地増、空間維持管理のための担い手不足
- 国・県の支援事業を使いこなす活力不足

〈農業以外の地域産業、雇用について〉
- 地域産業の伸び悩み
- 公共事業や民間投資の減少による建設業の先行き不安と雇用環境の悪化
- 他県や圏外への通勤者が多く、若い世代が定住しにくい
- 地域の製造業機能を強化するための社員研修プログラムを山形大学が協力して作成する、という試みが始まっている（県と8市町村、経済団体による「最上地域製造業機能強化プラン（2008-2018）」の中の一事業）
- 圏内の企業力を高め、UJIターン増を目指す

〈居住・生活環境、コミュニティについて〉
- 家族や地域の中の人間関係の希薄化
- 少子高齢化の進行による地域活力の衰退
- 中心市街地の空洞化、賑わいの少ない街中通り
- 日常生活や広域交流などを支える交通基盤整備の遅れ
- 雪がもたらす生活環境への障害、高齢化促進による雪処理負担の増大
- 地域医療サービス体制の弱体化

〈人材育成・教育機会について〉
- 高等教育機関がなかった。大学進学者は地域に戻りにくい
- 大人になってからの学び直しの意識と身近な機会の不足
- 魅力ある人材育成に向けた教育機会確保の必要性

〈地域活動の担い手、担い手育成について〉
- 各分野でリーダーとして活躍する若手人材の不足
- 住民主体NPO等の動成熟化の必要性
- 広域的な交流・連携の必要性

我が国の自然環境・国土保全や農業の継続による食糧自給増、といった全国レベルの課題以前に、消えつつある地域独自の文化の継承、減少し続ける農業者の共同活動だけでは守りきれない農山村空間の保全、その他、地域の総合的な居住環境整備等において、人口減少と高齢化が進む地域が、外部のチカラを借りつつ、住民自身が新たな活動力と組織力を養うことが必要となっている。

そのような課題を抱える地域において、今回のエリアキャンパスもがみ（大学）との連携を概観すると、地域ごとの温度差は否めない状況にある。大学に相対することが精一杯であり、受入負担のみ負うことになる地域も少なからず存在する一方で、地域の抱える課題解決に直結するプログラムを地域自ら提案し、連携の機会を最大限に活用することができる地域も増えつつある。

以降、後者の地域のうち2事例の連携状況をみる。大学に限らず、外部との連携機会を活かせる地域が増えていくことが、大学の地域貢献プロジェクトとしての最大目標であるし、そのためにはまず、大学側（外部）が、地域の抱える課題の本質を理解した上で入っていくことが重要なのではないだろうか。

表4 「角川里の自然環境学校」のあゆみ（大学受入れ含む）

年度	交流人口	交流人口の主な内容	地元の活動等
2003	―	―	・角川里の自然環境学校設立（8月）
2004	―	―	・地元学の開催：40回（延べ2,000人が参加）
2005	約470人	・本所賀川記念館体験実習：80人 ・白百合女子大〃：30名 他	・地元学の開催：40回 ・体験メニューづくり ・活動拠点づくり
2006	約700人	・教育ツーリズム：180人 ・山形大学の体験実習：80人 ・本所賀川記念館〃：80人 他	・地元学の開催：60回 ・団体体験旅行の受入れ開始 ・活動拠点づくり・村体制づくり
2007	1,500人	・教育旅行：1,000人 ・一般、山大の体験実習：500人	・団体体験旅行の受入れの充実 ・里のガイド養成（団体） ・活動拠点づくり ・地域ブランド開発（試作品）堤防の花づくり、村出身者との交流、特産品の開発
2008	2,000人	・教育旅行：1,400人 ・一般、山大の体験実習：600人	・団体体験旅行の受入れの確立 ・里のガイド養成（個人） ・一般体験者プログラム充実（通年化） ・地域ブランド開発（テスト販売）
2009	3,500人 （目標）	・教育旅行：1,800人 ・一般、山大の体験実習：1,700人	・NPO法人化 ・体験者プログラム確立（里の先生体制確立） ・地域ブランド開発（販売ルート拡大）

写真1 「ブナの実21」実施講座
自然と農村が共生する文化を活用した地域再生活動

写真2 「角川里の自然学校」実施講座
里の自然文化研究講座 田んぼの学校とビオトープ編

❷連携事例Ⅰ『舟形町：ブナの実21』

「ブナの実21」は県が認定する環境学習支援団体の1つであり、YAMの舟形町内の受入れを担当する創設10年の組織である。農村が抱える過疎対策と農村振興策を考える講座を受け持っている。

自然、農村の伝統、食文化の体験をとおし、保全エリアを次世代に引継ぐため指導者と伝承者等の人材を育成する取り組みを実施する。元々、子どもから大人まで様々な層が参加できる講座を開催しており、森の自然観察会、ブナ林トレッキング、最上川カヌーツーリング、かやぶき屋根の宿泊体験、木工クラフト体験、化石掘り体験等を行うことができる。

YAMの学生は、農村の過疎化問題に対し、地域自らが主体となって取り組む地域活性化策を一緒に習得していくことを目指す。荒廃した農地等の再生に共に取り組むことによって、学生自らが考案する農村の再生策を提言としてまとめることを目標としている。また、実施側としては、学生を受け入れることにより、会員の意識改革を図ることも狙う。講座協力は、様々な知識をもった技術者や教育者との出会いを得るきっかけとなるため、積極的に受入れに協力を行っている状況にある。

組織メンバーが成果として想定していることは、今回参加した大学生が将来、外部応援団として舟形町の活動に参画してくれるようになったり、卒業後に県内の小中学校の先生になる場合には、自然環境保全体験学習を指導する時に、舟形町の様々な組織と継続的に連携を深め

るようになること等である。

常に地域の人材育成を意識し、YAMを積極的に活用し、「ブナの実21」の活動が広域的に発展できる機会に結びつけることを目標としている。

❸連携事例Ⅱ『戸沢村：角川里の自然環境学校』

「角川里の自然環境学校」は、「ブナの実21」同様、県認定の環境学習支援団体であり、学生時代に地域にはいり移住した出川真也氏（現山形大助教）がコミュニティビジネスとしての展開を目指して支援しつつ、地域住民が中心となり活動する。これまでも実施していた自然環境活動での小中学校・一般の家族受け入れ延長としてYAM学生を受入れ、さらに、社会人等対象の「里地里山活動プランナー養成講座」も行う（経緯は表4）。

角川地区は、戸数300戸、人口1,200人ほどの旧村区域であり、2003年に従来からの地域活性化活動を発展させ「角川里の自然環境学校」を設立、年間交流人口3,500人、この事業の成立の中での地元若者雇用の実現を目指す地域内部を中心とした取り組みである。

一方で2007年、NPO法人里の自然文化共育研究所を設立、角川地区（農山村）から最上川流域、里から海までの地域外との連携活動にも展開しつつある。活動には各省庁様々な支援事業を適宜柔軟に活用している。

前述のプランナー養成講座は、2007年度「社会人の学び直しニーズ対応教育推進プログラム（文科省）」採択のプログラムとしての位置づけもあり、里地里山の自然環境と現状、利活用のための教育手法の理解の上に、フィールドワーク活動での実践能力を兼ね備え、独自に教育活動の企画能力を身につけることを目標とした講座を企画・実施する。参加者は、県内外・全国遠隔地からも集まる人気講座であり、山形大学教員が支援する。

YAM学生の受け入れについては、既に登録20軒を超えた農家民宿に滞在させつつ、地域住民と交流を深める講座が中心となる。大学生の教育を支援しながら、同時に、地域住民の意識改革を狙う試みである。大学生等と交流した結果、住民にとっては、地元地域を初めて評価される立場になることが多く、自身の地域の将来を考えるきっかけづくりにつなげている。

この自然環境学校では、外部者の大学生も生徒ではあるが、地域住民側では、お年寄りと子ども達が先生、生産年齢層が地元地域を認識し直す重要な生徒だという。

4 農山村地域の活性化に向けて　　そして大学との連携のありよう

農山村過疎地域の問題を語るとき、都市住民との交流、過疎地域以外からの移住という概念で地域活性化を論ずることが多い。しかし本来は、それを進めるためのプロセスづくりが重要である。近年では、国・県・市町村とも地域住民自らが努力すべきものとしているが、もともと活力のある地域を除けば、多くは、どのように進めればよいかわからず途方に暮れる状況もある。

また、若い世代の流出、という事実にもっと突っ込んだ議論があるべきであろう。雇用、交通利便性、雪の問題も確かだが、古くからのしきたりや掟、人間模様等により、地元地域を離れざるを得なかった人達もいたという事実も存在する。地域住民の老若男女が同じテーブルで一緒に地域課題を確認し合い、解決し合うしくみづくりの場というものは、つい最近まで存在しなかった地域も少なくないであろう。そこから解放された地域になることが必要な時代において、今後、地元地域を離れた人達の気持ちをくみ取るような謙虚な施策が必要と考える。

このような農山村地域の活性化の側面からみると、これまで、多くの大学は農山村特有のコミュニティ問題を扱うことは少なく、農学部を有する大学が農業経済や農業生産性の向上を目的に連携することが多かったのではないだろうか。ふりかえって、YAMの取り組みは、過疎地域を含めた農村地域における課題に直接触れる第一歩の手法として高く評価できる。

本稿では、ソフト型キャンパスの受入れを機に、これまでの地域組織の体制をうまく活用し、活動を発展させた2地域を紹介したが、一方で、受入れが地域の負担となっている地域も少なからず存在し、現状では、地域による温度差が存在する事実も否めない。山形等では地域外部から来た者を愛着も込めてヨソモノと呼ぶが、県内の大学（＝身近なヨソモノ）とつきあいながら、地域住民自らの学習機会としても捉えることができる地域が増えていくことを期待している。

スタートは、大学と市町村の教育委員会との連携からはじまったプログラムであるが、継続性や発展を考慮すれば、地域側は、産業振興部局をはじめとする自治体全部局からの総合的な支援と連携が重要となるであろう。さらに今後、農山村地域の課題を直視し、提言・実践する大学の取り組み継続や出現を見守っていきたい。

◎注
※　本稿の内容は、山形県と最上地域市町村資料、及び、以下3ヵ所へのヒアリングと現地調査、関連資料等によって得られた情報を元にしている。
2項：山形大学エリアキャンパスもがみ事務局・蜂屋大八氏（当時）
3項2：舟形町：ブナの実21事務局長・大山邦博氏
3項3：戸沢村：角川里の自然環境学校・NPO法人里の自然文化共育研究所・出川真也氏ほか地域のみなさん

◎参考文献及び関連ホームページ
1) 山形県・最上広域市町村圏事務組合「最上エコポリス構想」1993
2) 蜂屋大八"大学発地域再生 エリアキャンパスもがみの挑戦"「計画行政」30（3）、103-110、2007
3) 蜂屋大八"全国初の「ソフト型キャンパス」の取り組み"「文部科学教育通信」178、24-26、2007
4) 山形大学エリアキャンパスもがみ YAM　http://www.yamagata-u.ac.jp/gakumu/yam/
5) 舟形町：ブナの実21　http://www.buna21.jp/
6) 戸沢村：角川里の自然環境学校　http://www3.ocn.ne.jp/~satoweb/　NPO法人里の自然文化共育研究所　http://homepage2.nifty.com/dega-web/
7) 自然再生を推進する市民団体連絡会編『森、里、川、海をつなぐ自然再生－全国13事例が語るもの』中央法規、2005

5-3
学生まちづくりの動向と展望

〈全国各地の学生まちづくり団体〉

渡会清治（㈱アールトゥ計画事務所・NPO日本都市計画家協会）

1　全国都市再生まちづくり会議における学生の参加

　都市計画やまちづくりにかかわる専門家・関係者や一般の市民などで構成されるNPO日本都市計画家協会では、2005年から、全国のまちづくり団体に声をかけ「全国都市再生まちづくり会議（通称全まち）」という催しを開催している。

　全まちはいくつかのテーマセッションで構成されており、その1つのテーマとして、大学と地域のまちづくりの連携が取り上げられ、全国各地の大学関係者からの事例報告と問題提起、トークセッションが行われてきた。この大学と地域連携のセッションは2ヵ年にわたって行われ、まちづくりが都市計画系や建築・土木系のいわゆる工学系領域に加え、より広範な領域、例えば経済系や福祉系などによる活動にまで広がり、分野横断的な交流が行われている。学生の参加も多く、次世代を担う若者の参加にまちづくりの新しい可能性が感じられた。

　2005、2006の2ヵ年の全まちにおける学生自体の参加は、どちらかというと大学研究室活動の一環としての色彩が強く、その点では従来の大学研究室ベースのフィールドワークとその成果発表という枠組が強かったように思われる。

　一方で、NPO日本都市計画家協会では優れたまちづくり活動を表彰する「日本都市計画家協会賞」というものを毎年実施しているが、その中に学生部門賞というセクションがある。この学生まちづくり部門賞の2006年度受賞団体は、山梨県の都留文科大学の学生集団による「エゴから始まるまちづくり in 都留：work-waku 都留」であった。この活動は、起点は大学の研究室にあるものの、徐々に学生独自の活動を展開するようになり、応募の時点ではいわゆるサークル活動的なカテゴリーに変化してきていた。

　そして、目を全国に転ずれば、こうした「サークル活

写真1　全まち06　大学交流セッション

写真2　全まち07　学生まちづくりセッション

動的なノリ＋場としてのまちなか」の組み合わせで展開している活動例がかなり多く見られることがわかる。

　こうした背景と変化を感じてきた全まち実行部隊では、2007年の全まちプログラムの中に「学生まちづくり」を設け、学生が「大学・研究室という枠組みのなかで用意されたまちづくり」にとどまらず、「個々のパーソナルな想いに立脚した活動」へと展開しているグループにも声をかけ集まってもらい、活動報告と意見交換が行われた。

表1 学生都市再生まちづくり会議におけるアンケート[参考文献(1)]

Q1. 活動のキッカケは？
　A. 社会貢献したいから（極少）
　B. 自分の役に立つから（多数）
　C. やむにやまれずから（極少）
Q2. 地域との関係は？
　A. 地域の人も協力的（多数）
　B. 地域からの下請仕事が多い（多数）
　C. 地域は関係ない（無）
Q3. 活動費用
　A. 費用については充実している（少）
　B. 活動費は出ているが、持ち出し（多）
　C. 持ち出しが多い（無）
Q4. 学生という地位に「甘え」ているか？
　A. まちづくりの中で地域に「育てて欲しい」という気持ちがある（少）
　B. 好きな活動を通して貢献しようとしているだけ（多）

2　全まち2007における学生まちづくり交流

こうした経緯を経て、全まち2007では東京大学大学院の後藤純氏を中心とする学生主体のグループで運営される「学生都市再生まちづくり会議」セッションを設けた。このセッションには下記に示す12の学生主体のグループが参加した。

○余別(よべつ)地区のまちづくり（北海道大学）
○学生のまちなか居住－シェアハウスの社会実験（室蘭工業大学）
○学生まちづくりサミット（東北公益文科大学）
○山形蔵プロジェクト（東北芸術工科大学）
○くにたち富士見台人間環境キーステーション（一橋大学等）
○桜美林大学と市民の協働プロジェクト（桜美林大学）
○和田町タウンマネジメント（横浜国立大学等）
○御所見(ごしょみ)まちづくり推進協議会（慶應義塾大学等）
○ work-waku 都留（都留文科大学）
○ CSN・浜松 (College Students Network)
○きゅうたなべ倶楽部（同志社大学等）
○まちなか工房（熊本大学）

このセッションを企画したいくつかの理由のうち、最も私達が重視したのは、学生がまちづくり活動に参加する、かかわりを持つ本音は那辺にあるのかにあった。

そこで、セッションのなかでいくつかの質問を行い、その回答から参加学生の本音をきいてみたところ、その結果は表1に示すとおりである。概ね学生まちづくりの

表2　学生都市再生まちづくり会議の感想[参考文献(1)]

全まち初の試み、「学生・全国都市再生まちづくり会議」。他の交流会とは異なり、「学生」という主体に焦点を当て、「学生まちづくりって何なの？」をテーマに議論する交流会です。私は、会場の隅で模造紙にセカセカと書き込みをしながら交流会の様子を拝見させていただきました。

今回の交流会、特に学生を対象に行われた旗揚げアンケートの中で、私にとって印象的だったのは、まず、まちづくりの活動動機として、圧倒的に「自分の役に立つ」が多かったことです。学生にとってまちづくりは、何らかのメリットがある、そして自分の将来の糧になる活動として認識されていることが改めて分かりました。しかし一方で、就職先の希望として、「まちづくり関係に就職したい」は僅か1名だったことも印象的でした。

つまり、「まちづくり」の定義にもよりますが、学生にとっては、学生の間まちづくりを行う分には自分の将来のためになるけれど、現実的な就職となると話は別、というのが本音なのかもしれません。

現在全国各地で多様な学生まちづくりが行われている中、学生まちづくりの今後の課題の一つとして、こうしたギャップが明らかになったことも今回の交流会の大きな成果だと思います。今後もこうした機会を何らかの形で継続、発展させていく必要性を感じました。

鈴木　智香子（東京大学大学院）

実態は、「自分の役に立つこと」で「好きな活動」をしているが「地域の下請け仕事」がメインで、結構「地域の人々とも仲良くなる」けれども、「活動費は自腹」でやっているという姿が見えてくる。

「学生都市再生まちづくり会議」セッションに関する結果報告は、「Planners」（NPO日本都市計画家協会誌）56号、"交流会6　学生・全国都市再生まちづくり会議報告"に詳しいが、このなかで学生運営スタッフの1人の感想が記載されているのでそれを表2に引用する。

3　学生まちづくりとは何か

全まち2007に参加した各グループの活動内容は多岐にわたっていたが、大きく分ければ前年までの「大学と地域の連携」をテーマとする研究室ベースの活動と、必ずしも研究室の枠組みに規定されない学生の自主性が感じられる活動とに分けられる。前者の代表的なものが北海道大学や熊本大学のグループであり、後者の代表例がくにたち富士見台人間環境キーステーション、work-waku都留やCSNなどである。

必ずしも大学・研究室における活動の枠組みにとらわれず、「サークル活動的なノリ＋場としてのまちなか」の組み合わせとして行われる学生まちづくりの多くは、実

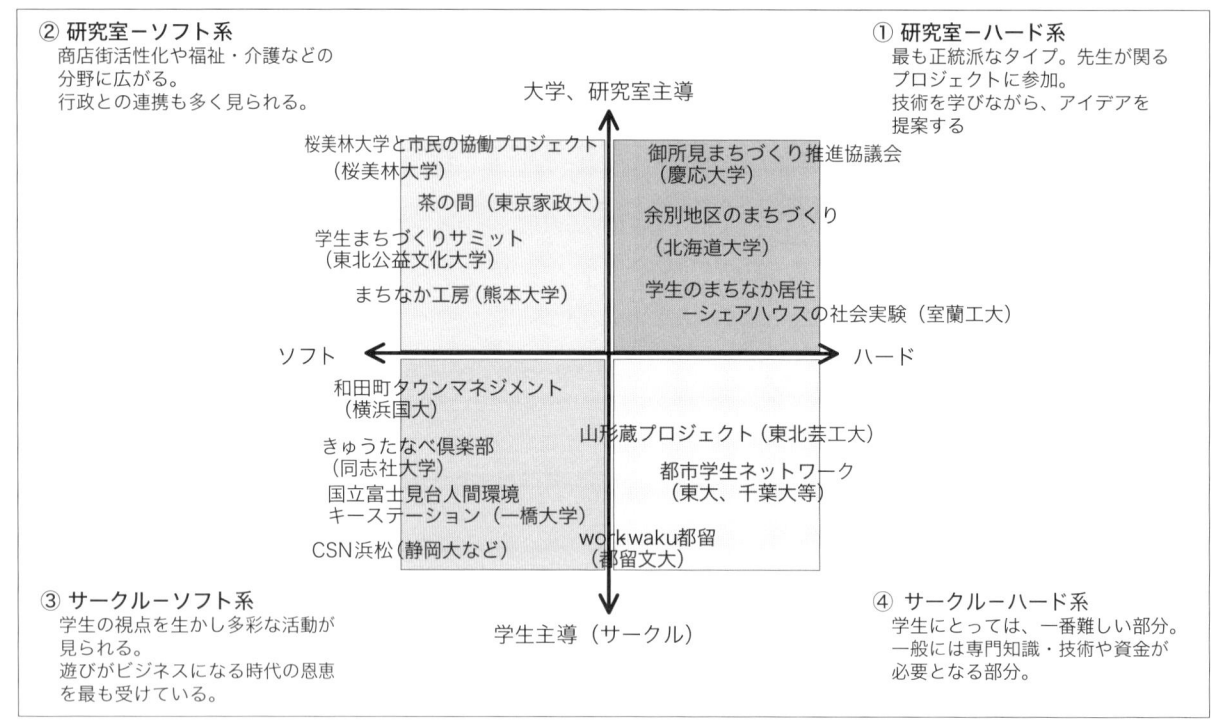

図1 学生まちづくりの見取り図 参考文献(2)

②　研究室－ソフト系
商店街活性化や福祉・介護などの分野に広がる。
行政との連携も多く見られる。

①　研究室－ハード系
最も正統派なタイプ。先生が関るプロジェクトに参加。
技術を学びながら、アイデアを提案する

大学、研究室主導

桜美林大学と市民の協働プロジェクト（桜美林大学）
茶の間（東京家政大）
学生まちづくりサミット（東北公益文化大学）
まちなか工房（熊本大学）

御所見まちづくり推進協議会（慶応大学）
余別地区のまちづくり（北海道大学）
学生のまちなか居住
　－シェアハウスの社会実験（室蘭工大）

ソフト　←→　ハード

和田町タウンマネジメント（横浜国大）
きゅうたなべ倶楽部（同志社大学）
国立富士見台人間環境キーステーション（一橋大学）
CSN浜松（静岡大など）

山形蔵プロジェクト（東北芸工大）
都市学生ネットワーク（東大、千葉大等）
workwaku都留（都留文大）

学生主導（サークル）

③　サークル－ソフト系
学生の視点を生かし多彩な活動が見られる。
遊びがビジネスになる時代の恩恵を最も受けている。

④　サークル－ハード系
学生にとっては、一番難しい部分。
一般には専門知識・技術や資金が必要となる部分。

は大学・研究室における活動からスタートしているものが大半とみられる。すなわち、キッカケは大学・研究室にあって、そこから大学側・教官側の思惑を超えて、あるいは学生自身が突然変異するなどして多彩な活動に移行しているように思われる。

これまでNPO日本都市計画家協会や全まちに協力してくれた学生まちづくり活動や、有名な学生まちづくり活動を取り上げて簡略に整理したところ、こうした思いを強くした。

類型の1つの軸は、活動と大学・研究室との関係性、平たく言えば活動のイニシアティブがどの辺りにあるのか、もう1つの軸は活動の内容あるいは目的がハード（＝空間）形成的なものか、それともソフト（経営、人間関係……）形成的なものか、としていくつかの団体を見取り図上にプロットしてみた（図1）。

① 　研究室＆ハード系のタイプ

研究室ベースの活動として先生が関るプロジェクトに参加し、学生ならではのアイデアを提案しつつ現場での活動を通してノウハウや技術を習得していくというタイプで、いわば最も正統的なものといえる。

全まちに参加したグループの中では、北海道大学余別地区活動や慶應大学御所見まちづくりなどが代表的なものである。また、蔵を活用したまちづくり（東北芸術工科大学）の起点はこのカテゴリーにある。研究室の学生個人が山形市の蔵に興味を持ち、そこから蔵の再生、さらには運営にまで係わる活動である。ただし、現在の活動の広がりは、既に研究室ベースの活動の領域を超えており、より発展的な活動に移行している。

このカテゴリーのものは、研究室として特定テーマを経年的に追いかけ、毎年新たに研究室に入ってくる学生にバトンタッチしつつ活動を継続していくタイプが基本であるが、蔵を活用したまちづくりのように一応現住所は研究室に置きつつ、より広範な人間関係・ネットワークを構築し、活動自体は研究室レベルをはるかに超えているものも多く見受けられる。

② 　研究室＆ソフト系のタイプ

このカテゴリーも、基本は研究室ベースの活動であって、活動の内容が福祉系や経済系などいわゆるソフト系の活動を行っているものである。中心市街地活性化など場面では経済学部や商学部などの研究室が係るものも多く見られる。

全まちに参加したグループの中では、和田町タウンマネジメント（横浜国立大学）や桜美林大学と市民の協働プロジェクト（桜美林大学野村研究室）が代表的である。

写真3 カフェレストラン「茶の間」

　和田町タウンマネジメントは、横浜市保土ヶ谷区にある和田町の商店街活性化について保土ヶ谷区地域振興課から大学に協力要請があり、「和田町いきいきプロジェクト」として2001年度からスタートしたものが母体となっている。例えば「和田べん」と名づけられた弁当プロジェクトは、学校内でのニーズ調査を行って和田町商店街の店舗に掛け合って2005年からスタートしたものである。こうした活動が発展的に和田町タウンマネジメントに移行している。

　また、全まちには参加していなかったが、大学研究室活動の一環として、商店街空き店舗などを生かしてショップなどを開設運営している例は非常に多い。例えば、東京家政大学栄養学科では板橋区の遊座大山商店街と協力してカフェレストラン「茶の間」を開設運営している。大学で習った調理等の実践の場、教育の一環としての役割を果たす一方で、商店街運営のオブザーバー、商店街HP構築をサポートするなど、商店街活性化の重要な役割を担うまでに至っている。

　このカテゴリーでは、地域がかえる課題、たとえば地域振興、商店街活性化、あるいは地域福祉などに対して地域の大学が実践学習の場として、地元の公共団体や地域団体と連携しつつ活動を展開しているものが多い。商店街の一角にゼミ室を設けたり「茶の間」のような実験店舗・実験施設を設ける例も多い。このように、拠点となる施設運営が1つのアンカーとなっているケースが多く、学生自体は一定期間の経験として活動を体験するものの、大半は卒業とともに活動から離れていくようである。

③　サークル&ハード系のタイプ

　建築などハードな環境整備の分野は、技術的・資金的・人間関係的サポートなどの課題を抱えており、純粋にサークル活動だけで成立している例は少ないと思われる。学生にとっては、一番難しい部分ともいえる。

　全まちに参加したグループの中では、例えばwork-waku都留の活動は、建築系ではない文科系学生が、アパートの改造やカフェインテリア改装を専門職の支援を受けつつも自力で行い、かつ運営をしているものであり、このカテゴリーの典型ともいえる。work-waku都留の活動はこうしたハード系以外のイベントなども行っており、単純にこのカテゴリーと決め付けるわけにはいかないのだが。

　また、都市学生ネットワーク（URBS.net）は、地域（柏市等）と大学（東京大学、千葉大学）、民間企業や関係機関、市民が協働する場として設立された柏の葉アーバンデザインセンター UDCK の学生部会として発足した活動をベースに、10を超える大学の学生・院生が集まって、大学や研究室の枠を超えて学生間の情報共有や意見交換、情報発信を行っているものである。

④　サークル&ソフト系タイプ

　このカテゴリーはいわば学生が最大限に活躍できる類型ともいえるが、大別すると、前述の大学・研究室ベースでの活動から発展・派生して成立しているタイプと、純粋にサークル活動的に成立しているタイプがある。

　全まちに参加したグループの中では、前者の典型がくにたち富士見台人間環境キーステーションであり、後者の典型がCSN・浜松（College Students Network）といえる。両団体とも、既にその活動の水準は一般のNPOに比肩するレベルにあり、地域社会における存在感も十分である。

　このように、サークル的な活動ではあっても一定の社会的役割を果たし、かつ活動の継続性を担保しているものも現れている。大学・研究室のくびきから解き放たれて個々の学生自身の想いを駆動力として、社会的に一定の意味を持つような自主的活動を、地域という現実の場で展開する、学生まちづくりの1つのモデル的なスタイルともいえる。

写真4 くにたち富士見台人間環境キーステーション

4 学生まちづくりへの期待

既に述べてきたように、学生がまちづくりに係る基本型は研究室型、第2としてその発展型がある。

研究室型の活動においても、学生による期間限定・新陳代謝型の活動は生きのよい若者がいるだけでもまずよし、学生による技術的なサポートがあればさらに良しという相互補完的な関係ができている。東京家政大学栄養学科による「茶の間」は、地元商店街振興策の一環として板橋区産業振興課が大学に相談してスタートしたものであるが、若い女性の視点に立った店舗運営は従来の地元にはないタイプの飲食店として新しい顧客を商店街に呼び込んでいる。

発展型の典型的な例は、くにたち富士見台人間環境キーステーションである。この活動は、国立市産業振興課が国立市商工会、富士見台1丁目地区商店街、一橋大学に呼びかけて実施した2001年度商工業振興モデル研究事業が発端であるが、その後、空き店舗という「場・拠点」をアンカーとして、研究室活動を始点としつつ一般のまちづくりNPOへと成長していった1つのモデルである。学生も大学教授も基本的に対等の発言権を有することもあり、実際の活動の多くを学生が担いかつ先導している。

数年で卒業していく学生達の活動の継続性、継承は、こうした学生まちづくりのもっとも大きな課題でもあるが、国立富士見台人間キーステーションではNPO体制をとることにより組織的な運営を徐々に確立し、通常の組織と同様、一定の期間で担当者がいれかわっても組織としては回転できるようになりつつある。

メンバーの学生の中には大学入学の日から参加するものや、卒業後の起業や資格取得などを念頭において運営に参加するものもいる。大学に学びつつもう1つのキャリアとしてNPO活動に加わる学生の存在は、こうした学生まちづくりを支える重要な戦力であり、かつ地域にとってもきわめて重宝かつ有用な戦力である。

まちづくりのフィールドが若い世代にとって魅力のあるものとなることは、地域にとってもきわめて重要なことである。発展型が目指すものはおそらく「まちづくりの現場」自体をコミュニティビジネス、ソーシャルビジネスのインキュベーターとする試みとも考えられる。公共投資に多くを依存してきた従来のまちづくりのブレークスルーとして、こうした一種の社会起業家的試みは、学生まちづくりの1つの到達点でもあり、地域の新たな可能性やポテンシャルアップを切り開くがことが期待できる。そして、大学関係者や私たちのような専門家は、こうした試みをバックアップし、サポートすることで時代の歯車を1つ前に回していく役割を担っていると思われる。

※ 本稿の骨格となる部分については、筆者がスタッフとして係った全国都市再生まちづくり会議2007における「学生まちづくり会議：コーディネーター後藤純氏（東京大学大学院）」およびこれを受けた「Planners」（NPO日本都市計画家協会機関誌）57号による。

◎参考文献
1)「Planners」（NPO日本都市計画家協会機関誌）、56号、p.16、17
2)「Planners」（NPO日本都市計画家協会機関誌）、57号、p.15

5-4
まちと学生が育て合う仕組みをつくる

〈銀座と建築・芸術系大学〉

竹沢えり子（銀座街づくり会議・銀座アートエクステンションスクール）

1 大人のまち・銀座と若者たち

銀座の枕詞は「大人のまち」。実際、まちを歩く人の年齢層は高く、若者相手の商売はしていない店がほとんどだ。だが、客層にも世代の多様性は必要だし、新陳代謝がなければ先細りする一方だ。しかし大勢の若者に、ただ漫然と来てもらっては、銀座のもつ落ち着いた雰囲気が壊れてしまう。銀座は若者に、「目的」と「あこがれ」をもって来てもらいたのである。

これから紹介する2つの事例はいずれも、地域に大学をもたない銀座が、大学との共創をつくり出そうとしたプロジェクトである。そしていずれも、筆者が事務局を務めるものであるが、主催する団体とその成り立ち、目的は別々のものだ。しかし銀座の人たち自らが行ってきた銀座まちづくりの大きな流れのなかに位置づけられることには変わりない。

そこで最初に、銀座まちづくりの流れを駆け足でたどっておくことにする。そのうえで、それぞれの目的と内容を紹介し、銀座がこれらの若者たちの力に求めるものと課題について述べたいと思う。

2 銀座まちづくりの歩み

銀座通りおよび晴海通りに面する店を会員とする銀座通連合会が、その前身である京新聯合会として発足したのは1919年のこと。以来、銀座は街のことは街で話し合って決めるという精神と体制を連綿と保ち続けてきたものの、特に「まちづくり」を意識して大きく動きだしたのは、他のまち同様、世紀をはさむ十数年間であるように思われる。

1991年、銀座に拠点をおく研究者たちのグループ（文化科学高等研究院）が、資生堂からの委託を受けて銀座研究を開始した。数十名の都市・建築の研究者たちが一斉に、銀座通連合会の協力を得ながら、近代都市銀座をテーマに調査を行ったのである。1997年、銀座通連合会は国の規制緩和政策の中で中央区とともに地区計画づくりに取り組み、翌年施行されることになるのだが、その際も文化科学高等研究院が専門家集団として協力した。同時に銀座通連合会80周年記念誌として「銀座まちづくりヴィジョン」を、共に編集制作したのは1999年のことである。ここに描かれた銀座の未来像は、きわめて抽象的なものであったとはいえ、銀座街づくり会議の設置、まちづくりフォーラム、まちづくりファンド、人材や資料を収集するカルチャーバンク、人材を育て文化を発信するアーティストインレジデンスなど、その後の活動のきっかけとなるような構想がすでに描かれている。

一方、銀座内の組織としては、銀座を線（各通り）の集合体としてだけではなく、銀座8丁を面としてとらえるべきだという考えから、銀座内の通り会、町会、業種団体等を統合して、2001年に全銀座会が発足した。

そして2003年になって、都市再生特別法を根拠に銀座の中心地に超高層大規模開発計画が浮上したことをきっかけに、銀座の人々が自ら銀座の将来像について意見を交換できる場、開発案件の窓口となる場として、2004年、全銀座会を母体に、銀座街づくり会議がつくられた。銀座街づくり会議では、中央区と協議のうえ、2006年に地区計画を改正し、さらに協議型まちづくりをめざして銀座デザイン協議会を発足した。

現在、銀座のさまざまなイベント主催や行政対応は全銀座会を中心に行われ、銀座街づくり会議はまちづくりに特化した活動を行っている。

3 銀座アートエクステンションスクール

1 都市・大学・アートを結びつける

近代日本を代表する繁華街である銀座といえども、戦

写真1　展示会風景　会場に約160点の模型とコンセプトボードを展示、5日間で約2,000人が来場する

後までは、路地に人が住み生活の匂いがあった。職人たちの生産の場があった。だが高度経済成長期以降、都会であれ地方都市であれ日本のまちは、働く場、住む場、消費する場、生産する場、学ぶ場……とその機能を分化させていった。銀座もショッピングの街、消費の街、高級ブランドの街として特化するにつれ、実はまちとしての総合的な力を失い、まちの文化を発信する力が弱くなって来ているのではないだろうか。

1968年から続いた大銀座祭りを休止し、新しい銀座のイベントを模索していた2000年から2001年頃にかけて、銀座通連合会の常務理事（当時）であり、子供服の老舗・ギンザのサヱグサの経営者である三枝進氏は、コンテンポラリーアートの嚆矢である東京画廊の山本豊津氏に「銀座から新たな文化や情報を発信できるような活動は考えられないだろうか」と持ちかけた。

同じ頃、山本氏は、武蔵野美術大学の前田常作理事（当時）と長尾重武学長（当時）から、「大学が郊外へ移転したことで、学生がまちに出て行かなくなった。学生が学内にこもることでかえって大学独自の文化が育ちにくくなっている」という話を聞いていた。「郊外型」の大学生たちに聞いてみると、彼らが出て行くまちは、地元である八王子、町田、吉祥寺等で、都心では、たまに渋谷ぐらいだと言う。ましてや銀座に足を運ぶことは滅多にないようだ。時代の最先端の感性を研ぎすますことが重視されるアートを学ぶ美大生たちにとってさえ、都心は遠いところになってしまっている。

振り返ってみれば、画廊にも学生たちは来なくなっていた。かつて銀座の画廊めぐりは美大生の日課のようなものだったが、郊外のキャンパスから銀座に来るのは、時間的にも経済的にも大変な負担である。また、特にバブル期以降、画廊は売買の場としての側面が強まり、世代を超えた交流やものづくりの場とはほど遠くなっている。

学生たちがまちに出て雑踏にもまれたり、大人たちに叱られたり励まされたり、あるいは仕事を教わったりしながら「まちに育てられる」経験がなくなっているのではないか。一方銀座も、昭和初期のモボモガ、1960年代みゆき族など、決して大人ばかりのまちではなかったはずなのに、今や若者を惹き付けるような強烈なインパクトや、若者を受け入れ育てるような世代間の交流の場、独自の文化や個性を失ってしまっているのではないか。

折しも各大学が都心にビジネススクールやエクステンションスクールを持ち始めた時期だった。画廊のまち・銀座には、やはり美大生に来てもらうのがふさわしい。そう考えた山本氏は、まち・大学・アートの場を結びつける銀座アートエクステンションスクールの構想をたて、武蔵野美術大学はじめ、多摩美術大学、女子美術大学、東京造形大学という4つの美術大学に提案することにした（のちに日本大学芸術学部、東京工芸大学が参加）。

最初は、海外のアーティストや文化人らが銀座近くに宿泊する機会をとらえて講演をしてもらうことなどを考えたが、従来型の講座形式では大学にとってもあまりメリットはない。そうではなく、お店や通りを教室だと考え、まちの人を先生にすることはできないだろうか。

そこで企画されたのが、学生たちが銀座を代表する企業のウィンドウディスプレイを提案し、受賞作品を実現する、という銀座スペースデザイン・学生コンペティションだった。銀座には、明治煉瓦街の列柱の間をショーウィンドウにしていったという歴史があり、ショーウィンドウには特別な意味がある。4丁目交差点の和光のショーウィンドウは銀座のシンボルとも言える存在であり、資生堂、ミキモトなど、世界的に高く評価され注目されるディスプレイ作品が、どの通りにも目白押しだ。つまり銀座のショーウィンドウには、歴史性と世界性がこめられている。そこを学生たちが学ぶ場にしてみることを提案したのである。

2 企業にとってのコンペ参加意義

以上のように銀座アートエクステンションスクールは全銀座会や銀座街づくり会議とはまったく別の流れから

写真2 第4回銀座スペースデザイン・学生コンペティション 銀座賞・越後屋賞受賞作品 「風」田中珠理（女子美術大学）（撮影・田代衛司）

●銀座スペースデザイン・学生コンペティション概要●
主　催：銀座アートエクステンションスクール
後　援：全銀座会、銀座通連合会、㈳日本ディスプレイデザイン協会、中央区
参加大学：女子美術大学、多摩美術大学、東京造形大学、東京工芸大学、日本大学芸術学部、武蔵野美術大学
参加企業（6回のべ）：壹番館洋服店、越後屋、銀座かねまつ、ギンザのサエグサ、銀座ヨシノヤ、小松ストアー、サンモトヤマ、資生堂、天賞堂、ハツコエンドウ、ミキモト、和光
協　力：テプコ銀座館
企業賞審査員：各企業担当者
銀座賞ゲスト審査員：今村有策（4）／佐藤卓（5）／田中寛志（3、4、6）／團紀彦（3）／八鳥治久（5、6）【数字は参加回】
開始年：2003年（2008年までに6回実施）

生まれたものであるが、このコンペは今では全銀座催事として実行されている。筆者は当初より山本豊津氏とともにコンペの構想を立ち上げ、事務局を担ってきた。第6回となる2008年、参加大学は6大学。参加企業は4企業から始まって、今では10を超えている。毎年約600グループの学生が応募し、約160グループの模型作品が選抜展示され、銀座賞、銀座ロータリークラブ賞、各企業賞が選ばれる。銀座賞はグランプリで、ゲスト審査員および銀座の街の人たちの審査によって選ばれる。銀座ロータリークラブ賞は、展示会場における一般投票で最も多くの票を獲得した作品に与えられる。各企業賞は、まず候補作品を3つ選び、公開審査会におけるプレゼンテーションを経て受賞が決定される。受賞作品は、銀座の秋の催事である「プロムナード銀座」期間中に実際のウィンドウで実現される。

大事なことは、参加企業は学生に場所貸しをしているわけではないということである。企業にとってショーウィンドウは、企業のコンセプトを表現し商品を紹介する大事な場である。完成度の未熟な作品をおくことは、自分たちのプライドももちろんだが、お客様に申し訳ない、銀座のまちに対して恥ずかしい、という思いを持っている。一等地を単なる学生の作品発表会場にするのではなく、あくまで銀座の店と客にふさわしい完成度に仕上げていく。学生は一デザイナーとして、プロの業者とともにそのプロセスに参加する。

最初は戸惑いでぼんやりした表情だった学生たちの顔が、たった数ヶ月できりりとひきしまり、美しくなり、みるみる大人びてくるのがわかる。時には行き詰まって企業と音信不通になってしまったりして、そこで事務局が走り回ることにもなるのだが、実現したときの喜びにあふれた表情からは、こちらが元気をもらっている。

企業にとっては、自分たちの店は若い人たちからこう見られているのか、という発見がある。ていねいに歴史を調べ、店を取材して、若い目で見た特徴をプレゼンされる喜びと驚きがある。新たな誇りも生まれる。お客様とも業者とも違う、若い人たちとの交流によって、企業の側も年々成長しているように見えるのである。ありがたいことに、「学生を育てる」というコンペの意義をよく理解してくださり、プロ業者に聞けばすぐに答えの出るような素材や設営方法を学生たちにスタディさせて何度も一緒に検討したり、通常の倍以上の打ち合わせ期間を設けるなど、時間と手間ひまをかけてくださっている。

3 3,000人の学生たちが銀座へ

コンペに参加する学生たちは、調査のためにだいたい5回くらい銀座に来るようだ。1人での応募もあるが、7〜8人のグループもあるので、延べで3,000人程度の学生たちが銀座に来て、あちこちを歩き回っていることになる。展示会では、160点の模型作品が一堂に並び、他大学の学生作品をじっくりと見る貴重な機会となっている。

応募してくる学生の所属学部はさまざまである。必ずしも空間デザイン系学生ばかりではなく、グラフィックやテキスタイル、演劇専攻の学生もいる。違う大学同士でグループを組む例も現れ始めた。毎年学生たちは入れ替わっているにもかかわらず、作品の質が年々レベルアップしているという声も聞く。その一方、それまでの受賞作品に影響されて傾向が似てしまい、思い切った発想、驚くようなアイディアが出にくくなっている面もあるようだ。公開審査会におけるプレゼンテーションも、音楽や映像を駆使したコンピュータ技術に驚かされる一方、

```
●宝童稲荷小路再生プロジェクト概要●
主　催：銀座アートエクステンションスクール
参加大学：女子美術大学（飯村和道）／多摩美術大学（岸本章）／日本大学
芸術学部（熊谷廣己）／武蔵野美術大学（長尾重武・林美樹）
協　力：岡本哲志
後　援：銀座西4丁目町会銀友会、銀座街づくり会議、全銀座会
実施年：2006年、2007年
```

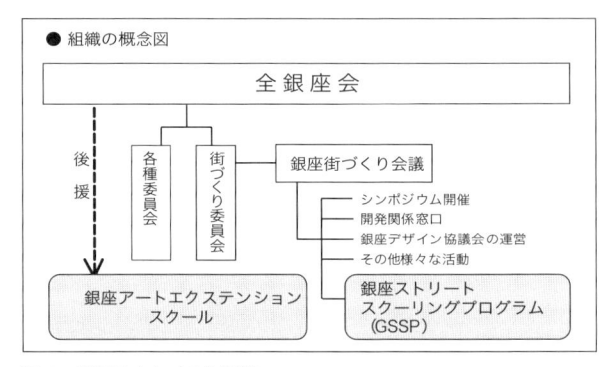

● 組織の概念図

図1　銀座のまちづくり組織

リクルートスーツに身を包み、似たような構成のプレゼンが続く場合もある。学生の飛躍を大人がどう手助けできるか、が課題であろう。また、企画側としては、いかに銀座という一地域から、世界へ発信しうるかが今後の課題であると考えている。

4 路地プロジェクトへの発展

いくつかの大学では、せっかくの機会だからと、コンペの進行に合わせて「銀座」をフィールドにした授業を行い、合同発表会をすることにした。1年目はある通りを各大学共通対象にしたのだが、通り会などがなかったため、まちの人たちの声を聞くことができなかった。そこで2年目と3年目は、銀座西4丁目町会銀友会の協力を得て、「宝童稲荷小路再生プロジェクト」に取り組んだ。ふだん目につきにくい銀座の路地を調査し、各大学が一堂に集まってまちの人の思いを聞いたり質問する機会を設けたうえで、提案を行う発表会を2回行った。

まちにしてみれば最初は「路地を活性化できたらいいな」という単純な思いから始まった。それが学生たちとの会合を重ねて、次々と質問に答えていくうち、「路地とは何か」「銀座というまちの歴史と現在にとって、路地はどういう意味をもつのか」という問いに発展していった。

現実には路面の整備やお稲荷さんの改修などを行ないながら、いつか学生たちの提案の小さなひとつでも実現できるのではないか、一緒に何かやれるのではないかという思いとともに、路地のあり方をさらに模索している。

4　銀座ストリートスクーリングプログラム

❶都市・建築を学ぶ学生たちが銀座を調査する

前述したとおり銀座は、1998年に中央区と丹念に協議したうえで地区計画をつくりあげた。これで銀座のまちの骨格は決まったのだと思っていたはずが、実は特定街区や総合設計で例外事項が認められていることを認識しておらず、2003年になって突然出てきた超高層大規模開発計画を目の前に、銀座は再び、自分たちのまちの骨格をこれからどうしたいのか、どういうまちにしていきたいのかという意志決定を迫られていた。そこで、「まずは勉強しよう」「そして皆が意見を言える場をつくろう」という目的のもとに、そしてさまざまな開発の窓口とするために、銀座街づくり会議がつくられた。

銀座街づくり会議のさまざまな活動のひとつとして、銀座ストリートスクーリングプログラム（以下、GSSP）は2つの観点から始まった。1つは、都市デザインや建築について専門的に学ぶ学生たちは、銀座というまちをどのようにとらえているのだろうか、という観点である。近代日本の都市史のなかで、銀座は重要な位置を占めている。その発展のありようと現況を、将来は国交省や行政、デベロッパー、コンサルティング、建築事務所など専門職に就くことをめざす学生たちは、どんなふうに分析し、何を提案するだろうか。

そして2つめは、彼らが将来、都市計画を決める立場となる、あるいは建物を建てたり開発にアドバイスする立場となるのであれば、こういう人たちにこそ、江戸を継承する骨格や近代都市としての歴史はもちろんのこと、まちに生きる人の思いも含めて、まちのありようを感じてもらいたいという思いである。

❷まちにとっての成果づくりが今後の課題

GSSPでは2005年から2008年まで3回の展示＋発表会「発見！　銀座展」を行った。こちらからの条件は「銀座」ということだけで、テーマはそれぞれの研究室に任せた。その結果、住居、緑、公共空間、路地、銀ブラなどの切り口から、新宿や渋谷など戦後の繁華街とは成り立ちを異にする歴史を正確にとらえたうえで、スーパーブロック化や超高層化が進む都市像ではなく、間口の小さいビ

●銀座ストリートスクーリングプログラム（GSSP）概要●
主　　催：銀座街づくり会議
参加大学：慶應義塾大学SFC小林博人研究室、慶應義塾大学大学院応用環境デザインスタジオ、工学院大学大学院・都市デザインスタジオ（倉田直道、野澤康）、工学院大学専門学校・地域環境デザイン研究会（岡本哲志）東京理科大学小嶋一浩研究室、明治大学大学院アーバンデザインスタジオ（小林正美）
後　　援：全銀座会、銀座通連合会
協　　力：ギンザコマツAMUSER（2005）、INAX銀座（2006）、教文館（2008）
実 施 年：2005年、2006年、2008年

写真3　2008年銀座ストリートスクーリングプログラム（GSSP）展示会の風景（教文館にて）

ル同士や合間を抜ける路地のネットワーク、銀座独特の街区割が刻むリズム感と滞留空間のありかた、銀ブラしやすいスケールや1対1の商いのありかた等、銀座らしい空間の継承のしかたを、地区計画「銀座ルール」の検証とともに考えた提案がなされた。

発表の場は学生たちがまちの人たちにプレゼンテーションする場であると同時に、他大学の指導教官から鋭い質問の飛ぶ場ともなった。まちの人たちからの質問や感想などからは、まちづくりに取り組む思いも感じ取ってもらえたのではないだろうか。

しかしまちの人たちは、学生たちの膨大な調査資料集積に驚き、「こんなに一生懸命調べてくれたのか」と熱意に打たれ感心はするものの、正直なところ、発表の内容そのものは専門的すぎて非常にわかりにくい。実現も不可能である。したがって、内容がそのまま、まちにとって役に立つという感覚をもつことはできない。大学側からみた「教育」という観点からはそれはそれでよいのかもしれないが、資料集積を含めこれまでの成果をいかにまちに還元するか、ということが現在の課題である。

もうひとつの課題は「交流」である。聞き取り調査やアンケートが、学生とまちとの交流に直接結びつくことはない。また、同じ会場にいて作業しても、違う大学の学生同士の交流は生まれない。まちと学生、学生と学生がつながるような、ステップアップしたかたちでの新たな場が生まれるような、もうひとつの仕掛けが必要であろう。

5　まちが人を育む

毎年、何人かの学生たちとまち歩きをする。スペースデザイン学生コンペやGSSPに参加する学生たちの半数以上は、「このプロジェクトで初めて銀座に来た」と言う。彼らが銀座に持っているイメージは、近付きがたい、高価な街であるというものだ。そこで、銀座のさまざまな顔を見せるために、華やかな銀座通りとともに、路地やお稲荷さんも案内する。学生たちでも気軽に来られそうな、数百円で手に入る老舗の肉まんやカツサンド、喫茶店等を紹介する。路地と老舗を知っていれば、すでに銀座ツウである。次回は友人や家族を連れてくる。

銀座は商売の街。お客様あってこそ成り立つ街であるとすれば、未来のお客様を育てるという意味でも若い人たちに銀座の奥深さを知ってもらうことは大事である。

学生たちはまちに情報を運び、新陳代謝を促す存在だ。若い感性とエネルギーでまちを見渡してもらえば、それだけで何か変化がおこるのではないかと、まちは夢を持ってしまう。しかし、学生そのものに期待してはいけない。彼らは時に信じられないパワーを発揮してくれるが、そのパワーを引き出すためには、大学の教員はもちろん、まちの側も相当努力しないといけないというのが実感である。その努力の中には、先述したような企業の丁寧な対応のほか、学生の社会性のない言動を叱ったり、時には一緒に頭を下げに行ったりということすら含まれる。

まちとは、そこにコミュニティが存在する限り、本来インキュベート機能をもっているものだと思う。ばらばらになってしまった世代、単一化した立場を多様な軸で結びつけること、お互いに積極的に関われる仕掛けをつくることで、お互いに育て、育てられる関係が生まれる。そうやって人が育つ仕組みをつくることこそがまちづくりにつながると考えている。2つの事例は、その仕組みづくりをしようとしたものにほかならない。

5-5
コミュニティ・アーキテクトを養成する大学教育プログラム

〈滋賀県と滋賀県立大学〉

柴田いづみ（滋賀県立大学環境科学部）・奥貫　隆（滋賀県立大学環境科学部）

1　学生の自主活動から実践的教育プログラムまで

　滋賀県立大学は、琵琶湖を抱える滋賀県にあることを教育研究のプラス状況と捉え、「キャンパスは琵琶湖、テキストは人間」「人が育つ大学」をモットーとしている。

　1995年4月開校時に、日本で始めて「環境」と名の付く、「環境科学部」を創設した。その中に、ものづくりの場としての「環境計画学科 環境・建築デザイン専攻（2007年度より環境建築デザイン学科）」を設置し、積極的に地域・環境をハード、ソフトの両面で考えることを指導している。

　地域と大学の関わりは、学生の自主活動から活気を帯び、大学の教育プログラム、そして、「コミュニティ・アーキテクト」養成の講座づくりと、表1のように年を追うごとに進展してきた。

　そこで、本稿では、琵琶湖周辺地域と滋賀県立大学の連携によるまちづくりを、人材育成のプログラムという観点から整理し、成果と展望を語りたい。

2　滋賀県立大学環境科学部環境フィールドワーク

　環境科学部では開校以来、環境フィールドワークが、1・2回生、人間文化学部の環琵琶湖文化論実習が1回生の必須科目となっている。環境フィールドワークでは、地域を知る、問題の発見及び解決への提案を学生に課して、成果を地域に還元する。琵琶湖を中心とした水質、内湖や河畔林の再生、農業・漁業の衰退、工業の勃興による環境・人口問題、地方における過疎化と課題も多い。

　同時に目をみはるすばらしい景観や歴史・文化も存在している。良さや悪さを認識しながら、社会に出てからも通用する地域の見方、付き合い方を学び、持続可能な社会へむけての人材が育つ枠組みをつくっている。

表1　年表～地域と大学の関わり

プログラム	開始年	内容
環境フィールドワーク	1995～	地域を知るための基礎教育を行う。
ACT	1998～	学生の自発的発想によるまちづくり活動
近江楽座	2004～	学生の活動を経済的にフォローするシステムを大学として構成。学生の活動が社会の役に立ち、地域（行政、NPO、民間企業）と連携がとれる条件を作り出す。
コミュニティ・アーキテクト（近江環人）	2006～	学生、大学、地域、行政の連携をもたらす称号の創設。
地方自治体との連携	2006～	専門資格を持った修了生が活躍できる環境の整備。
地域再生システム論	2008～	「地域・現場からの政策づくり」を考える場づくり。

3　初動エネルギーを学生達（ACT）に借りた例

　滋賀県立大学のある彦根市の中心市街地に久左の辻と呼ばれる交差点がある。その一角の一番目立つ位置に6階建てのビルが7年も閉められたまま放置されていた。

　1998年6月、地元からまちづくりの依頼を受け、「あのビルのシャッターを開けましょう！」と提案したのも、交差点での空店舗は目につきやすく、ランドマークともいえるビルのシャッターが閉まっているとさらにうら寂しさが増すからである。そのシャッターを開ける事によって、そこに交わる銀座、登り町グリーン通り、橋本、花しょうぶの4商店街と周辺の住宅地、隣の商店街、彦根市、そして滋賀県に新しい息吹を吹きかける事になると考えたからである。ちなみに当時、彦根市の中心市街地では、22％が空店舗であった。これは、日本中の多くの古い商店街が抱えている問題でもある。

　ACT（Action Connect with Townの略）[*1]は、学生の自主サークルで、基本理念は「まちづくりと自己実現」である。まちには、右に行きたい人もいれば左に行きたい人もいて、最後は現状維持になりがちである。まちづく

りはエネルギーのいる活動である。学生に初動エネルギーを借りる事により、まちも動く事ができる。

廃墟ビルの掃除から第一次改装が始まり、1998年10月30日にオープニングライブにより、ACTの活動拠点ACT Stationが開かれた（1階がACTサロン、2階が工房）。1999年3月に連結した元パチンコ店の改装を始め、4月にイベントスペースとしてQ座がオープンした。

ACTは、学生ならではのエネルギーもあり、理想を追求する姿勢も強く活動的である。しかし、学生としての限られた4年間のなかで、個々が関わり合い、サークルとして継続させるためには、学生それぞれが生き生きと参加できる環境をつくりあげなければならない。ACT Stationは、自分を表現する場としても考えてもらいたい。それが、「自己実現」を掲げている理由である。

さらに、まちとの関わり合いのなかで、自分を見つけることにもつながる。学生には「まちに何ができるか考えてほしい」、まちには「学生に何ができるか考えてほしい」と問うことから始まった活動である。

ACTは全学全学年の自主サークルで、ゼミでも授業でも無い。個人の自発性が主体となるため、また活動拠点を持っていた為、予想外の成果を上げてきた。他に、「心象絵図」を描くグループや木匠塾もある。それらの活動は、学生ばかりでなく、大学、地域にも学生のエネルギー効果は波及し、大学としての現代GP（文部科学省の現代的教育ニーズ取組支援プログラム）への応募により、多分野の学生達の近江楽座への参加に繋がった。

4 スチューデントファーム「近江楽座」

2004年から始まった滋賀県立大学の"スチューデントファーム「近江楽座」―まち・むら・くらしふれあい工舎"は現代GPとして採択された。地域を対象とする大学の演習、フィールドワーク等のカリキュラムや教員、学生が地域を対象に行う研究活動など、「地域活性化」に寄与するプロジェクトを近江楽座専門委員会が募集、選定し、全学的に支援する教育プログラムで、この専門委員会の役割は以下のとおりである。

① 活動助成システム

"スチューデントファーム「近江楽座」"として選定したプロジェクトの事業計画に基づいて、活動に必要な事業費を審査し、助成する。

② コンサルティングシステム

教員チームの指導、助言に加えて、行政や専門家の紹介など、学生の地域貢献プロジェクトを進めていくために必要なコンサルティングを行う。

③ 地域「知」のリソースシステム

大学と地域連携に係る情報を他大学、研究機関、行政、NPO団体などと共有化し、活用するためのデータベースを構築し、活動をサポートする。

④ その他

学外評価委員会による評価、教職員を対象にした講演及びワークショップ、地域と大学を考えるシンポジウム「地域と大学を考える」などを開催。おうみ市民活動フォーラム（淡海ネットワークセンター主催）においては、パネルを作成展示する等の活動報告をしている。

○成果

2004年度は、まちづくり、むらおこし、地場産業、地域医療などに関わる24のプロジェクトを採用し、行政、NPO団体、市民など多くの関係者の協力を得て地域活動を推進している。2005年度は、26件、2007年度は20件、3年間で合計40プロジェクト（継続プロジェクトは1件として算定）に及ぶ。活動内容については、地域文化、環境技術、看護、農林水産業、地場産業、芸術・スポー

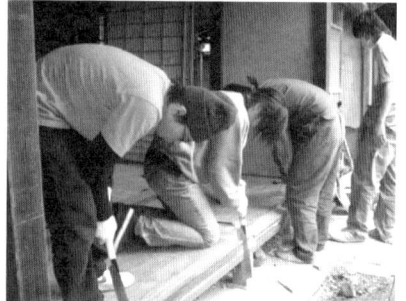

未来看護塾　　　　　犬上川竹林プロジェクト　　　　　とよさと快蔵プロジェクト

写真2　近江楽座（現代GP）の取り組み （提供：滋賀県立大学地域づくり教育研究センター）

ツなど多岐にわたっており、活動を進める中でテーマや活動範囲に広がりが出てきているプロジェクトもみられる。地域に根付いてきたプロジェクトも出てきており、大学と地域をつなぐ架け橋となっている。学生が主体的に地域に入り、多くの人々との関わりの中で活動に取り組むことによって、企画力、プロデュース力、コミュニケーション力や交渉力などさまざまな能力の向上が図られるなど、教育効果としての評価に加えて、地域内外へ大学の地域貢献活動をPRする機会としても大きな役割を果たしてきた。

○継続へ

現代GPとしての「近江楽座」は2006年度で終了したが、この間に培ってきたノウハウや地域との繋がりをさらに継承、発展させていくために、2007年度から、大学独自の予算により、これまでの「近江楽座」の取り組みを継続し、パワーアップした地域活動が展開できるように、支援内容及び体制の拡充を図った。2007年度より、「地域活性化への貢献」をテーマとし、学生主体の地域活動を行うAプロジェクトに加え、自治体や企業等から提示された課題について、学生が主体的にプロジェクトチームを結成し活動するBプロジェクトの募集を開始した。Bプロジェクトとは、学生チームに提示課題に対する企画提案を求め（プロポーザル方式）、採択されたチームは、指導教員、地域づくり教育研究センターとともに外部資金を活用しながらプロジェクトを推進する。2007年度は、滋賀県地域振興課（現、自治振興課）から「湖北地域における都市と地方の交流居住・移住促進事業」の委託を受け、「情報発信ツールの企画・制作」と「地域と連携したモニターツアーの企画・実施」のテーマで募集した。

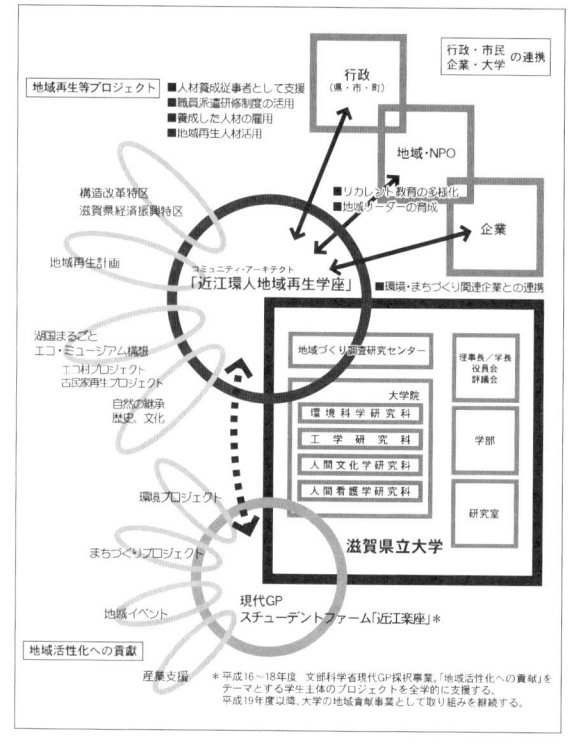

図1　滋賀県立大学と地域の共創図
（提供：滋賀県立大学地域づくり教育研究センター）

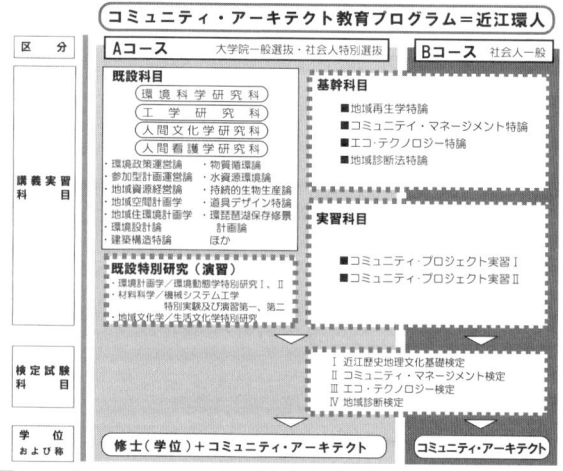

図2　コミュニティ・アーキテクト教育プログラム
（提供：滋賀県立大学地域づくり教育研究センター）

| 橋本商店街活性化プロジェクト | 限界集落再生の模索 | 茶室「蓮月庵」制作 |

写真3　コミュニティ・アーキテクト―近江環人地域再生学座の取り組み (左2点の提供：滋賀県立大学地域づくり教育研究センター、右：奥貫 隆)

5　コミュニティ・アーキテクト　～近江環人地域再生学座

　2006年後期にスタートした「近江環人地域再生学座」は、科学技術振興調整費による「地域再生人材創出拠点の形成プログラム」（2010年まで5ヵ年）に採択された取り組みで、「環境と調和した循環型地域社会づくり」に貢献する人材を、大学・行政・企業・地域の連携によって育成する。近江環人専門委員会により運営される大学院レベルの新設された教育プログラムである。

　1年間の講義科目と実習科目からなる学座を修了し、検定試験に合格した者に対して、本学から「コミュニティ・アーキテクト（近江環人）」の称号を付与する。環境と調和した循環型地域社会づくりに寄与するリーダー、コーディネーターへの社会の認識と関心を高め、一層の地域社会の発展を図ることをめざしている。

　大学院博士前期課程修了（修士）と合わせて、コミュニティ・アーキテクトの称号を付与するAコースと、学位に関わらず称号を付与する社会人のBコースからなる。県・地方自治体職員・建築家・会社員がBコースに応募している。2007年9月にAコース7人、Bコース6人。2年目にAコース8人、Bコース4人、3年目の2008年にAコース7人、Bコース6人が在籍。2008年3月までに、14名が検定試験合格者し、コミュニティ・アーキテクトが誕生している。1期生にいた中国からの大学院留学生は、上海の設計事務所に就職した。近江のみならず国際的に意義が広がっていくことを願っている。

①　講義・実習

　講義・実習は、行政・企業・NPOからも講師を招き、地域診断法特論（近江文化を読解する、地形・地質・水質の特性把握と総合的な地域診断）、コミュニティ・マネージメント特論（コミュニティビジネスによる新たなコミュニティ創発、人材発掘と活用のマネジメント）、コミュニティ・プロジェクト実習（自然エネルギー利用技術、自然素材利用技術等）などから構成されている。その他、特別講義や環境共生コミュニティ創造会議、地域再生研究会、近江地域再生フォーラムにおいては、先輩コミュニティ・アーキテクトを交えて開催し、情報を自治体とのネットワーク形成や講義・実習に活かしていく。

②　滋賀県との協力体制

　滋賀県は、「近江環人地域再生学座」と連携して2006年度滋賀県地域再生計画「自然と人間がともに輝く滋賀～大学と連携した持続可能な地域づくり計画～」を策定した。目標として、「滋賀県は、滋賀県立大学と連携し、地域診断からまちづくりへの展開をオーガナイズできる人材を育成し、地域の社会的資源として活用することにより、人々がいきいきと暮らせる社会環境を実現する」としている。地域振興課（当時）は、教育プログラムの開発、運営等において協力体制を構築してきた。さらに、2007年度の新規採用試験から新たな職種として「環境行政職」を創設し、環境と調和した地域社会の建設に必要な人材の採用に着手するなど、人材育成における自治体との連携は、具体的成果を生んでいる。

6　地域再生システム論

　内閣府地域再生事業推進室が主体となり、2006年から全国の大学に声をかけて始まった「地域再生システム論[*2]」は、2008年度において滋賀県立大学を含め、22校で講座が始まった。滋賀県立大学の「地域再生システム論」では、「近江環人」と連携し、滋賀県内フィールドワークを通し、学生、住民・NPOが、行政、大学との連携

により、「地域・現場からの政策づくり」を考える「場」を目指している。ACTの初代代表が、東京のコンサル事務所に勤めており、内閣府・大学との連携による地域再生システム論の2008年度企画を担当している。

この講座は、滋賀県立大学地域づくり教育研究センターが事務局となって、「近江楽座」「近江環人」に続く、3つ目の主な事業としてすすめている。このセンターは、2008年4月に交流センターと地域づくり調査研究センターを改編して設置され、建学の理念の1つである地域貢献を推進するため、大学の知を広く地域社会に還元するための生涯学習事業をはじめ、地域づくりに関する調査研究、地域社会で活躍する人材の育成などに取り組み、地域に開かれた大学として活動の事務局を担っている。

7 地域を考えるための大学連携

大学・学生が主導する事もあれば、まちが元気な事もある。行政のシステム（制度や企画）が先行しているという事もある。大事なのは、その先行した内容に、他者が自分の担当を発想し行動する柔軟性である。それが共動（協働ではない、動く事により、違う立場を理解する*3）である。大学の地域貢献は、まち・行政・大学（学生）がうまく連携しなければ実体化した価値にならない。単に「学生の勉強になりました」では、貢献にならない。教育システムになった途端に、学生の単位や資格だけの事になってはならない。地域にレポートが山のように積み上げられても、宝の持ち腐れになるかどうかは、共動次第である。概念・理念だけでなく、着実に社会を変えていく成果が、実際に行動した地域・学生に実感できるようにする。それが一番の教育である。

「Think globally, Act locally（シンク グローバリー、アクト ローカリー）」は、環境問題のキーワードである。

「Act locally, Move globally（アクト ローカリー、ムーブ グローバリー）*3」は、まちづくりのキーワードである。これらの流れの上で、「地域を考える為には、その地域の大学間連携が必要である」と考え、2008年「地域再生システム論」では、実際に滋賀県立大学ばかりでなく、滋賀大学、聖泉大学との3校連携で開講し、「大学と地域の連携による地域再生の課題と再生方法」でパネルディスカッションを行った。さらには、3校ばかりでなく、環琵琶湖大学連携を構想中である。

◎注
*1 ACT Stationは、日本最初のコンクリート防災街区として1960年代に建てられたビルの一角にある。新耐震基準（1981年）以前のビルであり、また老朽化もはなはだしかった。そこでSRF工法により、イベントスペースQ座の柱6本に対して、学生耐震補強ワークショップを行い、この地域における耐震補強事例としての大事な役割を担っていた。しかし、2007年9月に建物が売られ、足掛け10年の拠点は閉じられた。ACTはその後も、新たなる活動拠点を企画中である。学生達が作ったカウンター等は、その後、商店街の「街の駅」で使用され、まちづくりの一端は、まちに引き継がれた。

活動は、ライブ、まちづくりシンポジウム、まちの祭りの企画等を、商店街、青年会議所、商工会議所、高校生、企業、NPO、行政と関わり合いながら、学生達が自主的に活動を創出し、地域に学び、実現してきた。2001年8月滋賀県、AKINDO委員会 Beautiful Business Plan Competition最優秀賞をいただいた。学生が社会人になり、地域で起業していくというビジネスモデルであった。

2000年から始まった花しょうぶ通りの「勝負市」は、ACTへの視察がきっかけになり、ACTと商店街の連携で生まれた。全国からのものづくりが店を開く祭りとして、商店街、学生（現在は彦根市内3大学、滋賀大学、滋賀県立大学、聖泉大学、さらに長浜バイオ大学の大学祭メンバー約100人が参加）、商工会議所、NPO、行政の連携で、毎年6月に継続し、2009年には10周年を迎える。これら一連の活動は、学生達を刺激し、自分達が動けば何かが変わる事を実感させていた。

ACTの卒業生の動向は、コンサル、設計事務所、研究者、ベンチャー（彦根でレストラン開業）、行政と多方面である。

*2 内閣府の『地域再生』政策の3本柱は、1.地域再生を担うひとづくり、人材ネットワークづくり、2.補助金改革（地域の自主裁量性尊重）、3.民間ノウハウ、資金等の活用とある。目的は、「現場のニーズに即した実践的なリサーチ・研究を実施、地域毎の具体的なアクションプランの作成を通じて、地域力の向上を図る」。推進体制は、「内閣官房が中心となり、各地域・各大学のニーズに対するコンサルティングを実施。省庁を超え、政策のキーマンを地方へ派遣支援。」、講座内容は、「地域再生に関する①総論、②分野別の政策論、③具体的な地域での実例を想定。内容は大学の独自性を重視」とある。
*3 柴田の造語。

◎参考文献
1) 柴田いづみ "まちづくりの起爆剤" 「まちへ」日刊建設通信新聞社、2006、p44-49
2) 柴田いづみ "Action Connect with Town" 「新建築」2000.4、p146-147
3) 柴田いづみ "活動はまちとつながる" 「ランドスケープ デザイン」2000、№21、p26-29
4) 滋賀県立大学環境フィールドワーク研究会『琵琶発環境フィールドワークのすすめ』昭和堂、2007
5) 内閣官房・内閣府「地域再生システム論（概要）」2008
6) 近江楽座学生委員会編著「近江楽座のススメ 学生力で地域が変わる/4年間の軌跡」㈱ラトルズ、2008
7) 「近江環人創刊号」2007年、「近江環人2号」2008

5-6 まちづくりを使命とする公設民営大学の戦略

〈酒田市・鶴岡市と東北公益文科大学・大学院〉

小松隆二（東北公益文科大学公益学部）

1　大学まちづくりをモットーに

まちづくりに関しては、言うは易く、実行、さらには成果をあげることは意外に難しい。

大学まちづくりにしても、言うは易く、実行はそう容易なことではない。長い間、日本の大学は地域・まちには無関心であった。そのため、経験や蓄積に欠け、大学によるまちづくりはそう甘くないことが予想されてきた。実際に、大学としてはまちづくりに対する取り組みは早かったものの、長く続かなかった例、出だしは参加者も多く勢いがあったのに、思ったほどには同調者・参加者がなく、すぐに開店休業状態に陥った例もある。

東北公益文科大学（以下、公益大）は、2001年4月に開学した。その当初から「大学まちづくり」を基本理念に据え、地域との連携、相互貢献を旗印に掲げてきた。そのお蔭で公益大は、大学まちづくりの最初の唱導者となった。キャンパスや施設・設備も、市民・住民への開放を前提に設計・建設された。開学後のまちづくり活動も、出だしは順調であった。それに対する地域の行政や住民の反応・対応も期待以上に良好であった。他に先駆けたこともあって、反応・反響も小さくなかった。

しかし、まちづくり・大学まちづくりというものは、出だしが良かったから、あるいはこれまで良かったから、これからも問題なく安泰というわけにはいかない。ある年までは良かったが、翌年は一変、参加者が減り、活動が鈍るということも起こりうるのである。

公益大も、まちづくりに関しては常に順調であったわけではない。1年1年新たな姿勢で取り組まざるをえないほど安閑とした年はなかった。これからも、他大学に比べて無条件に優位に立っているというのではない。まちづくり・大学まちづくりは、長く果てしない道のりであり、長い年月にわたる覚悟をもって、同時に年々姿勢や気持ちを新たにして取り組むことも欠かせない。

もちろん、過去の実績や蓄積が意味をなさないというのではない。当然のことながら、過去の実績は宝であり、それ以後の活動の土台や財産となる。ただいったん築き上げた実績や成果がそのまま生き、評価されつづけるのではない。地域・まちに対して大学がしっかりした理念をもつことが前提ではあるが、同時に過去の実績に依存するだけではなく、目標、活動、メンバーでも絶えず新たな部分を付加しつつ取り組まなくてはならない。

2　開学、そしてあいつぐ挑戦

❶公設民営方式の実際

公益大は、公設民営方式で開学した。公設民営とは土地や施設・設備は県・市町村（山形県と庄内地域の14市町村）が用意し、経営・運営は私学の学校法人方式で行うものである。理事会は副知事や市長という県や市の代表者で主に固められているが、教授会は県・市の影響を受けることはない。研究・教育はあくまで自由で、教員は公設というより私学という認識の方が強い。職員は、事務局長には県職員が代々就任、課長などの役職者には当初は全員が県・市からの派遣であった。現在は、事務局長以外は全て公益大が直接採用した職員で固められている。

公設民営方式といっても、行政が大学の活動に指示や方向性を与えるということはない。就職などで支援は提供されるが、大学・大学院が完成してからは直接的な資金援助もなくなっている。地域活動には県・市が援助を提供することがあるが、それは大学への支援というより、通常は市民と大学が連携するまちづくりへの支援である。

❷地域・地方を重視する理念

交通不便で、人口も少ない地方で、小規模の私立大学が生き抜くには、他にない個性的な大学をつくる以外な

い。そのため、学問としては公益学、理念としては東北を足場に、地域・地方から発信する大学、地域に開放され、地域とともにある大学づくりが構想された。

地域・地方を重視し、大学まちづくりを打ち出したのは、東京など大都会に余りに集中した国づくりのあり方に対して、地域・地方が育ってこそ、日本全体も良好に育つという認識、換言すると、地方には高度な研究や私立大学は育たないといわれる状況の打破なしには、日本における生活も文化も本物にならないという認識である。「東北から俯瞰せよ。」と謳ったのは、そのような認識を率直に表現したものであった。

具体的には、大学からは、まちづくりの一環としてキャンパスづくりを行うので、門や塀は一切設けないこと、図書館、コンピュータ、食堂などは週末や連休も開き、市民・住民に開放すること、さらに講演会、コンサートなどの催しも市民に公開することにした。また教職員や学生は、まちにどんどん出るよう心掛けた（写真1）。

それに対して、まちや市民も、開学前から多様な支援を大学に送ってくれた。市民による大学後援会の結成と大きな支援も、先進的な地域の協力・貢献であった。市民個人の寄付も、お金、図書、絵画などで寄せられてきた。学生のクラブ活動へのボランティアによる市民の支援・指導活動も目だっている。大学の一郭でもある遊心の森づくりでは、500名を超える市民がボランティアとして参加した。それに、開放したキャンパスの市民による活用・利用は予想以上に多かった。とくに図書館と食堂の利用は全国の大学でもトップクラスであった。

3　大学の理念・使命とまちづくり

1 まちづくり

まちづくりは、持続可能な社会を整備し、その下で持家づくりを超えてまち全体・地域全体を、そして住民全体の暮しをより良くすることが目的である。その目的を達成するには、行政と住民、また住民同士の間に協働、さらに一歩進める共創の関係を築き、連帯と調和の関係をつくりだすことが欠かせない。

まちづくりは、現代を象徴する公益活動である。公益とは、自分や身内を超える思いやりとそれに基づく行動から始まる。つまり自分や家族を大切にしつつ、それを超えて地域・まちや住民全体にも目を向け、協力や連帯

写真1　公益大のキャンパス（中央）と周辺のまち「この地域全体が私たちのキャンパス」

の必要を認識するところから動きだす。その意味で、自分たちのための持家づくりを超えて、地域やまち全体のまちづくりこそ、現代に相応しい公益活動といえる。

2 大学まちづくり

大学まちづくりは、まちづくりの一環として大学づくりを位置づけ、市民と共に大学をつくる理念や活動である。キャンパス、教室、研究室など施設・設備をつくって終了するのではなく、まちづくりの展開にあわせて大学づくりの舵とりも変えていく。大学は、一方でまちづくりを盛り立て、他方で地域・まちの整備によって恩恵を受けることができる。まさに連帯と相互貢献の関係が成立するのである。

研究・教育にしても、地域・地方という拠点をしっかりもって、全体を、さらに世界をみる必要がある。それによって研究・教育に深み、重み、広がりが出、オリジナルで高度な成果も生み出されることになろう。

大学が地域・まち・住民との関係で留意すべき点を整理すると、以下の諸点にまとめられるであろう。
① 大学は、地域・地方・住民を重視する大学づくりをすすめること。地域を拠点に、地域の支援を受けて教育・研究・経営に打ち込んでこそ、大学として創造的で堅実な成果を生み出す可能性が高まるのである。
② 大学は、地域に対して貢献の姿勢・考えと共に、率直に地域から学ぶ姿勢、さらに貢献も受ける姿勢もあわせもつこと、つまり連帯と相互貢献に基づく共創の理念をもって対応すること。
③ 学生が参加する時は、学生の属する集団・活動ごと

に目的、方法、プロセスを明示し、全員が共通理解にたって、かつ楽しく打ち込めるあり方を追求すること。
④ 目的に沿って、各自が自分には何ができるのか、また何をしたら貢献度が高くなるのかをあらかじめ、あるいは絶えず考え、検証すること。参加者は、自分の得意や関心のある分野やテーマを生かすことができれば、積極的に参加できるし、また成果もあげやすい。

4 まちづくりの基本姿勢と学生の位置　～まちづくりは人づくりか？

大学まちづくりにあっては、大学も地域・まちの一員としてまちづくりに貢献する。同時に、地域・住民も大学に可能な貢献をする。研究・教育も、地域を拠点に、地域の支援を受けてすすめることによって、大学単独ですすめるときに比べ、素材や課題、資料、資源、財政の面でもはるかに有利に展開できるであろう。

それでは、学生にとってまちづくりへの参加はどのような意味をもつのであろうか。

学生にとっては、まちづくりへの参加は人づくり・人材育成が唯一、あるいは最大の目的となるのではない。あくまでもまちづくりが主目的で、手段ということではない。まちづくりに参加することで、学生は真に豊かな暮しを実現するまちづくりの夢や目的、楽しさや難しさを身をもって体験する。それが大切なのである。建築・都市計画などを専攻する学生を除けば、学生のほとんどがまちづくりを将来の仕事として就職先に選ぶわけではない。ごく一部のものが卒業後も自ら参加したまちづくりを研究課題に研究者の道に進むなり、職業として環境や開発の道に進むなりするにすぎない。

ここで、まちづくりに学生が参加する意味・意義を整理すると、まず第1に、学生時代に市民とのふれ合いや活動をまちづくりを通して体験すること自体に大きな意味がある。その際、先入観なしに自分の興味を生かし、思う存分活動する方が予期しなかった成果を生み、有益である場合も少なくない。

第2に、まちづくりの目的、必要性、実際などを現場で学べ、また自らを含め、市民・住民の暮しを向上する方法や現実を市民の生活の場で学べる。まちづくり活動は、学生に直ちに顕著な力・成果を付与するわけではない。ただ活動体験を通して、まちづくりの目的、必要性、方法などの一端であれ、知ることができれば、そのことが社会に出て、本業の他、労働運動、環境保護運動、消費者運動などに関わる際、役立つ可能性が強い。

写真2　地域共創センター主催の市民交流ミーティング

第3に、人材育成に関わるが、まちづくり活動を通して、学生は卒業後も全ての人の暮しを良くするまちづくりに関心をもちつづける土台を用意され、また少数のものは将来まちづくりでリーダーや積極的なメンバーになるための訓練を積める。たしかに、学生のほとんどは、まちづくりへの参加を将来の仕事や就職先と結びつける考えはない。それでも、まちづくりの夢や目的、楽しさや難しさを学ぶので、社会に出てからまちづくりが問題になったときなどに、参加したり、稀には指導的役割を担えたりするための訓練を受けることになるといってよい。

以上3点に関連して、「まちづくりは人づくり」の側面があることを否定はしないが、学生参加に意味をもたせるために人づくりを目的化する必要はない。あくまでも、まちづくりにあっては、より良い暮しにつながるまちづくりが主目的なのである。人づくりの効果が目に見えるほど顕著に現れないと、まちづくりに学生が参加する意味を認めないと考える必要はない。

ただ公益大にも、学生のまちづくりへの参加で人材養成を考慮した仕組みとして地域共創センターがある。同センターは、大学の地域活動の窓口として、また市民・市民団体との交流の場として「むすぶ・つなぐ・つどう」をモットーに2006年4月に設置された（写真2）。

注目すべきは、このセンターの運営に学生の参加を認めたことである。学生には学生センター員としてセンターの会議・運営への参加を認め、経験をつむ機会を提供したのである。センターと学生のつなぎ役、また地域活動のリーダーに育ってほしいという狙いからである。

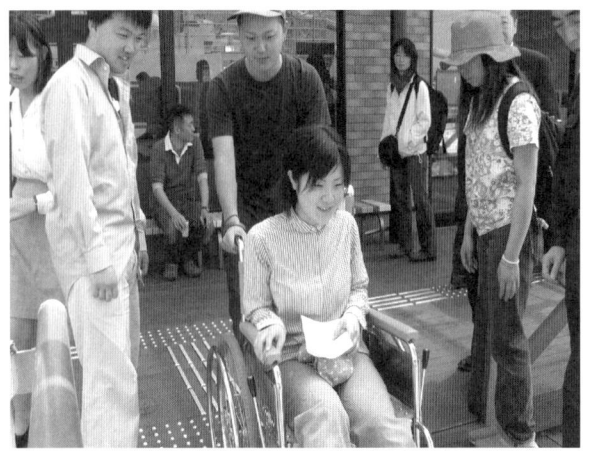

写真3　商店街での福祉マップづくり

写真4　飛島でのクリーンアップ作戦

5　公益大によるまちづくりの実践

❶商店街の活性化、マップづくりなど

　公益大は、大学まちづくりの実践として、たんに施設・設備、あるいは講演、コンサートなどの催しを市民に開放するだけではない。教職員と学生が地域に出て、市民と交流、協働することも早くから実践した。当初は、祭礼などに学生と教職員の有志が参加するところから始まった。やがて教員は各地のまちづくり委員会はじめ、審議会、講演会等の委員、講師に活用された。

　まちづくりでは主要な課題になる商店街の活性化に関しては、各商店街の町興し委員会や会合にも、教員や学生が多く参加した。ただし商店街の活性化では、祭りの新設など一時的なイベントの成功を除くと、目に見える形で十分に成果が上がったとはいえない。

　ただ商店街と学生のつながりを強めることを狙いとする街なかキャンパスの設置では、県・酒田市と酒田商工会議所が施設・人材・資金の提供などで協力した。その後、行政の補助は細りつつあるが、大学の街なか拠点として未来研究室に衣替えして、活動を継続している。

　地域のマップづくりにも、多くの分野で取り組みがなされた。その口火を切ったのは、学生であった。学生たちが学生の眼で見た食堂・レストランのマップづくりを行ったのがその最初であった。パンフレット型で平均30頁の上下2冊本であった。地域紹介のパンフレットは、教員の手でも相次いで作成された。例えば福祉マップ、公益の人物の事蹟をまとめた小冊子・マップ、旧跡・観光名所的なマップなどが作成された（写真3）。この地域見直し的・発掘的な活動は、顕著な成果をおさめた。

❷離島・飛島における島づくり

　まちづくり活動の成果で特筆すべきは、離島・飛島における住民との交流、協働、共創活動である。離島の海岸に漂着する大量のゴミの清掃活動であるクリーンアップ作戦（毎年60余名の学生が参加、写真4）から始まり、農産品による島興し、さらに豊かな暮らしを追求する島づくり、そのための理論、方法などの検討・調査に発展した。

　その島づくりが開学から7年余に渡って継続されてきた。学生も多く参加した。年々新しい学生が参加する上、4年間継続して、しかも年に何度も島を訪れるリピーター活動家、さらに離島におけるまちづくりを恒常的な課題・仕事にするため、大学院に進むものも出た。

　離島は、辺境であるとはいえ、日本の地域・まちであることにはかわりはない。離島の人々の島づくり・暮しづくりを成功させて、初めて日本全体のまちづくりも成功したといえるのである。

　かくして、教員にも学生にも永続的に取り組むものも出る実績に、公益大グループは島民の信頼も得、拠点づくりに成功した。漂着ゴミのクリーンアップ作戦から始まった活動が、より良い暮らしをめざす総合的な島づくり・まちづくり運動に発展したのであった。実際に、この活動は、新聞・雑誌にくり返し報道されたり、官公庁から助成を受けたりして、大きな評価を得た。

　ただ飛島側に受け皿となる安定した行政部署、委員会、団体があるわけではない。その点の打開が内発的な島づくりを進める上での課題となっている。

3 地域における公益団体や高校との協働・共創

　福祉団体など地域の NPO や公益法人との共創活動も見られた。大学と福祉 NPO がヘルパー養成事業を共催する例、また教員と学生がボランティア活動を通して法人等を支援する例もある。

　近年の流行でもある高大連携も進んだ。地元の高校数校と話し合いがもたれたが、実際に協定に漕ぎ着け、長期の提携が実現したのは 2 校であった。他は講師派遣などで協力している。教職員を中心に、企業などとの連携も進んだ。協定に進んだのは、2 社のみであったが、助成金を得るなどの関係はいくつかみられた。

　かくして、大学と地域・まち・住民との間に協力、連携、連帯、つまり協働、さらにはそれを超える共創が短期間で相当すすんだ。そこでも確認されたのは、地域・まちと大学（教職員・学生）との相互貢献であった。

4 最初の全国学生まちづくりサミットの開催

　以上のような活動が集約されるように、全国学生まちづくりサミットが 2006 年 11 月に公益大で初めて開催された（写真 5）。まちづくりには学生など若者も主役になれることをアピールする学生による全国集会であった。その後、学生サミットは、関西学院大学、愛知大学と引き継がれて開催され、今日に至っている。

　なお、卒業生と現役学生の連携はしばしばみられる。「まちを音楽共和国に」を目指して酒田市の中心街の路上で開かれるミュージック・フェスティバルは、その代表的な例である。

　ちょうど公益大の開学が、全国的に市町村合併活動が盛り上がり、まちづくりがブームになりかけている世紀の転換期であった。そのことが大学まちづくりに多くの学生を引き込むことができた一因でもあった。同時に、開学時から大学まちづくりを建学の理念の 1 つに位置づけてきた大学の基本姿勢、それに協力した教職員の姿勢が大きく与っていたことも否定できないであろう。

6　まちづくりが大学の未来を拓く

　大学を取り巻く環境は依然として厳しい。とくに地方の私立大学にとっては、生死を賭けるほどの状況に直面する例も出ている。それにあわせて、大学にとっては研究と教育の一層の高度化と個性化、さらにその成果の拡

写真 5　全国学生まちづくりサミットの開催

大と発信が欠かせなくなっている。たえざる組織・制度改革と挑戦も必要であるが、やはり最も重視すべきは研究・教育における多くのオリジナルで高度な成果とその発信である。同時に、地域・地方を重視し、地域・まちとの連帯・共創をはかる地域活動も重視されなくてはならない。

　大学は、今や地域・まちを無視することができなくなっている。むしろ地域・まちを大切にし、活用することが、大学の研究・教育、そして経営・財政にも大きな支援材料になる時代である。学生にしても、新入生の確保から卒業後の就職口の紹介まで、地域に世話になることが多い。地域・住民は、大学を直接支援してくれるだけではない。まちづくりを進展させることで、大学に対しても良好な環境を提供してくれるのである。

　地域・まちの重要性を認識できない大学には、明るい未来はない。より良い暮しをめざして、地域と大学が共に取り組む協働を超える共創のまちづくりこそ、大学の未来に明るい光を灯してくれるにちがいない。

◎参考文献
1）小松隆二『公益とまちづくり文化』慶大出版会、2003
2）小松隆二『公益とは何か』論創社、2004
3）伊藤眞知子・小松隆二編『大学地域論』論創社、2006

5-7 地域の担い手を育成するコミュニティカレッジ
〈米国ユージン市とレーン・コミュニティカレッジ〉

西尾治一 (㈱ドゥリサーチ研究所)

1 レーン・コミュニティカレッジの活動

米国オレゴン州ユージン市にあるレーン・コミュニティカレッジの活動は日本での短期大学のイメージはない。日本の短期大学と職業訓練所、ハローワーク、社会教育施設、専門学校、各種学校、高等専門学校などを合体させた総合人材育成機関である。

地域住民が仕事に就きたいと考えたときにどうすればよいかを親身になって考え、そのための相談のみならず、具体的な学習プログラムを提供し、さらに仕事まで探す手助けを行っている。このために、地域で必要とされる職業ニーズを把握し、労働力の質と量の需給の調整も担っている。省庁の縦割りの仕事ではできない。

委託教育訓練サービスも行っており、各企業の教育訓練ニーズに合わせたプログラムを提供するなど、コミュニティが必要とするものはどんなものでも積極的に提供していこうという考えが垣間見られる。

専門職業訓練プログラムの卒業生は、仕事を行うための準備が十分にできていることもあって、83％もの高い確率で各専門分野での職業に就いている。これは、600人以上の実業界メンバーで構成されているプログラムアドバイザリー委員会からのガイダンスのおかげで、レーン・コミュニティカレッジの提供しているプログラムが地元企業の職場のニーズを的確かつ迅速に反映しているためでもある。

教育プログラムの提供のみならず、女性問題、麻薬やタバコ喫煙問題、人種問題、家庭内暴力問題など地域の社会的問題についても相談に応じる体制を整えている。

こうした機能を総合的に備えているからこそ、レーン・コミュニティカレッジはやり直しのできる社会を構築するソフトインフラともいうべきものになっている。

ここではこうしたレーン・コミュニティカレッジの活動の仕組みや地域との関係について見ていきたい[*1]。

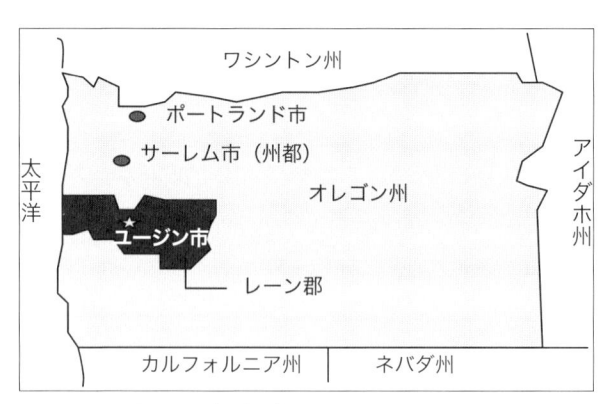

図1 レーン郡とユージン市の位置

2 ユージン市の現況

ユージン市は2007年現在、人口15万人強で、ポートランド市に次ぐ州で2番目に大きな都市であるが、州全体の人口375万人の4％に過ぎない。オレゴン州には36の郡（カウンティ）があり、ユージン市はそのひとつであるレーン郡の郡都となっている。レーン郡の人口は34万人でオレゴン州の1割弱であるが、その半数がユージン市に集中している。

白人比率88.2％と高く、大学学部以上の学歴をもつ市民の比率も37％とオレゴン州の平均と較べ飛びぬけて高い。このため、知的レベルの高い地域としての自負もあり、隣接する労働者の町であるスプリングフィールド市（人口6万人弱）との間に文化的溝が存在するといわれる。

ユージン市の経済の安定性をもたらしている2本柱は、公共部門と流入人口である。ユージン市はレーン郡の人口の43％にもかかわらず、レーン郡の全雇用者数の2/3、非製造業の雇用者の70％がユージン市に集まっている。郡、州、連邦政府関係の機関がユージン市に集中し、レーン・コミュニティカレッジのほか、オレゴン大学もある。公立学校は小学校26校、中学校10校、高等学校5校、

大学1校、コミュニティカレッジ1校で大学生数は2万4,000人、人口の約17％を占める[*2]。

ユージン市は、レーン・コミュニティカレッジを中心とした生活力に関する学習機会の提供、徹底した住民参加システムによる社会力の学習機会の提供、さらにはオレゴン大学のコミュニティ開発への学部としての貢献や大学人と地域内の多様な主体との間に形成された信頼関係が特徴である。

3 ジュニアカレッジからコミュニティカレッジへ

コミュニティカレッジは当初、4年制大学に行くための準備段階としてのジュニアカレッジ（短期大学）であった。1960年代に教育システムの大きな変化が起った。大学に行く準備段階でジュニアカレッジそのものに来る層は少なくなってきたことや、白人と黒人の間の差別問題が関心を呼んだ。こうした中で、コミュニティ住民に公平な教育機会を与え、弱者を救済する社会的公平性という総合的なミッションを持ったコミュニティカレッジという考えがでてきた。これには従来のジュニアカレッジとしての役割に加え、次のような機能が備わっている。
(1) 4年制の大学への単位移転を目的とした2年間の大学教育（旧来のジュニアカレッジ機能）
(2) 専門職業教育（仕事のための準備教育で大学教育を必要としない職業訓練、自動車整備、コンピュータプログラミングなど）
(3) 能力開発教育（第二外国語教育、勉強するためのスキル、大学レベルの教育など）
(4) 生涯学習（個人生活の豊かさを高めるもの、水彩画、コンピュータコースなど）
(5) 文化・コミュニティサービス（音楽、体育など）

こうして1964年レーン・コミュニティカレッジが設立された。

4 レーン・コミュニティカレッジの概要

こうした変化の中で、レーン・コミュニティカレッジはコミュニティの住民誰もが享受でき、高品質で安価な生涯教育を提供するために設立された総合コミュニティカレッジとなった。現在、レーン・コミュニティカレッジは100ほどの単位取得プログラム（大学や資格取得に必要な単位）と多くの単位取得に結びつかないプログラムを提供している。レーン・コミュニティカレッジが担当する地域の人口は約34万人で、太平洋岸からカスケード山脈までの1万3,000km^{2}の地域をカバーしている。

ユージン市南部のメインキャンパスに加え、ユージン中心市街地やフローレンス、ジャンクションシティなど8つのセンターがレーン郡の各地域に配置されている。

2005年から2006年にかけて、約3万6,000人の学生が講義を受けており、単位取得クラスの平均年齢は27歳である[*3]。一般には単位を取得するクラスに入学する生徒は18歳以上であるが、高校卒業資格は求められない。単位取得を目的としないクラスには16歳以上であれば誰でも参加することができる。

レーン・コミュニティカレッジは国際的機関であるコミュニティカレッジ革新連盟（League for Innovation of Community College）の理事会構成メンバー20校の1つであり、米国内でも革新的で先進的なコミュニティカレッジと考えられている。

5 レーン・コミュニティカレッジの経営体制と財務

レーン・コミュニティカレッジはレーン郡を対象としたもので、州全体を対象としたものではない。レーン郡の固定資産税を基に運営資金を賄うことになっているが、連邦政府の支援がある。理事会メンバー（理事）は7人で構成され、全て無償のボランティアである。理事7人のうちの5人は5つあるコミュニティカレッジのカバーする各地区から1人ずつ選出され、残り2人は地域全体の代表となっている。

理事会は政策を決定する機能を果たすもので、経営は学長にゆだねられている。理事はそれ故、メンバーが望んでいることの結果がどうなったかに関心をもっており、量的な方向を示すだけで、運営に関してはほとんど口を挟まない。2005/06年の収入の構成は以下のとおりである。
(1) 授業料　34.2％
(2) 州　39.3％
(3) 地元固定資産税からの補助金　19.2％
(4) その他　7.3％

寄付は現在のところきわめて少なく、今後、政府からの予算削減を考えると、寄付部分の拡大が重要となる。

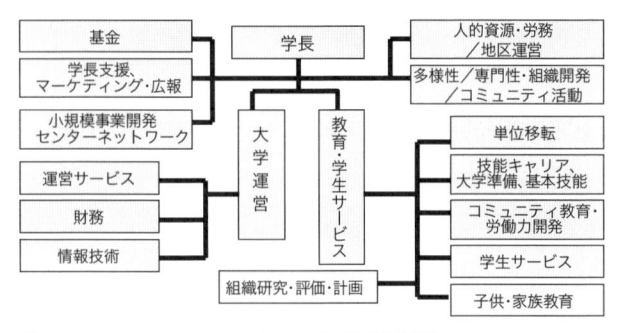

図2 レーン・コミュニティカレッジの経営組織図

2004年までの大幅な予算カットに対応して授業料を75％も上げた（単位・時間38ドルから64ドルに）が、コミュニティからの反対もなく、支持を得ることができた。これはレーン・コミュニティカレッジの存在そのものが、既にユージン市をはじめ、レーン郡の市民にとって不可欠なものになっているということを示している。

経営は学長を最高経営責任者とする実施体制であり、環境変化に合わせて組織改革を絶え間なく行っている。図2は2007年9月現在の組織体制である。

学長に直結している経営支援部門が5つ、具体的なコミュニティカレッジの運営そのものに係るものとして大学運営部門と教育・学生サービス部門がある。

6　コミュニティの教育訓練ニーズを反映する仕組み

学長はオレゴン州の政府機関連盟（League of Government）の理事会メンバーになっており、コミュニティ計画や交通の問題を話し合っている。また、ユージン開発やレーンパートナーシップに関わる会議のメンバーでもある。そのためレーンコミュニティに関係する場合は、メンバーの組織が共同して障害を取り除く努力を行う。そうした中で労働力教育訓練コースの新設などに積極的に対応することで、コミュニティのニーズを反映している。また、レーン・コミュニティカレッジの理事からの要請によって新たなプログラムやコースをつくるが、これらはレーン・コミュニティカレッジの経営陣が経営面からの評価をした上で採択を決定する。

コースのアイディアは、長期的なニーズの分析から来るもの（例えば、20～30年後にでてくる健康医療の問題に対応するための教育）、コミュニティカレッジ外からのもの、そして、教官や経営陣からのものに大別される。

レーン・コミュニティカレッジで提供している資格は州や国の業界団体と共同して開発しているため、教育訓練は産業界にとっても有効なものとなっている。これを保持することによってその職につくことが有利になる。

コミュニティカレッジの核となるコミュニティとの関係においては、コミュニティとの会話を各地域で実施している。これは2時間ほどであるが、コミュニティカレッジの地域選出理事が主催者となり、学長、地域の市民が参加する。目的は、その地域で、どのような教育訓練ニーズがあるのかを聞き取り、コミュニティカレッジにおける将来の教育プログラムに反映させることである。

7　提供されているコースの種類と数

❶単位取得に結びつかない生涯教育

3つの部門があり以下のサービスを提供している。プログラム数は非常に幅が広く多様な分野（技能訓練からフィットネス、ワイン評価、住居メンテナンス、NPOマネジメントなど）をカバーしており、通常のものが69でオンラインのものは26ある。これらの各プログラムの中にも、いくつかのコースがある。

① 生涯教育・拡大学習（Continuing Education & Extended Learning）：趣味や文化・一般教養などを教えるクラスである。これらは各地にあるコミュニティ・ラーニングセンターでも提供されているが、開始3日前までに十分な生徒が集まらない場合は中止する。この部門は常に新しいクラスのアイディアを求めており、教師として教えたいテーマ、また教えて欲しいテーマを募集している。

② ビジネス開発センターおよび委託教育訓練：ビジネス向けの教育部門で、企業の要求に合わせた訓練プログラムも個別に対応することができる。

③ 労働力開発および労働力ネットワーク：仕事に復帰したい、あるいは現在のキャリアアップをしたいレーン郡の住民全てに対して、ワークショップや総合的サービスを提供する部門である。サービスとしてはキャリアプランニング、求職クラス、スキル向上、奨学金、求職活動支援がある。これらは学生のみならず一般住民も無料で受けられる。労働力ネットワークはレーン労働力パートナーシップからの委託で資金が賄われている。

表1　専門的職業教育訓練プログラムの種類

分野	提供されているプログラム（2004・2005年）
ビジネス・公共分野	会計、管理・事務補助、e-ビジネス、福祉サービス、警察・少年院などのマネジメント、法律事務補助
見習い実習	大工、屋内電気技士、配管工、低電圧エネルギー技士、低電圧再生エネルギー技士、工場電気技士、空調冷凍設備技士、板金工、看板取り付け工
自動車・航空機	自動車板金・塗装技術、自動車技術、航空機整備技士、航空電子技士
コンピュータ	コンピュータ応用スペシャリスト、コンピュータネットワークオペレーション、コンピュータプログラミング、コンピュータユーザー支援、マルチメディアデザイン
接客サービス	料理・食物サービス経営、ホスピタリティマネジメント
医療・健康	歯科補助、口腔衛生、救急医療技術、フィットネス訓練、医療記録技術、医療補助、看護、呼吸治療、コーチング、医療コーディング
電気・電子・重機械など	ディーゼル技術、電子技術、危機管理技士、溶接・組立技術、製造技術、建設技術
その他	製図、グラフィックデザイン、幼児教育、飛行技術、航空技術、職業技能（現在提供されていない職業向）
基本技能	雇用技能訓練
お勧めコース	ダンス、工学、人種問題、医療保健教育、医療事務、音楽、体育、教員教育準備、舞台演技

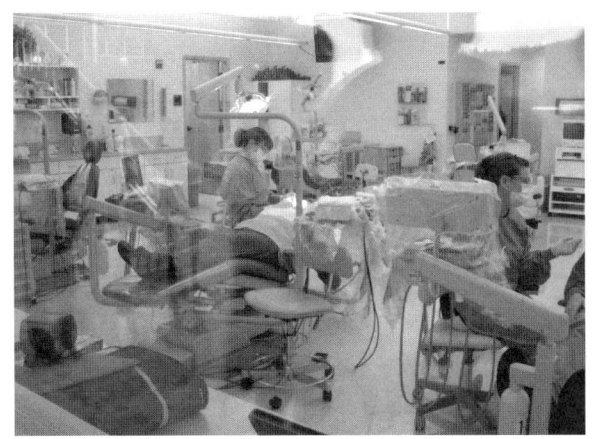

写真1　歯科補助・口腔衛生の演習風景 （写真提供：小松 尚）

写真2　航空機整備の演習風景 （写真提供：小松 尚）

2 単位取得クラス

80以上の分野があり、それぞれに多くの個別コースが存在している。例えば、数学、物理学、心理学などの基礎学問分野や不動産、会計、製造、事業経営といったビジネス分野、音楽、言語研究、体育などの教養分野などが含まれている。

4年生の大学への単位移転が可能なものも含まれている。レーン・コミュニティカレッジでは最初の2年間をコミュニティカレッジで勉強するほうが4年制の大学に直接入学するよりも、費用も安く、また親身になって教えるスタッフが充実しているとメリットを訴えている。

地域が必要としている専門職を育成する専門職職業訓練プログラムも充実している。これらのプログラムは上記のコースを組み合わせ、各専門的職業が要求する知識や経験を学ぶように作られている。学生向けのカタログには、こうした各プログラムを説明するために、目的、学習成果、雇用動向、賃金、授業料以外にかかる費用、資格取得のための試験、受講の必要要件、入学許可条件、インターンシップ、提供するコースとその単位数などが統一的に記述されている。

「自動車板金技術」のプログラムの例をとりあげると、目的としては最新の塗装・衝突技術を理解する技士を訓練し、十分な実務的経験を持たせることとしている。雇用動向としては、この分野の雇用は平均より高く、成長率も高い。新規雇用も平均以上で訓練を受けた卒業生にはほどほどの雇用機会が開かれていると書かれている。

賃金は、自動車板金は州平均では時間7～10ドル、年収にして2万ドルから2万5,000ドル、衝突修復や自動車塗装では時間9～16ドルとしている。また、授業料とは別に必要な費用として、書籍600ドル、衝突修復用器具450～650ドル、自動車塗装用器具350～700ドル、手数料950ドルがかかると推定している。合計では日本円で約30万円程度である。このプログラムで必要なコースワーク単位から授業料を計算すると約76万円であるので、2年間で総計100万円強かかることになる[*4]。極めて親切な解説がなされている。

特徴的なものとしては、パイロット養成コースがある。
コミュニティカレッジの教員数は2006年秋現在1,000人弱で、常勤は1/4に過ぎない。日本の短期大学とは職業や地域社会への直結度合の強さが異なっている。

8　レーン・コミュニティカレッジの経済的効果

　2006年6月にオレゴン州は「レーン・コミュニティカレッジの経済的貢献」という報告書をまとめた。これによれば、以下の5つの貢献があると報告している。
(1) 学生は時間とお金を含めた投資に対し、年17％の投資収益（収入増）を得ている。
(2) 学生のレーン・コミュニティカレッジへの1ドルの投資はその後の仕事を通じて、累計で4.6ドル（現在価値計算）を受け取ることになる。
(3) カレッジでの教育による社会的コストの削減、さらには雇用による納税額の上昇などによって、納税者はレーン・コミュニティカレッジへの年間投資に対し15％の社会的便益を得る。
(4) 学生の雇用に伴い、オレゴン州は健康改善、社会保障・失業・犯罪の削減による公的支出を年間約4億3,000万円[*4]節約することができる。
(5) レーン郡の経済はレーン・コミュニティカレッジの運営ならびに卒業生の生産性効果により約868億円[*4]の地域所得を得ている。これは年間の経済成長の10％に該当する。

　特にこうした貢献の中で、レーン・コミュニティカレッジの地域経済に果たした役割として、新規ビジネスの創出促進と既存ビジネスへの支援を通じて長期的経済成長をもたらしたこと、また、労働者の技能を高め、地元ビジネスや産業に対してオーダーメイドの教育訓練を提供してきたことが指摘されている。これらは過去、現在を通じた840万単位・時間ものレーン・コミュニティカレッジでの教育訓練が現在のこの地域の労働者の血となり肉となっていると分析している。

9　地域のセイフティネットを形成する生涯学習のまち

　アメリカ西海岸のオレゴン州に位置するユージン市は生涯学習都市として有名な静岡県掛川市の姉妹都市である。小都市ユージンが設立された10年後（1872年）には住民はユージンを学習の文化の中心にしたいという思いでオレゴン大学設立をオレゴン州議会に働きかけ、許可された。このようにユージン市はその生い立ちから教育や学習に極めて熱心な地域である。

　オレゴン大学は学生数約2万人の学部、大学院を持った総合大学で、地域のコミュニティ開発に関しては評価の高い大学である。コミュニティ・サービスセンターを運営し、学生の学習活動とオレゴン州の田舎のコミュニティ開発支援やNPO等との協働によるコミュニティ開発をうまく組み合わせたプログラムを提供している。さらにNPOの経営コースもあり、NPO活動のリーダーを養成している。また、オレゴン大学卒業生がユージン市など地方自治体の幹部行政職員として活躍し、大学の教員は市の地域活動に積極的に参加している。

　オレゴン大学での教育とは別に、レーン・コミュニティカレッジでは、実業界や社会の実務的ニーズに合わせた柔軟な教育訓練・学習プログラムを提供している。これによって技術や社会の変化に伴う市民の能力の陳腐化を防止するとともに、市民の文化等への欲求、生活不安の解消などを満たすセイフティネット機能を見事に果たしている。すなわち、地域の人が豊かな人生を送るために必要な能力の獲得や最低限の文化的、精神的支援などの相談を親身になって行ってくれる生涯学習のワンストップ・サービスセンターになっている。

　まちづくりには生活する人々の不安を解消し、未来に向かうことを可能とする社会的仕組みが不可欠である。そうした仕組みがあってこそ、人材が地域に定着し、地域経済を下支えし地域の活力を生み出し、さらに、住民が公的活動に安心して取り組み、地域への愛着を高め、地域を活性化させるという好循環がもたらされる。

　我が国にはこうしたコミュニティカレッジはまだない。地域のソフトインフラとして、やり直し可能な社会を支えるコミュニティカレッジ機能の確立を、省庁間の壁を乗り越え考えるべき時にきているのではないのだろうか。

◎注
[*1] 本稿の内容は、文部科学省委託「地域のまちづくりを担う人材育成調査」（2005年3月）において得られた情報を基にしている。
[*2] Selected Social Characteristics in the United States : 2006 (2006 American Community Survey) より
[*3] 頭数で集計したものである。
[*4] 日本円換算には1ドル＝105円を使用した。

都市の経済発展と拠点大学の急成長〈中国〉

コラム……坂井 猛

1. 経済発展と学生定員拡大

中国の高等教育は、経済の発展と共にその基盤を拡大している。1999年になって、それまでの抑制政策を転換して、211工程と985工程等の施策によって、学生定員の拡大をはかるようになった[*1]。

学生の募集定員は、1998年に108万人であったが、2005年にはその約5倍(504万人)になっている。2005年12月時点では、中国国内に総合大学は1,792校あり、このうち中央政府(国)の所管が111校、地方政府(省または市)の所管が1,431校ある。

2. 学生増に対応する環境整備

増加した学生定員に対応するキャンパス環境の整備が緊急課題となり、中央政府からの資金だけではまかないきれないため、中央政府は国所管の大学111校に対し、以下のような大学独自の資金調達と管理運営を奨励した。
- 無料であった授業料の有料化
- 銀行からの借入れ
- 地方政府からの支援受け入れ
- 学生宿舎や食堂の外部管理化
- 寄附の受け入れ

徴収した授業料、銀行と地方政府からの資金調達によって、全国の拠点大学でキャンパス整備が短期間に行われた。また、宿舎や食堂といった学生生活支援(後勤)の外部化により、2005年までの5年間で、1949年から1999年までの50年間に建設した宿舎の約3倍(7,200万㎡)を有するようになった。

3. 北京の拠点大学

清華大学(1911年創設)は、敷地25haの中関村サイエンスパークに世界企業400社を集め、産学連携による一大研究拠点をつくりあげた。新規雇用は2万人に及んでいる。

北京大学(1898年創設)もこれまでの施設を拡張充実するだけでなく、サイエンスパーク用地10haを購入し、産業界との連携、大学の機能拡大をはかっている。

4. 上海の拠点大学

上海交通大学(1949年創設)、上海大学(1958年創設)では、新たに整備したキャンパスの周辺に、企業の研究所や工場が立地し、各種産業の振興をはかっている。また、同済大学(1907年創設)のキャンパスに隣接する赤峰路、国康路の2つの通りは、大学と産業界との連携エリアとなっており、高層建物が林立し、企業や研究所が入居している。

上海市は、都心の西南約40kmに、約550haの松江大学城(大学都市)を整備し、上海外国語大学(1949年創設)など7つの大学に分譲した。松江大学城は、国内大手企業、外国からの投資先、市内企業の移転先となっている。

有料化した授業料が平均的な家庭の負担能力を超えていることや、各大学の銀行からの借入金をどのようにして返済するのかなど、いくつかの課題を残してはいるものの、中央政府の思い切った舵取りによって、中国の拠点大学と地域は確実に飛躍的な進化を遂げつつある。それは、中央政府や地方政府の計画としっかりと連動した大学の年次計画に基づくものであり、政界、産業界との強い連携が中心となっている。

清華大学中関村サイエンスパーク

北京大学構内

松江大学城と上海外国語大学

上海大学構内

◎注
- [*1] 211工程は、21世紀に約100校の重点大学と重点学部を育成することを主な目的とした国家プロジェクトである。また、985工程は、1998年5月に江沢民主席が「現代化実現のため中国は世界先進レベルの一流大学を持つべき」と提言したことを受けて、38の指定大学を重点的に支援するプロジェクトであり、これらの政策は、中央政府の第10期および第11期五カ年計画に受け継がれている。
- [*2] 本稿の内容は、日本都市計画学会九州支部キャンパス計画研究分科会による調査(2003年9月実施)、および中華人民共和国教育部ほかを対象とした七国立大学施設担当理事連絡会中国大学施設調査(2007年1月実施)によって得られた情報を元にしている。

6章
共創まちづくりを進める仕組み

> **6章のねらい**
>
> 鶴崎直樹（九州大学新キャンパス計画推進室）

1　共創を支える仕組みにみる連携のテーマ

これまでの章において、都市と大学の連携によるまちづくりの対象・テーマとして、「都市や地域の空間再生」（2章）、「環境保全再生」（3章）および「地域経済の再生」（4章）を設定し、関連する具体的な地域と大学の共創的なまちづくりの事例から、地域と大学による連携の仕組みの構築とそれ自体の特徴が成否を左右し、また成果を特徴づけていることを論じた。

このことより本章では、地域と大学の共創的なまちづくりのために構築された組織や仕組みに注目したい。

共創まちづくりの事例をみると、大学ベースのまちづくり支援組織やまちづくりの多様な担い手による連携・協働のプラットフォーム、そして空間的な計画連携など多様であり、また、目標やテーマの達成のための仕組みを有していることが分かる。そして、その仕組みには、段階的な成熟性を見出すことができ、加えて、その担い手が自治体や大学などの組織体相互の関係によるものから、市民が協働するもの等の多様性を確認できることより、ここに共創の発展形態を読み取ることができる。

そこで本章では、これらの点に注目するとともに、連携の特徴により、「地域と大学のまちづくりプラットフォーム」「地域と大学の計画連携技術」「行政と大学の戦略的な連携体制」の3つのテーマに分け、共創的なまちづくりおける地域と大学の連携ための組織や仕組みについて、その姿を明らかにするとともに今後の可能性について展望したい。

2　各テーマにおける事例と解説の視点

1）地域と大学のまちづくりプラットフォーム

共創まちづくりにおいて、地域と大学とは、それぞれ共創に対する思惑や自身が担うことのできる役割に違いがあることから、相互の特性を理解したうえで、パートナーシップを結ぶことが肝要である。

こうした互いの特性の理解のもと、自治体、地域、企業、大学（公民学連携）による水平的協働を実践する東京大学、千葉大学、柏市および民間の開発系企業は、「柏の葉アーバンデザインセンター」を立ち上げ、地域開発のためのプラットフォームとして活用を図っている好事例である（6-1）。特に、大学を地域社会における「知」の提供者であるとともに、高い専門性を具備し、中立的立場で振舞うことのできるプレーヤーとして位置付けている点が特徴的であり、同センターの役割や活動の実態および今後の展望について解説する。

また、地域のシンクタンクとして、地域課題の分析やデザイン業務に教育的かつ実践的に取り組んできた専門家集団の1つである米国のコミュニティ・デザイン・センターは、社会的情勢の変動の中で、その役割を変化させながら、地域に貢献してきたと言える（6-2）。

この変化の背景に注目しながら、コミュニティ・デザイン・センターの米国における歴史的成立経緯、対象事例の都市地域および大学組織における位置づけやまちづくり支援業務の内容、一般の都市計画・まちづくりコンサルタント等との相違点、大学組織であることによる可能性や課題などに焦点を当て、解説を行う。

特に、多様な担い手により構成されるまちづくり組織の中におけるそれぞれの役割や、従来の行政や企業主導とは異なる地域・大学連携体によるまちづくりにおける現在の、また今後期待される成果や課題等について論じたい。

2) 地域と大学の計画連携技術

おしなべて大学は、多くの学生、教職員を擁すとともに、広大なキャンパスと多くの施設群を保有していることから、大学の多様な活動やキャンパスと施設の開発と整備が周辺地域に対し、多くの影響を与える存在であることは否定できない。

このような大学の活動や開発行為に起因する地域環境への影響に対し、米国ケンブリッジ市と4大学が毎年作成する「アニュアル・タウン・ガウン・レポート」は、都市計画的コントロールの具体的手法として機能している（6-3）。

そこで、まず、このレポートによる大学の計画（将来計画、プロジェクト、交通需要等）と都市計画との関係を解説し、行政と大学による情報共有と協議の中で生まれた理念の創出や戦略的な都市の成長管理や合意形成の仕組みについての分析により、地域と大学の計画面における連携について論じたい。

次に、キャンパスと周辺市街地の空間と機能の一体性および連続性と将来への継承性を確保するためにニューヘブン市とイエール大学が協働策定した「フレームワークプラン」を取り上げる（6-4）。

このプランは、これまで、理想的将来像を描く傾向にあった「キャンパスマスタープラン」とは一線を画し、特にオープンスペースや幹線等の機能と地域環境との連携を重視しており、柔軟性も兼ね備えた新たな計画手法として注目されている。そこで、オープンスペースを中心にした空間的体系であるフレームワークプランの特徴と都市計画との関連性、フレームワークプランという用語に託した理念（マスタープランとの差異）について解説しながら、キャンパス計画と都市計画の一貫性を確保する計画手法としてのフレームワークプランの有効性について論じる。

3) 行政と大学の戦略的な連携体制

地域および都市づくりにおいて、行政の果たす役割は多大であり、そして、行政による政策や戦略が地域の発展を左右することは言うまでもない。また、その政策や戦略の策定において、大学の知財を活かすことは有効であるとともに、都市の重要な機能として、また、効果的なプレーヤーとして、大学とその構成員である学生、教職員が担うことができる役割には大きな可能性があると言える。

このような大学の持つ可能性に注目し、積極的に連携を図る行政体として横浜市が挙げられる。同市は市内に立地する大学とともに「大学・都市パートナーシップ協議会」を立ち上げ、戦略的かつ体系的な取り組みや連携により、地縁レベルから都市ブランド形成までに至る多層的な取り組みを行っている（6-5）。

同市は、大学との連携において、大学をコミュニティにおけるまちづくりプレーヤーとして、また、拠点形成における政策プランナーとして、さらに、文化芸術の集積と発信のクリエイターとして位置づけ、多様な役割と成果を期待しており、また、大学がこれに応えている。このことより、ここでは、都市ビジョンを構想しているその背景や構想の具体的内容について解説しながら、大学が重要な担い手と位置づけられた都市ビジョンの特徴や今後の展望について論じるとともに、創造界隈など具体的な先行して成果を上げているプロジェクトについても触れながら解説していく。

6-1
公民学連携による柏の葉アーバンデザインセンター UDCK
〈千葉県・柏市と東京大学・千葉大学および三井不動産〉

北沢　猛（東京大学大学院新領域創成科学研究科）

1　専門領域を統合する都市構想

つくばエクスプレス線（以下、TX）開通により首都圏では最後といえる「鉄道沿線開発」（鉄道建設と一体型区画整理）が展開している。東葛地域（柏・流山）は、秋葉原と筑波研究学園都市の中間という立地と大学や研究機関、産業の集積地でもあり、現在は東京大学の柏キャンパス拡張と国際キャンパス計画、千葉大学環境健康フィールド科学研究センターの整備計画が進んでいる。

2003年に柏市と流山市、千葉県、UR都市再生機構が都市づくり調査を開始、2005年に市長と知事、東大総長、千葉大学長が産業づくりと都市づくりの将来を議論した。2006年には「大学と地域の連携によるまちづくりプロジェクトリーダー会議」が結成され、環境、健康、創造、交流の4分野に21のアクションプログラムが実践されている。「UDCK 柏の葉アーバンデザインセンター[*1]」もその1つに位置づけられている。

これらの先駆的プログラムや自治体政策、民間投資の相乗効果を高めるためにも、それぞれの専門性や個別性を越えた統合的な都市構想が必要である。これはまた周縁都市のモデルともなるものであり、変容の激しい大都市郊外の将来に対する不安は大きく、行政や企業、地域が従来の枠組みを越え制度に捕らわれない構想と協働が求められている。東京大学と千葉大学がある「柏の葉地域」ではUDCKを基盤として様々な研究や実証実験が進み、2008年4月にそれらの成果を統合する「柏の葉国際キャンパスタウン構想」を発表した。本稿では、2006年11月に公民学連携で設立した「UDCK」を中心に構想や計画組織の新たな展開を考える。

❶学融合：東京大学柏国際キャンパス計画

学融合により新たな学域を創造するという理念のもと、世界的な研究教育拠点として研究や実験、学術交流の施

図1　柏の葉地域と東京大学・千葉大学キャンパス計画（手前に駅前地区、奥に千葉大そして東京大学柏キャンパス、柏キャンパス2）

設や組織の拡充が進められている。2006年4月には新領域創成科学研究科環境学系施設が完成し研究教育活動を本格化させた。現在、海洋研究所や生産技術研究所の移転、数物連携宇宙研究機構などの新しい研究施設、保育園や広場緑地などの環境整備が進められている。

また、柏の葉キャンパス駅から東大柏キャンパスの中間にある柏キャンパス2に海外研究者滞在施設であるインターナショナルロッジに着手する。さらに駅前キャンパスとして（仮称）東京大学フューチャー・センターを計画している。

❷未来志向：千葉大学環境健康フィール科学センター

2003年4月に設立されたセンターは千葉大学の社会貢献や生命の輝きをめざす未来志向型大学を牽引する役割を担っている。本格的なキャンパス整備計画が進められ、研究教育拠点として充実が図られ、施設の環境デザインも行われている。また、シックハウス症候群に対応する化学物質を低減した居住施設群（ケミレスタウン）などの研究や実証実験が進んでいる。園芸療法など独自のプログラムにより地域連携が進められている。

❸学園都市：キャンパス・アクシス

東大と千葉大は「キャンパス・アクシス」（図1）を形

成する構想であり、開かれたキャンパスや地域と協働するキャンパスが目標となっている。また周辺地域には大学関係者も居住するなど大学都市としての充実も期待される。

◼️4 アーバンデザイン方針：柏の葉駅前街区設計

2005年9月に柏の葉区画整理の事業主体である千葉県から東京大学に要請があり、駅前街区（147/148街区、7haの県有地）の『アーバンデザイン方針』をまとめた。空間と活動の全体像、環境と街並や文化、教育、居住と幅広く方向を示した。町と大学が一体に構成された学園都市、あるいは日本の伝統が持つ繊細さや奥行きという空間構成が構想された。

方針に基づき事業計画を募集し審査の結果、京葉銀行と三井不動産他の企業グループが選定された。2008年現在、計画設計の最終段階であるが、供給住宅戸数の10%以上が研究者や学生などを対象とした「キャンパス関連住宅」となり、賃貸型住宅そして病院や銀行、保育園など多様なサービス・商業施設、ホテルやオフィスの複合空間が計画されている。さらに東京大学駅前キャンパスと連携する（仮称）ナレッジスクエアなど、今までの郊外開発にはない空間構成が計画されている。

「アーバンデザイン委員会」（委員：東京大学・千葉大学教員、県会議員などで構成。千葉県運営）は、方針策定後は、事業計画や設計に関するデザイン・レビューを行う機構となっている。またアーバンデザイナーを選任しデザインガイドラインを策定することを条件とした。

◼️5 アーバンデザインプラン：環境空間計画

大規模開発や継続的な都市づくりには、明確な目標と原則を示した「アーバンデザインプラン」が必要であるが、駅前街区のアーバンデザイン方針と企業グループのデザインガイドラインがアーバンデザインプランにあたる。従来のプランとの違いは都市活動や生活の全体を具体的に描き出すことにあり、環境を軸に多様な要素を空間に統合する意味で『環境空間計画』と呼んでいる。

環境空間計画を原基として、質の高いプロジェクトが積み重ねられるようにデザインを提示し、個別の建築や環境を調停する役割がアーバンデザイナーにある。日本では実践的アーバンデザインの経験が少なく、アーバンデザイナーの社会的地位もないが、柏の葉地域のまちづ

図2 柏の葉地域の環境空間計画（グリーンアクシスのデザイン。UDCKの提案）

くりがひとつのモデルとなるであろう。

駅前街区から周辺の緑地公園につながる幅20mの「緑の道」は民間開発が提供するが、地域全体でも『グリーンアクシス』（図2）を構成する。低炭素型開発、高い緑被率と親密な街並、ワークショップハウス、新しい文化や産業を生み出す創造活動など、空間の新しいデザインや運営を追求している。

2　アーバンデザインセンター UDCK の設立

環境空間計画の考案や推進はUDCKの重要な仕事であるが、駅前地区の実践的なアーバンデザインは必然的に『公民学連携』を生み出すこととなった。アーバンデザイン方針は事業者の提案を許容する柔軟なものでもあり、優れた提案がされて、一定の評価のもと県や市が柔軟に対応して成果をあげてきた。こうした実質的な協働が可能であるのは大学の中立的立場と評価機能の存在である。

公民学連携は筆者が使い始めた造語である。産官学連携は産学や官民という従来の枠組みが意味され、市民が加わる発想や水平的協働が含まれていない。そこで「公」（自治体や地域組織、市民組織、NPO）と「民」（大企業や地元企業、個人事業者、市民個人）と「学」（大学や研究所、専門機関、専門家）が目標を共有し役割を担う協働と信頼の関係が必要と考えたわけである。また大学は知の提供者とあると同時に社会的な公正を保ち助言や調停を行う中立的な立場を有している。

◼️1 実証実験としてのUDCK：各主体の信頼と協働

2006年4月に東京大学等の研究者と自治体や地域、企業との交流会があり、筆者は郊外地域の自然や農地喪失

写真1 UDCK 駅前広場から見た風景（2006年開設当時）

表1 公民学連携によるUDCKの運営組織

	公（公共）	民（民間）	学（大学）
構成団体	柏市役所 ・企画調整部 ・まちづくり事業本部 柏商工会議所 田中地域ふるさと協議会	三井不動産 ・柏の葉キャンパスシティプロジェクト推進部 首都圏新都市鉄道 京葉銀行 辻中病院	東京大学 ・大学院新領域創成科学研究科 千葉大学 ・環境健康フィールド科学センター ・大学院工学研究科 ・キャンパス整備企画室
協力団体	柏市都市振興公社 千葉県 　総合企画部 　県土整備部	スパイラル 都市環境研究所 UG都市建築	東京理科大学 （スタジオ運営協力）

から都市活動空洞化の変容を指摘し、環境や空間の再生と協働の場としてアーバンデザインセンターを提案した。

企業や柏市からの反応があり、同年7月にワーキングが開催され、9月には東京大学においてアーバンデザインセンター運営委員会を、柏市と東京大学、千葉大学、三井不動産、田中地域ふるさと協議会（地域組織の連合会）、柏市商工会議所の参画を得て開催した。こうして「公民学連携」の具体的な形が創られたのである。

2006年11月20日にUDCK（柏の葉アーバンデザインセンター）は、柏市長や東京大学総長、千葉大学学長、三井不動産社長らの出席で開設した（写真1）。企画からわずか半年。行政や民間、地元そして大学の意欲が可能としたのであった。企画監修・計画・施設設計は東京大学・千葉大学の都市建築系教員が担当した。延床面積300m²と小ぶりではあるが、6mと高い天井のギャラリーとラウンジそしてオフィススペースがあり、周囲には木製デッキの広場がある。施設の建設と維持管理は三井不動産が担っている。

2 計画組織としてのUDCK：新しい公共体へ

アーバンデザインセンターは筆者が横浜市都市デザイン室に勤務していた時期から考え始め、東京大学に移籍後は都市の再生を牽引する『新しい公共体』を研究してきた。特に計画デザインを担う組織、特に民間や地域が支える組織から大学が母体となる組織までの多様性に注目した。例えば、セントポールのロアタウン再開発機構（1978年創設、Lowertown Redevelopment Corporation：LRC）。LRCは構想計画の提案とアーバンデザインを担い、その使命は民間や公共の投資を誘発しかつ空間の質を確保することにある。スタッフは都市プランナーを代表に少数であるが、時間をかけて人的組織的ネットワーク、つまり企業や投資家、政府、州などの行政、NPOや地域組織などと幅広い連携と信頼を築いてきた。また、アーバンビレッジ構想からサイバービレッジ構想と時代を牽引する提案を行うことでより広範な支持を得た。LRCは地域の再生に成功し創設30年を迎えた2008年初めに基金を残し解散した。

UDCKの独自性は自治体と地域、企業、大学の水平的協働にあるが、さらに計画デザイン組織として高い専門性を持つことで強い協働を生むことが特徴である。UDCKは社会実験という側面もあり今後の活動と成果・評価により後継UDCKの形が決まってくるが、新しい公共体としての展開が期待されている。

3 UDCKの活動と運営：実証実験の評価

UDCK設立から1年半が経つが、その活動は都市構想の策定を中心に研究や計画、デザインの提案と調整、さらに大学や企業、地域、行政のまちづくり活動や相互交流の場として機能してきた。展示会やセミナーなどの情報提供、大学が主催する都市デザインスタジオや柏市の市民講座・まちづくりスクール、ピクニック月間やエコデザインツアーなどのライフスタイルを生み出す企業の取り組みなど、数多くの活動が行われてきた。UDCKの活動については、アニュアルレポートを作成しているが、利用者は1年半で4万人を越えている。

運営体制も更新されておりその自由度や柔軟性が高いことが特徴である。運営委員会は公民学の6団体で構成し、人やもの、資金もすべて持ち寄り型で運営が始まった。その後、首都圏新都市鉄道と辻仲病院や京葉銀行、また、都市環境研究所やUG都市建築、スパイラルなど都市計画や文化芸術などの専門組織が協力団体として加

図3 都市デザインスタジオのポスター

写真2 PLS Public Life Space 実験施設（UDCK広場に建設）

わり活動の幅が広がった（表1）。

UDCKの執行組織はセンター長（東京大学）、副センター長（千葉大学・柏市）があたり、構成団体の職員が委員や非常勤スタッフとして業務を分担した。2007年4月からは、柏市都市振興公社や三井不動産の支援で常勤スタッフが配置され、ようやく計画デザイン組織となった。現在、常勤副センター長を含め4名のスタッフと都市計画コンサルタントから派遣された研究員、東京大学大学院の学生が調査研究や運営に参画している。

3　UDCKが促す大学地域連携：イノベーションフィールド

■1 都市デザインスタジオ：大学間の共同演習

東京大学新領域創成科学研究科では、統合的な環境デザインを担う専門家養成として、建築、都市、自然、農村、人間環境、緑地の6スタジオが開かれており、環境デザイン修了証が授与される。都市デザインスタジオは、多様なティーチングスタッフと、千葉大学や東京理科大学、筑波大学との共同開催で行われている（図3）。

柏の葉地域をフィールドとして、調査分析から将来像の提案、計画設計を半年間で実施している。UDCKで開催された講評会には市民や行政関係者、専門家が参加して緊迫感ある議論が行われている。柏市などからも研修として職員がスタジオに参加するなど効果をあげている。スタジオの成果は冊子として関係者に広く配布し、いくつかの提案はその後実現に向かっている。UDCKは新しい地域研究や大学教育の場ともなっている。

■2 地域型の研究と実証実験：蓄積されるデータ

大学は、地域を研究の社会実験の場として活用できることに大きなメリットがある。例えば東京大学のIT系システム研究では、屋外無線LANネットワーク（多様な実証実験へのプラットホーム）、カメラ追跡型セキュリティシステム、ウェアラブル生体・環境情報統合システム（身に付けたセンサーが日常行動と環境を記録、情報提供）、安全確認システム、オンデマンドバス・システムなどが行われ、研究者がNPOを組織し実験を継続している。この他に水環境などのモニタリングからスマート・モビリティ・ネットワーク、自転車シェリングなど多様に展開している。また、政府や企業からも地域蓄積型の実証実験に対する関心も高く、大学と政府、自治体、研究機関、企業の新たな共同体制が期待できる。UDCKは研究や実験を支援しそのマッチングにも貢献している。

■3 UDCKの研究：小さな公共空間 PLS（Public Life Space）

UDCKと東京大学、地元企業の三協フロンティアなどが共同で研究と実証実験を行ったのがPLSプロジェクトである。研究テーマは、移動・可変・縮増の『小さな公共空間』を考察し、ユニットハウス技術を改良して多様な主体が提供する公共空間を創ることである。小さな公共空間は、行政によって運営されるのではなく、個人や民間、NPOなどが提供する新しい公的サービスである。

千葉県国際学術研究拠点形成促進モデル事業の研究助成に応募して選択され、実験施設は2008年2月に完成し、活用の実験段階であるが一定の成果を見せている。学内及び学外からの建築構法、建築設計、グラフィックデザインの専門家と京葉ガスや松下電工などの技術協力で進められている。

プロジェクトハウスとブックサービス、インフォメーションの3つの空間があり第1段階で「小さな公共空間」のいくつかの利用法を公開し検証した（写真2）。第2段

階はアーティストインレジデンスや企業ミニミュージアムを行い、その後は利用方法や利用主体を公募する予定である。小さな公共空間は、駅前の情報センター、物産販売や公共施設の暫定施設など、全国の地方都市再生に使えるアイディアもあり実用化を検討している。

このようにUDCKが、新たな需要に応える知の融合と、戦略と実行の場となる効果は大きい。日常の活動から革新的なアイディアが生まれくると考えている。

4　柏の葉国際キャンパスタウン構想とUDCKの展望

❶国際キャンパスタウン構想：都市構想と実行の戦略

柏の葉国際キャンパスタウン構想は、千葉県と柏市、東京大学、千葉大学の共同研究により2008年3月に策定された。大学や研究機関、公共施設、工業団地が立地し、新興住宅地と古くからの農村集落が混在している柏の葉地域、約13km²を対象に調査研究した。

理念は次世代の『環境都市』（優れた自然環境と共生、健康で質の高いデザインの居住就業環境）と国際的な『学術都市』（大学や研究機関が連携、新産業や文化の価値創造）としており、具体的な都市づくりに取り組むため、環境・産業・国際・交通等に関する8つの目標を定めた。

目標には3つ程度の方針があり、数値目標や具体的な像を示している。また重点施策として政策化、制度化を図るものや、「公民学」というそれぞれの主体が事業化するものを示している。

目標1：環境と共生する田園都市づくり、目標2：創造的な産業空間と文化空間の醸成、目標3：国際的な学術空間と教育空間の形成、目標4：サスティナブルな移動交通システム、目標5：キャンパスリンクによる柏の葉スタイルの創出、目標6 エリアマネジメントの実施、目標7：質の高い都市空間のデザイン、目標8：イノベーション・フィールド都市である*2。

目標1は柏市環境モデル都市の重要な柱となり、方針1では『緑地ネットワーク』の保全強化をあげており、緑被率40％維持を目標とした。また、方針2では持続性の高い開発や建築の「環境柏モデル」とし新規開発街区の緑化率25％、通常開発に比べCO_2削減35％を達成する施策を示した。いずれも高いハードルであり通常の行政計画には採用しにくいものであるが、大学を含めた共同研究の結果としての都市構想の利点であった。

目標2では、つくばと秋葉原の既存の産業研究集積を結ぶ『TX-ナレッジ・ネットワーク』構築、新産業の創出や誘致も提案した。施策には、「フューチャー・デザイン・センター」や「柏ラボ」などの知を育てる場づくり、「ナレッジスクエア」という民間がベンチャーを育てる機関など、小さなアイディアの目から起業化までの一連のプロセスを柏の葉地域が提供する構想である。

都市構想をまとめたこともUDCKの成果であり、実現のプロセスに入ったものもあるが、乗り越えるべき課題も多く、UDCKに継続的なフォローアップが期待されている。

❷UDCKの展開とネットワーク

UDCKアーバンデザインセンターが開設されある程度当初の意図が実現できた要因としては、大学およびその研究者が設置を構想したこと、構成団体のトップを含めて客観的に価値が理解されたこと、運営における市の全面的協力、開発事業者の資金や土地の提供であるが、関係主体の柔軟で迅速な判断がポイントである。また、地域の商工会議所や住民組織も加わりイベントやお祭りなどを共催しているが、地元の企業や市民が主体的に参加する機会はいまだ不十分である。

2008年春にUDCKの活動を整理したアニュアルレポートを作成したが、設立初年度で量質ともに豊かな実績をあげたと評価されている。UDCKがまちづくりの現場にあり最前線にあって常に新しい課題に向かっていることで多くの議論や支援が生まれたと考えている。

UDCKは、場を持っていることに非常に大きな意味がある。さらに常勤のスタッフの専門性が地域や事業主体への貢献となり、公民学の連携を深めたと考えている。しかしUDCKは現段階では任意団体であり、柔軟な運営ができる利点があるが、逆に活動に制約がある。

UDCKに関する内外からの評価を踏まえ、実証設置期間の2年間が終わろうとしている現在、関係者の間で継続UDCKの組織や施設の検討が始まっている。

◎注
*1　柏の葉アーバンデザインセンター（UDCK）　http://www.udck.jp/
*2　柏の葉国際キャンパスタウン構想の詳細は、以下のURLからダウンロードできる。http://www.city.kashiwa.lg.jp/notice/ kashiwano-ha_campus/top.htm

6-2
まちづくりを支援する大学ベースの専門家組織
〈米国ミネアポリス市・セントポール市とミネソタ大学〉

遠藤　新（金沢工業大学環境・建築学部）

1　米国におけるコミュニティ・デザイン・センター

■米国主要都市におけるセンターの設置状況

　ミネソタ大学メトロポリタン・デザイン・センターは米国内各地に設立されている「コミュニティ・デザイン・センター」の一種である。渡辺・塩崎（2001）によると、1999年時点で米国内には30の州で50のコミュニティ・デザイン・センターが存在している。その活動は、地域の計画策定、建築デザイン、能力開発、調査研究、フィジビリティ調査、経済開発など多岐にわたる。米国のコミュニティデザイン協会ではこうしたセンターを組織基盤、専従専門家職員の有無、財政の違いに着目して、大学ベース型、大学リンク型、非営利型、ボランティア型、民間営利型の5つに分類している。大学ベース型のコミュニティ・デザイン・センターは、大学を基盤として設立された組織であり、建築や都市計画学科の教官や学生が専門家として活動している。学生の教育として活動への参加を重視している点が大きな特徴とされる[*1]。

■成立と発展の経緯

　コミュニティ・デザイン・センターの成立は1950年代後半に遡る。再開発事業に対する抵抗運動の高まりやコミュニティ組織の成長等を背景に、建築、都市計画、法律等の専門家が自らの専門的な技術を提供して、コミュニティの活動を支援するようになったのが始まりである。支援の主対象は、再開発等による立ち退きを迫られていた黒人やマイノリティなどの貧困層であった。1968年に行われた米国建築家協会100周年記念集会において都市再開発の問題が取り上げられ、建築家やプランナー等の専門家による貧困層の擁護とコミュニティ・デザイン・センターの重要性が論じられたことが影響して、1968～1972年頃にはセンターの設立が相次いだ[*2]。マサチューセッツ工科大学と米国建築家協会の調査による

と1970年代には全米で約80ヵ所のセンターが活動していた[*3]。だが、1980年代レーガン政権下の住宅政策に関する補助金大幅削減や経済的不況による民間企業からの献金激減を背景としてセンターの活動は停滞する。加えて自治体や公社等がコミュニティ再生事業に多く参画するようになり、SOM等の民間大手事務所もアフォーダブル住宅のデザインプログラムを開始するなど多様な主体がコミュニティデザインの分野に本格参入した。その結果としてセンターは激減し、残されたセンターもコミュニティの活動に対する参加手法の見直しが求められるようになった[*4]。ところが、1990年代に入ると活動環境が好転し、センター数も増加し始める。特に、連邦住宅都市省が1994年に開始したコミュニティ・アウトリーチ・パートナーシップ・センター・プログラムによって大学ベース型センターの活動が活発化した[*5]。同プログラムによって1999年には22の大学に総額73万ドルが投じられた。1997年には民間のファニー・メイ財団が大学に対する資金援助プログラム[*6]を開始し、1998年には合計13の大学に総額450万ドルが支給された。2001年までには再び80件のプログラムとセンターが全米で活動を展開し、このうち7割が大学内でプログラムを展開するようになった。このような中でコミュニティ・デザイン・センターは「地域のデザインへの長期継続的な関与」と「学生の実践教育の場の提供」の2つの領域に活路を見出し、こうした傾向が現在に至るまで継続している[*7]。

2　サービス・ラーニング／実践と教育の融合する機会

■サービス・ラーニングとは何か

　大学は教育機関であるから、学生教育を通じて地域との関わりを持つことが大学ベース型センターの1つの特徴になる。ここでの学生教育は「サービス・ラーニング（Service-Learning）」と呼ばれる比較的新しい教育手法と

表1 サービス・ラーニングを実施する大学ベース型コミュニティ・デザイン・センターの例（参考文献2・4から筆者作成）

センター名称	設置大学
コミュニティ・環境デザインセンター	インディアナ州ブルード大学
コミュニティ開発・デザインセンター	コロラド大学コロラドスプリングス校
都市及びコミュニティ・デザイン・センター	マイアミ大学コーラル・ゲイブルズ校
シティ・デザイン・センター	イリノイ大学シカゴ校
コミュニティ開発及びデザイン会議	南カリフォルニア大学
デトロイト協働デザイン・センター	デトロイト大学メーシー校
メトロポリタン・デザイン・センター	ミネソタ大学ツインシティ校
東セントルイス・アクション研究プロジェクト	イリノイ大学アーバナ・シャンパーニュ校
アイオワ・コミュニティ・デザイン	アイオワ大学デザイン校
ジャクソン・デザイン・センター	ミシシッピ州立大学
都市空間プロジェクト	マサチューセッツ大学アムハースト校
イェール都市デザイン・ワークショップ／都市デザイン研究センター	イェール大学

して知られている。サービス・ラーニングとは、地域社会の需要に適合する公益的活動に対し、地域社会と協働参画する中で、学生の能力開発ないしは学習を行う教育方法全般を指す[*8]。通常は学校のカリキュラムの一部として取り入れられている。国家およびコミュニティ・サービス法（1990年）と国家サービス・トラスト法（1993年）の中で明確化された概念である。類似する教育手法には、インターンシップ、実践的ワークショップ、協調的教育（cooperative education）、現地体験等があるが、それらが地域社会を単なる体験学習や技能習熟の場と位置づけているのに対して、サービス・ラーニングは地域社会を協働作業のパートナーととらえ、体験学習と地域社会に対する公益的活動を統合した活動を展開する点で異なる。1990年代以降に大学ベース型のセンターが重点を置いた2つの領域「地域のデザインへの長期継続的な関与」と「学生の実践教育の場の提供」を組み合わせた活動こそがサービス・ラーニングの対象領域であった。

一般に、1970年代頃までに設立されたセンターのアウトリーチ活動[*9]は、市街地エリアでの大学キャンパスの拡張や立地調査等といった切り口から大学がコミュニティに切り込んでいくケースを除いては、研究あるいは自治体への技術支援に重点が置かれていた。活動自体は低所得層のコミュニティに対する支援を目的としていたが、大学のスタジオ課題として行われるか、あるいは学外組織による教育外の活動として取り組まれ、現在のサービス・ラーニングとは質の異なる活動であった。しかし、1980年代以降は多様な主体がコミュニティのアウトリーチ活動に参画してきたことから、大学独自の参画手法が求められ、サービス・ラーニングの手法が普及するようになっていった。1990年代前半の法整備と1994年のコミュニティ・アウトリーチ・パートナーシップ・センター・プログラムの開始がこれを後押しした。

2 サービス・ラーニングの動向

全米の大学ベース型センターでは、多くの機関がサービス・ラーニングに取り組んでいる（表1）。サービス・ラーニングは、低所得層のコミュニティに対する計画・デザイン支援が可能になること、学生にとっての実践的経験がその後の職能習得につながること等の利点がある一方で、大学教育としての地域との関わり方と実務としての地域との関わり方の仕分けが課題となっている[*10]。

3 サービス・ラーニングと地域社会

サービス・ラーニングとは地域社会に対する公益的サービス提供の機会であると同時に学生に対する教育の機会である。しかし、大学は地域社会の問題解決に寄与する利用価値の高い人的・物的資源や情報を有しているわけだから、サービス・ラーニングは地域社会の諸問題解決に照準を定めるべきで、学生の公共意識啓蒙や教育目標の達成を優先的に位置づけるべきではないと見る向きは多い[*11]。一方で、地域の諸問題解決という面で大学が成果を上げていくことが厳しい環境になりつつあるとの指摘もある[*12]。国公立大学を中心に過去数十年の中で起きた経営状態の悪化と財政基盤の脆弱化は、業務契約数の増大と助成金額の大きな事業を優先させる傾向をもたらす一方で、専任職員の削減と教員の授業や大学事務仕事に充てる時間は増大するなど人的資源と時間的制約の問題をもたらし、短期的に大学への助成金額が少なく見えるアウトリーチ活動の満足な運営を難しくさせている。

確かに、サービス・ラーニングとは地域社会に対する公共サービスの側面を持っている。行政に対する不信感等が存在する場合、学生によるアプローチが効果を生むケースも少なくない。しかし、それは地域社会と大学が関わる中での1つの側面でしかなく、サービス・ラーニングは地域社会の問題を解決する万能薬ではない。大学は地域社会の問題に対して有効な調査結果や研究結果を必ずしも取り揃えているわけではなく、サービス・ラーニングだけで地域社会の持つ複合的な問題を解決することはできないという興味深い指摘もなされている[*13]。

3　メトロポリタン・デザイン・センターの場合

1 設立目的

　メトロポリタン・デザイン・センター（Metropolitan Design Center、MDC）は、ミネソタ大学の建築・ランドスケープ校の内部組織として1986年に設立された米国都市景観デザインセンターを母体として、2003年の組織替えによって誕生した組織である。ミネアポリス市とセントポール市をあわせたツインシティ都市圏を活動範囲とし、その風景を快適で持続的なものにするための都市デザインを探求している。実践プロジェクトを通じた地域とコミュニティの持続性強化、研究活動を通じた都市デザインの技術に関する新しい知見の開発、教育プログラムを通じた都市デザインにおける次世代の専門家の育成といった課題への取り組みに重点が置かれている。

2 活動財源

　MDCはミネソタ州を拠点とするデイトン・ハドソン財団からミネアポリス市への寄付金を基に設立された。毎年の活動財源については、7割が財団や政府からの助成金、残り3割が市からミネソタ大学への寄付金である。前者7割の助成は、ミネソタ州に拠点を置くマクナイト財団を筆頭に全米各地の財団から獲得している。過去5年間では全米各地から約250万ドルの助成金を獲得した。後者3割の寄付金については、デイトン・ハドソン財団から得た寄付金を市が運用し、その運用益がミネソタ大学に寄付されている。設立後10年間程度は、デイトン・ハドソン財団基金の運用益が活動財源の大半を占め、他財団からは数十万ドル規模の助成金を得る程度であった。しかし、1996年に証券市場で基金の運用状況が悪化したことに加えて、大学が経営悪化をきっかけにミネアポリス市から得られる寄付金の一部を間接経費として徴収するようになったため、2003年以降は外部の民間財団の助成事業を重視するようになった。

3 組織体制

　同センターは2000年から2007年までディレクターを務めたアーバンデザインを専門とする教員の下で、プログラムの拡充やデザイン支援の実績を重ねるなど、センターとしての機能を充実させてきた。2008年現在は、ランドスケープデザインを専門とする教員を暫定ディレクターに、5人の専門家がプロジェクトスタッフとして雇用されている。組織の意志決定には、「諮問委員会」と「市民審査委員会」が関わる。MDCのディレクターは諮問委員会の助言を得て活動を進める。全米から学識経験者や建築家などが集められた諮問委員会に対して、市民審査委員会は地域の人間（学識経験者、建築事務所、自治体、民間財団、NPO）が構成する。センターの活動が実践として教育として適切に実施されているのかどうか、地域の人間がチェックを行うのである。

4 活動プログラム

　MDCの活動プログラムは、①直接的なデザイン支援、②地域の住宅整備計画（Corridor Housing Initiative、CHI）、③都市デザインおよび計画作成に関する研究（先進事例調査等）、④メトロポリタン・デザインの単位認定の4つに分けることができる。

　直接的なデザイン支援は、地域コミュニティに対する実践的なアウトリーチ活動として行われる。実践プロジェクトにおいて学生を雇用する場合は、大学や連邦政府のプログラム等を通じたインターンとして雇用される。MDCから学生スタッフに対して報酬は支払われない。

　地域の住宅整備計画とは、MDCが市と地域による計画策定プロセスを段取るものである。加えて、ツインシティ都市圏にアフォーダブル住宅の供給を進める戦略に沿って、具体的街区でのモデルスタディと都市デザインの教材等開発を行っている。

　都市デザインおよび計画作成に関する研究については、MDCは自らを「レファレンスセンター」と位置づけ、その成果をテーマ別に整理し、ウェブサイト、出版物、雑誌記事・論文、電子ファイル、活動年報、調査報告書等を通じて地域に情報公開している。MDCのウェブサイトからアクセスできる「イメージバンク」には、ツインシティ都市圏の風景画像等が約2万点所蔵されている。

　メトロポリタン・デザインの単位認定とは、2005年に開始されたミネソタ大学デザイン学部の大学院生および連携大学のハムフリー大学都市・地域計画プログラム修士専攻学生向けに設定した21単位分の教育プログラムである。「メトロポリタン・デザイン」という言葉には、都心に巨大建築をデザインする都市デザインではなく、都心から郊外のフリンジまで幅広い都市環境を対象とした都市デザインという考え方が反映されている。学生は

卒業までに2学期間以上は同プログラムを履修しなければならない。指導教員には、ミネソタ大学地理学科、ランドスケープ学科、建築学科、デザイン・住宅・服飾学科、土木学科、ハムフリー大学の公共政策を専門とする教員20名が参加している。大学教授、セントポール市役所、ミネアポリス市役所のプランナー、地元NPOに所属する専門家、財団、建築家、ランドスケープデザイナー等の18名で構成する諮問委員会が設けられている。

⑤ 地域コミュニティに対するアウトリーチ活動

アウトリーチ活動として展開される直接的なデザイン支援活動は、2003年から2007年までの5年間で全84件が行われている。内訳としては、公園・広場・散策路・施設外構などオープンスペースの整備コンセプト案作成が24件、同じくオープンスペースのランドスケープデザイン案作成が20件、地域の計画・デザイン作成のための基礎調査と分析が20件、地域の都市デザインに関連する授業やワークショップ等の教育プログラムの実施が9件、都市デザイン啓蒙のための教材開発や授業プログラム作成が4件、ウェブサイト作成が2件、その他提案が5件となっている。オープンスペースに対するデザインとコンセプトの提案が過半数を占める一方で、建築に対する提案はアフォーダブル住宅などわずか2件である。教育や啓蒙活動に関わる教材開発もしくはワークショップは合計13件で、コミュニティのための公園整備や防犯環境設計といったテーマが扱われている。

プロジェクトの依頼主は、市、財団、コミュニティ組織である。MDCでは、サービスを必要としているコミュニティを探すために、ウェブサイト、パンフレット、年報の発行や展示会、会議・報告・講演会活動を通じたサービス内容のPR活動に力を入れている。1980年代や90年代前半には市の委託事業も多数受けていたが、現在は都市圏内の恵まれないコミュニティや郊外の小さなコミュニティに対するプロジェクトが多数を占めている。1999年までは通常のコンサルティング事務所のように設計業務を受注し、依頼主から業務報酬を得ていた。しかし、2000年以降は、依頼主から業務報酬を得ていない。これは当時のディレクターが大学ベース型デザインセンターの役割として、1) 一般のデザインサービスをうけることが困難な貧困で、移動手段がなく、恵まれないコミュニティやネイバーフッドを対象とする、2) 広く公共に教育的要素を提供する、という2つの基本方針に掲げてきたためである。

恵まれないコミュニティの暮らす地域を主な対象とする理由としてMDCは次の2点を挙げている。第1に、中程度の所得層の人々が依頼主になるプロジェクトは他大学も多数行っているため競合相手が多いこと。第2に、そもそも民間事務所と競合するデザイン業務やプランニング業務については大学ベース型のデザインセンターに対する需要が少ないが、恵まれないコミュニティの暮らす地域はプロジェクトの段取り方が難しく、この点において大学のノウハウが必要とされているため。

プロジェクトに費やす期間はケースバイケースである。長い場合は数年の場合もあるが、短い場合は5〜10日で完了させる。短期間のプロジェクトは「6日間程度のデザイン案作成プログラム」として、マクナイト財団の助成に受けて実施している。同プログラムは、プロジェクトを希望する地域からMDCに対して、(1) 地域にどのような問題があるか、(2) 業務に着手する日付の希望、(3) 申請者の組織その他の関係主体、(4) MDCの掲げる方針にいかに適合しているか、(5) MDCに何を支援してほしいのか、という5つの情報を提供すると、MDCがプロジェクト実行の可否を決定する仕組みで運用されている。短期間だが通常の計画・デザイン作成業務と同様の支援を受けることができる。短期間でプロジェクトを完了させ、迅速に実績を上げることは助成する財団にとっても好ましいプログラムと言える。しかし一方で、このような短期間の関わりでは持続的な支援ができないという問題もある。この点についてMDCは「短期のプロジェクトではデザインが完成しても、その後のプロジェクトが動かないことは多々ある。半分成功すれば良い方である。もちろんプロジェクトの実現には関心を持っているが、現在の体制ではデザイン後のフォローに力をさくのは難しい」と組織体制の限界を指摘している。

MDCは恵まれないコミュニティが暮らす地域を対象とする場合でも、地域の経済開発ではなくデザインを通じての社会的公平性と環境問題の解決に焦点を絞っている。これは、MDCがランドスケープや建築デザインの専門家集団であるため、デザインの問題に集中して取り組むべきであるとの認識に基づいている。確かに、荒廃した地域は再開発等の事業性が低く、経済開発が大きな課題となっている。しかし、その中でMDCは悪いイメ

ージをいかに転換するかという切り口からデザインの問題に取り組んでいるのである。コミュニティから経済開発の問題に対する取り組み要請がある場合は、大学の組織力とネットワークを活用して学内外にある経済開発の専門組織を紹介することで依頼主の意向に応えてきた。

4 考察：大学ベース型デザイン・センターの可能性と課題

これからの時代、大学が教育・研究機関として地域とどのような関係をつくるのか（地域に何を提供し、地域に何を求めるか）、長期ビジョンの中で戦略的に取り組む必要がある。我が国の大学が地域との関わりを持つための戦略として、デザイン・センターのような専門家機関をつくる意義はどこにあるか。

第1に、技術の統合と蓄積が効率的になること。一般に大学の各研究室活動は「縦割り」の問題を抱えている。デザインセンターのような機関を設置し、1つの問題に協働で取り組む場が生まれることでこうした問題を乗り越えられる可能性がある。また、学生は年度ごとに必ず入れ替わるが、専門スタッフを持つことで技術の蓄積が容易になる。第2に、地域にとって大学がより顔の見える存在になり、信頼感の向上とコミュニケーション機会の拡大につながること。大学と地域のお互いに対する認識のズレは少なからず発生する。日常的な情報公開と双方向コミュニケーションの機会を設けることはズレを解消する第一歩だと考えられる。アメリカの大学ベース型コミュニティ・デザイン・センターは財源や人材の面で地域に支えられている。大学が地域に根ざした機関としての地位を確立し、大学など公的機関に地域の助成金等がまわる社会的仕組みが米国には存在しているためだ。我が国においても、地域と大学の十分な相互理解の上に、地域の中で大学の具体的な存在価値を高めていくことが必要であり、デザイン・センターがこうした関係づくりのプラットフォームとなることが期待される。第3に、教育と実践の融合を後押しする機会となること。米国におけるサービス・ラーニングの取り組みは示唆に富む。しかし、学生が地域の問題をどこまで掘り起こせるのか、地域の問いかけに対してどこまで答えられるのか等の課題は残る。デザイン・センターのような専門家組織が、最終的な責任主体として（学生の責任感を損なわない程度に）学生の関わりをサポートできる体制が構築できれば、依頼する側の地域にとって安心材料になる。

一方で、我が国においてデザイン・センターをつくる際の課題は何か。1つは、安定した財源基盤の確保である。米国の場合は多様な民間財団が存在し、それらと地域の銀行が地域の公益的活動のために資金を回していくような社会構造が確立している。この中で大学は明確な位置づけを有している。こうした仕組みの確立は我が国においても急務と言えるが、そこに至る過程でどのように財政基盤を固めていくのかが大きな課題である。もう1つは、学生の位置付けと役割の明確化である。特に教育と実務の線引きは、学生に対して地域側が抱く様々な誤解を解消することにつながり、結果としてセンターの対外的な信頼度を高めると考えられる。このことが大学にしかできない仕事を発掘することにもつながる。

地域との連携は大学が生き残りを図る上での重要な選択肢であり「まちづくり」はその際の具体的方策の1つである。しかし、もし大学が経営の効率化を今より更に進めていく時代が来るならば、時間をかけて粛々と地域社会へのアウトリーチを成し遂げていく活動を、短期間で収入の得られる活動よりも優先させることは今より更に難しくなっていくことが予想される。こうした問題に直面するときにデザイン・センターのような専門家組織が果たすべき役割は更に大きなものになると考えられる。

◎注
 * 1、2　参考文献1を参照
 * 3、4、7　参考文献2
 * 5　参考文献1、参考文献3
 * 6　University-Community Partnership Initiative
 * 8　U.S. Code, Sec.12511
 * 9　まちづくりに対する地域住民の声を収集したり関心を高めたりするために、住民のもとに行政ないしまちづくり関係者が実際に出向き、直接的に意見募集を行うことをアウトリーチ活動と呼ぶ。
 * 10、12、13　参考文献4
 * 11　参考文献5

◎参考文献
1) 渡辺・塩崎（2001）"アメリカのコミュニティ・デザイン・センターに関する研究：歴史的発展過程と組織状況"「日本建築学会計画系論文集」第541号、pp.139-146
2) Jason Pearson, etc (2002),"University-Community Design Partnerships : innovations in practice", National Endowment for the Arts with the support of The Richard H. Driehaus Foundation, Washington, D.C.
3) 小池源吾・佐々木保孝・天野かおり（2007）"アメリカ合衆国における大学と地域社会のパートナーシップ（3）：協働のための戦略"、「広島大学大学院教育学研究科紀要、第三部」、第56号、2007.11-19
4) Ann Forsyth, etc (2000),"Service Learning in an Urban Context: Implications for Planning and Design Education", Journal of Architectural and Planning Research, 17〔3〕, Autumn, 2000
5) Taylor (1997), "No more ivory towers: Connecting the research university to the community", Journal of Planning Literature 11（3）:327-332
6) 遠藤新（2004）"大学に基盤を置く街づくりセンターの研究"「日本建築学会技術報告集」No. 20, pp.295-300

6-3
自治体と大学の情報と戦略の共有

〈米国ケンブリッジ市と市内4大学〉

小篠隆生（北海道大学大学院工学研究科）

1 タウンとガウン

英語に"town and gown"（タウンとガウン）という熟語があるが、これは「一般市民と大学の人々」という意味で使われる。欧米の大学で教授や学生たちが、儀式の時に着用するガウンを捉えてガウン＝大学の人々、一方、大学キャンパスの中やその周辺に居住する大学人に対して、一般の人々が住む場所はタウン＝街である。このように市民と大学人との両方を表わす言葉としてタウンとガウンが用いられる。

では、なぜこの熟語が用いられるのか？　オックスフォードやケンブリッジで発達したカレッジは、その中で生活と勉学がほとんど完結することが特徴である。そのために、カレッジの外の社会であるタウンとの断絶が起こりがちであった。タウンとガウンの対立ということが様々な局面で起こるようになり、オックスフォードでおきた対立によって多くの教師と学生がケンブリッジに移ったという歴史もある。このように大学と街が対立も含めて密接な関係にあることが、タウンとガウンが現在でも使われる所以なのである。

それでは、現代においてはこの関係はどのようになっているのか。大学は、良きにつけ悪しきにつけ地域に大きな影響を及ぼす。大学が立地することによる土地利用、人口、交通などといった問題は、地域の計画にも大きな影響を与える。中世のようなことはないとしても、今後大学と地域が共生しようとしたら調整のためのシステムが必要となる。

そこで注目されるのは、米国のケンブリッジ市で行われているアニュアル・タウンガウン・レポートという制度である。これは、事前に大学の将来計画を含んだ施設整備に関する計画戦略を都市や市民に公開し、お互いにどのような連携をすることで、それぞれの最良の発展に寄与できるのかというプログラムである[*1]。

2 自治体にとってなぜ大学の情報が必要なのか？

❶衝突が起きる

大学と地域との連携は、大変関心が持たれ、相互に恩恵がある。しかし、大学が成長したり発展したりする時に、地域は、人口構造の変化を体験し、住居計画に関する競合の増加、住宅価格の上昇、課税対象となる資産の減少、密集した開発、交通量の増加、職種の変化や増加といった体験をする。特別な関係でこのような変化が起きる時は、理由はどうであれ大学とその周辺地域との関係は、緊張したものになる。

❷調整システムの検討

ケンブリッジ市はどのように調整システムをつくったのだろうか？[文献1]　1990年から91年にかけて、市内の大学との間で発生したゾーニングに関する問題を解決するために、新たな大学と地域の対話の場の必要性が高まった。そこで市長は、議会に大学・地域連携タスクフォースという検討組織をつくった。この組織は、高等教育機関と地域との連携のあり方を検討し、成長と変化が双方にもたらす影響を減少させ、連携による効果が得られるような方策を探ることが求められた。

検討組織によって具申され、大学地域連携支援委員会が結成された。構成は、様々な地区の代表する市民、高等教育機関の代表、市の職員とタスク・フォースの委員長からなる。委員会の目的は、地域と大学との連携に関連する全ての主要な課題を再評価して、より生産的な地域と大学とのパートナーシップのための基盤を創り出すことである。そのために、①土地利用、成長、開発と住居計画、②財政上の課題、③コミュニティへの知識の提供、④大学における地域住民に対する機会の拡大、⑤経済成長、⑥コミュニケーションについてが検討された。

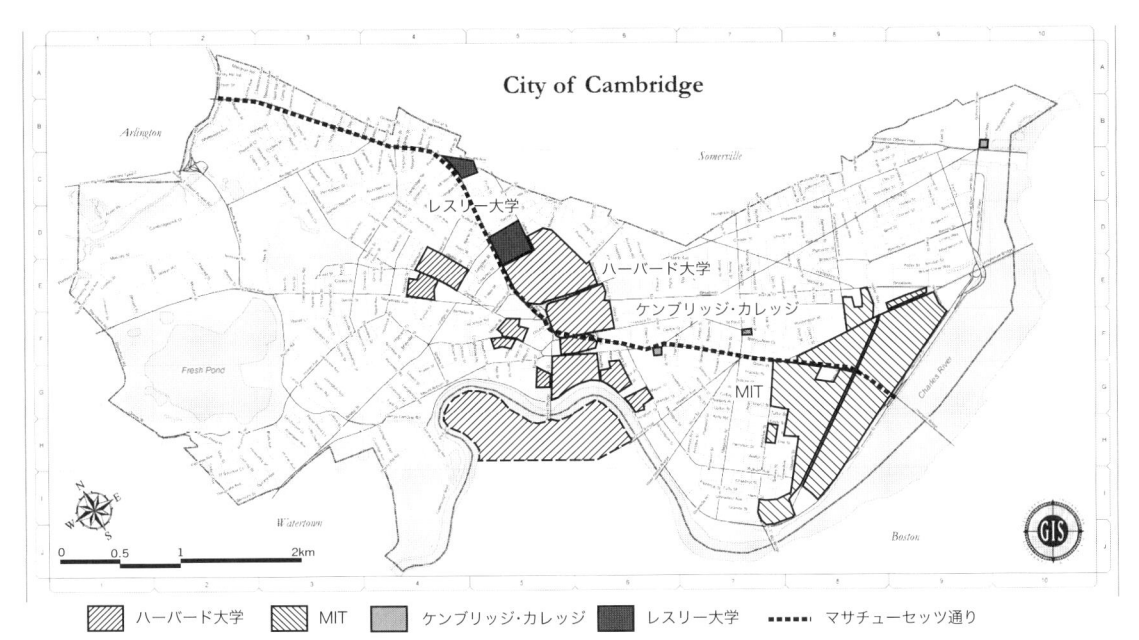

図1 ケンブリッジ市における大学の分布

凡例: ハーバード大学／MIT／ケンブリッジ・カレッジ／レスリー大学／マサチューセッツ通り

■ 地域と大学が合意した4つの理念

そこで委員会は、地域と大学が合意すべき4つの理念を位置づけた。

1) 大学立地の悪影響と大学の諸活動による恩恵とが、大学と地域相互に許容できるバランスの中で成立すること。
2) 大学と地域双方が持つ多くの構成要素や、広範な異なる意見を取り入れ、調和的な連携を維持すること。
3) より総合的な大学と地域との連携を図るために、相互のコミュニケーションを改善すること。
4) 誠実で的確なコミュニケーションを行い、様々なグループや関係者に参加の機会をつくり、将来における利害を全ての組織で分担すること。

このように、大学と地域が相互にその役割を認識しながら成長、発展していくための大きな方向性が示された。これは、大学と地域がお互いの情報を交換する必要性についての疑問を解く上で、大変重要なプロセスであった。

3 アニュアル・タウンガウン・レポートのシステム

以上のような理念と経緯によってつくられたアニュアル・タウンガウン・レポートは、ケンブリッジ市にある4つの大学とカレッジのすべてに対して課せられる（図1）[文献2-5]。

市は、各大学に対して5つの項目について回答することを求めている。それは、①大学の現況、②向こう10年間の大学の将来計画、③現在進行中または、計画中のプロジェクトのリストとその概要、④交通需要に対するマネジメントの方針、⑤市が要求する事項に関する大学としての明確な回答である。

4つの高等教育機関は、1年に1度、上記の内容を含んだレポートを作成し、市の都市計画審議会とコミュニティ計画課に提出する。そして、アニュアル・タウンガウン・ミーティングと呼ばれる公聴会が開かれ、都市計画審議会のメンバーや一般市民との質疑応答がなされ、その結果改善事項が出た場合には、大学が対応するというプロセスになっている（図2）。

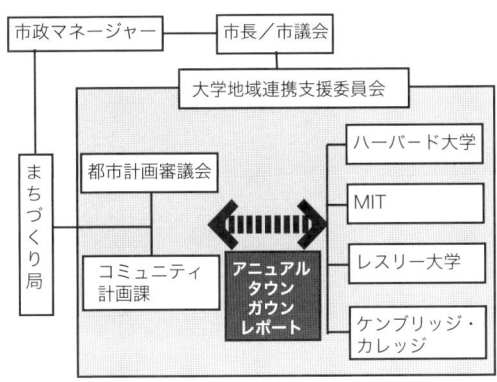

図2 タウンガウン・レポートにおける市と大学の関係

■ キャンパスの現在の状況

キャンパスの現在の状況については、①教職員数、②学生数、③学生用居住施設の学生数（市が管理する施設

と大学が管理する施設の別）、④土地と施設は、通常の用途別面積の他に、土地が課税対象になるか否かの区分、特に学生寮についてその棟数と収容人数、また、施設が課税対象になるのかの有無、管理主体が大学である施設の棟数、駐車場の台数、⑤市内の不動産賃貸物件のリスト、⑥市に対する税金納入額である。

ここで、特に居住施設に対して細かい情報を提供するような仕組みになっているのは、学生の数が多いために学生以外の一般の市民の居住に影響を及ぼすことを懸念しているからである。

❷将来計画

将来計画の部分で市が要求する項目は、①10年間の雇用計画、②大学の戦略的な目標とそれに向けたキャンパスの開発計画、③現在立案中の計画目標と要求の内容、④キャンパスや周辺地域での将来的な開発計画、⑤キャンパス内の将来開発用地、⑥ケンブリッジ市の住居地域に隣接する場所での大学の開発計画と実際のプロジェクトとの関係、その結果として生じる重大な影響、⑦ケンブリッジ市の商業地域に隣接する場所での大学の開発計画と実際のプロジェクトとの関係、その結果として生じる重大な影響、⑧キャンパスにおける環境配慮型開発の活動の8つである。

❸プロジェクトのリスト

プロジェクトの記載については、開発計画、公共空間の改善、インフラの計画すべてにおいて、完成したもの、建設中、許可申請中という3つに区分をすることが求められる。その中でも、①それぞれのプロジェクトの将来計画との整合性、②キャンパスの物的な将来計画とプロジェクトとの連関性、③将来開発の計画地区の所在という3項目について具体的な記述が求められる。

❹交通需要

交通需要に対する項目では、①学生、教職員の通学通勤における交通手段の調査結果、②キャンパスへのアクセス方向とその頻度、③利用者行動を変えることにより交通需要を変化させ、問題を解決するといった交通需要マネジメントに対する計画や戦略があるかについて回答が求められる。

❺市の質問に対する明確な回答

毎年のタウンガウン・レポートの作成に対して、あらかじめ市側より出された質問事項に対して答えることが求められる。項目は、各大学に別の質問が出され、さらに継続的な質問と年ごとに新たに出されるものとがある。

このように、大学がどのような計画を持ち、実行しようとしているのか、また、それがどの程度市に影響を与えるのかということを、物的要素だけでなく、財政、雇用といった項目を含んで、しかもそれぞれの項目が関連する場合も含めて、地域に起きる影響を検討するシステムとして組み立てられている。

4　行政・大学相互の協議の枠組み

このようにしてつくられているタウンガウン・レポートの内容を特に、相互のやり取りが明確にわかる「市が要求する事項に関する大学としての明確な回答」の部分に注目して内容を整理する（表1）。

❶行政と大学相互の検討内容

2002年までは、大学側が1年間の報告を行政にするだけであったが、2003年からは、行政側が大学に対して要求を出し、それに対して大学が答えるという双方向のやりとりが成立した。表1にまとめたのは、2003年以降の各大学に対する行政の質問項目である。

これを見ると行政側が影響が大きいとして懸念している事項に関しては、継続的に質問が繰り返されてきているのと、それ以外でその年ごとに新しく計画あるいは実施されたプロジェクトに関しての質問項目と、大きく2つあることがわかる。

● ケンブリッジ・カレッジ：ケンブリッジ・カレッジに関しては、あまり懸念事項はないが、明確な将来計画の策定を求めており、また大学が利用している資産を確定するように求めている。大学自体が小規模校であり、2003年から現在までは、特別な開発計画はなく、また近隣コミュニティに影響を与えるような学生寮も存在しない。

● ハーバード大学：ハーバード大学のプロジェクトで一番行政が注視しているのは、オールストン地区の開発計画である。オールストン地区は、現在ハーバード大学のメインキャンパスのチャールズ川を挟んで対岸の地区であり、しかもそこは、ケンブリッジ市ではなく、ボストン

表1 タウンガウン・レポートの相互検討項目

	2003	2004	2005	2006	2007
ケンブリッジ・カレッジ	明確な将来開発計画の必要性				大学が利用している資産の範囲を正確に規定すること
	近隣駐車場の容量を圧迫に対する対策				
ハーバード大学	オールストン地区の計画	オールストン地区の計画（ケンブリッジキャンパスへの影響）	オールストン地区の計画（ケンブリッジキャンパスとケンブリッジ市への影響）	オールストン地区の計画（ケンブリッジキャンパスとケンブリッジ市への影響）	オールストン地区の計画（ケンブリッジキャンパスとケンブリッジ市への影響とボストンとケンブリッジ市を接続する公共交通ネットワークの提案）
	リバーサイド地区に対する住宅供給量	リバーサイドゾーニングによる特別地区の計画（住居）	リバーサイドゾーニングによる特別地区の計画（住居）		
	大学キャンパス内への居住施設建設の増加				
	住居施設の供給方法と大学資産との関係				
	ノースヤード地区の詳細開発方針	ノースヤードと法科大学院地区の計画	ノースヤードと法科大学院地区の計画	ノースヤードと法科大学院地区の計画	マサチューセッツ通りに面する計画も含めてノースヤードと法科大学院地区の計画
	ラドクリフ研究所計画	ラドクリフ・クォッドと天文台の資産の開発計画	ラドクリフ・クォッドと天文台の資産の開発計画		ラドクリフ・クォッドとヒルズライブラリーの計画における周辺コミュニティへの影響
	クインシー通り東側2ブロックの計画				
	ポーター・エクスチェンジの利用				
		商業系用途にリースしている面積	商業系用途にリースしている面積	商業系用途にリースしている面積	商業系用途にリースしている面積
		公共空間にアクセス可能な1Fの商業活動	公共空間にアクセス可能な1Fの商業活動	公共空間にアクセス可能な1Fの商業活動	公共空間にアクセス可能な1Fの商業活動
		プレスコットとウエア通りに挟まれる街区の計画	プレスコットとウエア通りに挟まれる街区の計画		
			学生サービスに関連したヒルズライブラリーの改修計画	周辺コミュニティとの連携や学生サービスに関連したヒルズライブラリーの改修計画	
レスリー大学	マスタープラン策定について	マスタープランの策定プロセスと発表スケジュール、地域コミュニティに対するアウトリーチについて	マスタープランの策定プロセスと発表スケジュール、地域コミュニティに対するアウトリーチについて	マスタープランの策定プロセスと発表スケジュール、地域コミュニティに対するアウトリーチについて	マスタープランの策定プロセス
	ボストン芸術大学との統合による芸術学部の転入	ボストン芸術大学との統合による芸術学部の転入	神学校の施設利用を含めたボストン芸術大学との統合による芸術学部の転入	神学校の施設利用を含めたボストン芸術大学との統合による芸術学部の転入	神学校の施設利用を含めたボストン芸術大学との統合による芸術学部の転入
		メインキャンパスとポーター・スクエア地区の計画	メインキャンパスとポーター・スクエア地区の計画	メインキャンパスとポーター・スクエア地区の計画	メインキャンパスとポーター・スクエア地区の計画
		マサチューセッツ通りに隣接する大学の資産の計画（1Fの用途への配慮）	マサチューセッツ通りに隣接する大学の資産の計画（1Fの用途への配慮）	マサチューセッツ通りに隣接する大学の資産の計画（1Fの用途への配慮）	マサチューセッツ通りに隣接する大学の資産の計画（1Fの用途への配慮）
MIT	建設プロジェクトの早期段階での情報提供				
	ケンブリッジポートとシドニー通りの間の土地のマスタープラン	ケンブリッジポートでの居住施設あるいは他の用途での開発計画	ケンブリッジポートでの居住施設あるいは他の用途での開発計画	ケンブリッジポートでの居住施設あるいは他の用途での開発計画	ケンブリッジポートでの居住施設あるいは他の用途での開発計画
	メインキャンパスのマスタープラン	スローン・スクール地区を含んだメインキャンパスの長期計画	スローン・スクール地区を含んだメインキャンパスの長期計画	緑地空間やキャンパスの境界部分に焦点を当てたメインキャンパスの長期計画	緑地空間やキャンパスの境界部分に焦点を当てたメインキャンパスの長期計画
	北キャンパスの開発可能性				
	増加する大学院生に対する居住施設の建設				
		1Fでの商業利用を考慮したマサチューセッツ通りに面した土地での開発計画	1Fでの商業利用を考慮したマサチューセッツ通りに面した土地での開発計画	1Fでの商業利用を考慮したマサチューセッツ通りに面した土地での開発計画	1Fでの商業利用を考慮したマサチューセッツ通りに面した土地での開発計画
		1Fでの商業利用を考慮したオズボーン・トライアングル地区での開発計画	1Fでの商業利用を考慮したオズボーン・トライアングル地区での開発計画		
			スクール通りとチェリー通りの交差点に位置する空き駐車場の計画	スクール通りとチェリー通りの交差点に位置する空き駐車場の計画	スクール通りとチェリー通りの交差点に位置する空き駐車場の計画
				大学とセントラル・スクエアの商業地区との関係強化に関する計画	大学とセントラル・スクエアの商業地区との関係強化に関する計画
				空地・未利用地に関する将来計画	空地・未利用地に関する将来計画

の行政区である。現在は、運動施設、学生寮、ビジネススクールで構成されているが、この計画では、学際的な科学・芸術・文化を含んだ融合型のキャンパスに拡張しようとする計画である。ケンブリッジ市としては、税収の問題や既存のメインキャンパスとの関係、交通問題など影響が深刻なだけにタウンガウン・レポートでも大きく取り上げて計画のチェックを行っている。

その他でも、メインキャンパスの周辺で近隣コミュニティとの関係が懸念されるような場所での開発については、地域コミュニティへの影響の低減をどのように考慮

しているのかについて特に注視しており、大学側も計画検討の段階で対応している。

また、経年的に見て行くと、初期は別々のプロジェクトであったものがプロジェクトの進展の中で統合し、それらに対して総合的に周辺コミュニティとの連携の問題や影響を低減する方策について検討するように要求されている。さらに、商業系用途にリースしている面積をチェックしており、大学と周辺市街地の構成が渾然一体化しているために、大学の本来目的である教育・研究以外の目的に対する課税についてチェックを行っている。

●レスリー大学：小規模なレスリー大学については、中期的なマスタープランの策定と、その中でボストンより移転統合が計画されている芸術系学部についての将来計画を明確にすることが求められている。分散しているキャンパスに対して、両方の関係性をはっきりさせながら計画をつくるように要請している。

● MIT：メインキャンパスのマスタープランを策定するように求めている。しかし、大学側は、マスタープランといった固定的なものをつくると変化に対応できないとして、その代替に「戦略フレームワーク」という大学の経営・発展戦略について記載したものをつくり対応している。MITのここ5年の計画を見ると、様々なプロジェクトが同時進行しており、このような計画づくりの方が実際のプロジェクトとの整合性を取りやすいようだ。

また、MITの特徴としてメインキャンパスの外周部に大学の土地建物資産がかなりあり、その再開発をどのような方針で行っていくのかも含めて行政の注視の対象になっている。特に住宅系の開発に関しては、最新の状況を絶えず報告するように求めている。

以上、個々の大学についての行政と大学との調整議論の内容を見たが、大学全てに共通する項目を組み込んでいるのも注目される。それは、市のメインストリートでそれに沿って商業、業務系の土地利用が定められているマサチューセッツ通りに面した資産の計画には、1Fに対する商業利用を考慮しながら開発計画を立てるように要請している。

このように行政としては、土地利用、用途のコントロールなどで個々の大学だけを見るのではなく、ケンブリッジ市全体としての都市空間整備を誘導することを目的として大学の開発計画をコントロールしていることがわかる。

5　協議の中で生まれる相互関係

アニュアル・タウンガウン・レポートは、都市計画審議会や議会にも報告され、また、公聴会などのパブリック・ミーティングなどでも報告され、意見の聴取が行われる。こうしたやり取りを通じて、大学の成長、発展に関して必要になる都市の基盤整備について、一方的に行政に負担を強いるという考えではなく、むしろ大学キャンパス周辺で大学の環境に重要な関わりを持つ部分に関しては、積極的に大学がその整備や改善を行うという取組が生まれた。

特にMITでは、公共空間改善プロジェクトをタウンガウン・レポートの中に位置づけ、キャンパスを通り抜ける道路について歩行者用、自転車用の歩行・走行レーンを新たに整備し、沿道景観を改善するプロジェクトを実施した。また、チャールズ川沿いの空中線の撤去や、下水道の整備なども大学が主導で行い、キャンパスとキャンパス周辺の景観の改善に大きな役割を果たしている。

こうして見ると大学は、都市にとってある意味では都市開発を担うディベロッパーであるという相互の認識が上記の活動から理解できる。さらに、地域経済への貢献という視点も重視されている。自治体の税収に関わってくる点についてもタウンガウン・レポートでチェックされるように、大学は大口の納税者であり、大学の周辺に集積する企業も含めれば、自治体の税収に対する影響は大きい。大学は、知的な活動と同時に高度な職能人を育成し、その結果、魅力的な民間の企業が集積する。このような大学の持つ求心力を考えると、大学は都市にとっての開発者としての役割もあるが、そこに立地して都市を発展させていくクライアントでもある。このような相互関係をお互いが理解し、継続していく仕組みがタウンガウン・レポートというシステムから読み取れる。

◎注
* 1　本稿の内容は、日本建築学会キャンパス計画小委員会による米国調査（2005年10月実施）において、現地での関係者へのヒアリングによって得られた情報に、筆者の追調査を加えたものである。

◎参考文献
1) City of Cambridge; Report of The Mayor's Committee on University - Community Relationships, 1991
2) Harvard University; Annual Town Gown Report 2003-2007
3) MIT; Annual Town Gown Report 2003-2007
4) Lesley University; Annual Town Gown Report 2003-2007
5) Cambridge College; Annual Town Gown Report 2003-2007

6-4
「キャンパス」と「まち」
一体的な都市空間デザインのためのフレームワークプラン
〈米国ニューヘブン市とイエール大学〉

斎尾直子（筑波大学大学院システム情報工学研究科）

1　ニューヘブン市とイエール大学

　学術都市として著名な米国東海岸ニューヘブン市、そして、その中核をなすイエール大学。本稿では、その「キャンパス」と「まち」が一体的な都市空間を形成するためのしくみ『フレームワーク』と、それにかかわる取り組みなどをみていきたい。

　コネチカット州ニューヘブン市は人口約12万5,000人の歴史ある港湾都市であり、ニューヨークの北東約120km、ボストンの南西約240kmに立地する。

　ニューヘブン市、及び周辺地域には、複数の大学が立地しているが、特に市を学術都市として世界的に有名にしているのがイエール大学（Yale）であろう。1701年創立の私立大学であり、アメリカの大学としては3番目に古く、アイビーリーグ8大学のうちの1校である。

　キャンパス内の、ゴシック様式のスターリング記念図書館（大学図書館では世界第2の規模）、大学美術館、自然史博物館等は観光地としても著名である。また、秘密結社（Skull and Bones）の存在も世界的に有名である。

　イエール大学のキャンパスは、約125haのメインキャンパスの他、市内にアスレチックフィールド40ha、ゴルフコース・自然保護地区として約21haを所有する。

　キャンパス人口は、学生数1万1,359人（うち留学生16%）であり、学部生約5,200人のうち87%が大学寮に居住する。学部教育は開学当初より、英国ケンブリッジ大学やオックスフォード大学を倣ったカレッジシステムを採用し、そのしくみは現在まで継承される。教員数は約3,200人、他職員が8,000人である（2004年値）。

　キャンパス総人口は約2万2,600人の大規模総合大学であり、大学関係施設の多い近隣地域を含めた広大な大学まち：ユニバーシティ・タウンを形成する。

　キャンパスの形態は南北約4kmと細長く、ニューヘブン・グリーンと呼ばれるオープンスペースを含めた9ブ

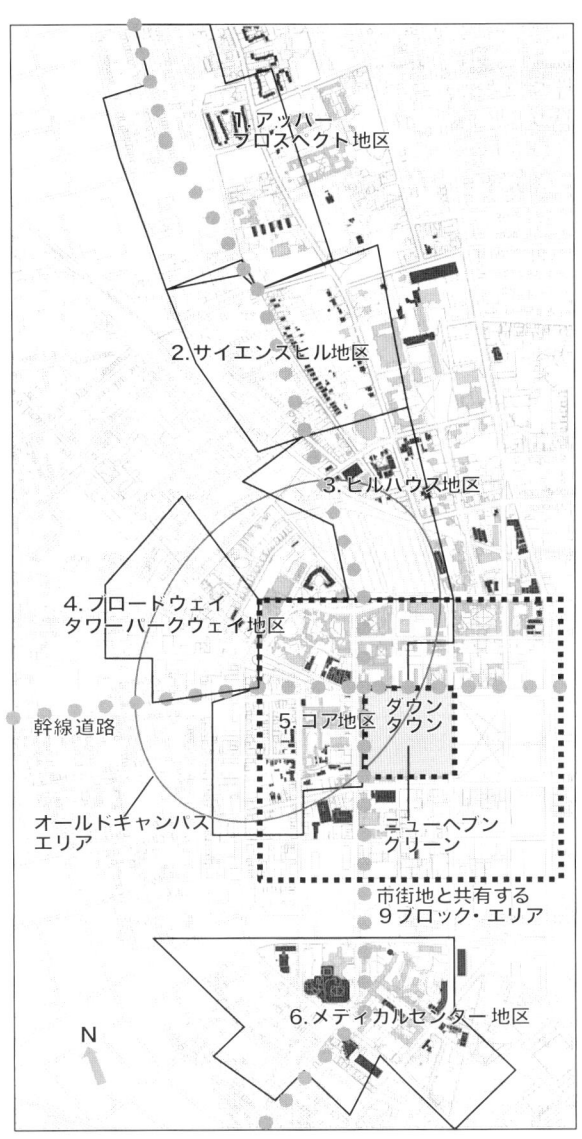

図1　イエール大学キャンパス及び周辺図
（文献1）フレームワークプラン図表を元に加筆作成）

ロックが中心となる構成が特徴的である。周辺地域との境界延長は約8kmと長く、かつ、都市と様々な公共空間を共有するため、周辺地域とのかかわりは深い。

　イエール大学のアカデミック・ミッションを支える空

写真1　キャンパス内のオープンスペース

表1　キャンパスが解決すべき7つの課題（文献1）より）

○建物用途の見直し
　　（近隣コミュニティとの連携活用も含めて）
○細長いキャンパス敷地を活かす戦略的プランニング
○オープンスペースの性格づけの見直し
　　（セミパブリック−パブリック）
○交通計画の見直し　（各動線のバランスと効率化）
○駐車場の再整備　　（需要への対応と景観への配慮）
○サイン計画の見直し（各層に対応したわかりやすいサイン）
○屋外照明の再整備　（夜間安全性の確保と景観に配慮）

間づくりの考え方としては、機能的にもデザイン的にも高い質の建物・空間の提供が必要である、とされており、同時にニューヘブン市との密接な関係を非常に重要視している。キャンパス形成当初からの「都市を呼び込む」という発想を継承し、キャンパスはニューヘブン市の中心地域と共存している状況にある。

大学の建物のほとんどが1930年代以前であり、多くの歴史ある大学がそうであるように、老朽化の進行が深刻な課題であった。これを契機に、1993年にキャンパス計画の『フレームワーク』、すなわち、他の大学におけるマスタープランや長期計画、キャンパスリニューアル計画と同等のキャンパス総合計画のためのワーク・スタディがはじまることとなった。

市と大学との関係をみると、18世紀に市が積極的に大学を誘致し、開学当初は市が土地を寄付するなど優遇した経緯があるが、今や立場は逆転したという。市の中で、イエール大学は最大の雇用主（1万人規模）であるし、大学の予算規模は、市の約3倍である。税金についても、大学の教育・研究部門は免税されるが、大学が保有する多くの商業施設や住宅等は課税対象である。そのため、市最大の不動産所有者である大学が最大の納税者となっている。

大学への他地域・諸外国からの訪問者は年間55万人にのぼり、学部学生の約半数（2,500人以上）が都市の様々な公共活動においてボランティに従事し、市内の公立学校の生徒達（1万人以上）が大学内の様々なプログラムに参加する等、大学‐都市との連携は緊密である。

さらに、大学スタッフが都市内に安く住むことができる独自の居住制度ホームバイヤー・プログラム（Homebuyer Program）が、都市中心部の再興計画において大きな役割を果たしており、市内の科学・工業等の企業との連携や工場跡地のサイエンスパークへの再開発に大学側が全面協力する、といった連携事例も数多い。

2　フレームワークプランの特徴、都市計画との連携

１フレームワークプランの概要

イエール大学のキャンパス総合計画は、マスタープランという名称は使用せず、「フレームワークプラン（FRAMEWORK PLAN[文献1]）」と称しており、イエール・コーポレーションと呼ばれる大学経営組織を中心とし、5年間の年月をかけて作成された。組織メンバーには、大学・市の各部局の意志決定者が参加し、大学と市の緊密な連携をとりながら進められた。

フレームワークプランの目標は、1）キャンパスの現状を分析し、計画の考え方を整えること、2）オープンスペースと開発用地の再確認、3）キャンパス・フレームワーク・システムの開発とその戦略的手法の提案、の3点である。

目標1）では、現キャンパスの、建物・土地用途、建築形態、景観とオープンスペース、動線（歩行・車・自転車）、駐車、サイン・案内板、屋外照明、等を点検し、解決すべき課題として表1の7点を挙げ、さらに表2に示すような具体的な6視点の将来計画への考え方を提示している。

次に目標2）では、キャンパス全敷地内の、現在、建築物が建っていない土地について、将来の開発機会の検討を行っており、図2に示すように、将来建設可能な土地〈開発用地〉と、オープンスペースとして将来にわたって確保・保全する土地〈保全用地〉を明確に分けている。

2つの用途は、大学のアカデミックプランとの調整、空間の使われ方の調査分析、空間どうしのつながり、等から決定しており、社会背景が変化していく中でも、乱

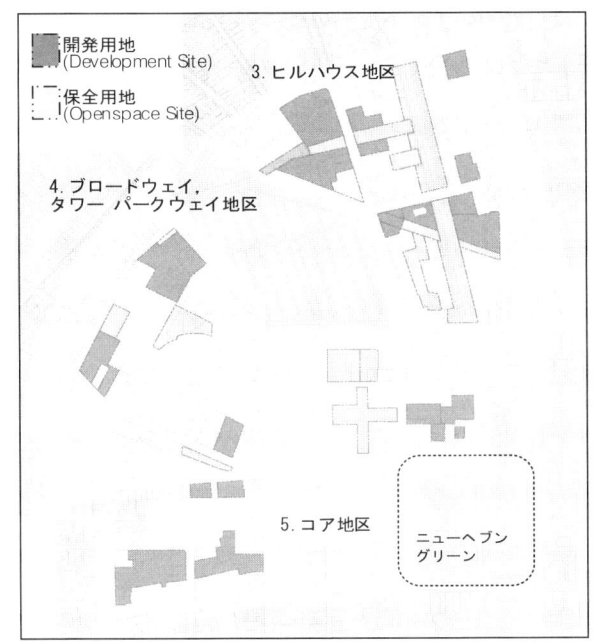

図2 将来の開発機会の検討図（開発用地と保全用地の明確化）
(文献1) フレームワークプラン図表を元に加筆作成

開発が行われないことや、キャンパス軸の明確化、動線の確保、緑地や広場の確保、景観の保全、を担保するための有効な方法となる。

さらに目標3）では、フレームワークシステムとして、土地利用、建築形態、景観・オープンスペース、動線（歩行者・車・自転車）、駐車場、サイン計画、照明、近隣との関係の8点について、計画時に考慮すべき内容を提示している（表3、図3～5）。

最後に、計画の課題として、アクセシビリティ、歴史的保存地区、環境要素を挙げているほか、イエール大学がニューヘブン市に与える経済的効果、技術情報、施設設備について述べ、今後の社会背景に柔軟に対応していく場合でも、最低限守っていくべき内容とその戦略的手法を提案している。

課題や、視点の項目については、他大学と比較して特徴的な内容があるわけではない。しかしながら、ここで特筆すべきは、フレームワークプランとは、大学の個別の施設整備や建設内容を規定するタイプのマスタープランとは明確に区別している点である。将来にわたって継承されるキャンパス整備のために、大学の様々な資源や課題を評価し、活用していくための基本コンセプトであり、ガイドラインとして位置づけられている。

フレームワークプラン作成後の新たな個別の計画に際しては、このフレームワークプランが語るコンセプトに

表2 将来計画への6つの視点 (文献1より)

将来計画1（Uses）
　都市と連携利用が可能なエリアでは、大学関係者と一般市民の住宅、商店、公共施設等、大学キャンパスと都市空間とが物理的、機能的に絡み合い、相互に有益な建物用途を誘導する。

将来計画2（Buildings）
　現在3-5層の建物群と尖塔やタワーといったこれまでの素材を活かし、新築と修繕を適宜組合せ、広場や道路、歩行者用動線等のオープンスペースとのバランスを考慮した整備とする。

将来計画案3（Open Spaces）
　隣接して立地する建物の用途（アカデミックエリア―レクリエーションエリア）によるオープンスペースの性格づけを行い、景観に配慮した再整備を目指す。動線（歩行・車・自転車）にも配慮。

将来計画案4（Streets）
　キャンパス環境に多大な影響を及ぼす道路や動線計画には、歩行・車・自転車の各動線を明確化、景観に配慮して再整備し、特に自動車交通は最低限の量に抑え、減スピードに誘導。

将来計画案5（Signage）
　サインのデザインコードを統一整備し、大学訪問者、一般地域住民、観光客、学生やスタッフ、各層にわかりやすいサインシステムを再構築。

将来計画案6（Lighting）
　屋外照明は、夜間通行の安全性確保と、魅力的なデザインによるキャンパス及び周辺都市空間のライトアップ効果を兼ね、再整備。

表3 フレームワークシステムの項目概要 (文献1より)

○土地利用のフレームワーク →図3参照
　キャンパス内における研究教育エリア、居住エリア、商業エリア、アスレチックエリア等のゾーニング計画
○建築形態のフレームワーク
　街区と建築形態の関係、シンボルタワーの位置など
○景観・オープンスペースのフレームワーク →図4参照
　緑道、緑地、オープンスペースの位置やネットワークなど
○動線のフレームワーク
　周辺市街地と連続したネットワーク計画
　・歩行者：歩行者動線ネットワークなど →図5参照
　・自動車：自動車動線ネットワークなど
　・自転車：自転車動線ネットワークなど
○駐車場のフレームワーク
　6つの地区ごとの駐車場の位置など
○サインのフレームワーク
　サインのデザインガイドラインと設置位置など
○証明のフレームワーク
　街灯、ライトアップ、その配置計画など
○近隣コミュニティとの関係のフレームワーク
　キャンパスと接するコミュニティと道路や商業施設との関係など

適応していることが基本条件となる。

2 都市計画との連携

大学経営組織であるイエール・コーポレーションのメンバーはもちろん、キャンパス計画と市の都市計画部局双方の要職者は、フレームワークプランの内容をよく熟知しており、新たに起こる様々な個別計画や開発案件に対し、フレームワークプランを参照しながらチェック機能がはたらくしくみをつくりあげた。

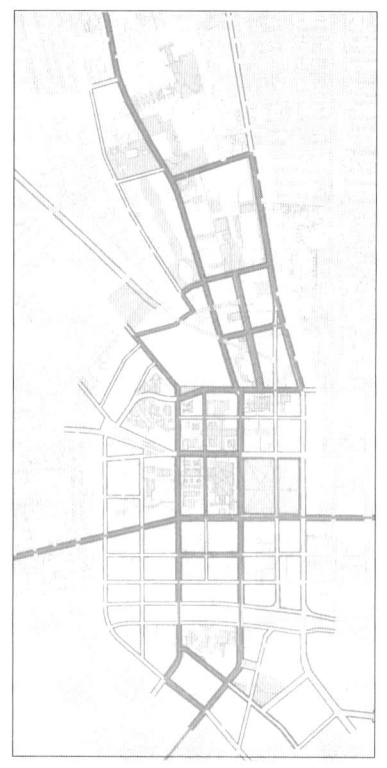

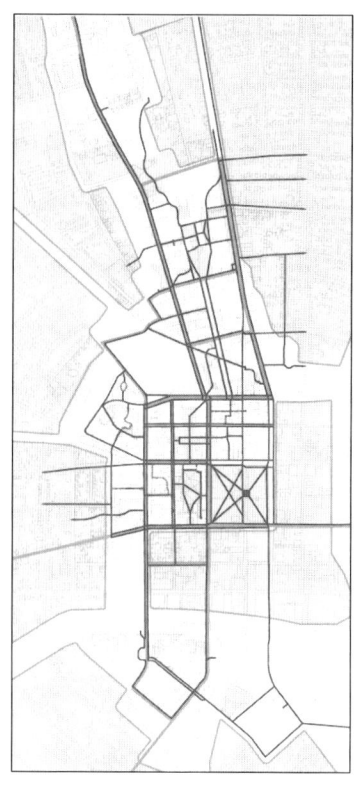

図3「土地利用」街区ごとのゾーニング計画によるゆるやかな用途の誘導

図4「ランドスケープとオープンスペース」緑地・緑道や広場・オープンスペースの配置

図5「歩行者動線ネットワーク」歩行者専用動線の配置

図3〜5 フレームワーク例（図3〜5は文献1）フレームワークプラン図表を元に加筆作成）

また、市との関係については、フレームワークプラン作成後も緊密に継続しており、両者の計画部局を中心に相互に連携を取り合う状況にある。

大学と都市側双方が関係する計画等では、市側の計画的ニーズが大きい場合であっても、財政的な負担力は大学の方が大きいこともあり、環境・建築・都市としての空間の質、経済の持続性等の面で、市側が大学側に依存している面は大きいといえる。

3　キャンパス計画の考え方と都市との連携方策

イエール大学のフレームワークプラン、及び、大学と都市との連携方策から得られた知見を以下の3点に要約する。

❶『FRAMEWORK』という用語に託した基本理念

フレームワークプランの内容は、今後のキャンパス計画にかかわる計画者・建築家・デザイナー等に渡し、理解してもらうと共に、守ってもらうための基本的なコンセプトをまとめたものである。将来にわたる持続的なキャンパス計画のために、大学の様々な資源や課題を都市の中に存在する意義を含めて評価し、活用していくためのガイドラインということができる。

このフレームワークプランは、「マスタープラン」という一般用語からイメージされるような、'大学の個別の施設整備を将来にわたり規定すること'の否定が1つの特徴である。多くの大学で作成される「マスタープラン」が柔軟性を持たないわけでは決してないし、数年後の見直し計画を含めた長期計画も数多い。しかしながらイエール大学の場合は、将来の様々な状況変化に対応しつつも基本コンセプトは曲げない、という姿勢を『フレームワーク』という用語に託しているのではないだろうか。

❷オープンスペース保全方針の明確化

フレームワークプランでは、将来の建設可能用地〈開発用地〉と、オープンスペースとして確保する土地〈保

写真2 スターリング記念図書館（地上には増築せず、地下に学生の共用スペースを整備）

全用地）は明確に分け、将来の開発機会の検討を行っていることを紹介した。また、フレームワークプラン作成以前から、周辺の街並みとの共生と景観の継続性を配慮し、低層建て・地下の活用が特徴のキャンパス計画ではあったが、これらは作成後も、フレームワークプランの内容がガイドラインとなって改修工事や開発が行われている。

近年需要の高い駐車場や学生たちの共用スペースも地下に建設することが多くなっている。地下建設の経済効率の悪さは認めつつも、それ以上に、フレームワークプランで定めた〈保全用地〉には、将来にわたり、新たに建築物を建設することはないという発想に立つ。

具体的な建設を決して規定することのない柔軟性の高いフレームワークプランの中で、唯一、オープンスペース保全だけは厳格に定めている。このことは、キャンパス空間をめぐり将来どのような社会背景の変化があろうとも、オープンスペースを計画的に保全することで、大学キャンパス内だけでなく、都市全体としての空間の質を担保するための有効な手法である。

❸「キャンパス」と「まち」との連携と調整

ニューヘブン市とイエール大学の場合、「キャンパス」が「まち」の中で拡張していきながら、1990年代には、市の財政悪化と町の治安の悪化に関して、改善に対する利害が一致し、当時の市長が大学との対話を改めて開始、その後、両者の緊密な関係が築かれていった経緯がある。

現在では、実験室の増築や駐車場の建設等、たとえ大学内の小さな案件であっても都市景観に少しでもかかわってくるならば、大学と市、両者の協議の対象とし、協議は市民公開の場で行われることもあるという。

様々な都市におけるユニバーシティ・タウン、その「タウンとガウン（一般市民と大学の人々）」[*2]との関係、二者の対立や共生を考慮するとき、立地都市と大学との規模バランスにもよるが、大学の規模が大きい場合は特に、建築物の保全や街路・歩道等含めた質の高い景観、警察施設・コミュニティ施設整備等、可能な共同事業は多岐にわたると考えられ、両者の協議の継続性が重要な鍵といえるのではないだろうか。

◎注
*1 本稿の内容は、日本建築学会キャンパス計画小委員会によるアメリカ大学調査（2005年11月実施）において、現地での関係者（イエール大学とニューヘブン市担当者）ヒアリング等によって得られた情報及び資料を元にしている。
*2 タウンとガウン（Town and Gown）については、6章6-3節「1 タウンとガウン」参照。

◎参考文献
1) Yale University - A Framework for Campus Planning - 2000
   Cooper, Robertson & Partners Architecture,Urban Design
2) http://www.yale.edu/oir/factsheet.html/
   Statistical Summary of Yale University

6-5
大学・都市連携による知の都市集積

〈横浜市と市内の大学〉

土井一成（横浜市共創推進事業本部）・渡邊孝之（横浜市都市経営局大学調整課）

1 知の交流拠点都市を目指す横浜

　地方分権の進展により市民サービス向上や地域活性化などの自治体間競争が激しくなった。同様に、若年人口の減少などから各大学の特色づくりや経営改革など大学間競争も激化している。その中で、全国各地で大学と都市が互いのメリットを求めてパートナーとなり多様な連携を行う事例が増えている。本稿では、今後の重要な都市戦略として、大学と都市の連携を通じて「知の都市集積」を目指す横浜市の現状と方向性について述べる。

　横浜は、開港以来、国内外から多くの意欲と才能あふれる人々が集まり、常に時代を先取りしながら「国際港都」として繁栄し、現在、人口364万人の大都市に成長している。しかし近年まで、工業等制限法による既成市街地への大学の立地規制制度があったため、知の都市集積に大きな制約条件となった。アメリカのボストンやサンフランシスコのように自由な気風を持ちイノベーションが生まれる知的産業クラスターは、残念ながら我が国の都市ではほとんど見られない状況である。

　2006年6月、横浜市議会において33年ぶりに「横浜市基本構想（長期ビジョン）」が改定された。これは今後の20年間を見通した自治体の基本的方向を示すものであり、目指す将来の都市像は「市民力と創造力により新しい横浜らしさを生み出す都市」となった。そして都市像を支える5つの柱に、①交流拠点都市、②活力創造都市、③生活快適都市、④環境行動都市、⑤安全安心都市、が定められた。特に「世界の知が集まる交流拠点都市」の目標は、国際機関や研究活動の場が集まる横浜で多様な人々が交流し、特色ある都市の創造性を発揮して新しい文化芸術や先進的技術を生み出し、世界の知識と知恵の拠点を目指すものである。これは開国の場となった横浜の都市の性格から原点となるべきコンセプトであり、2009年に開港150周年を迎える中でさらに重要性を増す

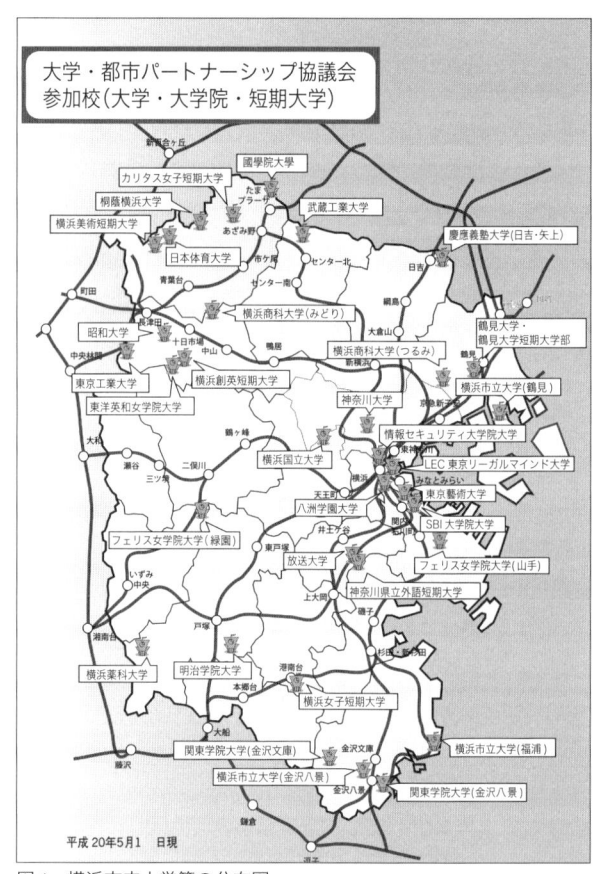

図1 横浜市内大学等の分布図

ものと考えられる。

2 大学・都市パートナーシップ協議会の設立

　横浜市内には現在、約30の大学・短期大学・大学院のキャンパスがあり、それぞれ規模も学部構成も様々だが、横浜市民にとっては重要な地域資源となっている（図1）。これまでも生涯学習講座や調査研究活動などの地域交流や社会貢献は行われてきた。しかし、大学教員と行政職員のあくまで個別的な関係に依存する傾向が強く、組織的な取組は十分ではなかった。今後の連携の可

```
21世紀型大学都市宣言

　開港以来、進取の気風に富む横浜市民は、幾多の困難を乗り越え、横浜の発展を導いてきました。
　そして大学は、常に市民と共にあり、その知的創造力の源となって地域社会の発展を支えてきました。
　知の時代といわれる今、大学と横浜市が互いに連携し、成長・発展しあう大学と都市の関係を築くことにより、横浜から新しい知の未来を切り拓いていくための人づくりの舞台である、「21世紀型大学都市ヨコハマ」の実現を目指します。

平成17年3月14日
大学・都市パートナーシップ協議会
```

図2　21世紀型大学都市宣言

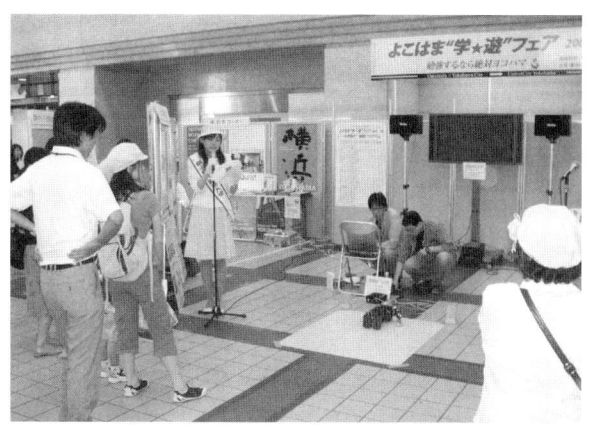

写真1　横浜駅東口地下街の「横浜学☆遊フェア」

能性について、2004年に市内大学と市役所内各部署へのアンケート調査を行った。その結果、「どこに相談したらよいのかわからない」「相手の特性やニーズがわからない」「意見交換の場がない」「組織としての方針に基づいた連携ではない」などの課題が指摘された。

　そこでさらなる連携強化にむけて、2005年3月に市内全ての大学の学長・理事長と横浜市長の意見交換の場として「大学・都市パートナーシップ協議会」が設立された。この会議では協議会の活動理念とも言える「21世紀型大学都市宣言」を採択している（図2）。21世紀型大学都市のイメージは、横浜全体が1つのキャンパスのように大学と都市が渾然一体となり、街中に知的刺激が満ち、新たなものに挑戦し続ける活気に溢れた都市である。横浜市では2005年4月に大学連携を担当するセクションとして都市経営局に大学調整課を設置した。

　具体的な連携事業の促進に向け、4つの方向性とリーディングプロジェクトが示された。
① 教育の可能性を拡げ未来を担う人材を育む（アシスタントティーチャー、企業インターシップなど）
② 新しい時代の市民の多様な学びを創出する（生涯学習等の自己実現サポート、大学施設の地域開放など）
③ 知を活かし新たな横浜経済を拓く（起業家支援など知の人材育成、企業への技術支援など）
④ 協働して都市の課題に取組む（市民協働の担い手育成、地域のシンクタンクなど）

　協議会では、大学担当者と行政による隔月の事務担当者会議により認識を共有し、各大学の特性を尊重しできることから協力して着実な活動を積み重ねてきている。

3　大学・都市パートナーシップ協議会の主な実践活動

■1 よこはま学☆遊フェア

　「よこはま学☆遊フェア」の取組は、各大学の魅力はもとより、学生生活を充実させる横浜の様々な魅力を紹介することにより、横浜で学ぶ楽しさを若い世代やその保護者世代にアピールするものである。2006年から横浜駅東口地下街で行われ、年2回夏と春に数日間、協議会の参加大学と行政により開催されている。

　「夏」のイベントは、大学ごとにコーナーを設置し、大学の魅力や活動を紹介するパネル展示や資料配付、紹介ビデオを放映するとともに、㈶横浜観光コンベンションビューロー等の協力を得て横浜観光親善大使と参加大学による特色あるイベントも開催している（写真1）。また、「春」のイベントは学業の目標やキャリアデザインなどを考える節目の季節であり、協議会に参加している市内各大学の様々な取組を大学ごとではなく、教育研究、地域社会との連携、企業との共同研究、生涯学習講座の開講などテーマごとに紹介している。

■2 よこはま大学リレー講座

　「よこはま大学リレー講座」は、各大学の特色や得意分野を活かした講座をリレー形式で行うもので、従来型の生涯学習に較べて多様で広範な講座編成が可能となり、市民の知的要求に幅広く応えることができる。大学の発案による新たな連携事業として2007年から毎年9～11月に開催されることとなり、初回の都市「よこはま」をテーマにした講座編成に対し各講座とも定員を上回る応募があった。

様々な大学講師から直接聴講することができるリレー講座をきっかけに、さらに市民が、各大学の主催する生涯学習講座など、多様な学びの機会へ参加しやすくなることを期待している。また、横浜市中央図書館と連携し、各講座にあわせて図書館司書から講座のテーマに関する文献を紹介し、受講者自らがテーマを掘り下げる、能動的な学習態度を啓発している。

3 「(仮称)大学コンソーシアム横浜」の検討

これまで横浜市では、2001年に発足した「横浜市内大学間学術・交流協議会」において、市内14大学で学部授業の単位互換及び図書館連携を主要事業として展開し、一定の実績を上げてきた。しかし単位互換は、学生が他大学の学部授業を受講し受講科目の選択肢を増やすことにはなったが、連携する大学間のカリキュラム開発には至っていない。

その後の大学・都市パートナーシップ協議会の設立などの経過があり、市内の各大学から現行の枠組みを見直し「(仮称)大学コンソーシアム横浜」を新たに設立する考えが生まれてきている。文部科学省のGP (Good Practice) に採択されることも視野に入れ、大学、地域社会及び産業界の協力による、大学教育改善の調査研究、産学連携事業、生涯学習事業等について検討をしている。これにより大学の持つ知的資源が一層地域に還元され、市民は身近で知的要求を満たすとともに、企業と大学との技術研究の促進などが考えられる。

4 多様な大学と都市の連携タイプ

現在、横浜市内では同時多発的に様々な内容の大学・都市の連携事例が生まれている。これらの事例について究極的な目標である「知の都市集積」の視点から見ると、大きく3つの連携タイプに分類できる。

1つ目は、個別大学が地縁性を活かしながらキャンパス周辺地域の地元と連携する「コミュニティ型連携」である。2つ目は、個別または複数の大学と行政が政策課題を共有し新たな都市づくりの拠点を創る「拠点形成型連携」である。3つ目は、複数の大学や民間企業の活動拠点が集積立地しエリア全体の情報発信力が生まれる「集積発信型連携」である。

写真2 神奈川区六角橋地区の商店街

1 地縁性を活かした「コミュニティ型連携」

大学が立地する周辺地域や最寄り駅には学生生活を支えるサービス機能などが立地し、学生街や大学門前町としての特色を持つ。コミュニティ型連携は、このお膝元地域のまちづくりに対し、商店街の活性化、地域イベントや環境整備への参加などが行われるもので、大学と地域の最も基本的な連携タイプと言える。主な取り組み事例には次のようなものがある。

① 横浜国立大学が保土ヶ谷区和田町駅を中心とした地域で、地元の商店街や町内会と協働して、まちを活性化するための仕掛けや提案、実践を行っている事例。
② 横浜市立大学が金沢区金沢八景地区において、市民団体と連携しながら、地域の持つ固有の歴史・環境・文化などを生かし総合的な魅力づくりを行っている事例。
③ 神奈川大学が神奈川区六角橋地区において、地元の商店街と連携し、下町らしさを生かしたユニークな地域イベントなどの特色づくりや活性化を行っている事例 (写真2)。

これらは、各大学が地元との直接交流を基本に、行政の窓口としては主に区役所との関係により、地域に密着した視点で継続的な活動を展開している事例である。大学が地元から真の地域資源と認識され、地域とともに繁栄するための基盤となる役割を果たしている。

2 都市レベルの政策に対応した「拠点形成型連携」

横浜市には、都心部の強化、京浜臨海部の再編整備などの重点的プロジェクトがあり、実現に向けては地域レベルよりも都市レベルを視野に入れた、大学との長期的取り組みが重要になる。拠点形成型連携は、大学側の将

写真3　鶴見区末広町の研究開発拠点

来目標と行政の政策目標が一致し、まちづくりのコンセプトを共有できた場合に成立する連携タイプである。行政側の窓口は都市政策の観点から都市整備局・経済観光局・都市経営局などがあり、次に主な取り組み事例を示す。

(1) 京浜臨海部における産学連携推進

京浜臨海部は産業構造転換に伴う再生が課題であり、鶴見区末広町地区が先導的な研究開発拠点に位置づけられている。生命科学研究の中核となる理化学研究所を誘致して横浜市立大学連携大学院が設置された。周辺には産学共同研究センターなどが整備され、民間ベンチャーをはじめバイオ関連などの機能集積が進んでいる（写真3）。今後は近接する羽田空港の再拡張国際化が予定され、当地域の国際的な重要性が増すことは確実であり、工業地帯再生の新しいモデルとなることが期待される。

(2) 都心部キャンパスによる活性化

中区関内地区に関東学院大学、西区みなとみらい地区に横浜国立大学、神奈川大学、さらに横浜市立大学のエクステンションセンターと、近年相次いで都心部キャンパスが立地した。様々なリカレント教育やマネージメント講座等の拠点施設となるが、多くの市民が通いやすい場所であり、ビジネス、ショッピング、アミューズメントなどの都市活動に大学の知の機能が加わり、多くの世代を引き付ける魅力アップ効果が生じている。

(3) 沿線地域の社会連携拠点づくり

慶応義塾大学では港北区日吉キャンパスにおける創立150周年記念事業の検討にあたり、「人間を育む都市再生プロジェクト」として都市再生モデル調査を実施した。地下鉄グリーンラインの開通など成長が著しいエリアである市北部4区を調査対象とした結果、開かれた大学として多世代の市民との交流実現を目指したコミュニティ施設・保育施設などを含む「社会連携施設」が計画されたが、今後は沿線地域の知的活動拠点となるだろう。

3 新たなシナジー効果を生む「集積発信型連携」

(1) 都心部活性化の新たな政策展開

横浜は開港以来、港を中心に独自の歴史や文化を育み、質の高い都市空間を創造してきたまちである。歴史的建造物を残す一方、みなとみらい地区など近代的な街区も形成され、港と丘の緑が調和した美しい都市景観を誇っている。横浜市では、これらの都市資源を最大限に活用した都心部活性化を目指し、「文化芸術創造都市・クリエイティブシティ」を目標に掲げ、文化芸術や観光の力により沈滞化する都市を再生させる試みを展開している。2004年から事業本部を設置して、まちづくりと文化芸術振興の総合的な取り組みを進めており、その柱が映像・コンテンツ産業の育成を図る「映像文化都市」の推進と、アーティスト・クリエーターの定着を図る「創造界隈」の形成である。

(2) 映像文化都市の推進

これまで横浜を舞台にした映画が多く製作され、現在、横浜フィルムコミッションでは撮影相談など年間約600件の支援を行っている。市民主催の「ヨコハマ映画祭」「横濱学生映画祭」など個性あるイベントが多く、中国・韓国などの大学からの参加も広がり、ますます映像の街としてのイメージが定着しつつある。

映像文化都市の中核機能として新しい東京藝術大学大学院映像研究科が誘致された。都内の複数の区との競争になったが、横浜誘致の決め手は、映像文化都市という明確な政策目標があること、誘致場所の中区馬車道地区は利便性が高く歴史性ある都市景観があること、アーティストの活動拠点として歴史的建造物を再生活用したBankART1929事業の実績などが上げられる（写真4）。市所有の旧富士銀行を「映像文化施設」に改修し2005年4月に映画専攻キャンパスが開設され、その後周辺にメディア映像専攻、アニメーション専攻が新設された。この施設は広く映像文化に関わる人材育成の場として、地域との連携事業や市民参加イベントにも活用されている。

(3) 創造界隈による集積の拡大

映像コンテンツなどの企業誘致を目的とした全国初の

写真4　旧横浜銀行本店を活用した BankART1929 事業

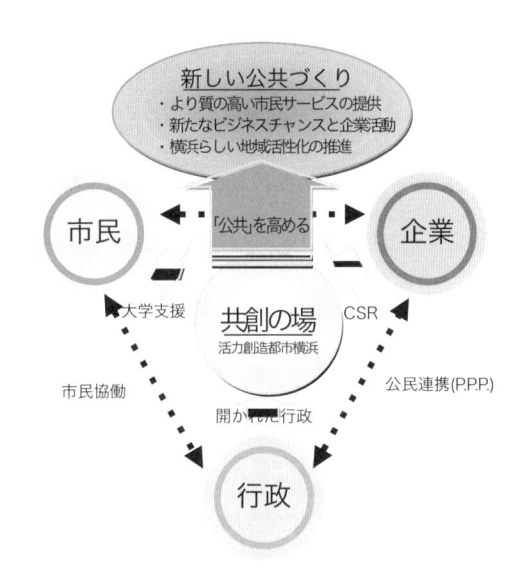

図3　共創の考え方

助成制度がつくられ、馬車道地区の民間空き倉庫を活用した「万国橋SOKO」が整備され、横浜の映像文化を担う核となる映像関連の企業や教育機関が立地した。また同時に近接して、横浜国立大学大学院建築都市スクールが都心部スタジオを開設し、都市横浜をフィールドや題材とした実践教育がなされている。

馬車道地区から始まった創造界隈の形成は、まちづくりとアートの相互作用で日本大通地区、桜木町野毛地区など周辺地域に展開している。特に、初黄日ノ出町地区は違法な風俗店が軒を連ねた飲食店街だったが、一斉取締りの後の空き店舗や鉄道高架下などを活用した活性化に向け、横浜市立大学、横浜国立大学、神奈川大学などが参画し、創造の担い手としての役割を発揮している。

5　知の都市集積における大学の役割

人・物・情報が集中する大都市において、複雑化する都市問題を解決して持続可能な成長を可能にするためには、未来へのナビゲーターとなる知の力が重要である。そのためには、市民・企業・行政が知恵やノウハウを集め市民協働や公民連携により新しい公共づくりを目指す「共創」が求められる（図3）。その中で大学は、市民サイドに立ち様々な支援を行うとともに、企業・NPO・行政など各主体をつなぎリードする役割が期待される。具体的には、都市の歴史・文化・資源に立脚した現場力、環境・経済・福祉など各分野を横断する総合力、アイデア提案から事業参画まで担う持続力などが求められる。そして都市側にも、知を活用する戦略的なビジョン、大学の研究成果の政策への反映、具体的なフィールドワークへの支援など、包括的な協力関係が必要である。

横浜は創造性ある都市であり、市民も開放的で進取の気風があり、各大学は横浜の「場の力」を使ってさらに深く広いフィールドでの知の探索と交流が可能となる。これまで述べたように、横浜市においては大学・都市パートナーシップ協議会により連携の「共通基盤（プラットフォーム）」が形成された。そして、まちづくり面での大学の役割は、コミュニティ型連携では地域に信頼される「まちづくりプレーヤー」となり、拠点形成型連携では社会課題に挑戦する「政策プランナー」となり、集積発信型連携では新しい魅力活力を生み出す「文化芸術クリエーター」となっている。

大学と都市の幸せな関係は、「自分たちのまち」への愛着や誇りを育て、市民とともに互いに高めあう活動を進め、垣根を越えて持続可能な連携の輪を広げ、都市の未来を創るために知を結集させることであろう。横浜から新しい知の時代が生まれることを確信している。

◎参考文献
1)「横浜市中期計画」2006年12月

7章
共創まちづくりの視座と可能性

有賀　隆（早稲田大学大学院創造理工学研究科）

1　進化し続けるまちづくりの方法

❶地域再生のまちづくりの課題とテーマ

　地域主権と市民社会の時代と言われて久しい。国から自治体への分権が進み、都市づくりの取り組みは、市町村などを中心とした地域主体のものへと進化してきた。いまや自治体は市民や地域社会との協働を抜きにしては目指すべき将来の都市像を実現する事は難しいし、その反対に都市づくりの目標を広く地域社会や市民、住民と共有化し、実現へ向けた地域連携と市民協働のプロセスを明確に進める事で、地域固有の資源や特徴を活かした都市づくりを持続的かつ戦略的に進める事が可能になった。地域社会側には住民や市民、様々な分野の専門家等による市民組織やまちづくりの地域プラットフォームが作られ、自らの地域に固有の課題やコミュニティ共通のテーマなど、非政府、非営利型のまちづくりの担い手として大切な役割を果たしている。

　市民、住民が先導的な役割を果たすまちづくり活動は、さまざまなテーマ型のNPO、NGO組織、まちづくり活動を情報や人材の提供から間接的に支援する中間支援組織、さらに活動を資金・財源面から支援するまちづくりファンドや営利の民間企業と地域活動とのマッチングを手助けするサポート組織等、それぞれの主体の特徴や長所を活かした多元的なまちづくりプラットフォームを形作りながら、「新しい公共」としてまちづくりを支える社会の仕組みとなっている。

　こうした市民主体の地域づくりやまちづくり活動には、自治体の地理的範囲を越えてより広域を対象にした環境、資源、景観、交通などの課題に取り組むものから、身近なコミュニティを対象に住民生活、福祉・教育、歴史・文化、安全安心など、より住民や市民の日常生活に近いテーマに取り組むものまで多様な広がりがある。この様な市民まちづくりの活動ではそれぞれのテーマやフィールドに密着した専門家や市民リーダーの果たす役割は大きい。地域社会の内から湧き上がる多様な市民活動とそれを先導するリーダーは、かつての地縁や職縁、血縁などに支えられた町内会や自治会活動とは異なるものである。自治体は、こうした市民、住民まちづくりの活動と連携する方法や、そのための地域独自の社会的な仕組みづくり、また行政と市民、住民の活動組織との役割分担など、まちづくりを続けるための社会的な仕組みをデザインすることが求められている。

　このような地域主権と市民社会の時代の都市・地域づくりは、以下の視点から取り組みテーマや課題を捉えていく事が重要であろう。

(1) 都市・地域空間の再生・創造

　いずれの都市も地域固有の歴史や文脈から離れてまちづくりを進める事はできない。既存の都市空間や物的環境に内在する様々な資源を発見、再生し、そこに市民、地域社会が主体となる持続的なコミュニティの活動を通した新たな価値、機能を付加し、ひとつひとつのまちづくりを進める、いわば「一品手作り」の活動と、それらをまち全体の都市像に編んでいく「相互編集」のプロセスが求められている。こうした視点からまちづくりのテーマ、課題を捉え実践していくことが重要となる。

(2) 自然環境の保全・再生

　都市の環境はその地域に固有の風土とその風土を活かしな暮らしと産業が基盤となって維持されている。先人達が作り上げてきた都市基盤や市街地空間を基にして営まれるさまざまな都市活動や経済活動と、それを支える社会制度や仕組みなどの総体として都市の環境を理解しまちづくりに取り組む事が重要である。なかでも都市を成立させている自然環境の持続可能性は、これからの時代の資源再生、エネルギー循環、食料生産、廃棄物処理などと密接に関わり、持続可能な将来の都市社会の維持に不可欠な要素である。こうした視点からまちづくり

のテーマ、課題を捉えて実践していくことが重要となる。

(3) 地域経済の再生・振興

「新しい公共」としてのコミュニティ活動の創出や、市民、住民参画による地域運営・経営のためのまちづくり活動は、福祉や教育など幅広い主体の連携による仕組みづくりが重要である。こうしたコミュニティ活動、地域運営に連動した新たな空間利用を契機として、小規模ながらこれまでとは異なる市民ビジネスやコミュニティ産業などが生まれ、新しい地域資源を利活用しながらまちづくりの担い手となる人材や資源の集積を通し経済再生を実現していく、まさに地域経営からみたまちづくりの役割は極めて大きいと言える。こうした視点からまちづくりのテーマ、課題を捉え実践していく事が重要となる。

(4) まちづくりの担い手の育成

地域社会や市民、住民が主体となる現代まちづくりでは、活動テーマに関する知識を持った専門家市民と呼ばれる人々や、地域情報、財源などの面から活動を支援するまちづくり中間組織など、多様な関係者が様々なまちづくりのプロセスに応じて柔軟に連携の仕組みを組み立て計画立案から実践までの地域まちづくりの仕組みを作っていく事が不可欠である。こうしたまちづくりを担っていく仕組みや組織、人材は、地域社会の中に安定して作られる事で、より持続可能な取り組みの連鎖へと発展するのである。そのためにはまちづくりの担い手づくりの支援が不可欠となる。こうした視点からまちづくりのテーマ、課題を捉え実践していく事が重要である。

2　共創まちづくりを支える地域プラットフォーム

❶ 地域と専門家とをつなぐまちづくりプラットフォーム

まちづくりの方法が地域社会を中心に住民、市民、関係権利者や、NPO、専門家等との協働の仕組みで進められるものに変革しつつある事は既に述べた。とりわけ、そのまちづくりがコミュニティ固有の課題に密着した取り組みの場合、地域側にまちづくりを持続的に推進する組織や仕組みが形成される事は、公共性が高く多様な主体が関わって長い時間をかけて実現していくまちづくり活動とそのプロセスを安定的に継続していく上で極めて重要な事である。一口にまちづくりと言っても、その取り組みテーマは幅広く、そこに参画する主体も様々である。また実現のプロセスでは、テーマに関連した分野の専門家等から計画策定に必要な技術や人的資源の支援を必要とする場面も少なくない。またこのようなまちづくりの取り組みはそれぞれが固有のテーマに基づくだけに、ひとつひとつ手作りによるオーダーメイドである事が多く、他のまちづくり活動との相互連携や周辺への波及効果などを生み出しにくい事もある。そこで、魅力的な個々のまちづくりの取り組みを相互に関連づけて、より広域の都市全体の目標像に近づけていく「まちづくりの『相互編集』」の枠組みと、実践のための社会的な連携・協働の仕組みとなる「まちづくりの『プラットフォーム』」の構築が重要になってくる。プラットフォームは、いわばまちづくりを実践する地域社会の中に形作られる主体間の連携・協働の場であり、そのための仕組みとして機能するものである。

従来、地域社会を支える基礎的な仕組みとして、町内会や自治会組織が役割を果たしてきた。またこれとは別に商工会議所や商店街組合、さらに農業協同組合や工業組合など、それぞれ利益目標を共有化する構成員によって組織され、各分野の活動や施策に必要な意思決定と実践のための支援提供を担う共同の仕組みが地域を支えてきた。これらの組織はその構成員から委任を受けた代表制による団体自治、或は一定の権限を委任された委任自治の仕組みと言って良いだろう。これに対してまちづくりのプラットフォームは、それぞれに個別の活動やテーマに取り組む多様な人や組織によって創られる点が、既存の町内会や自治会組織、また職能団体や組合などと異なる。まちづくりを担うさまざまな主体、とりわけ既に実践的な活動を行っているグループや会では、自らのまちづくりの活動組織と仕組みを持っている場合が多い。地域の新しいまちづくりを考えるとき、こうした様々な主体が最初から予定調和的に活動目標を共有化することは殆ど無いと言って良いだろう。むしろ異なった価値観や視点を持ち、場合によっては意見対立する関係となる事も少なくない。例えば都市の緑地を保全・再生して地域の環境学習に役立てようとするまちづくりの場合、主として野生生物・昆虫を活動テーマとするグループと、植物・樹木を活動テーマとするグループでは、生態系の保全・再生の範囲や方法を巡って立場や意見の相違があるのが普通である。しかしそうした立場や意見の相違はまちづくりのテーマに対する多元的なアプローチであり、両者が単に補完的な役割分担に留まるのではなく、お互

いの差異を乗り越えて相乗的な関係で取り組む事で、より包括的（ホリスティック）な環境保全・再生の活動へと発展させていく事ができるのである。またこうした多元的なアプローチには、具体的なフィールド活動を中心とする主体や、個々の活動を支援する中間法人等、多様な担い手が関わり、従来の地域組織の仕組みとは異なる多主体間の連携・協働による「新しい公共」の仕組みを通して、継続的なまちづくり活動を展開していく事が可能となるのである。

❷ まちづくりの連携・協働に見る5つのステップ

まちづくりのための連携・協働は固定的な仕組みではないと述べた。これはすなわち主体の役割や主体間の社会的な関係が、まちづくりの進行過程や目標到達への段階に応じて変化し進化するという事を意味している。

● ネットワーク

地域社会の中に日常的に情報や意見を交換する場と仕組みが作られ、そこで主体間の緩やかな「ネットワーク」が生まれる。このステップでは誰でも参加ができる仕組みを基に、まちづくりや地域に関する「幅広い情報の収集や交換」、またネットワーク参加者間での「世論の醸成」などが主な機能として位置づけられる。特定の到達目標や目的を持たない自由な交流の場である代わりに、そこでの活動が活発に行われる様に継続させるための工夫が大切になる。

● フォーラム

次のステップでは、まちづくりの課題や目標を話し合う一定のフィールドや分野に関心を持つ主体が自由に参加し意見を提示し合える「フォーラム」へと進んでいく。ここでは参加主体から提起されるまちづくりに関する施策や事業、活動などのアイデア、原案について自由な議論が進められるが、参加者間での議論を通した具体的な「論点・テーマの形成」や、現実的なまちづくりの実践につながる「議論」であることを共有化していることが重要な視点になる。

● プラットフォーム

続いて、まちづくりの取り組みとして同じ方向・目的の実現に向かう議論や実践の場（いわゆる"乗車場＝ここでは限定的な意味でのプラットフォーム"）の参加者が、具体的な目標や計画、活動や事業に関する施策、プログラムなどに関して「意思決定」を行う「プラットフォー

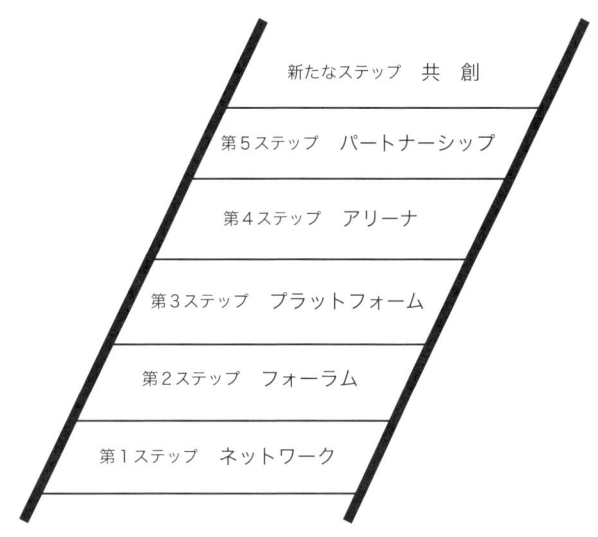

図1　まちづくりの連携・協働にみる5つのステップ

ム」が重要な役割を果たすことになる。ここでは参加者は自らも主体的にまちづくりを実践する「担い手」であり、まちづくりの実現へ向けた個人の「自己決定」の場とも捉える事ができるのである。

● アリーナ

こうしたプロセスを経て地域社会の中に構築された自由な参加者による発意から形成されてきたまちづくりの具体的な計画や事業は、いよいよ実現へ向けたステップを踏むことになる。このステップでは国、自治体行政や地域企業などとの連携・協働や役割分担を決めていく「開かれた手続き」が必要になり、そのためには立案した計画や事業構想を「公定化」していく場である「アリーナ」の役割が不可欠となる。すなわち行政予算の執行や法定都市計画権限の行使を想定した、まちづくり計画の社会的な合意と意思決定（契約）を行う重要な場面となるのである。ここでは参加者はそれぞれの立場で意思決定（自己決定と社会的な契約）を経たメンバーが主体となる。

● パートナーシップ

さていよいよまちづくりも仕上げのステップに進み、社会的に認知された計画に基づいて、個々の具体的な事業や活動を実施していくプロセスへと進む。ここでは自らまちづくりの担い手として義務と責任を果たす事のできる構成員のみによって、お互いの分担を「社会的な契約」を通して明記した協働事業を行う「パートナーシップ」のレベルに到達する。このステップではまちづくりの担い手としての主体による直接的な活動の具体化が想定され、いわゆる市民・住民・地域社会による高度な

表1 まちづくりプラットフォームの特徴

(1) 市民、住民、地域社会が主体となるまちづくり支援の仕組み
(2) 地域住民と専門家、事業者、行政、大学との連携・協働を実現する情報・知識の提供、計画技術・手法の提供、またそれらを通したまちづくりの提案、事業の実施、誘導、支援の実施
(3) 地域社会に潜在する課題やニーズを顕在化し、まちづくりの目標、プログラムの検討、計画の策定などに対する専門的支援の実施
(4) 地域まちづくりに関わる多様な専門家、大学研究者による日常的なネットワークを構築と、市民、住民のまちづくりのニーズへの柔軟な対応
(5) 地域まちづくりの担い手として、具体的、実践的な提案、取り組みを行うとともに、財源、組織、人材面で行政からの自立し、対等な立場からのまちづくりの実践

「地域ガバナンス（共治）」によるまちづくりの実現段階と位置づける事ができるのである。

かつて関東大震災の復興事業として建設された台東区の旧小島小学校の校舎を利活用した「台東デザイナーズビレッジ」の運営を支える「ものづくり・プラットフォーム」や、谷中地区の「コミュニティ・プラットフォーム」、また京都市の歴史的町家の保全と利活用の活動を進める「京町家再生研究会[*1]」など、各地で新しい市民まちづくりを担うプラットフォームが作られ、成果を生み出しつつある。こうしたまちづくりのプラットフォームの特徴を表1に整理しておこう。

このように市民、住民、地域社会が主体となって、自治体行政による都市計画や地域企業の社会貢献活動とも連携・協働に基づく役割分担を行いながら、参加者自らが地域まちづくりの担い手として継続的に活動を実践し、さらにそうした個々の取り組みを相互に結ぶつけて地域全体へと広げていく「まちづくりプラットフォーム」への期待が一層高まっているのである。

3 まちづくりの担い手たちと大学

❶ 大学からまちへ・まちから大学へ

現代のまちづくりが市民、住民の視点から広く地域社会に関わる課題とテーマを掲げて、専門家や行政との協働・連携の仕組みを通して進められていることは既に触れた。これまでの行政主導による都市計画の枠組みではなかなか対応が難しかった地域の風土、生活、伝統などに内在し住民によって継承されてきた有形、無形の地域資源を活かすまちづくりや、子育て世帯・高齢者世帯などの生活支援など住民の多様な個別ニーズに応えるコミュニティベースのネットワーク活動など、市民、住民自らが担い手となって発意し実践する「新しい公共」の活動が各地で進められている。さてそれではこうした現代まちづくりの担い手像を考えるとき、大学には地域社会からどのような役割や機能を期待され、求められているのだろうか？

大学とその大学が立地する都市は、中世、イタリア・ボローニャで世界最初と言われる大学が作られて以来、相互に密接な関係を持ってきた。大学は研究、教育を担う学問の拠点として教員、研究者、職員、学生など大学に属する個人レベルの活動に対して施設や環境など場の提供をし、また知的交流や研究成果の公開など知的資源の提供を担ってきた。同時に周辺の都市、地域に対しては、大学で働く多様な人材の雇用機会の創出や研究成果の公開や専門家派遣などを通した新産業の孵化・支援（インキュベーション）を行い、教育活動を通した高度専門分野の人材育成と地域社会への供給を担ってきた。さらにキャンパス空間の開放や植物園、図書館、劇場、運動場など施設建物の市民利用を通した社会貢献など、地域社会との関係は多岐に渡っている。

大学と地域の双方に関わる地域市民としての教員、学生は、研究、教育、学習、居住、消費、生産、文化、芸術、スポーツなどを通した日常、非日常の社会関係を共有化してきた。他方、機関としては大学およびキャンパスが有する自然、歴史、景観、生態系などの有形、無形の資源の保全・再生による都市全体への環境面で大きな貢献をしており、いまや地域にとって欠かす事のできないインフラの一翼を担っている。

先に述べた通り、現代のまちづくりは地域に内在する有形、無形の資源を活かし長期的かつ漸進的なプロセスによる環境保全や地域再生、産業創出や文化創造など明確な将来ビジョンを共有化しながら、同時にコミュニティ毎の個別ニーズに基づいて発意された多様な市民まちづくり活動を支援し、それらを相互に関連づけて編集しながら都市全体の成果へと組み立てていく戦略的な活動であることが求められている。大学が地域のまちづくりの担い手として役割を担う時、こうした現代のまちづくりの仕組みに対して、大学固有の資源をどのような場面、方法で活かしていくのか、その社会的な位置づけを公にし位置づける事が重要であろう。最近、多くの大学で地域貢献や社会連携の枠組みとなる「包括協定」を締結する事例が報告されている。多くの場合、自治体行政との協定であるが、まちづくり主体が地域のNPOや協議会

など非政府、非営利の仕組みに展開していく中で大学もより幅広いパートナーとの協働・連携を目指していくことになろう。

2 ホリスティック（包括的）な地域再生まちづくりへ

一方、前述したプラットフォームの仕組みに照らして各地の取り組みに目を向けてみると、大学に属する教員、学生などの個人、また研究室単位でのまちづくりへの参画は、社会的な契約の概念による協働の役割分担を明らかにして自らが具体的なまちづくりを実践していく「パートナーシップ」のレベルにまで成熟したものも少なくない。いろいろな地方都市で実践されている中心市街地の再生や都心活性化を目指した学生によるまちづくり活動や大学研究室によるまちなか研究室の運営など新しい地域活動の取り組みは、こうした地域と大学の連携の好例である。例えば熊本大学が中心となって行っている熊本市中心市街地での「まちなか工房」は、都心部の再生へ向けた地域情報の提供や月例「まちづくり学集会」の開催、さらにまちづくり三法改正による中心市街地活性化協議会への地元まちづくり組織としての参画などを通して、複雑な活性化事業の制度を効果的に組み合わせてまちづくりへ活かすための研究と実践を行っている。こうした取り組みは大学が組織としてまちづくりに参画する活動であり、行政と民間、地域の市民組織など立場の異なる主体の連携を促進する効果を果たしていると言えよう。またこれらを踏まえて、全国各地のまちづくり専門家や都市計画研究者との研究交流による計画技術や事業方法に関するノウハウ交流やその蓄積、情報発信を進める等、まさに地域社会と密接に連携したまちづくりの担い手として活動を展開している。

3 地域と大学との連携協定によるまちづくりの仕組み

他方、機関としての大学による地域との協働、連携では早稲田大学が進めている東京の墨田区、新宿区、埼玉の川口市、本庄市などの自治体との包括的な事業連携協定の例がある。それぞれの地域資源を基に緑地や景観など都市環境の再生、改善や、ものづくり文化を活かした新たな地域産業の創出と支援、また自治体や民間企業とのコンソーシアムによる地域の包括的なまちづくり事業の推進など大学の研究、教育の人材、知的資源を包括的、継続的に活かしていく枠組みである。大学がキャンパスや施設を自治体との協働、連携で新設する取り組みは郊外移転による大規模な新都市開発以外にも、地域社会や地元のニーズに応じて多様な計画と事業の枠組みを構築することで、大都市立地型の大学が地方都市のまちづくりを牽引していくような連携活動を共に展開していく事が可能となるのである。

大学はもともと町中に点在していて、町の中で学ぶという行為が行われていた。教員と学生の直接的なコミュニケーションは両者が時間と空間を共有して成立する知の創造の基本となる行為であり、そのためのキャンパスという空間の在り方がますます重要になってきている。そう考えると、都市、地域の空間や環境も大学にとって極めて大切なものと見る事ができる。まさに大学と地域社会との協働の在り方そのものが問われる時代になったと言えよう。大学の中に市民のための場を設ける事や、反対に都市の中に大学の活動拠点を計画的、戦略的に作っていく事はこうした流れに沿うものである。都市に大学が有る事の意味は、形式知に対して暗黙知や身体知、生きていくために必要な知を教育していくための場となる事である。古典的な学問の知はまさに形式知や科学知であったが、21世紀を生きていく時代の学問は環境や資源、福祉や教育など人や社会が動いていくフィールドを経験し、その経験と授業が連携して初めて知の体系として組み立てられるものである。そのためには大学の活動を都市、地域の中に組み立てていく事、反対に、都市、地域社会は大学の持つ知材、人材を地域づくりのプログラムに戦略的に位置づけ、両者の「連携・協働の仕掛け」を作っていく事が強く求められるのである。市民が中心となる社会と大学との「リンケージに基づく地域ガバナンス」の仕組みが必要なのである。

4 「共創」が拓く新しい地域像とまちづくりの方法

1 「共創」へと展開するまちづくりの進化と社会的背景

現代のまちづくりが市民社会時代の多様な都市像や生活像を基に、地域自らがまちの魅力や活力を自律的に更新、改善しながら、それらを相互に関連づけて都市としての全体像を組み立てていく、持続的な編集のプロセスである事は既に述べた。ここで重要なことは、まちづくりの方法は地域毎の特徴を活かした「自律的な創造性」を有しつつ、多様な主体相互の計画検討や合意形成、意

思決定のプロセスを経て社会が必要とするあるべき価値を生み出していく「漸進的な革新性」である共に、それぞれのまちづくりが孤立的に自己完結するのではなく、より広い都市全体の環境や空間、機能の更新へと連鎖的に組み立てられ、相互に編集されていく「協調的な多様性」を実現する仕組みでなければならない事である。こうしたまちづくりの担い手には特定の組織やグループだけでなく、地域社会の中に持続的に活動を行うまちづくりプラットフォームとしてのつながりがつくられ、長い時間を必要とするまちづくりの段階に応じた活動の継続が大切となる。私たちはこうしたまちづくりの在り方を、地域社会が中心となる新しい公共を担う「共創のまちづくり」と位置づけたい。

まちづくりの方法は、1960年代の高度経済成長期に引き起こされた大都市の過密問題や産業開発政策による公害問題などに対する、身近な居住環境の改善や公害反対運動などの住民運動を経て、より創造的、建設的なまちづくり運動として各地の地域おこしとも連動して全国で展開されてきたことは知られている[*2]。その進化の詳細についてはこれまでの研究や著作によって明らかにされているのでそちらを参照されたいが、まちづくりの理念とその方法が地域自治の仕組や、住民・市民の参加を支える社会制度、また具体的な市街地整備や住環境改善の事業手法などの開発とも連動して幾つかの転換期を経てきた事は重要な点であろう。

● 理念としてのまちづくり

『まちづくりの方法』[*2]では、まちづくりの第1世代は「理念としてのまちづくり」とされ、1970年代から80年代中盤にかけての勃興期とされている。地域社会の生活環境の課題を解決するためコミュニティ協議会や自治会・町内会などの組織が中心となったコミュニティづくり活動に代表されるものとされている。革新首長の下で地域会議やまちづくり協議会といった新しい自治の仕組みが形作られた時代であるが、まだコミュニティづくりの範疇に含まれていた時代でもあった。

● モデルと実験のまちづくり

続く第2世代は「モデルと実験のまちづくり」と位置づけられ、その担い手は学生紛争を経験し実社会の中で社会改革を目指す人々であった。1980年代に注目され始めた歴史的な建築の保全や防災まちづくりなど、メッセージ性の強い個別の取り組みテーマを掲げた新しい活動であり、先進的な取り組みがモデルとなってそれ以降のさまざまなまちづくり運動へと展開していった時代である。この時代のまちづくりでは、先導的な取り組みを通して得られた魅力あるまちづくりの成果がより広い市民へと波及し、次の新しいまちづくりへと展開されていくまさにまちづくりの文化が形成された時期と言えよう。

● 地域運営としてのまちづくり

さて第3世代はと言うと「地域運営としてのまちづくり」であると論じられている。それまで個別のテーマを掲げて取り組まれてきたまちづくりが多様な仕組みと手法で地域に継続した活動として根付き、今度はそれらが相互に連携して地域全体としての課題に組み立てられていくホリスティックな仕組みを持つまさに地域マネジメント（運営）として発展する時代である。個別のまちづくり活動の時間軸を越え持続的な地域活動としての仕組みや、地域に固有の風土や伝統、慣習のホリスティックな持続可能性という視点から個々の地域課題を捉え直す試みなど、まさに地域の包括的なまちづくりが進められる時代である。

❷ 新たな世代を切り拓く「共創」まちづくりの視座と可能性

こうして、まちづくりの第1世代から第3世代までの進化とそれぞれで生み出された仕組みや方法論を見つめ直し、その成果を踏まえて現在各地、各地域で取り組まれている先進的なまちづくりを見ると、さらなる方法論の進化とより広い都市づくりと連動する活動へと展開していく新しい姿が見えてくる。まちづくりの多様な担い手たちによって実践されている個々の活動は、他地域の取り組みとも同調するような進化を経ながら相互に関連し合って都市全体の将来像へと組み立てられていく、戦略的なまちづくりのフレームワークと連鎖的な実現の技術、さらにそれを効果的に実現するための社会制度などの総合科学として成果を上げつつある。

地球規模でネットワークされる人、もの、お金、情報の流れを抜きにして現代都市とその活動を語る事はできないし、同時に地域固有の暮らし、産業、文化、歴史から離れてまちづくりを行う事もできない。つまり、都市として持続可能な成長をするための戦略的な都市づくりの計画と実践が、地域レベルのまちづくり活動や事業と計画段階から連関して進められる仕組みが始められているのである。都市環境の保全・再生やコミュニティベー

第1世代 理念としてのまちづくり
第2世代 モデルと実験のまちづくり
第3世代 地域運営としてのまちづくり
新しい世代 地域・大学の「共創」まちづくり

※第1世代〜第3世代
「まちづくり教科書」第1巻まちづくりの方法 pp.12-35 より抜粋・引用

図2 「共創」へと展開するまちづくりの進化

スの地域産業の育成などは、こうした新たな都市づくり、まちづくりの先進例と言えよう。このように多様な考え方や価値観を持つ幅広い地域主体が相乗的に連携する現代まちづくりのプロセスでは、不確定的な合意形成の過程やその中での予定調和ではないビジョンの構築など、お互いの立場の差異や対立を越えて初めて生み出される相乗的な価値を目標とし、その実現手段と仕組みを自ら開発、創出していく事が継続的に実践されるのである。こうした最先端のまちづくりの在り方を私たちは「共創」のまちづくりとして、第4世代の新たな試みとして位置づけたい。

「共創」という考え方は、近年、建築、都市計画以外の分野でも用いられる概念となってきた。例えば工学分野では「共創工学研究*3」として、多様な価値観によって成り立っている現代の都市社会において、これまでの工学的な合理性と最適解の考え方に基づいて形作られてきた人工物、人工環境のシステムの限界を課題と捉え、これに対して「人」「人工物」「社会」の三者による相互の干渉、影響を考慮した新しい「共創的人工物工学*2」の方法論の獲得を目指し、大学と民間企業とが協働で研究を進める取り組みが進められている。このなかでは「人工物と人工物」、「人」と「人工物」、「人」と「人」、「組織」と「組織」、さらに異領域間の多様な関係性に着目し、複雑かつ予測困難な状況下での意思決定の下での人工システムの創出や人や環境との発展的な関係の実現を目指す事が記されている。専門分野は異なるにしても、現代社会を特徴づける多様な価値観に基づく複雑な意思決定の仕組みを踏まえ新しい方法論を切り拓こうとする視点は、私たちの「共創まちづくり」とも共通する考えであろう。

他方、都市経営を担う自治体行政からも「共創」を理念としたモデルの新しい公民連携の取り組みが始まりつつ有る。横浜市の「共創事業推進本部*4」の取り組みはその先進例の1つである。その中では、地域主権と市民社会時代の新しい都市経営モデルとして、「民間の知恵と力を借りながら行政と民間の間のパートナーシップを強化し、それぞれが持つ資源やノウハウを活用して、共に新しい公共を形づくっていく*5」とある。これまでの行政と市民との協働関係や、行政と企業との公民連携（パブリック・プライベート・パートナーシップ）をさらに強化して、地域課題の共有段階や政策提案の段階から行政と民間が連携できる価値観やルールをつくり、行政各部門と民間が互いにコミュニケーションを強めて事業機会の創出と地域社会の課題解決を目指す社会的な仕組みである事が唱われている。とりわけ、これまではどちらかというと行政から民間への情報提供や業務委託等といった一方向の連携が多かったのに対して、新たなモデルでは民間の優れたアイデアや事業のノウハウを最大限に活かし、地域社会への公共サービスの提供やまちづくり課題の解決につなげていくため、「公民の双方向のコミュニケーション」が極めて重要である事を協調している。

また新しい公共を実現して公共的な事業の質を高めていくには、これまで一定の成果を出しているPFIや指定管理者制度の課題を洗い出し、事業の効果に対する開かれた第三者による評価システムの開発や、公民連携事業の手法の研究開発が必要である事も記されている。

このようにまちづくりやそれ以外の専門分野でも始められている「人」や「社会」の多様な価値観を反映し、複雑な合意形成や意思決定のプロセスから新しい将来像とその実現手段を導きだしていく社会の仕組みを「共創」と位置づけ、市民、住民、地域が主体として担っていくこれからのまちづくりの重要な枠組みとして捉えていきたい。また「共創のまちづくり」が理念や思想にとどまるのではなく、極めて具体的なまちづくりのテーマや事業手法の開発、地域の担い手による新たなコミュニティビジネスの創造やそこへの公共の関わり方、さらに異なる専門分野との連携・協働による新しい市民サービスの創出とその仕組みの構築など、これからのまちづくりを推進する上での骨格的な枠組みとなることも指摘しておきたい。

本書では国内外の様々なまちづくりの実験と実践を踏

まえて、最先端の社会連携、市民協働のまちづくりの枠組み、計画技術、主体・担い手形成、事業化手法、制度・法律などの視点からこの「共創のまちづくり」の最新の取り組みと可能性を論じてきた。

「共創」の理念に基づく現代まちづくりと、そこから生み出される新たな都市像とは何か、実現のための計画、事業の方法とはどのようなものか、実践主体となる担い手や組織にはどのような役割や能力が求められるのかなどの視点から、とりわけこれまでも都市、地域と密接な相互関係を構築してきた大学に求められるまちづくりの担い手としての役割と活動の特徴についても明らかにしながら、より実践的かつ具体的なまちづくりの目標像と方法論を明らかにしてきた。「共創」のまちづくりを理解することは、既に確立されたまちづくりの方法を説くものではないし、ましてや理論的な解説を目指すものではない。これまでに進化してきた我が国のまちづくりの取り組みと成果の上に、従来の社会的合理性や公共の考え方に基づく都市計画の仕組みの限界を課題と捉え、これに対して担い手である「人」、都市を構成する「空間と環境（人工物）」、そしてそこで育まれる暮らしや文化などの「社会」の三者による相互の関係を反映した新しい「共創まちづくり」の方法論を目指し、地域と大学が連携して進める取り組みの可能性を示したものである。現代社会でまちづくりを担う主体の多様な関係性に着目し、複雑かつ予測困難な状況下での意思決定に基づく将来ビジョンの創造や、個別のテーマから都市づくり全体の戦略的な取り組みへと組み立てる発展的な仕組みの実現を目指す事がまさに新しいまちづくりのアプローチであると言える。

「共創」という仕組みによって目指そうとしているまちづくりの可能性について、本書が投げかける試行錯誤に疑問を持っていただければ目的を果たした事になると考えている。実践的な都市計画やまちづくりの中で必ずしも証明されていない試みであっても、多様な考え方の可能性に着目し異なる考え、価値観、立場、関係の矛盾を乗り越える価値と方法を発見し実行することが、まさにリアルな社会でのまちづくりの発展につながるものと信じる。

◎注
* 1 　京町家再生研究会ホームページ、http://www.kyomachiya.net/saisei/index.html
* 2 　日本建築学会編「まちづくり教科書 第1巻『まちづくりの方法』」丸善、2004、pp.12-35 に詳しい。
* 3 　東京大学人工物工学研究センターホームページ、http://www.race.u-tokyo.ac.jp/~raceweb/research/cocreation.html
* 4 　参照：http://www.city.yokohama.jp/me/keiei/kyoso/houshin/h20.pdf
* 5 　引用：横浜市共創事業推進本部ホームページより抜粋

◎プロフィール

◆地域・大学連携まちづくり研究会
　連携と協働の創造による都市や地域の再生という視点から、これからの地域と大学の連携のあり方を提言し、各地域の再生まちづくりの取り組みを支援するために、キャンパスマネジメントの研究者や地域・大学連携まちづくりの実践者によって結成した研究会。

◇会員紹介
▶小林 英嗣（こばやし ひでつぐ）
北海道大学大学院教授、同済大学（中国）客員教授。
地域活性化伝道師（内閣府）。日本都市計画家協会副会長。北海道景観審議会会長。北海道大学大学院卒業。工学博士。著書に『建築と都市』（共著、彰国社）『キャンパスマネジメントハンドブック』（共著、丸善）。作品に「北海道立帯広美術館」「北海道大学・遠友学舎」「積丹町立余別小学校」「札幌駅南口広場」など。

▶倉田 直道（くらた なおみち）
工学院大学教授。アーバンハウス都市建築研究所代表。川崎市景観審議会会長。
早稲田大学建築学科卒業、同大学院修了。カリフォルニア大学バークレー校大学院修了。著書に『都市計画国際用語辞典』（共著、丸善）『新しい交通まちづくりの思想』（共著、鹿島出版会）『次世代のアメリカの都市づくり』（共訳、学芸出版社）。作品に「島田市おび通り」「小松駅前広場」「横浜ベイサイドマリーナ公共空間」など。

▶上野 武（うえの たけし）
建築家。千葉大学キャンパス整備企画室教授。
東京大学工学部建築学科卒業、同大学院修了。著書に『住計画論』（分担執筆、放送大学教育振興会）『キャンパスマネジメントハンドブック』（共著、日本建築学会）など。設計作品に「北の住宅‐I」「KEK研究棟4号館」「九州工業大学先端教育コラボレーションプラザ」など。

▶有賀 隆（ありが たかし）
早稲田大学大学院教授。
早稲田大学理工学部建築学科卒業。U.C.バークレー校大学院環境デザイン学研究科修了、Ph.D.。著書に『都市計画国際用語辞典』（共著、丸善）『まちづくりデザインのプロセス』（共著、日本建築学会）『まちづくりデザインゲーム』（共著、学芸出版社）など。

▶坂井 猛（さかい たける）
九州大学新キャンパス計画推進室教授・副室長。
九州大学工学部建築学科卒業。九州大学大学院修了。総合建築設計研究所、福岡県庁を経て現職。博士（工学）。一級建築士。著書に『新建築学シリーズ10 都市計画』（共著、朝倉書店）『広重の浮世絵風景画と景観デザイン』（共著、九州大学出版会）『キャンパスマネジメントハンドブック』（共著、丸善）『これからのキャンパス・デザイン』（共著、九州大学出版会）ほか。

▶金谷 史明（かなや ふみあき）
独立行政法人国立文化財機構本部事務局長。
東京電機大学工学部I部建築学科卒業。1978年文部省入省後、国土交通省国土計画局調整課長を経て、現職。著書に『子供たちを育てる学校施設～多目的スペース編』『既存鉄筋コンクリート造・鉄骨造 学校建物の耐力度測定方法』（共著、第一法規）『キャンパスマネジメントハンドブック』（共著、丸善）など。

▶坂井 和也（さかい かずや）
相模原市副市長。
東京大学法学部卒業。自治省入省後、内閣官房都市再生本部企画官を経て、2008年1月より現職。

▶土井 一成（どい かずなり）
横浜市共創推進事業本部長。
東京工業大学修士課程修了。建築士、技術士。1980年入庁後、企画調整局、都市計画局、都市経営局などで、新横浜・京浜臨海部などのまちづくりプロジェクト、中期政策プランの策定、大学・都市連携体制の構築などを担当。

▶小篠 隆生（おざさ たかお）
北海道大学大学院工学研究科准教授。
北海道大学工学部建築工学科卒業。博士（工学）。一級建築士。著書に『キャンパスマネジメントハンドブック』（共著、丸善）など。2001年「遠友学舎」にて日本建築学会北海道建築賞受賞。

▶小松 尚（こまつ ひさし）
名古屋大学大学院環境学研究科准教授。
名古屋大学大学院工学研究科建築学専攻修了。博士（工学）。一級建築士。著書に『キャンパスマネジメントハンドブック』（共著、日本建築学会）など。計画・作品に「名古屋大学キャンパスマスタープラン97」「いなべ市立石榑小学校」など。

▶斎尾 直子（さいお なおこ）
筑波大学大学院システム情報工学研究科准教授。
東京工業大学工学部建築学科卒業、同大学院修了。博士（工学）。一級建築士。著書に『ラーバンデザイン 都市×農村のまちづくり』（共著、技報堂）『キャンパスマネジメントハンドブック』（共著、日本建築学会）など。

▶鶴崎 直樹（つるさき なおき）
九州大学大学院人間環境学研究院 都市・建築学部門（新キャンパス計画推進室勤務）准教授。
熊本大学工学部環境建設工学科卒業。㈱計画・環境建築YAS都市研究所を経て、現職。博士（人間環境学）。一級建築士。著書に『キャンパスマネジメントハンドブック』（共著、丸善）など。

◎執筆者（研究会会員を除く）
▶五十嵐 勉（いがらし つとむ）
佐賀大学農学部准教授（地域資源学研究室）、佐賀大学地域貢献推進室室長。
専門は人文地理学・歴史地理学・農村開発論。佐賀新聞文化奨励賞受賞。著書に『地形環境と歴史景観』（分担執筆、古今書院）『人間活動と環境変化』（分担執筆、古今書院）など。

▶石田 東生（いしだ はるお）
筑波大学大学院教授・学長特別補佐・教育企画室長。
東京大学土木工学科卒業。工学博士。専門分野は国土計画・交通計画。著書に『環境を考えたクルマ社会』（共著、技報堂）『都市の未来』（共著、日本経済新聞社）など。

▶遠藤 新（えんどう あらた）
金沢工業大学環境・建築学部建築都市デザイン学科講師。
東京大学大学院工学系研究科都市工学専攻修了。東京大学助手を経て現職。博士（工学）。著書に『都市のデザインマネジメント』『中心市街地活性化：三法改正とまちづくり』（共著、学芸出版社）『成熟都市のクリエイティブなまちづくり』（共著、宣伝会議）など。

189

▶奥貫 隆（おくぬき たかし）
滋賀県立大学環境科学部教授。
東京大学農学部農業生物学科緑地計画学コース卒業。日本住宅公団（現・都市再生機構）設計部・建築部・住宅都市研究所を経て、現職。技術士。著書に『都市住宅地の設計／計画編・技法編』（共著、理工図書）『シビックデザイン／自然・都市・人々の暮らし』（共著、大成出版社）など。

▶川原 晋（かわはら すすむ）
早稲田大学創造理工学部建築学科助教。
早稲田大学建築学科卒業。㈱AUR建築・都市・研究コンサルタント取締役を経て、現職。博士（工学）。一級建築士。作品に「とぼり広場（鶴岡市）」、著書に『まちづくりデザインゲーム』（共著、学芸出版社）など。

▶北沢 猛（きたざわ たける）
アーバンデザイナー。東京大学教授（空間計画学、都市デザイン）。元横浜市都市デザイン室長。博士（工学）。建築士。横浜市・京都府・千葉県の参与。UDCK・UDCY横浜アーバンデザイン研究機構・UDCT福島県田村地域デザインセンターの代表。編著に『未来社会の設計〜横浜の環境空間計画を考える』(BankART1929)『都市のデザインマネジメント』（学芸出版社）など。

▶小金澤 孝昭（こがねざわ たかあき）
宮城教育大学教授。国連大学高等研究所客員教授。
東京都立大学大学院理学研究科博士課程単位取得。博士（農学）。専門分野は人文地理学・地域経済論。著書に『地域を調べ地域に学ぶ〜持続可能な地域社会をめざして』（共著、古今書院）など。

▶国分 厚（こくぶん あつし）
山形県農林水産部経営安定対策課課長補佐。
新潟大学農学部卒業。入庁後、各総合支庁農村計画課などで、農業農村整備事業を担当する一方で、グラウンドワーク山形・事務局長、NPO法人喜楽里・理事として、都市、農村地域双方のまちづくり活動にたずさわる。

▶後藤 春彦（ごとう はるひこ）
早稲田大学理工学術院教授。
早稲田大学理工学研究科博士課程修了。工学博士。著書訳書に、『まちづくり批評』（ビオシティ）『場所の力（ドロレス・ハイデン著）』（学芸出版社）『まちづくりオーラルヒストリー』（水曜社）『景観まちづくり論』（学芸出版社）など。2005年度日本建築学会賞（論文）受賞。

▶小松 隆二（こまつ りゅうじ）
東北公益文科大学教授。慶應義塾大学名誉教授。
慶應義塾大学経済学部卒業。主著に『企業別組合の生成』（御茶ノ水書房）『大正自由人物語』（岩波書店）『ニュージーランド社会誌』（論創社）『公益とまちづくり文化』（慶應大学出版会）『公益とは何か』（論創社）など。

▶佐々木 雅幸（ささき まさゆき）
大阪市立大学都市研究プラザ所長。同大学院創造都市研究科教授。
京都大学経済学部卒、京都大学大学院経済学研究科博士課程修了。博士（経済学）。著書に『創造都市と日本社会の再生』（公人の友社）『創造都市への挑戦』（岩波書店）『価値を創る都市へ』（NTT出版）『創造都市への展望』（学芸出版社）など。

▶佐藤 剛史（さとう ごうし）
九州大学大学院農学研究院助教。NPO法人環境創造舎主宰。
福岡教育大学卒業。九州大学大学院修了。博士（農学）。著書に『農業聖典』（共著、コモンズ）『市民参加のまちづくり―事例編』（共著、創成社）『ここ―食卓から始まる生教育』（共著、西日本新聞社）など。

▶柴田 いづみ（しばた いづみ）
滋賀県立大学環境科学部教授。
早稲田大学理工学部建築学科卒業。同大学院修了。仏国立建築学校（旧ボザール）卒業。柴田いづみ建築設計、SKMを経て現職。一級建築士。仏政府公認建築家（D.P.L.G）。設計に「JR矢吹駅」（福島県）、「JR行橋駅」（福岡県）。著書に『まちへ』（共著、日刊建設通信新聞社）『環境フィールドワークのすすめ』（共著、昭和堂）など。

▶昌子 住江（しょうじ すみえ）
元関東学院大学工学部教授。神奈川大学大学院非常勤講師。
早稲田大学法学部卒業。東京都立大学大学院社会科学研究科修士課程修了。工学博士。『ネオバロックの灯 四谷見附橋物語』（共著、技報堂出版）『未完の東京計画』（共著、三省堂）『都庁のしくみ』（「東京を考える」第3巻、共著、都市出版）など。

▶鈴木 雅之（すずき まさゆき）
千葉大学キャンパス整備企画室助教。NPO法人ちば地域再生リサーチ理事・事務局長。
千葉大学工学部建築工学科卒業、同大学院修士課程修了。建築計画コンサルタント事務所勤務の後、現職。博士（工学）。著書に『建築設計テキスト集合住宅』『事例で読む現代集合住宅のデザイン』（共著、彰国社）『団地再生まちづくり』（共著、水曜社）など。

▶竹沢 えり子（たけざわ えりこ）
銀座街づくり会議企画運営担当。銀座アートエクステンションスクール事務局。
慶應義塾大学文学部卒業。東京工業大学社会理工学部博士後期課程。共著として、『銀座 街の物語』（河出書房新社）など。

▶谷口 綾子（たにぐち あやこ）
筑波大学大学院講師。
北海道大学大学院工学研究科土木工学専攻修了。博士（工学）。専門分野は都市交通計画、態度・行動変容研究。著書に『モビリティ・マネジメント入門』（共著、学芸出版社）『モビリティ・マネジメントの手引き』（共著、㈳土木学会）など。

▶デワンカー・バート（Dewancker Bart）
北九州市立大学国際環境工学部建築デザイン学科准教授。NPO法人北九州ビオトープ・ネットワーク研究会理事長。
エコール・デ・ボザール St-Lucas ゲント（ベルギー）卒業。早稲田大学大学院修了。博士（工学）。著書に『シリーズ地球環境建築・専門編1 地域環境デザインと継承（日本建築学会編）』（共著、彰国社）。平成16年度環境に優しい若松まちづくり表彰貢献者賞受賞。

▶西尾 治一（にしお はるかず）
㈱ドゥリサーチ研究所代表取締役社長。
東京大学大学院工学系研究科産業機械専門課程修了。トロント大学経済学修士。著書に『エントロピーアセスメント入門』（共著、オーム社）『企業と社会』（共著、総合法令）『共鳴の創造：90年代のトレンドを読む』（共著、TBSブリタニカ）など。

▶野原 卓 (のはら たく)
東京大学先端科学技術研究センター助教。
東京大学大学院工学系研究科都市工学専攻修了。㈱久米設計、東京大学助手、東京大学国際都市再生研究センター特任助手を経て、現職。一級建築士。著書に『世界のSSD100』(共著、彰国社)など。

▶三島 伸雄 (みしま のぶお)
佐賀大学理工学部准教授。
東京大学工学部都市工学科卒業。同大学院工学系研究科博士課程修了。博士(工学)。一級建築士。著書に、『都市の風景計画』『日本の風景計画』(共著、学芸出版社)『まちづくりの方法 1巻』『キャンパスマネジメントハンドブック』(共著、日本建築学会)など。

▶両角 光男 (もろずみ みつお)
熊本大学大学院自然科学研究科教授。
早稲田大学理工学部建築学科卒業。同大学院修士課程、米国プリンストン大学建築都市計画大学院修士課程修了。工学博士。著書に『建築設計の新しいかたち』(丸善)『中心市街地活性化:三法改正とまちづくり』(共著、学芸出版社)『高度情報化と都市・地域づくり』(共著、ぎょうせい)など。

▶山重 明 (やましげ あきら)
㈱ノーザンクロス代表取締役。
北海道大学経済学部経営学科卒業。北海道を拠点に、都市再生・地域再生プロジェクトのコーディネーターとして活動。

▶吉村 元男 (よしむら もとお)
鳥取環境大学環境デザイン学科客員教授、地球ネットワーク会議代表。
京都大学農学部林学科卒業。技術士。「万博記念公園の森の基本設計」で日本造園学会賞、著書に『ランドスケープデザイン』(鹿島出版会)『森が都市を変える』(学芸出版社)『環節都市』など。

▶渡邊 孝之 (わたなべ たかゆき)
横浜市都市経営局大学調整課課長補佐。
立教大学法学部法学科卒業。入庁後、都市計画局、都市経営局などで、みなとみらい21地区、横浜都心部再整備などのまちづくりプロジェクト、大学・都市連携事業などを担当。

▶渡会 清治 (わたらい せいじ)
㈱アールトゥ計画事務所代表取締役、NPO法人日本都市計画家協会理事。
武蔵工業大学建築学科卒業。技術士。著書に『都市計画マニュアル』(編著、ぎょうせい)『新・都市計画マニュアル』(共著、丸善)『都市・農村の新しい土地利用戦略』(共著、学芸出版社)など。

地域と大学の共創まちづくり

2008 年 11 月 15 日　第 1 版第 1 刷発行
2014 年 12 月 10 日　第 1 版第 2 刷発行

編著者　　小林英嗣＋地域・大学連携まちづくり研究会
発行者　　前田裕資
発行所　　株式会社　学芸出版社
　　　　　京都市下京区木津屋橋通西洞院東入
　　　　　〒600 - 8216
　　　　　tel 075・343・0811
　　　　　http://www.gakugei-pub.jp/
　　　　　創栄図書印刷／新生製本
　　　　　カバーデザイン　KOTO DESIGN Inc.

Ⓒ 2008　Printed in Japan
ISBN 978-4-7615-3167-6

JCOPY 〈(社)出版者著作権管理機構委託出版物〉
本書の無断複写(電子化を含む)は著作権法上での例外を除き禁じられています。複写される場合は、そのつど事前に、(社)出版者著作権管理機構(電話 03-3513-6969、FAX 03-3513-6979、e-mail: info@jcopy.or.jp)の許諾を得てください。
また本書を代行業者等の第三者に依頼してスキャンやデジタル化することは、たとえ個人や家庭内での利用でも著作権法違反です。